正倉院文書と造寺司官人

山本幸男著

法藏館

正倉院文書と造寺司官人＊目次

凡例

一、本文・註で言及あるいは引用する正倉院文書については、その種別（正集・続修・続修後集・続修別集・続々修・塵芥）と巻数もしくは帙・巻数、『大日本古文書（編年文書）』（東京大学出版会復刻）収載の巻・頁数を、続々修十八ノ六、十四ノ四〇七、のように表記し、行数が必要な場合は、四〇七l4、のように示す。文書名は『大日本古文書』、東京大学史料編纂所編纂『正倉院文書目録』（東京大学出版会）によるが、一部内容に即して改めたものがある。

二、正倉院文書の写真は、正集・続修・続修後集・続修別集・塵芥の場合は宮内庁正倉院事務所編『正倉院古文書影印集成』（八木書店）、続々修の場合は宮内庁正倉院事務所頒布「正倉院古文書マイクロフィルム紙焼写真」による。本文・註で言及するときは、「写真」と称する。

三、歴史関係資料のうち、『続日本紀』『万葉集』『日本霊異記』は新日本古典文学大系本（岩波書店）、養老令は日本思想大系『律令』（同）、『令義解』『令集解』は新訂増補国史大系本（吉川弘文館）による。

四、本文中の日付に干支を併記したものは、正史の記事にもとづく。

正倉院文書と造寺司官人

序章　正倉院文書研究の視角と方法

――本書の梗概を通して――

本書は、天平宝字年間（七五七～七六五）の写経・造営関係文書を整理・検討する中で得られた八篇（第一・二・四～七章、付論1・2）と、その延長上に生まれた三篇（第三・八章、別篇）をもとに構成したもので、それぞれの中で中心となる人物に焦点をあて、Ⅰ「安都雄足」、Ⅱ「写経所をめぐる人々」、Ⅲ「下道主と上馬養」に区分し提示している。以下、各章・付論などの梗概を記し、筆者なりの正倉院文書研究の視角と方法について述べておくことにする。[1]

Ⅰ「安都雄足」には、天平宝字年間に造東大寺司主典として活躍する安都宿禰雄足をめぐる二篇を配している。安都雄足は、正倉院文書研究を志す者にとっては著名な人物で、彼の動きを追うことが一つの研究方法になっている。筆者が研究を始めた一九八〇年代前半ごろは、吉田孝氏の「律令時代の交易」がその導きの糸であった。吉田氏の研究は多岐にわたるが、なかでも安都雄足の経済活動から「私経済」を抽出し、それを官司財政の中に位置づけようとされた点は清新であり、反響も大きかった。しかし、吉田氏が分析の対象とされた造石山寺所関係文書を読み解いていくと、雄足の「私経済」なるものは彼の職務や官司機構に依拠するものであり、過大評価できない[2]

ことが明らかになった。第一章「造東大寺司主典安都雄足の「私経済」」は、この点を論じたものである。その手法は、吉田氏が扱った諸帳簿類を関連史料と照合しながら逐一検証を加えるという、今にして思えば愚直なものであったが、こうした悉皆的な検討を加えなければ正倉院文書は何も語らない、と実感させられたのは大きな成果であった。

この論文では、雄足の広範な経済活動にも言及し、その背景には藤原朝臣仲麻呂との繋がりがあったのではないかと推定した。これは、執筆当時、王臣家の家産組織のあり方に関心を抱いていたからで、雄足的な下級官人が王臣家といかなる関係を持ちうるかを展望したかったことによる。

第二章「天平宝字二年造東大寺司写経所の財政運用」では、天平宝字二年（七五八）九月から始められた知識『大般若経』書写の分析を通して、写経所別当を兼ねた安都雄足の銭運用の実態解明を試みた。これも吉田氏の研究に触発されたものであるが、ここでは、雄足の「私経済」は官司財政の基礎となりうるものではなかったが、彼の実務能力や内外に築かれた人的関係が官司財政の運用に貢献していたことを指摘した。

第一章で分析の対象とした造石山寺所関係文書には、福山敏男氏と岡藤良敬氏による基礎研究[3]があり、各帳簿類はほぼ原形に復原されている[4]が、写経関係文書の方は分量が厖大であり一筋縄では行かないところがある。この文書は、六五〇〇巻に及ぶ光明皇后発願の「五月一日経」書写を中心とする天平～天平勝宝年間（七二九～七五六）の文書群、光明の延命・追善に供する御願経や一切経の書写を中心とする天平宝字年間の文書群、四部の一切経書写を中心とする天平神護～宝亀年間（七六五～七八〇）の文書群に大別されるが、筆者はこのうちの天平宝字年間の文書群を整理・検討してきた。そこでの手法は、写経の経緯を伝える帳簿類の復原を行なったあと、造石山寺所関係文書の場合と同様に他の関連文書の記事との照合を行なうというものであるが、その過程で性格を摑みにくい史料が出てくることがある。その一つが、九紙の「注文」「啓」からなる冊子状の「米雑物等請充幷借銭帳」（続々修四十三ノ七、十四ノ四七〜五二）であった。それぞれの日付より、天平宝字二年九月〜十一月に作成されたものと判断できるが、内容は銭や米の用残を記すばかりで写経との関わりは明確ではなかった。しかし、他の史料に見える残銭などの数値に合致するものが認められるので、それを手懸りに読み解いていくと、この九紙の中には『千手千眼経』一〇〇〇巻・『新羂索経』一〇部二八〇巻・『薬師経』一二〇巻（千四百巻経）書写料の遺銭運用に関わる「注文」があることが明らかになってきた。要するに、写経関係文書は、紙背を二次利用された外部の一部の文書を除けば、いずれも有機的な繋がりを持っていることが認識されたのである。第二章でとりあげた安都雄足の銭運用は、「米雑物等請充幷借銭帳」をもとに、より具体的に描くことができた。

Ⅱ「写経所をめぐる人々」には、写経事業を管轄する市原王、写経所の実務に従事する案主の佐伯里足、反故文書を正文に転用した紫微中台（坤宮官）の官人、写経に従事した経師・装潢・校生らの動向を、それぞれ考察したものを配している。

第三章「市原王と写経所」では、天平十一年（七三九）から天平勝宝三年（七五一）にかけて写経関係文書に頻出する市原王が、「長官王」「長官宮」と称される事情について検討を加えた。市原王も、正倉院文書を研究する者にとって馴染みの深い人物であるが、写経所との関わりについては研究が進んでいるとはいえない。ここでは、左大舎人頭（推定）・玄蕃頭として宮中の仏事に関与する中で、写経所の写経事業を管轄するようになったと考えたが、それはまた、写経所が所属する東大寺の造営機関が金光明寺造物所から造東大寺司へと変遷する過渡期にあたっていたことを勘案すると、四等官制等の官司組織が充分整っていなかったことに起因するものであろう。その意味で、市原王のような貴族官人が写経所の案主から「長官王」と称されていたのは、この時期特有の事象であったと見なすことができる。

第四章「正倉院文書に見える「鳥の絵」と「封」」は、天平宝字二年の写経関係帳簿の背面に記された「鳥の絵」をめぐって考察を加えたものである。これについては、大平聡氏の先行研究[5]があるので、それに学びつつも私見を展開するという体裁をとっているが、ここでは、この「鳥の絵」を封として使用した佐伯里足の実務能力に焦点をあて、下級官人による個性の表出が官司運営の中に反映されていたと解した。管見の限り、このような絵が描かれたものは他になく、ひときわ異彩を放っている。

正倉院文書の大半を占める写経関係の帳簿は、佐伯里足のような案主によって作成されているが、その折々の事情により、帳簿の主文・「右」記事・位署という書式に変化が生じたり、帳簿の用紙に多数の反故文書の背面が使われたりする事例が出てくる（この点は第六・七章でとりあげる）。それは、彼らが担う業務を遂行する上でとられた必要な措置であったわけであるが、その背景を考察することで、当時の官司運営の内実がより明らかになるように思われる。

第五章「正文に転用された反故文書」は、先の第一・二章と同じく吉田孝氏の研究を受けてのものである。吉田氏が「律令時代の交易」の中で示された表「正倉院文書の構成」は、正倉院文書の全体像を知る上で有益であるが、実際に文書の整理や検討を進めていくといくつかの疑問も出てくるわけで、事実、先学によって修正すべき点が指摘されていた。それは、皇后宮職（紫微中台・坤宮官）で反故にされた文書の背面が写経所宛の正文に転用された事例として示された文書をめぐるものであった。天平宝字二年～五年の写経関係文書を整理していた筆者もこの点に関心を持ち、吉田氏が提示された以外にもあと二点、同類の文書が存在するのではないかと考えるに至った。本章は、これを含めて五点の当該文書の検証を試みたものである。問題は、このような、いわば異例ともいうべき伝達法がとられた理由であるが、それは結局、差出し側と受取り側の関係によるもので、双方ともそのような手法をとったとしても、違和感を抱かない近しい間柄にあったということであろう。所属の異なる官人たちの間で、このような事例が他にも認められるのかどうか定かではないが、事業の規模が大きくなるほど官司間の連携が求められることはいうまでもないところである。

付論1「天平宝字年間における経師・装潢・校生の動向」は、写経に従事する経師らがどのように召集され組織されるのかを知るために、彼らの動向を個別に捉えようとしたものである。この作業のきっかけになったのが、天平宝字二年の千四百巻経（前掲）書写体制のあり方で、そこでは太政官・右弁官および式部・民部・大蔵・刑部・兵部・治部の各省、弾正台・左京職からそれぞれ史生が供出され、経師として書写に従事していたのである。こうした体制は、写経の目的を考える上で重要な手懸りとなるが、それは他の写経との比較を通して、より明確なものになるだろう。ここに提示した「経師・装潢・校生の動向一覧」は、天平宝字年間の写経事業に従事した経師らの動向を俯瞰するとともに、各写経の特質を解するための後考に備えようとしたものである。

正倉院文書の大半は、日ごとの記事や作業の経過などを書き留める帳簿類であるが、それらは写経機関や造営機関の案主（もしくは領）によって作成されていた。その記事内容から写経や造営の進捗状況などを読み取ることができるが、帳簿の価値はそれだけにとどまるものではない。そこには、案主らの職務を遂行する上での様々な工夫や配慮が込められており、それらを抽出することで、当時の実務処理のあり方などが如実に浮かび上がってくるからである。Ⅲ「下道主と上馬養」には、こうした案主の営為を考察したものを収めている。

第六章「造石山寺所の帳簿」では、帳簿の筆蹟観察を通して、案主の下道主を中心にそれらの帳簿がどのように作成されていたのかを検討した。日ごとに記事を書き継ぐ帳簿は、前記のように主文・「右」記事・位署の順に記されるので、その記帳主体は、通常、位署に見える案主ということになる。しかし、造石山寺所の帳簿を「写真」で見ると、位署の案主が必ずしも主文等を記していない事例が散見する。つまり、案主以外の人物も記事を書くことがあったわけである。では、それは誰であったのか。これを解くには、筆蹟の観察を通して記帳主体を判定することが最も妥当な方法となる。筆蹟については、ある程度の時間をかけて「写真」を観察し筆遣いなどに習熟すれば判断が可能になるが、問題はいかにその判定結果を客観化し読み手に伝えるかである。

本章で試みたのは、記帳主体は各日条の位署欄に見える案主の下道主もしくは上馬養と目されるので、この二人の書状を天平宝字年間の文書群から抽出し、帳簿に頻出する文字（米・白・黒・右・料など）があればこれを基本型（A型・B型のように）として帳簿の文字と照合し、字形に変化があればそれをいくつかの型に分類（A_1型・A_2型・B_1型……）して記帳者が署名欄の案主と同じかどうかを判断する、というものである。ここにとりあげた筆蹟は、「写真」から敷き写したものを使用しているが、それは各自の筆遣いの特徴に習熟するためにとった方法であり、判定結果の具体例として提示したかったからである。

こうした作業を進めていくことで各帳簿の記帳主体が明確になり、それとともに、案主ではない阿刀乙万呂が記帳を担当する時期があったこと、下道主によって作成されだした帳簿が途中で上馬養に委ねられ、道主の手元に戻ったあと馬養と共に記帳する時期があったこと、現在残っている帳簿が作成される以前に別途に作られた帳簿があったこと、などが明らかになった。時間をかけた割には、得られた成果は乏しいが、帳簿研究の今後に一石を投ずることができたのではないかと思っている。

第七章「造石山寺所の帳簿に使用された反故文書」は、前章での確認点をふまえ、造石山寺所の帳簿で多数の反故文書の背面が使用された事情について考察を加えた。帳簿の用紙は、通常、凡紙などの裏白の紙を使うが、造石山寺所では早い段階で用尽したらしく、案主らは様々な手立てを用いて用紙（反故文書）の確保に努めねばならなかった。その結果、吉田孝氏が表「正倉院文書の構成」で示されたような、造東大寺司告朔解案、近江国の計帳手実、越前関係文書、彩色関係文書などが帳簿の背面に残ることになった。各帳簿の作成者は筆蹟からほぼ確定できるので、これらの反故文書は下道主や上馬養によって工面されたものと見られる。この二人がどのようにしてこれらの文書を入手したのか、を考察するのが本章の課題となるが、結論からいえば、それは彼らの所属する官司内外の人間関係を介して得ていたということになる。その意味で案主の力量もしくは裁量が問われるわけで、そこには、第一・二章で見た安都雄足の場合と通じるものがある。

補論2「反故にされた万葉仮名文書」では、万葉仮名で書かれた文書二点が造石山寺所の帳簿に二次利用された意味について考察を加えた。通常の文書（漢文体）とは異なる書体の文書が案主の手元にあったということは、こうした仮名文を介する交渉関係が彼らの周辺に存在していたことを意味する。その具体相の解明は今後の課題である。

第八章「奉写御執経所・奉写一切経司関係文書の検討」は、内裏系統の写経機関である奉写御執経所・奉写一切経司の経巻奉請文書（三つの継文）が、造東大寺司の写経関係文書とともに伝来した事情について検討を試みたものである。先に見た造石山寺所の造営関係文書は、案主の下道主が奈良の造東大寺司写経所に持ち帰ったことから伝来するに至ったが、(6) この文書の場合は、経巻奉請の業務に最後まで関わった造東大寺司写経所案主の上馬養が、奉請の記録として継文にし保管したためと解した。

上馬養は、天平十一年（七三九）ごろから写経機関に出仕する人物で、それ以降、宝亀末までの写経関係文書に頻出する。本章でとりあげた継文は天平神護〜宝亀年間の文書群に属するが、その大半は一切経書写関係の帳簿で、その多くは上馬養の筆によって閉じられている。後世に伝来した正倉院文書の原型が馬養によって築かれたのではないか、とされるゆえんであるが[(7)]、こうした現場の案主を追うところに正倉院文書研究の醍醐味があるといえるだろう。帳簿等の文面だけではなく、それを作成した案主の動向に眼を向けると、思いもよらない当時の「現実」が蘇ってくるのである。

最後にあげた〔別篇〕「日中比較研究と正倉院文書」は、二〇〇八年九月八日〜一〇日に中国・東北大学で開催された中日文化比較研究国際シンポジウムでの報告要旨を成文化したもので[(8)]、中国側の研究者に正倉院文書研究の必要性を提言する。内容からすれば、本書の主旨にそぐわないところがあるが、正倉院文書の全体を見渡した唯一の拙文であるので、ここに併収することにした。

一書をなすにあたり、誤字・脱字の訂正、文体・註表記の統一、図・表の一部縦組み化を行ない、「写真」をもとに引用史料の体裁を原文に近づけようとしたが、論旨そのものには手を加えず発表時のままとしている。ただ、公刊されてから相当年次を経るものもあるので、必要に応じて章末に付記を添え、その後の研究状況について、管見の範囲内ではあるが言及しておいた。併せて参照されたい。

註

（1）山本幸男『写経所文書の基礎的研究』（吉川弘文館、二〇〇二年）は、その成果をまとめたものである。

（2）彌永貞三編『日本経済史大系』1〈古代〉所収（東京大学出版会、一九七一年第三刷。発行は一九六五年）。後に、吉田孝『律令国家と古代の社会』（岩波書店、一九八三年）に再収。以下で言及する吉田氏の研究は、すべてこの論文による。

（3）福山敏男「奈良時代に於ける石山寺の造営」（同『日本建築史の研究（訂正版）』所収、綜芸舎、一九八〇年。初出は一九三三〜三五年）、岡藤良敬『日本古代造営史料の復原研究——造石山寺所関係文書——』（法政大学出版局、一九八五年）。

（4）正倉院文書の原形を崩すことになった江戸末期から明治期にかけての「整理」については、西洋子『正倉院文書整理過程の研究』（吉川弘文館、二〇〇二年）に詳しい。

（5）大平聡「正倉院文書の五つの『絵』——佐伯里足ノート——」（奈良古代史談話会編『奈良古代史論集』二、真陽社、一九九一年）。

（6）山本前掲註（1）著書の終章「写経文書群が語るもの」を参照。

（7）黒田洋子「正倉院文書の一研究——天平宝字年間の表裏関係から見た伝来の契機——」（『お茶の水史学』三六、一九九二年）。

（8）シンポジウムの参加にあたり、当時、同僚であった孫久富氏（中国・東北師範大学人文学院教授）に一方ならぬお世話になった。謝意を表します。

I
安都雄足

第一章　造東大寺司主典安都雄足の「私経済」

はじめに

正倉院文書に登場する数多くの官人の中で、極位が正八位上ながら先学の関心を引いてきた人物に安都宿禰雄足がいる。天平二十年（七四八）九月に初出してから天平宝字八年（七六四）正月に姿を消す約一六年間の雄足の経歴は、舎人として造東大寺司に所属していた天平勝宝五年（七五三）二月までの第Ⅰ期、越前国史生となった同六年（七五四）閏十月〜天平宝字二年（七五八）二月の第Ⅱ期、造東大寺司主典として写経・造営事業に従事した同二年六月〜八年正月の第Ⅲ期に区分されている[1]。とりわけ第Ⅱ期については、東大寺の北陸荘園の経営にかかわっていたので、初期荘園の経営形態を論じる際に多くの先学によって言及されてきた[2]。

しかしながら、安都雄足に注目すべき視角をあてたのは吉田孝氏の研究であろう[3]。すなわち、吉田氏は、第Ⅲ期に従事した造石山寺所での活動に焦点をあて、関係史料の検討を通じて「雄足の宅」を中心とする「私経済」[4]の存在を明らかにされた。そして、造石山寺所の財政運用の中で、この雄足の「私経済」が生々と機能していたことを論じられたのである。この興味深い見解は、石山寺の造営が始まって間もない天平宝字六年（七六二）三月下旬に深刻な食糧米不足になった時、造石山寺所が「雄足の宅」からかなりの借米をした[5]、という事実にもとづいている。

また、この「雄足の宅」には交易用と思われる私材が収納されていたことにも注目し、雄足の広範な経済活動を予想されたのである。吉田氏によれば、こうした「私経済」は雄足に限ったものではなく、官人の「私経済」は造東大寺司の財政運用にも機能していたという。

右に略記した吉田氏の研究は、律令財政史研究をより豊かなものにするとともに、雄足に代表される律令下級官人のより自由な経済活動の存在を印象づけることになった。それは律令社会の実態を究明する上で貴重な視角といえよう。しかし、雄足の「私経済」を強調されたことによって、彼の官人としての側面が後退させられることになったのも事実であろう。当然のことながら、雄足が造石山寺所別当さらには造東大寺司主典である限りは、官人としての側面は捨象できないのであり、吉田氏がその根拠とされた諸事実が造石山寺所の公文書や諸帳簿に現われていることからしても、「私経済」は公権力の埒外にはありえないと考えるのである(6)。

本稿の課題は、吉田氏の描かれた雄足像に対するこのような疑問に答えるため、造石山寺所関係文書に見える雄足の「私経済」なるものを検証し、その実態に迫ることにある。そこでまず、議論の手がかりをつかむために、吉田氏が注目された雄足の私材をめぐる問題点からとりあげてみよう。

一　安都雄足と東塔所

1　天平宝字六年八月の雑材廻漕

造石山寺所によって天平宝字五年（七六一）十二月から始められた石山寺の造営は、翌年の五月に一時停止されたものの、七月中には諸堂がほぼ完成し、八月になると造営残材の廻漕が行なわれることになった(7)。天平宝字六年八月九日付「高嶋山作所漕材注文」（続々修四十五ノ六、五ノ二六二）[8]によると、廻漕される雑材は一三一六物であったが、このうち石山寺の残材は四四七物だけで、他は東塔所材六二〇物、佐官主材（別当安都宿禰雄足の私材）二五一物であった。これらの雑材は宇治司所より派遣された桴工（筏師）四人に請負われ（同六年八月九日付「曰佐真月土師石国等解」正集六、五ノ二六一）、八月九日ごろ勢多津を出発、宇治津を経て九月十七日ごろ泉津に廻漕された[9]（同六年九月十七日付「高嶋山使解」続修二十七、五ノ二八一）。

この石山寺の残材廻漕に東塔所材と別当私材が便乗した事情については明確でないが、これらの漕料は造石山寺所の負担になっていた。造石山寺所の銭支出を記録した「造石山寺所造寺料銭用帳」（「銭用帳」）には、総漕料一二貫五六五文のうち、東塔所材は三貫三二〇文、別当私材は二貫三八五文であったことが記されている（続々修四十三ノ九、十五ノ四四五、**表1**参照）。といってもこれは立替であって、実際は別当雄足が借用したもので、奈良に到着後精算されたようである。たとえば、桴工らの監督にあたったと思われる造東大寺司官人勝屋主が作成した同年九月十七日付「高嶋山使解」（前掲、五ノ二八一）には、宇治津—泉津間の残材漕料が次のように記されている。

(A)合銭捌貫 八月廿日受政所
　用肆貫陸伯玖拾陸文『七　四』
　　（中略）
残銭参貫参伯肆文『二　六』『一貫五百卌五文　別当材漕料借用
一貫八十文東塔材漕料借用
五百八十一文在屋主手
並自別当所可来』

（『　』内は朱の異筆。以下同じ）

これによると、政所（奈良の造東大寺司）より請けた銭八貫は、まず石山寺残材分に充てられ、残りの銭は東塔所材・別当私材の分にまわされた。そして、その立替分には〃「別当所」より来る可し〃と借用主体が明記されたのである。ただし、立替といっても東塔所の場合はその一部であった。

(B)宇治使解　申漕上歩廊柱榑幷用功銭事

合柱弐拾根　功銭参貫柒佰捌拾文 二根門料根別二百七十文 十八根歩廊根別百八十文

榑陸伯村　功参貫参伯文 三百村別六文 三百村別五文

用銭柒貫捌拾文 六貫受作物所 一貫八十文石山院『可来別当所八貫内』

右、自勢多津迄泉津、漕上材木如件、以解、

天平宝字六年九月十日領勝「屋主」(自署)

右にあげたのは、この時に漕運された東塔所材の「漕料注文」(「宇治使解」続修二十七、五ノ二八〇)である。これによると、東塔所材の勢多津—泉津間の漕料は七貫八〇文であり、そのうち作物所が六貫、石山院(造石山寺所)が一貫八〇文を負担したことになっている。これを**表1**と比較してみると、造石山寺所が実際に負担したのは宇治津—泉津間の一部であったことがわかる。つまり、作物所は勢多津—宇治津間のすべてと宇治津—泉津間の一部を負担し、不足分は造石山寺所が別当の責任のもとに立替えた、ということになるのである[10]。

表1　雑材漕料

	勢多津→宇治津	宇治津→泉津	合　計
造営残材	二貫二四〇文	四貫六二〇文	六貫八六〇文
東塔所材	二貫二四〇文	一貫　八〇文	三貫三二〇文
雄足の私材	八四〇文	一貫五四五文	二貫三八五文

*「銭用帳」九月十九日条より作成。ここには、津神祭料などの雑費は含まれていない。

吉田孝氏は、石山寺の造営が開始されて間もない天平宝字六年二月に「主典宅」(別当雄足の宅)へ榑二〇材が搬入されたという事実[11]と、右に見た廻漕雑材の中に雄足の私材が含まれていたことに注目し、「雄足の宅」には材木が収納されていたとされた。そして、東塔所の榑六〇〇材が泉津で売却され、その利益が漕料や歩廊様工らの功食料

に充てられた例[12]があることを参照すると、「雄足の私材も売却を目的として漕運されたように思われ」、「あるいは勢多庄の雄足の宅は木材等の交易の拠点であったのかも知れない」と推定された。つまり、造東大寺司の勢多庄にあった「雄足の宅[13]」に交易用私材の収納を想定し、雄足の「私経済」の一端を指摘されたのである。しかしながら、このように考える前に、「別当所」が私材とともに東塔所材の漕料の一部を負担した、という先の事実に注目する必要がある。東塔所なるものは、造石山寺所の関係文書の中ではここと他にもう一カ所見える[14]にすぎないが、この東塔所と雄足とはいかなる関係にあったのかがまず問題になる。吉田氏は、この点について、雄足は東塔所の別当として財政運用を掌っていたと指摘されているだけである。そこで次に、この東塔所と雄足の関係について検討を加えてみよう。

2　東塔所の機能

東塔所とは、天平勝宝五年（七五三）より天平宝字八年（七六四）にかけて行なわれた東大寺東塔の造営[15]にかかわった機関と考えられる。しかし、組織としては、木工所や造瓦所などのように造東大寺司の営繕を担当する恒常的な機関ではなく、また造石山寺所のような単独の機関でもなかったであろう。先にあげた(B)によると、作物所が東塔所材の漕料を負担しているので、東塔所とは、この作物所と何らかの関係を持つ臨時的な機関であったと思われる[16]。

今問題にしている安都雄足と東塔所とのかかわりについては、天平宝字二年十一月ごろまで遡れると思う。その理由を以下に述べておこう。

まず、天平宝字二年六月ごろ越前国史生から造東大寺司主典の地位に転じた[17]雄足の行動を見ると、彼は写経所の別当として六月には『金剛般若経』一〇〇〇巻、七月には『千手千眼経』一〇〇〇巻・『新羂索経』一〇部二八〇巻・『薬師経』一二〇巻、八月には『金剛般若経』一二〇〇巻の写経事業にそれぞれ関与していた[18]。これらの写経事業は十一月十五日には一段落するが、鋳所や造物所からの軸納入を記録した「東大寺写経所軸納帳」によると、各経巻への軸付け作業は翌三年三月末まで行なわれていたようである（続々修二十八ノ十四、十四ノ二〇七）。ところが、雄足は、十一月二十九日付「写書所解案」（続々修十八ノ六裏、十四ノ二六七）の位署欄に「主典安都」と記されてから以降、翌三年四月二十九日付の「東寺奉写経所請銭文案」（続々修十八ノ六裏、十四ノ二七九）に至るまで、写経所にその姿を確認できなくなるのである。といっても、これは史料の欠落によるものではなく、雄足が写経所を離れていたからであろう。たとえば、先の「軸納帳」を見ると、十一月二日まで各条の署は主典安都宿禰雄足・案主上馬養・勝屋主の三人であるのに対し、次の十一月二十八日条からは上馬養だけの署になっている。つまり、雄足は勝屋主とともに某所に出向したと思われるのである。

　では、この約五カ月の間、雄足がいた某所とはどこなのであろうか。これについては、写経所から姿を消す十一月二十九日に次のような「牒」（「安都雄足牒」）を出しているのが参考になる（続々修十八ノ六裏、十四ノ二六七）。

(C)牒　経所案主

　「海藻卌五斤　塩柒升弐合

　　充給石作内（大）真（山坂ㇾ）堝等　作領秦稲持

　「海藻五十八斤二両　「塩九升三合

　　充給石作大内真堝等

　　　二年十一月廿九日　安都雄足

雄足は、この日には既に写経所外にあり、石を切り出す大坂山作領秦稲持らに写経所の食料を供給するように案主に伝えている。雄足がこのような指示を下したのは、彼が出向した某所とは何らかの造営を担当する機関であったからだと思われる。この点で重要な意味を持つのは、天平宝字三年四月十六日付「坂田池主請銭所用注文」（続々修十八ノ三裏、四ノ三六〇）である。次にその一部を引用しておく。

(D)合請銭壱伯玖拾伍貫柒伯伍拾文之中十一貫五百文自作物所受
　用壱伯肆拾貫捌伯陸拾参文
　　十貫二百五十文雇石工等功料
　　三貫六百五十文塔呉床白石真作工三百六十五人功人別十文
　　三貫六百文山作工三百六十人功人別十文
　　三貫文歩良礎山作工三百人功人別十文（廊カ）
　　　（中略）
　五十二貫充伊賀山作所
　五十一貫充高島山作所
　　　（中略）
以前、起宝字二年十一月廿九日、迄三年三月中、請銭幷所用如件、
　　天平宝字三年四月十六日　坂田「池主」（自署）

この「注文」は、天平宝字二年十一月二十九日から三年三月中にかけての請銭一九五貫七五〇文の所用を記したものである。その内容と署名者より東塔造営関係の文書とされているが[19]、ここで注目したいのは次の二点である。

第一は、請銭の期間がまさに雄足が某所に出向していた期間に一致することであり、第二は、この「注文」の背面が造石山寺所の「解移牒符案」に利用されていることである。[20]特に第二の点より、この「注文」は石山に持参されていたことが知られるが、それは宛先が後に造石山寺所別当になる雄足であったからであろう。つまり、文面には署が見えないものの、この「注文」は約五カ月間の雄足の動向と密接な関係を持つもので、十一月二十九日に出向した造営担当機関とは、この東塔所であったと考えられるのである。雄足はまず、塔呉床白石や歩廊礎石の製作に従事する秦稲持らに写経所の食料を供給して、東塔所の運営に参加したのであろう。一方、雄足のもとで案主として写経所の事務に従事していた勝屋主の場合を見ると、十一月十五日をもって「伊賀山所」に派遣されている（「東大寺写経所間銭下帳」続修四十三裏、十四ノ二〇四）が、これも(D)に見える東塔所の伊賀山作所にかかわるものと思われる。屋主は雄足の補佐的な任務を帯びていたのであろう。

このように、雄足が出向したのは東塔所と考えられ、この機関とのかかわりは天平宝字二年十一月末の時点より始まるのである。[21]では、なぜ東塔所に出向したのだろうか。この点について示唆的なのは、三年五月より法華寺阿弥陀浄土院金堂の造営が開始されていることである。福山敏男氏によれば、雄足はこの造営の別当になっているので[22]であるから二年十一月末〜三年四月の東塔所への出向は、これと無関係であったとは言えないであろう。むしろ雄足は、金堂造営の資材などを調達するため、あるいはその準備も兼ねて東塔所の運営に関与したのではないか、と思われるのである。これについては、確たる証拠がないので推測の域を出ないが、金堂造営に際しては石材のほとんどを大坂山に求めていること（「造金堂所解（案）」続修三十六、十六ノ二八六）、先の(C)に見える秦稲持が領として参加していること（「作金堂所解（案）」続々修四十二ノ一、四ノ四四四）、材木の四分の一を伊賀山と高嶋山から入手していること（「造金堂所解（案）」続修三十六、十六ノ二八八）などに注目すれば、東塔造営との関係が浮かびあがってくるのである。[23] また、東塔所が選ばれたのは、当時の造東大寺司にあって大規模な造営を担当していた機関であったので、[24] 資材あるいは雇用労働力確保のために様々な便宜が期待できたからであろう。

法華寺阿弥陀浄土院金堂の造営は、天平宝字四年（七六〇）十二月ごろまで行なわれたが、雄足は同年正月から再び写経所の事務も担当することになり（同四年正月七日付「東寺写経所牒案」続々修十八ノ六裏、十四ノ二八七）、御願雑経の書写に従事した。しかし、この写経所にあっても東塔所との関係は継続されていたようである。四月十五日に一切経の書写が宣せられ（同四年閏四月二十六日付「東寺写経所移案」続々修十八ノ六、十四ノ三九三）、専用の写経施設が作られることになった時、これに関与したのが東塔所であった。四月二十九日付の「東塔所解案」（続々修十八ノ六、十四ノ三八六）によると、請銭八貫一〇〇文のうち四貫八〇〇文は「椙榑三百村直（村別十六文 近江者）」であった。ここに見える「近江」とは(D)の高嶋山作所をさすのであろう。写経施設の建築資材を調達するため、ここでも東塔所の機能が雄足によって活用されているのである。また、東塔所は写経所の財政運用面においても貢献があったようで、「後一切経料雑物収納帳」によると、四年十月十二日と十二月三十日にはそれぞれ銭二貫文を東塔所より借用している（続々修二ノ六、十四ノ四三二、続修二十裏、十四ノ四三七）。[25] 本来、連関することのないこの二つの機関の間に、このような関係が成立するのは、二年十一月末以来の雄足と東塔所の関係があったからである。

以上、雄足は天平宝字二年十一月ごろから東塔所の運営にかかわりを持ち、法華寺阿弥陀浄土院金堂の造営と写経所の運営に、この機関の機能を活用していたことを指摘した。それが別当としてのものであったかどうかは別としても、雄足にとって東塔所とは、自らの任務を遂行する上で重要な機関であったのである。先に、石山寺造営残材の廻漕に東塔所材を便乗させ、この漕功の一部を雄足が負担したということを見たが、その背景にはこのような東塔所と雄足の繋がりを確認しておく必要がある。つまり、石山にあっても両者の関係は継続していたと推測されるのである。そこで次節では、造石山寺所別当としての雄足と東塔所の関係を考察してみよう。これによって、彼の「私経済」とされるものの実態が、ある程度明らかになるのではないかと思う。

二　造石山寺所別当「宅」の機能

造石山寺所別当安都雄足と東塔所の関係は前節で見た雑材廻漕の場面でしか現われないので、これを具体的に考察することは困難である。しかし、次にあげる「高嶋山使解」（続修二十七、五ノ二七九）は議論の糸口を与えてくれるだろう。

(E)高嶋山使解　申自勢多津泉於漕上材事
　合弐伯肆拾玖物
　久礼二百一材　功銭一貫五文材別五文
　波多板十二枚　功一百八文枚別九文
　比蘓五枝長二丈四尺　功六十文枝別十文
　小柱三根長一丈二尺　功卅六文根別十二文
　碎板廿八束　功三百卅六文束別十二文
　用銭壱貫伍伯肆拾伍文　受石山院『自別当所可来』
　　六年九月十日　領勝「屋主」(自署)

これは、前記の石山寺造営残材廻漕に便乗した雄足の私材目録とその漕料の注文である。吉田孝氏が指摘されたように、ここに見える私材は「雄足の宅」に収納されていたものと思われる。これらは交易用であったという推定も興味深いが、ここではその入手経路を検討したい。

1　別当私材の入手経路

まず、石山寺造営の木材は甲賀山作所と田上山作所で伐採され、荒作（荒削り）して足庭（造営現場）に送られていたので[26]、雄足はこの山作所から私材を確保することができたであろう。別当という地位からしてもその可能性は大きい。また、「雄足の宅」は勢多にあったので、勢多津に集められた木材から購入することもできたであろう[27]。しかし、前者の場合であっても私材の入手は石山寺造営に便乗したものではなかったと思われる。その理由の一端を(E)に見える小柱と比蘇に求めてみよう。

注意したいのはこれらの大きさである。一丈二尺の小柱と長二丈四尺の比蘇を甲賀・田上両山作所で作成されたものと比較してみると、私材のそれは山作所のものと一致しないことがわかる（**表2**）。特に比蘇は私材の方がひとまわり大きい。このことは、雄足が山作所荒作のものを流用していないことを意味するであろう[28]。では、別当という地位を利用して別規格のものを山作所に作らせたのであろうか。天平宝字六年（七六二）五月以降であればその可能性があると思う。というのは、石山寺の仏堂・僧房・経蔵、さらには奈良から石山に遷った写経所などの用材は、もっ

表2　山作所の柱・比蘇

	田上山作所	甲賀山作所
柱	長二丈　一〇根	長一丈七尺　六根
	長二丈　一根	長一丈五尺　一四根
	長一丈六尺　二二根	長一丈三尺　二根
	長一丈一尺　三〇根	
	長　九尺　二二根	
比蘇	長一丈五尺　一六八枝	
	長一丈二尺　六〇枝	

＊本表は、天平宝字六年正月～四月の「田上山作所告朔解」、同五年十二月・同六年正月、三～四月の「甲賀山作所告朔解」より作成（出典については、本文の註(26)参照）。

ぱら田上山作所に求められていたので、正月から四月までの山作所は指定された材木の荒作に繁忙を極めていた。[29]また、三月になると造石山寺所の保有する食料米が不足し（後述）、作材そのものにも影響が出ていた[30]からである。このような時期に、造営の責任者である雄足が私材の調達を指示していたとは考えられない。ただし、田上山作所では四月いっぱいをもって造営用材の荒作を終えている[31]ので、五月以降であれば私材の確保は可能である。しかしその場合、木工の功食料などはすべて雄足の負担であったと思われる。なぜならば、「造石山寺所食物用帳」（「食物用帳」）（続々修三十八ノ九、十五ノ四〇四～四〇五）と「造石山寺所造寺料銭用帳」（「銭用帳」）（続修二十五裏、続々修四十三ノ九、十五ノ四五一～四五二）によれば、五月十日ごろを最後に田上山作所へは雇工らの食料や銭が支給されなくなるからである。つまり、雄足は私材確保のために山作所を利用しえたとしても、それは石山寺造営に便乗したものではなかったと考えられるのである。

また、次にあげる「銭用帳」八月九日条の記事は、私材を収納していた「雄足の宅」の姿を知る上で重要である（続修二十九裏、五ノ三六九）。

(F)九日下銭壱貫伍伯肆拾文　二百五十六文雑用内　六十文経所仕丁功内
二百卅二文自主典宅来工木（木工カ）功内　九百九十二文経所米直内

これは、九日に支出した銭一貫五四〇文が、どの資金からの借用であるかを記した部分である。当時、造石山寺所では銭が不足していたので、このような形で必要経費を調達していたわけであるが[32]、ここで注目したいのは二三二文が「自主典宅来工木（等カ）功内」[33]となっていることである。つまり、「主典宅」＝「雄足の宅」には工（木工か）がおり、造石山寺所に出向していたのである。この記事からは、これ以上のことは知られないが、彼らは足庭や山作所で荒作や伐木に従事していたのであろう。勿論、「雄足の宅」内にあっても製材を行なっていたと思われる。これについて示唆的なのは、雄足の私材に見える碎板（そぎいた）二八束である。碎板とは、椙榑や檜榑をうすく割った材木と考えられ、造石山寺所では木工が足庭でこの製作に従事していた(34)。雄足のそれも「宅」の工が「宅」内で製作したものであろう(35)。

　このような「雄足の宅」の状況を念頭にすると、先に見た山作所のものとは別規格の小柱・比蘇などは、「宅」の工によって荒作されたものと見ることができるのではなかろうか。つまり、雄足の私材は石山寺造営材とは別個に調達されていた、と考えられるのである。

　それでは、雄足は単独に私材を入手し工に荒作させていたのであろうか。結論的に言えば、恐らくそうではないだろう。ここで想起したいのは、前節で見た雑材廻漕時に雄足が東塔所材の漕料の一部を負担したという事実である。まず、六年八月九日付「高嶋山作所漕材注文」に記された東塔所材の目録（続々修四十五ノ六、五ノ二六四）をあげておこう。

(G)柱廿根十八根各長一丈三尺径一尺八寸／二根各長一丈七尺径二尺三寸　准榑二百材根別十材

　椙榑六百材

　　已上六百廿物、東塔所材

　この目録を前掲の(B)「宇治使解」と比較してみると、長一丈三尺の柱一八根は歩廊用であり(36)、長一丈七尺の柱二根は門料であったことがわかる。当時、東塔造営現場では歩廊の造立が行なわれており(37)、たとえば六年三月一日付「造東大寺司解（案）」には木工所の作物として「構作東塔歩廊」「葺同塔歩廊北中門一宇」（続々修三十八ノ九、五ノ一二六）、同年四月一日付「造東大寺司解（案）」には「構作東塔歩廊材五十二物」（三月、続修後集三十三、五ノ一九〇）と記されている。つまり、(G)の柱二〇根は、奈良での構作のために調達された木材であったわけで、しかもその用途が門料・歩廊用としてあらかじめ決められた規格に荒作されていたのである。雄足がこのような木材の漕料の一部を負担したのは、これまでの東塔所との関係からして、東塔所材が雄足の管理下にあったからであろう。「雄足の宅」に工がいたということと、右の雄足の立場とのつながりを直接示す史料は確認できない。しかし、「雄足の宅」が勢多にあったという地理的な条件を考慮すれば、その可能性は否定できないであろう。東塔所材の入手先は、前掲の(D)「坂田池主請銭所用注文」よりすれば高嶋山作所であったと思われるが、奈良の東塔所からの指示が直接この山作所に伝えられたとするよりも、「雄足の宅」が中継点となって用材の確保や荒作を担当していたと見る方がより機能的であるからである。そこで、この推測をより確かなものにするために、私材と東塔所材に含まれている榲榑の入手方法を検討してみよう。

2　榲榑購入の内実

榲榑は榲の原木を加工した角材と考えられている。[38] この他、檜を加工した檜榑もあった。この榲榑・檜榑は当時広範に流通していたようで、[39] 法華寺阿弥陀浄土院金堂の造営に際しては、泉津・丹波山川津・高嶋山少川津などで大量に購入されていた。[40] つまり、それだけ商品価値の高い木材であったわけである。雄足の榲榑も購入によるものと思われるが、ここでは造石山寺所の例をとりあげ榲榑購入の方法を考察してみよう。

この石山寺の造営にあっても榲榑はすべて購入されていた。「造石山寺所雑材幷檜皮及和炭納帳」（「材納帳」）に見える榲榑納入記事をまとめると**表3**のようになる。これによると、伊賀山からは右兵衛物部東人が、高嶋山からは勝屋主がそれぞれ購入し、造石山寺所に進上していたことがわかる。このうち、伊賀山からの二〇五材は写経所用材であるので、[41] 残りの一五九七材が造石山寺所用ということになる。しかし、これがすべて造石山寺所の分ではなかったようである。石山寺造営の総決算書とされる天平宝字六年閏十二月二十九日付「造石山寺所解（案）」（「秋季告朔」）を見ると、造石山寺所が購入した榲榑は六八二材であって、仏堂料・借板屋三宇料・国師奉入三丈板殿料・古板屋等修理料に六六八材を使用し、一四材は蘇岐板一〇〇枚として残ったことが記されている（続修三十六裏、十六ノ二〇二・二〇四）。つまり、「材納帳」と「秋季告朔」との間には九一五材（1597－682）という大きな数値の差が出てくるのである。この九一五材とは、造石山寺所に収納されたものの実際には購入されなかったものであろう。

しかし、榲榑のもつ商品価値から見て、これが造石山寺所に放置されていたとは思えない。恐らく別の機関がこれを入手していたのではなかろうか。この点で注目したいのは、購入費の支出状況である。表3を見ればわかるように、「材納帳」には「自高嶋山買」とあり、また「秋季告朔」にも一部欠ながら「□六百八十二材直別十二文　自高嶋山勝（ママ）買漕下者」（続々修四十五ノ七、十六ノ二一四）とあって、造石山寺所が購入していることは明らかである。ところが、「銭用帳」を見ると檜皮・藁などの購入費は支出されているにもかかわらず、この榲榑に対する銭の支出が全く記されていないのである。「銭用帳」は造営費を逐一記録した重要な帳簿（その期間は五年十二月二十四日～七年正月三十日。復原については第六章を参照）であり、そこに欠落があったとは考えられないので、これは榲榑を入手した時点とその費用を支出した時点とがずれていたために生じた結果と思われる。つまり、造石山寺所は別の機関にその代金の立替を依頼し、石山寺の造営

表3　榲榑納入状況（天平宝字六年）

正月十五日	二九六材	自高嶋買、勝屋主進上
二月五日	二七三材	自高嶋山買、勝屋主進上
	二〇五材	自伊賀山買、右兵衛物部東人進上
三月六日	二五〇材	自高嶋山買、勝屋主進上
四月二日	八四材	自勝屋主所進上
五月二十三日	六九四材	自高嶋勝屋主進上

＊「材納帳」より作成（十五ノ二六一・二六三・二六七・二七七・二八七）

が終了してから使用分の代金を精算した、というわけである。「秋季告朔」は、実際には翌七年六月中旬以後に書かれたものとされているので[42]、このような操作は充分に可能である。

榲榑の購入には造石山寺所が事実上関与していなかったということになると、これを請負った機関が次に問題になるが、これについては、高嶋山より勝屋主が榲榑を購入していた、という事実が一つの手がかりを与えてくれるだろう。

前節で見たように、屋主は天平宝字二年（七五八）には雄足のもとで写経所の案主を勤め、そして東塔所の運営にもかかわっていたが、この石山でも別当雄足の配下にあった。ここでの任務は前記のように榲榑の購入と進上であって、たとえば六年三月に奈良の造東大寺司から召還要請があった時、造石山寺所は、この屋主と仕丁生部石代は「石山院所用久礼椪材、便附令買」として不参の「解」を提出している（「造石山院所解案」続々修十八ノ三、十五ノ一七五）。つまり、屋主は石山寺造営にとって不可欠な人物であったのである。しかし、彼の名は、六年正月〜十月の「上日注文」（二月分は欠）[43]や七月二十五日の「考中行事案」[44]に見ることはできない。それは、造石山寺所に所属せずに榲榑の購入・進上に従事していたからで、この屋主こそ請負機関の案主もしくは領なのであろう。また、屋主と行動を共にしていた仕丁生部石代は、六年三月ごろの「造石山院所解案」に「東塔所高嶋山作人」（続々修十八ノ三、十五ノ一七四）と見えるので、屋主のかかわったこの機関は東塔所であったと考えられるのである。東塔所がこの高嶋山より榲榑を入手していたことは、六年九月九日付「榲榑漕送功銭注文」（続修四十一、五ノ二七八）からも明らかである。

以上、造石山寺所における榲榑の入手状況を検討してみたが、これよりすれば先の九一五材とは東塔所の用材であったといえるだろう。すなわち、東塔所が高嶋山で入手した榲榑はまず造石山寺所に収納され、造営用に必要な分を造石山寺所が検納したあと、残りの東塔所用のものは一時保管するなどして泉津まで漕運したと思われる。もちろん、漕料は東塔所の負担としてである。先に雄足の私材に榲榑があることを見たが、右の点を念頭にすればこれも同じ経路で入手されたものであろう。事実、六年二月五日に納入された二九四材のうち、二〇材は「主典宅」(「雄足の宅」)に検納されている(天平宝字六年正月二十七日付「高嶋山作所解」続修二十七、五ノ七二)。間接的ではあるが、雄足の私材と東塔所材との関係が確認できるのである。

このように、造石山寺所が、造営に必要な榲榑を東塔所の機能に依拠して購入するという方法をとったのは、別当雄足の裁量によるものと考えられる。造石山寺所別当に就任するまでの雄足と東塔所の関係については前節で述べたので繰り返さないが、この石山にあっても東塔所は雄足の任務を遂行する上で重要な機関であったわけである。しかし今回は、以上に見た榲榑の購入状況から知られるように、奈良の東塔所への木材漕運にも関与するという役割があったようである。これは、雑材廻漕時に漕料の一部を負担したということと軌を一にするものであるが、この点に関連して次にあげる「安都雄足用銭注文」(続々修十八ノ三裏、十六ノ五八)にも注目しておきたい。

(H)十二月十四日下家直二貫

右、杉榑二百村作運功食料、遣安都四郎

所、杉附勝屋主、遣保良大師殿、給于

四郎所

行安都雄足

この「注文」には年紀がないが、「保良大師殿」とは保良宮にいる藤原朝臣仲麻呂(恵美押勝)をさすこと、保良宮への遷都期間は天平宝字五年十月～六年五月であったことより、天平宝字五年のものと見てよいだろう。五年十二月十四日というと、「秋季告朔」によれば石山寺の造営が開始された日でもある。その日に杉榑の作運功食料を「安都四郎所」[47]に下し、「保良大師殿」へ杉を送るように指示していることは、雄足の位置を雄弁に物語っていると思う。雄足は屋主らと共に保良への木材供給にも従事していたのである。

このように雄足は、石山にあって奈良や保良への木材供給も担当していたと考えられる。しかし、それは、造石山寺所別当としての任務でなかったことは明らかであろう。それ故、榲榑などの需要を満たすための購入と漕運といった差配は、造石山寺所の政所で行なっていたとは思えない。石山寺に近く木材輸送に便利なところとなると、勢多にあった「雄足の宅」が想起される。そこには工（木工か）もいたのだから、この「雄足の宅」こそ、もう一つの彼の任務を遂行する上で最もふさわしい場所であった、と考えられるのである。

以上、造石山寺所における榲榑購入の内実を考察することによって、「雄足の宅」には木材供給という公的な機能があること、むしろ奈良にあった東塔所の出張機関ではなかったかと思われる側面があることなどが確認されたと思う。これは、「雄足の宅」は東塔所と高嶋山作所の中継点ではなかったか、とした先の推測の裏付けにもなるだろう。また、雄足の私材の入手経路については榲榑しか明らかにできなかったが、恐らく他の木材も東塔所材と密接な関係を持っていたと考えられる。「雄足の宅」は単なる交易用私材の収納場所ではなかったのである。

3　「雄足の宅」の米の性格

造石山寺所の財政は、奈良の造東大寺司からの支給物によって運営されていたが、天平宝字六年三月になると食米が不足し造営そのものにも影響が出始めた。しかし、奈良からは食米は支給されず、東大寺の同四年愛智郡封戸租米の徴収権を与えられただけであり、しかもその租米の収納が開始されたのは五月になってからであった[48]。造石山寺所は、この窮状を乗り切るために関係機関より多量の借米を行なったが、この借米の中には「雄足の宅」からの米も含まれていた。吉田孝氏はこの点に注目し、造石山寺所の財政運用の中で安都雄足の「宅」を中心とした「私経済」が生々と機能していたことの一事例とされたのである。しかし、これまでの検討結果からすれば、吉田氏の見解には再考の余地がありそうである。以下、造石山寺所が借用した「雄足の宅」の米の性格を考えておこう。

造石山寺所が借米した機関については、「食物用帳」に見える返米記事より知られる。**表4**はその借米状況をまとめたものである。このうち「主典田作岡田」(49)を別とすれば、いずれも造石山寺所近辺からの借用と思われる(50)。

次に、この表に見える雄足への返米記事を順にあげると**表5**のようになる。吉田氏はこれを〝安都雄足への返米〟として一括されている。しかし、ここで注目したいのは、「主典所」「別当家」「別当殿」「別当宅」とあるように、その返却先の呼称が一定していないことである。雄足への返米でありながらこのように多様な呼称が使用されているのは奇異な感を与えるが、これについては帳簿作成時に混乱が生じたためと考えられなくもない。しかし、〝原文書〟でもこのように記されていたようである。実は、この「食物用帳」の四月十九日条に、その〝原文書〟の痕跡が確認できるのである（続々修三十八ノ九、十五ノ三九六）。

(I)又下米伍㪷黒　塩弐升　若滑海藻弐村　海藻壱把
　右、田上山作所食料、附仕丁私部広国、充遣如件、故符、

末尾に「故符」とあるのは、帳簿のもとになった〝原文書〟が「符」（案文）であったことを示す。つまり、造石山寺所では食米などの支給所に逐一その数量などを記した「符」を下し、またその案文を保管して

表4　借米状況

写経所	二斛五斗六升四合
上　寺	七斛九斗一升（一〇斛）
安都雄足	一六斛九斗
渤海大使 高麗大夫所	三斛
寺刀自倉人女	四升
主典田作岡田	二斗

＊「食物用帳」より作成（五ノ五～一二二、十五ノ三七八～四三六、五ノ二四～三〇、十六ノ一七七～一七九）。上寺の（ ）内の数値は実際の借米量で、天平宝字六年十一月三十日付「造寺所黒米報進文案」（続修四十四裏、十五ノ二四八）による。その他については、本文註(49)(50)を参照。なお、本表の数値は、白米・黒米の合計である。

表5　安都雄足への返米状況（天平宝字六年）

	返米・記事	使	出典
五月　五日	白米一〇斛・自主典所借請来黒米之替報納	勝屋主	十五ノ四〇三
十日	白米一斗・別当家奉充	日置得万呂	十五ノ四〇四
七月　七日	白米一斗・別当殿上	阿刀乙万呂	十五ノ四二五
十四日	白米一斗、黒米一斗・別当勢多宅進上	弓削伯万呂	十五ノ四二八
十九日	白米五斗・別当宅之米代進上	仕丁広嶋	十五ノ四三一
閏十二月二十九日	白米六斛・別当米、造寺料借用代報下	——	十六ノ一七七

いたのである。(I)はこの〝原文書〟から帳簿に記事を写し取る際に、誤って書止めまで写してしまった実例であろう。従って、このような帳簿作成過程を勘案すれば、返却先の呼称は帳簿作成時の混乱によるものではなく、当初より一定していなかったといえるのである。しかし、たとえば**表5**にあげた五月五日と十日の場合を見ると、〝原文書〟の作成主体はいずれも造石山寺所領の下道主であるので、「主典所」と「別当家」とは呼称の混乱ではなく、明らかに使い分けではないか、と考えられる。そこで、このような観点から**表5**を見ると、「別当家」の場合は、家・宅・殿はいずれも建物を表現する意があるという点で[51]「別当殿」「別当勢多宅」「別当宅」と共通することがわかる。これに対して「主典所」の場合は異質である。正倉院文書には、人名や職名を記した「〇〇所」という例は多く見えるが、それは一定の職務を帯びた官人らの執務所という意味内容を持っていたと考えられるからである。[52]従って、「家」「宅」「殿」の米と「所」の米とは区別しておく必要がある。

　では、雄足への返米でありながら何故に宛先を区別したのだろうか。それは、雄足からの借米には性格を異にする二種類の米があったからだと思われる。まず、「家」などへの返米九斗は、先の私材の例よりすれば雄足の私米からの借用分と見てよいだろう。一方、「所」への返米一〇斛については、勝屋主がこれを受理している点が重要である。屋主が雄足のもとで木材の購入や漕運に従事していたことは前記の通りである。従って、この返米一〇斛は、雄足のもう一つの任務、すなわち東塔所や保良への木材供給に付随した公的な米からの借用分と考えられるのである。

造石山寺所が雄足への返米に際し、その宛先を区別した理由については右のように解したいが、次に「家」や「所」を記さない閏十二月二十九日の「別当米」はどうであろうか。別当という職名を付していることから、雄足の職掌に付随した公的な米とも考えられる。しかし、これについては確証がないので、その記述方法より雄足の私米と見ておく。

以上、造石山寺所が雄足より借用した米には公的な米と私米とがあり、前者は「主典所」へ後者は「家」「宅」「殿」、つまり「雄足の宅」に返却されていたと考えられる。このことは、造石山寺所の財政運用には「雄足の宅」のみならず「主典所」も貢献していたことを意味するだろう。すなわち、造石山寺所の食米不足に直面した別当雄足は、上寺・写経所・渤海大使高麗大夫所などから借米（前掲**表4**参照）するとともに、「所」の公的な米を捻出して造石山寺所に融通したのである。そして、さらに不足が生じた場合には、彼の私米も貸与したのであろう。このように、雄足の私米は所々からの借米（公的な米）の補充分としての役割を持っていたと考えられる。つまり、それだけ食米不足が深刻化していたのである。吉田氏は雄足からの借米一六斛九斗をすべて私米と解されているようであるが、ここでは私米はそのうちの六斛九斗であり、その性格については右のように評価しておきたい(53)。

最後に「雄足の宅」と「主典所」の関係にふれておく。「主典所」の性格については前記の通りであるが、帳簿作成過程で確認したように、この「所」への返米一〇斛は「符」によって伝達されたと考えられるので、「所」が造石山寺所外にあったことは確かであろう。また、この米一〇斛は供給用木材の購入費・漕料と推測されるので、「主典所」とは勢多にある「雄足の宅」の一角にあった雄足の執務所をさす、と見てよいのではなかろうか。恐らくこの「宅」内の「所」で、本節の1・2で考察したような製材や木材購入・漕運などの差配が行なわれていたと思われる。「雄足の宅」の内実をこのように考えておきたい。(54)

4　小括と課題

本稿の冒頭で記したように、吉田孝氏は、勢多にあった造石山寺所別当安都雄足の「宅」に材木と米が収納されていた事実に注目し、この「宅」を拠点とした広範な「私経済」の展開を予想された。しかし、雄足と東塔所の関係に注目し関係史料を検討した結果、次の三点が明らかになったと思う。①「雄足の宅」には、奈良の東塔所や保良に木材を供給する公的な機能があったと考えられる。つまり、そこは単なる「私経済」の拠点ではなく、雄足のもう一つの任務を遂行するための重要な基地でもあった。②「雄足の宅」に収納されていた私材は雄足が単独で入手したものではなく、「宅」の持つ木材供給機能を利用して得ていたものと考えられる。③また、「雄足の宅」には雄足の私米と①にあげた機能を維持・運営するための公的な米が収納されていたが、造石山寺所の財政運用に利用されていたのは主に公的な米の方で、私米はその補充的な役割を持っていた。

「雄足の宅」の性格、私材の入手方法、私米の運用状況については右のように理解されるので、雄足の「私経済」に対する評価も当然吉田氏のものと異なってくる。すなわち、石山の雄足には確かに「私経済」は存在していたが、それは単独で機能していたのではなく、雄足の持つ職掌や権限に大きく依拠して機能しうるものであった、と考えられるのである。従って、「私経済」の展開しうる範囲もおのずと限定されてくるわけで、それが生々と機能していたといえるかどうか疑問である。「私経済」の過大評価は慎むべきだろう。

　ただ、吉田氏も指摘されるように、雄足はこの石山のみならず、かなり広範な地域にわたって経済活動をしていたようである。たとえば、越前国史生から造東大寺司主典に転じた後も越前国とは経済的な繋がりを持っており[55]、また信濃国との密接な関係を伝える文書[56]や、近江国での営田活動を推測させる文書[57]も散見する。断片的ではあるが、雄足の行動範囲の広さを知ることができる。しかしながら、これをもって彼の「私経済」の広範な展開を見るのは早計であろう。というのは、石山での場合を見たように、雄足の「私経済」は彼の職掌や権限に依拠して機能しうるものであったからである。従って、越前国や信濃国との関係、近江国での営田活動なども雄足の職務とのかかわりで考えてみる必要がある。このうち、越前国については、史生離任後も、東大寺領荘園の経営に関与していたと推測されている。しかし、史料的な制約があるため、信濃国や近江国との関係も造東大寺司主典の任務にかかわるものかどうか、確認することは困難である。そこで充分とは言えないが、雄足の経歴をふりかえることによって、こうした広範な経済活動が可能になった環境を抽出してみることにしよう。

三　安都雄足の政治的環境

1　雄足の経歴

　安都雄足の経歴については第一節で少し言及したが、ここで改めて概観してみると表6のようになる。これによると、越前国史生に任命された数年間、造東大寺司を離れていた時期がある。しかし、岸俊男氏によれば、それは東大寺造営の経済的基盤になっていた越前国東大寺領荘園の経営に参画させるためのものであった[58]。つまり、この

表6　安都雄足の経歴

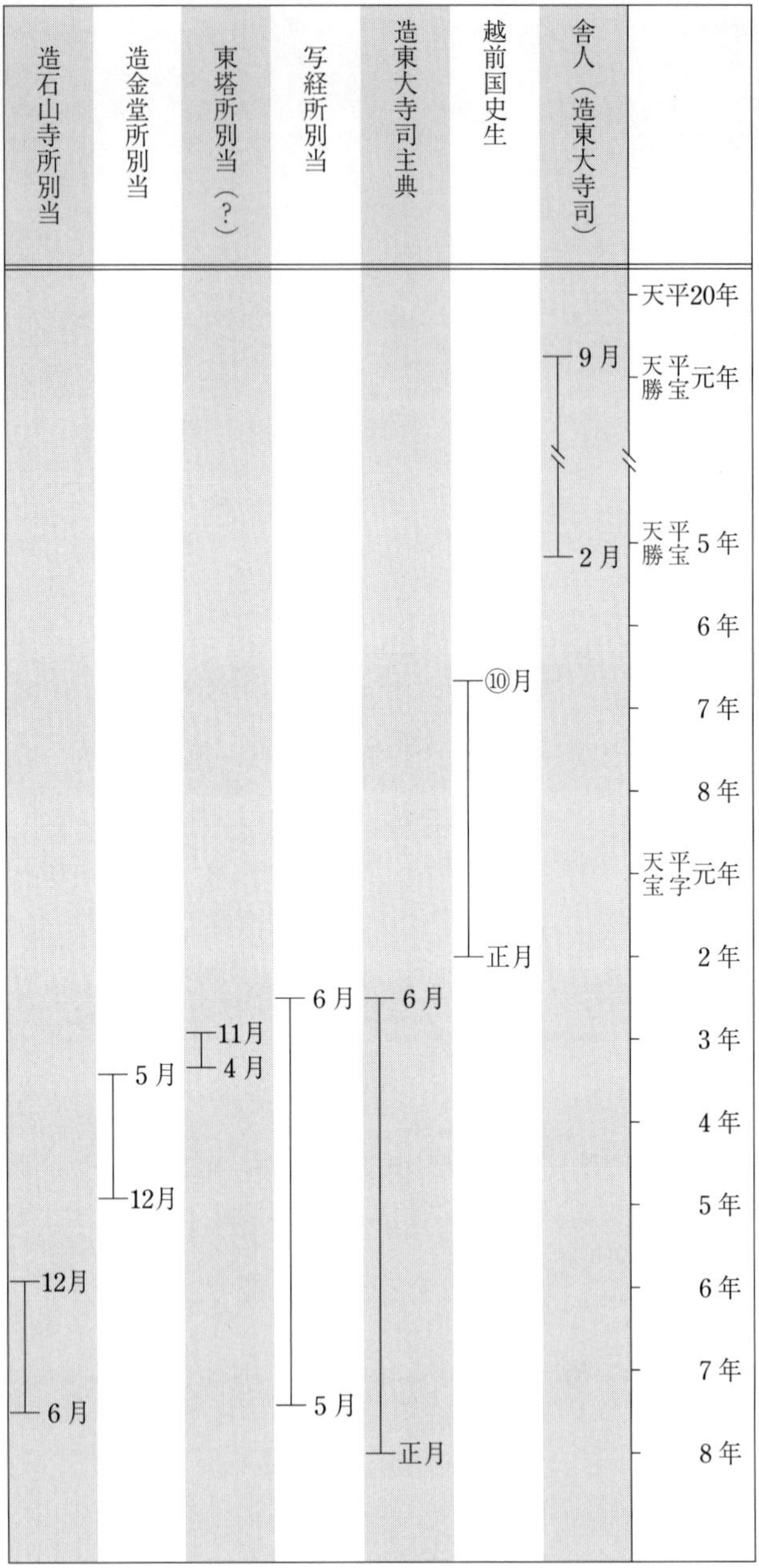

＊在職期間は、各職名を帯びて文書に初出する時点から最終の時点までをもって示した。『大日本古文書』の巻・頁数でその初出と最終をあげると、舎人は十ノ二七六、九ノ六一二、越前国史生は四ノ二九、二五七、造東大寺司主典は十一ノ三四七、十六ノ三六二、写経所別当は十一ノ三四七（その職務内容から推定）、十六ノ三八三、造石山寺所別当は、四ノ五三一、五ノ四四四。東塔所別当（?）については、本文一の2を参照。また、造金堂所別当については、福山敏男「奈良時代に於ける法華寺の造営」（同『日本建築史の研究』所収、本文註（7）参照）を参照した。なお、越前国、東塔所との関係は離任後も継続していたと考えられるが、これについては表示しなかった。

約一六年間の雄足は、造東大寺司に所属もしくは深いかかわりを持つ官人として、写経や造営事業、荘園経営に尽力していたわけである。

天平二十年（七四八）七月ごろ金光明寺造物所より発展して成立したこの造東大寺司は、天平勝宝九歳（七五七）七月の橘宿禰奈良麻呂の乱前後にはすでに藤原朝臣仲麻呂の権勢下に属していたと考えられている。また、仲麻呂一派は、東大寺領荘園のあった越前国に国司としてその勢力を浸透させてゆくので[59]、**表6**にあげた雄足の経歴は、こうした当時の政治状況と無縁でなかったことは明らかである。従って、雄足のおかれていた環境を見るには、この藤原仲麻呂政権との関係に注目する必要がある。そこで、このような観点から彼の経歴を見ると、造東大寺司主典となった天平宝字二年（七五八）以降が注意される。つまり、仲麻呂の動向と密接な関係を持つようになるからである。

たとえば、**表7**にまとめた天平宝字年間の写経所の書写状況[60]を見ると、雄足が別当になった二年六月から八月にかけて大規模な写経事業が開始されているのがわかる。これらは、御願の形式をとるものであるが、そのほとんどは仲麻呂宣によるものなので、仲麻呂主導の写経事業と言えるだろう。ここでの雄足はといえば、写経事業を監督する一下級官人にすぎない。ところが、『千手千眼経』一〇〇〇巻・『新羂索経』一〇部二八〇巻・『薬師経』一二〇巻の書写に際して紫微中台少疏池原君粟守が奉じた仲麻呂宣には、「宜仰造東大寺司主典安/都雄足、令奉写」と記されている（天平宝字二年七月四日付「紫微内相宣」続々修八ノ一、四ノ二七四）。書写を宣するにあたり、その責任者を指名するのが一般的であったかどうかは不明とせざるをえないが、このような事例は管見ではここが最初である。それ故、雄足が指名されたということは、彼がいかに仲麻呂に重用されていたかを伝えるものと考えてよいだろう。こうした傾向は、光明皇后発願の法華寺阿弥陀浄土院金堂造営の別当に任ぜられたことからも察せられ

表7　天平宝字年間における写経所の写経状況

経名・巻数	宣の年月日・宣者	写経期間	出典
金剛寿命陀羅尼経一〇〇〇巻（書写は六二五巻）	元年九月十九日　紫微内相（藤原仲麻呂）	元年九月～十月	三ノ六一一～六一二、四ノ二四二
諸仏集会陀羅尼経四〇〇巻		元年九月～十月	四ノ二四二
四分律三部一八〇巻		二年二月～四月	三ノ六一二
金剛般若経一〇〇〇巻	二年六月十六日　紫微内相（藤原仲麻呂）	二年六月～十月	十三ノ二三八～三三一、十四ノ二五七
千手千眼経一〇〇〇巻・新羂索経一〇部二八〇巻・薬師経一二〇巻	二年七月四日　紫微内相（藤原仲麻呂）	二年七月～十一月	四ノ二七四、十三ノ三五七～四六三
金剛般若経一二〇〇巻	二年八月十六日　紫微内相（藤原仲麻呂）	二年八月～三年四月	十四ノ一～二六、二五八
大般若経第一巻	二年八月十九日　善福師	二年八月ヵ	十三ノ四一八
法花経四五部三六〇巻・金剛般若経四五巻・理趣経四五巻	四年正月十一日　太師（藤原仲麻呂）	四年正月～三月	十四ノ二八八～三〇四、三六七
一切経三四三三巻（書写は七四〇巻）	四年二月十日　太師（藤原仲麻呂）	四年閏四月～六月	十四ノ三六五～三六六、四一〇～四一一
法花経一部八巻・梵網経一部二巻・阿弥陀経一巻	四年二月二十日ヵ　大野内侍	四年二月～三月ヵ	二十五ノ三六五、十四ノ三一二～三一三
最勝王経一部一〇巻・星宝陀羅尼経一部一〇巻・仏頂尊勝陀羅尼経一巻	四年三月九日　内侍印八麻中村	四年三月～四月	十四ノ三六九～三七二、三七九～三八〇
法花経一部八巻	四年四月一日　内侍印八麻中村	四年四月	十四ノ三七七～三七九、三八五
灌頂経一部一二巻・梵網経一部二巻	四年閏四月一日　内侍印八麻中村	四年閏四月	十四ノ三八七～三八九、三九四
称讃浄土経一八〇〇巻	四年六月七日	四年六月～八月ヵ	十四ノ四〇九～四一〇
周忌斎一切経五二七一巻（書写は五三三〇巻）		四年八月～五年五月	十五ノ六三～六九、五二～五七
※大仏頂陀羅尼経一〇巻・随求即得陀羅尼経一〇巻	三年九月二十七日ヵ	四年十月ヵ	十四ノ三四九～三五八、四ノ四三二～四四〇

△大般若経一部六〇〇巻		六年二月～十二月	五ノ五六、十五ノ二四五～二五四、十六ノ一一八
△観世音経一〇〇巻		六年六月	十五ノ二四五～二五四、十六ノ一一八
△理趣経二巻		六年六月ヵ	十五ノ二四五～二五四、十六ノ一一八
灌頂経一二部一四四巻	六年十一月二十一日　法勤尼	六年十一月～七年正月	十六ノ一一四、一七二
大般若経二部一二〇〇巻	六年十二月十六日　少僧都慈訓	六年十一月～七年四月	五ノ二九九～三二七、十六ノ五九、三七六
仁王経疏	六年十二月二十日　弓削禅師（道鏡）	六年十二月～閏十二月	十六ノ一〇六
仁王経疏五部二五巻	六年閏十二月七日　弓削禅師（道鏡）	六年閏十二月～七年二月	十六ノ三一九～三二一
金剛般若経二〇巻・最勝王経二部二〇巻		七年三月～四月ヵ	十六ノ一六九～一七〇
梵網経二〇部四〇巻・四分僧戒本一〇巻・四分尼戒本一〇巻	六年八月十三日　因八麻仲村	七年二月～六月	十六ノ三六〇～三六二
法華経二部一六巻	七年二月二十五日　大僧都（良弁）	七年二月～三月	十六ノ三六二、三三六～三三九
最勝王経一一部一一〇巻・宝星陀羅尼経一部一〇巻・七仏所説神呪経三部一二巻・金剛般若経六〇〇巻	七年三月十日　法師道鏡	七年三月～六月	五ノ四〇二～四一一、十六ノ三六七～三七一
法華経二部一六巻・顕無辺土経一〇〇〇巻		七年三月～六月ヵ	十六ノ三四七～三五二
仁王経疏一部五巻	七年四月十七日　法順尼	七年四月	十六ノ三三二、三七五～三七六
十一面神呪経三〇巻・十一面観音神呪経一巻・孔雀王呪経七巻・陀羅尼集経二巻	七年六月三十日　法師道鏡	七年七月	五ノ四四七～四四八、二十五ノ三四一
※法華経一部八巻		〔七年七月〕	十六ノ四一〇～四一一
※阿弥陀経一〇巻		〔七年七月〕	十六ノ四一一～四一二
※梵網経二〇部四〇巻・四分僧戒本一〇巻・四分尼戒本一〇巻		〔七年八月二十八日〕	十六ノ三四一～三四二、二十五ノ三三九～三四〇、十五ノ八一～八二、七九～八一、十六ノ四一九～四二〇
※心経一〇〇〇巻	七年十二月二十四日	〔七年十二月二十五日〕	十六ノ四二五～四二七

大般若経一部六〇〇巻	八年七月二十八日　大臣大禅師（道鏡）	八年八月～十二月	五ノ四八八、十六ノ五〇五～五一四、五六四～五六六
観世音菩薩授記経三巻・観世音三昧経三巻	八年十月二十九日　僧正（良弁）	八年十一月	十六ノ五六一～五六二、五ノ五〇八

＊経名に付した△印は、写経所が石山に遷ったときの写経を、※印は、写経所で予算書が作成されたものの、実際の作業は他所で行なわれたと見られる写経を示す。「写経期間」に示した（　）内の日付（一部推定）は予算書のもの。これらの写経の詳細については、山本幸男『写経所文書の基礎的研究』（吉川弘文館、二〇〇二年）、および本書第六章・第七章を参照。

るが、ここで注目したいのは、**表7**を見ればわかるように、東塔所への出向期間を含め雄足がこの金堂造営に従事していた二年十一月末から三年十二月にかけての時期には、写経所の書写量が極端に減少していることであり、写経所の事務も担当しだした四年正月からは再び写経が活発化する、という点である。この四年の写経事業も仲麻呂主導のものと考えられるので[61]、雄足の写経↓造営↓写経（造営）という専従対象の変化は、専制独裁を固めた藤原仲麻呂の関心が奈辺にあるかを物語るものであろう。

前二節でとりあげた石山寺の造営も仲麻呂首唱による保良宮遷都に付随したものであり[62]、雄足は再び造営事業に従事する。しかし、このときには写経所も石山に遷され、『大般若経』などの書写が行なわれているので[63]、彼はこれにも関与した。またこの当時、保良宮はまだ完成しておらず[64]、一方、奈良では平城宮の修築も行なわれていた[65]。先に、この石山の雄足には木材供給の任務があったことを指摘したが、それはこうした仲麻呂の施策に起因する木材需要を満たすための一翼を担うものであった、と考えられるのである[66]。このように石山の雄足には、造営・写経・木材供給という任務があったわけで、この一六年間の中では最も繁忙な時期であったと言えるだろう。

以上、雄足の経歴を概観し仲麻呂政権とのかかわりを略記したが、これより、正八位上という下級官人でありながら、時の専権をふるった藤原仲麻呂の諸施策と密接な関係を持ち、与えられた任務を忠実に遂行する、という雄足の姿が浮かび上ってくる。それは、彼自身が良官能吏であったためであろう。しかし、これがかえって雄足の運命を決することになったのではないか。つまり、雄足は、功封三〇〇〇戸と功田一〇〇町を賜わり鋳銭・挙稲と恵美家印の使用を許可された藤原仲麻呂家(67)という巨大な家産組織の中に組み込まれてしまったのではないか、と思われるのである。以下、その理由を述べておく。

2　雄足と仲麻呂家

まず注目したいのは、石山寺の造営がほぼ終了してからの雄足の動向である。天平宝字六年（七六二）九月ごろ奈良に戻った雄足(68)は、造石山寺所の残務整理を行なっていたが、十二月になると石山から再び奈良に戻った写経所で二部『大般若経』などの写経事業にも従事した。これも仲麻呂主導のものであった(69)。しかし、このころになると当時の政界の状況が写経所にも反映されてくるようになる。たとえば、先の**表7**に見える『灌頂経』一二部一四四巻と『仁王経疏』五部二五巻の書写事業がそれである。二部『大般若経』と併行して行なわれたこの写経事業は、孝謙太上天皇の側近と思われる法勤尼と道鏡の宣によって開始されているように(70)、これまでの仲麻呂主導のものとは異なっているのである。

周知のように、藤原仲麻呂の擁立する淳仁天皇と、孝謙太上天皇との関係は、道鏡の内裏進出がきっかけとなって天平宝字六年五月に決裂(71)し、仲麻呂の専権も次第に揺らいでくるが、右にあげた同年十二月の写経所の状況には、孝謙・道鏡勢力の台頭がうかがわれる。このような政治情勢の変化は雄足にも及んでくるように思われる。たとえば、翌七年三月十日になると『最勝王経』以下七三二巻（七〇〇巻経）の書写事業が内宣によって開始されるが、この内宣には「仰根道令奉写件／経」とあり、しかも道鏡が奉宣して写経所に伝えているのである（天平宝字七年三月十日付「法師道鏡牒」正集七、五ノ四〇二）。雄足が別当であったにもかかわらず、根道にこの写経事業の監督を指示したのは、仲麻呂派の雄足を排除するという政治的な意図があったからであろう。そして、こうした動きに呼応するかのように、その後の雄足は、四月二十三日に二部『大般若経』の書写事業が終了（天平宝字七年四月二十三日付「東大寺奉写大般若経所解（案）」続々修四ノ十二、十六ノ三七六）すると、これ以降写経事業に関与しなくなり、六月十五日ごろまで造石山寺所の残務整理に従事（たとえば、天平宝字七年六月十五日付「東大寺造石山院所返抄（案）」続々修十八ノ四、五ノ四四四）した後、翌八年正月に嶋院への奉請使になった（「奉写梵網経幷四分律充本帳」続々修十ノ十一、十六ノ三六二）のを最後に、史上よりその姿を消すのである。一方、道鏡らによって写経事業の監督を指示された根道、すなわち判官正六位上葛井連根道は六月には写経所別当になっている（天平宝字七年六月三日付「東大寺奉写経所上日文案」続修四十八裏、十六ノ三三〇）。しかし、七〇〇巻経の書写が六月末に終了すると、写経所の構成員が大幅に減少し[72]、これ以後、写経機能が低下してしまうのが注意される。

雄足が四月二十三日以降写経事業に従事しなくなったのは、孝謙・道鏡勢力の台頭によるものと思われる。しかし、これによって写経に関する彼の豊富な知識や経験が無用の長物となったわけではないだろう。実は、この雄足の動向と前後して次のような興味ある状況が現われてくる。それは、藤原仲麻呂家が造東大寺司より大量の経典を借用し書写を行なっていることである。

表8は、仲麻呂家が造東大寺司より経典を借用したことを伝える記事をまとめたものである[73]。これによると、天平勝宝四年（七五二）七月に『一切経目録』を借用しているので、仲麻呂家では一切経の書写事業が行なわれていたようである。写経に必要な本経は、この他に諸寺や他の王臣家（貴族の家）からも借用していたと考えられるの

表8　藤原仲麻呂家の造東大寺司よりの借経状況

天平勝宝元年8月4日	論三部三八巻・雑一〇巻	二十四ノ一九三
2年4月21日	論疏一部一五巻・論一巻	十一ノ一一、二二五
3年4月16日	大小乗経目録二巻	三ノ五四七
4年7月18日	論二部・論疏・一切経目録	三ノ五八四
（4年10月22日）	論疏一巻	十二ノ三八一
5年2月2日	論一〇部四九巻・論疏一部三巻	四ノ九二
5年6月21日	経一巻	四ノ九五
5年8月10日	論三部	四ノ九七
5年11月10日	論疏一部一三巻	三ノ六四三
5年12月12日	論五部二六巻・経疏四部一七巻	三ノ六四四
6年8月12日	経一部八巻・論二部六巻・経疏一〇部二〇巻・論疏一一部七一巻・賛二部四巻・記一部一二巻（合一二一巻）	三ノ六五〇
6年10月29日	経疏二部二八巻・論疏一部二巻	三ノ六五三
7年3月24日	注経二部三八巻	十三ノ一五一
8年5月8日	経疏二部八巻	十ノ三三〇
8年6月4日	論疏一部一〇巻	十ノ三三〇
天平宝字7年4月16日	経疏二部八四巻	十六ノ三七三
7年7月1日	経疏二四部九一巻・論疏一六部七九巻・その他六三部二二一巻（合三九一巻）	十六ノ四〇〇
（7年7月？日）	疏二七二巻	十六ノ四〇五
8年正月17日	経疏二部三五巻	十六ノ四一八

＊出典はいずれも『大日本古文書』。

で、この表は仲麻呂家の借経状況の一端を伝えるにすぎないものかもしれない。しかし、天平宝字七年四月以降の場合を見ると、これまでとは違って大量の経典が借用されているので、当時の仲麻呂家では何らかの方針にもとづいて新たな写経事業が開始されたと推測されるのである。(74)

天平宝字七年四月二十三日以降、雄足は写経所の事業に関与しなくなり、七月になると写経所の構成員が大幅に減少するという事実と、右に見た仲麻呂家による大量の借経という動きを勘案してみると、雄足は配下にいた何人かの写経生（経師）を率いて仲麻呂家の写経事業に参加したのではないか、と思われてくる。

前記のように、雄足が仲麻呂の諸施

策と密接な関係を持っていたことを念頭にすれば、こうした行動をとる可能性は充分あったと言える。といっても、これは予測であり確たる証拠があってのことではない。しかし、次にあげる造東大寺司に出された「造円堂所牒」(正集四十五、五ノ四六三)は、この予測が唐突でないことを示してくれるだろう。

造円堂所牒　造東大寺司
請画機二具長一丈広五尺　(別筆)「備張麻縄」
右、依仁部卿宣、所請如件、故牒、
天平宝字七年十二月廿日正七位下行鼓吹大令史賀陽臣(自署)「兄人」
外従五位下行右虎賁佐葛井連(自署)「根主」
(別筆)「依請判許　判官葛井根道」

福山敏男氏によれば、ここに見える造円堂所とは、宇智郡にあった前山寺(藤原南家の菩提寺で後に栄山寺と称される)の八角堂造営を担当した機関であり、しかも仲麻呂家(藤原恵美家)の経営にかかるものであった[75]。つまり、造円堂所とは、造東大寺司のように国家寺院を造営するような公的機関ではなく、仲麻呂家という家産組織内に設置された私的な造営機関であったというわけである。画機の所請を宣した仁部卿とは仲麻呂の子、参議従四位下藤原恵美朝臣朝獦であったこと[76]、王臣家の下部組織が公的機関に文書を発給した例が他にも確認できること[77]などから、福山氏の考えは首肯しうると思う。

このように、右の文書が仲麻呂家の私文書であるとすれば、次にその署名者が問題になる。この文書の性格からして家司の署名が予想されるが、賀陽臣兄人と葛井連根主が家司でなかったことは署に見える職掌より明らかであろう[78]。また、彼らの所属する鼓吹司や右虎賁衛(右兵衛府)は造営とは無関係な官司であるので、本司の指示による出向とは考えられない。ということは、仲麻呂家は本主仲麻呂との私的な繋がりをもとに彼らを私寺（前山寺八角堂）造営のために家産組織に組み込んでいたことになるのである。

こうした仲麻呂家と律令官人とのかかわりを伝える史料は、この他に確認することはできない。しかし、天平宝字七年十二月という時点にこのような事例が見えるということは、先にあげた予測の一つの裏付けにもなるだろう。

次に仲麻呂家と雄足の関係を伝える史料をあげてみると、前節で見た(H)の記事、すなわち雄足が「保良大師殿」へ杉を屋主に付して送るように「安都四郎所」に指示しているのが注意される。これについては、造石山寺所別当の雄足には保良に木材供給を行なう任務もあったことを示す史料と解釈したが、それはまさに仲麻呂家への供給を主眼とするものであったのであろう。この他、年未詳正月二十六日付「安都雄足牒」に見える次の記事も参考になる（続々修十八ノ四裏、十五ノ三一三）。

一差采女山守給銭、欲走遣若江持根、奴縄
　一荷許白、又宜芹一荷許、川骨一荷許、惣一駄
　右、為貢大殿門切要、迄照状、不過明日馳遣、
　　但他人莫知、返来日、月廿九日以前可収、必々、

本文書は首欠であるが、造東大寺司、恐らく雄足の配下の案主に送られたものと思われる[79]。文意は、「『大殿門』に白の奴縄一荷、宜しき芹一荷、川骨一荷を貢じたいので必要とする。采女山守を差して銭を給すので、明日中に若江持根を馳せ遣して買わせよ」ということであろう。福山氏は、ここに見える「大殿門」は仲麻呂にあたると指摘し、雄足は「大師押勝の機嫌をとるための、季節には珍しい贈り物」をしたらしい、と解釈された[80]。そうであるとすれば、仲麻呂家と雄足のつながりを伝える好個の史料になるだろう。

もう一点、天平宝字四年（七六〇）七月二十五日付「丸部足人解」（続々修四十四ノ六裏、十四ノ三六〇）もあげておきたい。これは、山代国久背郡□□郷戸主秦男公らが車三両・馬九匹をもって米五一俵を「西花院」と「田村殿」に進上した時の車馬功注文であるが、ここに見える「田村殿」とは仲麻呂の田村第をさすこと[81]、本文書の作成者である丸部足人は雄足の馬従的な性格を持った人物であることが指摘されている[82]。間接的ではあるけれど、これも仲麻呂家と雄足の関係を伝える史料と見てよいだろう。

以上、仲麻呂家では律令官人を家産組織に組み込んで私寺の造営を行なっていたこと、雄足はこの仲麻呂家と私的な関係があったことなどを指摘した。先に雄足は仲麻呂家の写経事業に参加したのではないかとの予測を提示したが、こうした状況を考慮すればその可能性は高いといえよう。つまり、雄足は仲麻呂家の家産組織に組み込まれていたと考えられるのである。

本節では、雄足の広範な経済活動の事情を知るために、彼のおかれていた環境を抽出しようと試みたが、以上の検討結果より知られるのは、雄足には造東大寺司主典という公務の他に、仲麻呂家の家産活動の一端を担う準公務ともいうべきものがあった、ということである。このような仲麻呂家との繋がりは、いつからのものなのか確定しがたい。しかし、石山の例で見たような雄足の「私経済」、さらには信濃・近江・越前における経済活動は、仲麻呂家との関係を念頭に見る必要があるだろう。特に越前・近江両国は仲麻呂と深いかかわりがあったことは、周知のところである[83]。

史料的な制約があるのでこれ以上の展開はできないが、雄足の経済活動（「私経済」）は造東大寺司主典という職務・権限にのみ依拠していたのではなく、仲麻呂家の家産組織にも繋がりを持っていた、と考えられるのである。

おわりに

本稿では、吉田孝氏の研究に導かれながら、安都雄足の「私経済」の実態に迫るため多くの推論を重ねてきた。そのため分析視角は限定されたものとなり、吉田氏が指摘された造東大寺司の財政運用に官人の経済活動が機能していたという点については言及できなかった。しかし、本稿で確認した雄足の「私経済」からすれば、官人の経済活動（「私経済」）は高く評価できないであろう。つまり、雄足のそれは自律的な展開をなしていたとは思えず、自らの職掌や権限に大きく依存していたからである。鬼頭清明氏は官人の経済活動について、それは律令官衙財政に依拠し規制され従属させられていたと述べられているが[84]、本稿の確認点からしてもこの見解は支持されると思う。

次にもう一点指摘したいのは、雄足のような下級官人と仲麻呂家のように権力の中枢部に位置する上級官人の家産組織、すなわち王臣家との関係である。経済的政治的な利害を介して成立するこの関係は、律令制の枠を超える私的なものであるが、これは雄足のみならず他の中・下級官人にも確認されるものと思われる。従って、官人の経済活動を見るには王臣家との繋がりに留意する必要がある。このことは、官人の側から見れば、自らの職掌・権限と上級官人（王臣家）との関係をいかに活用するかが経済活動の成否の鍵になる[85]、ということになるだろう。

このように官人の経済活動は、律令制に依拠する側面とその枠外に依拠する側面とから把握すべきであると考える。本稿では、安都雄足という一下級官人をとりあげ、彼の「私経済」にはこの両側面があることを指摘したが、その具体的な考察は今後の課題とせざるをえない。

安都雄足は仲麻呂家との関係を密にすることによって、下級官人としての活路を開いていった。しかし、それは仲麻呂と運命を共にすることを意味した。こうした雄足的な官人の存在、さらには彼らを家産組織に吸収していった仲麻呂家の動向、この両者を動的にとらえることによって天平期の政治史は律令国家の一断面をより具体的に描けるのではないかと思う。

註

（1）吉田孝「律令時代の交易」（同『律令国家と古代の社会』所収、岩波書店、一九八三年。初出は一九六五年）、岡藤良敬「正倉院文書の世界」（同『日本古代造営史料の復原研究』所収、法政大学出版局、一九八五年。初出は一九七九・八〇年）。なお、雄足の経歴については後掲の**表6**を参照。

（2）たとえば、岸俊男「越前国東大寺領庄園をめぐる政治的動向」「越前国東大寺領庄園の経営」（以上、同『日本古代政治史研究』所収、塙書房、一九六六年。初出はいずれも一九五二年）、松原弘宣「越前国東大寺領荘園における『所』」（『日本史研究』一六六、一九七六年）、藤井一二「初期庄園の経営構造」（同『初期荘園史の研究』所収、塙書房、一九八六年。初出は一九七八年）など。

（3）前掲註(1)吉田論文。以下、特に断らない限り吉田氏の見解はすべてこの論文による。

（4）「律令時代の交易」に先行する「奈良時代の官人と交易」（『日本史の研究』四五、一九六四年）では、「私家経済」と表現されている。

（5）これについては本稿第二節3を参照。

（6）鬼頭清明氏は、官人の経済活動は律令官衙財政に依拠し規制され、それに従属していたと指摘される（同『日本古代都市論序説』一七〇・二二七頁、法政大学出版局、一九七七年）。

（7）石山寺の造営（正確には増改築工事）過程および造石山寺所の諸帳簿・公文書（『大日本古文書』編年文書所収）などの復原は、福山敏男「奈良時代に於ける石山寺の造営」（同『日本建築史の研究』所収、綜芸舎復刻、一九八〇年〈初版は一九四三年〉。論文の初出は一九三三～三五年）、岸俊男「但波吉備麻呂の計帳手実をめぐって」（同『日本古代籍帳の研究』所収、塙書房、一九七三年。初出は一九六五年）及び岡藤良敬『日本古代造営史料の復原研究』〈前掲註(1)参照〉に拠った。なお、諸帳簿については、本書第六章に一覧化しているので参照されたい。本稿をなすにあたって参照した福山敏男氏の研究は次の通りである。A「奈良時代に於ける石山寺の造営」〈右掲〉、B「奈良時代に於ける法華寺の造営」、C「栄山寺八角堂の建立年代」〈以上前掲書所収、初出は順に一九三二、三五年〉、D『奈良朝の東大寺』〈高桐書院、一九四七年〉、E「石山寺・保良宮と良弁」、F「栄山寺の創立と八角堂」〈以上二編は同氏著作集二『寺院建築の研究』中巻所収、中央公論美術出版、一九八二年。初出は順に一九七三、五一年〉。以下、これらについては、福山A論文・福山D著書のように略記する。

(8)　『大日本古文書』収載の該当記事が二頁以上にわたるときは、その初出の頁数を記した。

(9)　雑材廻漕については、福山A論文、村尾次郎『律令財政史の研究〈増訂版〉』六八〜八七頁〈吉川弘文館、一九六四年。初版は一九六一年〉、吉田前掲註(1)論文、松原弘宣「奈良時代における材木運漕」〈同『日本古代水上交通史の研究』所収、吉川弘文館、一九八五年。初出は一九七六年〉、岡藤良敬「造石山寺所の請負的雇傭労働力」〈竹内理三博士古稀記念会編『続律令国家と貴族社会』所収、吉川弘文館、一九七八年〉に言及がある。

(10)　造石山寺所の立替分が、「銭用帳」では三貫三二〇文であるのに対し、(B)では一貫八〇文になっている事情については明らかでないが、作物所からの六貫文が廻漕の途中で〈たとえば宇治津で〉支給されたことによるものだろう。この点については、註(9)にあげた岡藤論文を参照されたい。

(11)　椙榑二九四材の進上注文である天平宝字六年正月二十七日付「高嶋山作所解」〈続修二十七、五ノ七二〉には、別筆で「又収納弐拾村、主典宅　検納雄足」と記されている。なお、この収納を正月五日のこととするが、これは二月五日の誤りと思われる。吉田前掲註(1)論文参照。

(12)　天平宝字六年九月九日付「椙榑漕送功銭注文」〈続修四十一、五ノ二七八〉。この「注文」は、残材廻漕に便乗した東塔所椙榑六〇〇材の漕料注文と考えられているが、本稿では岡藤氏の指摘〈前掲註(9)論文〉に従い、この廻漕とは別途に運漕された東塔所椙榑材の注文と理解する。

(13)　吉田氏は「雄足の宅」を勢多庄内に求めているが、松原弘宣氏は庄に隣接した地点にあったとされる〈「東大寺領勢多庄をめぐって」前掲註(9)著書所収。初出は一九七七年〉。いずれとも判断しがたいが、これについては後掲の註(54)を参照。

(14)　天平宝字六年三月ごろと思われる「造石山院所解案」（続々修十八ノ三、十五ノ一七四）には、仕丁生部石代が「東塔所高嶋山作人」と見える。
(15)　福山D著書二七～三四頁、井上薫『奈良朝仏教史の研究（再版）』五二七～五二九頁（吉川弘文館、一九七八年。初版は一九六六年）。
(16)　天平宝字六年二月、三月の「造東大寺司解（案）」（告朔）断簡によると木工所の作物として東塔歩廊の構作があげられており（続々修三十八ノ九、五ノ一二六、続修後集三十三、五ノ一九〇）、実質的な造営は木工所が行なっていたことが知られる。これより推測すれば、東塔所とはその建築資材の調達を主要な機能とする機関ではなかろうか。また、作物所とは造物所と同一のもの（造石山寺所を作石山寺所と記すように作と造は並用される。たとえば天平宝字六年正月三十日付「作石山院所解案」続修別集四十八裏、十五ノ一四六）で、造東大寺司の恒常的機関と思われる。この造物所（作物所）は、写経所に経軸を納入し（「写千巻経所銭幷紙衣等納帳」続々修四十三ノ五、十三ノ二四九）、造石山寺所を介して漆を購入したりしている（天平宝字六年正月二十三日付「造石山寺所牒案」続修別集五裏、十五ノ一四〇）が、その具体的な機能は不明である。なお、田中嗣人氏が指摘されるように、造物所は造仏所とは別の機関と見るべきだろう（同『日本古代仏師の研究』一四九～一五〇頁、吉川弘文館、一九八三年）。
(17)　造東大寺司主典としての初出は、天平宝字二年六月十九日付「造東大寺司牒案」（続々修三十四ノ十裏、十三ノ二四一）である。
(18)　これらの写経事業については、山本幸男『写経所文書の基礎的研究』第一章「天平宝字二年の御願経書写」（吉川弘文館、二〇〇二年）を参照。
(19)　福山D著書二九～三〇頁。「御願経奉写等雑文案」にある天平宝字四年四月二十九日、閏四月五日、十二日の「東塔所解案」（続々修十八ノ六、十四ノ三八六、三八九、三九〇）には、坂田池主が領として署を加えている。
(20)　この「注文」の背面に相当する文書は、天平宝字六年六月の「石山院奉写大般若所解案」「石山院木工進上文案」「造石山院所解案」など（正集六裏、十五ノ二一六～二一八）。
(21)　「米雑物等請充幷借銭帳」に見える天平宝字二年十月六日付「安都雄足借銭注文」（続々修四十三ノ七、十四ノ五一）によると、雄足は石山領秦稲持に三貫七六八文を借給しているので、東塔所との関係は十月ごろまで遡れそうである。しかし、ここでは出向した時点をもって関係の開始と見ておく。

(22) 福山B論文。この他、藤井一二「法華寺の造営と寺領」（前掲註(2)著書所収。初出は一九七三年）にも言及がある。

(23) 以上の諸点については福山B論文を参照した。

(24) 福山D著書によると、大仏殿の造営は天平宝字元年にはほぼ終わり、二年には天井・廂・須理の彩色作業にかかっていた。また、講堂は天平勝宝八歳にはほぼ完成、食堂の造営は天平宝字二年から着手された（四一、五〇、五九頁）。東塔造営は西塔が落成した天平勝宝五年より継続して行なわれているので、天平宝字二年段階では最も事業規模の大きなものといえるだろう。

(25) この他、天平宝字四年十月十六日付「随求壇所解（案）」（続修別集二十九、四ノ四三三）には、東塔所に米・末醬・海藻などを融通したことが記されている。この「解（案）」の署は写経所案主の上馬養であるので、これも雄足との関係によるものであろう。

(26) これについては、天平宝字六年正月〜四月の「田上山作所告朔」（続修後集三十二、十五ノ三四四〜三四八、続修別集三十一、五ノ七七〜八三、一一四〜一二四、一四八〜一六〇、二二一〜二二九、続々修四十二ノ五、十五ノ四六三〜四六五）、同五年十二月・同六年正月、三月・四月の「造甲賀山作所告朔」（続修三十九、五ノ八五〜九四、九五〜一〇二、続々修四十五ノ六、十五ノ四六二）を参照。

(27) 松原弘宣「古代における津の性格と機能」（大阪歴史学会編『古代国家の形成と展開』所収、吉川弘文館、一九七六年）によれば、瀬多津は平城京への材木漕運をになう琵琶湖・瀬多川水系の重要な津であった。

(28) 前掲註(26)にあげた四月の「田上山作所告朔」には、檜榑二一材を「別当所」に給したことが見える。これが雄足の私材に当たるかどうか即断できないが、後述のように「別当所」「主典所」とある場合は雄足の執務所をさすと考えるので、この二一材は私材ではないと判断する。

(29) たとえば、造石山寺所の「解移牒符案」より田上山作所に作材の指示や進上を催促した回数をあげると、正月一回（続修後集二十八裏、十五ノ一四三）、二月六回（続修別集四十八裏、続々修十八ノ三、十五ノ一四七〜一五二、

続修二十八裏、十五ノ一五五）、三月二回（続修四十八裏、続々修十八ノ三、十五ノ一五八～一六一・一六三・一六六～一六八・一七〇～一七四・一七七～一七九）、四月四回（続々修十八ノ三、続修後集三十三裏、十五ノ一八三・一八五・一九〇・一九四）となる。「解移牒符案」の復原は本書第六章を参照。

(30) 奈良に銭・食米・雑食物を請求する三月十三日付「造石山寺所啓案」（続々修十八ノ三、十五ノ一六五）には、「若不充者、必作手可停止」「若請物不給、自常雇役人等／皆悉散往」とあり、危機的な状態が述べられている。

(31) 「解移牒符案」によると、五月一日付で造物の停止を伝える「符」が田上山作所に下され（続々修十八ノ三、十五ノ一九八）ている。なおこの帳簿には、これ以降作材を指示する「符」は見えない。

(32) 「銭用帳」によると、六月十九日以降、必要経費は「経所仕丁等功銭内」「銅工功内」「経所米売価内」などから借用されている（続々修四十三ノ九、十五ノ四四八～四五〇、続修別集三十二裏、続修二十九裏、五ノ三六二～三七一、続々修四十三ノ九、十五ノ四四四～四四六）。

(33) 『大日本古文書』は「工木（木工カ）功内」とするが、「写真」によれば、「木」は「等」とも読めるので、本文のように注記した。

(34) 石山寺造営の決算報告書ともいうべき天平宝字六年閏十二月二十九日付「造石山寺所解（案）」（「秋季告朔」）によると、購入した榲榑六八二材は六六八材が使用され、残りの一四材は「蘊岐板百枚（准榑榲レ十四材為材入目録）」と記されている（続修三十六裏、十六ノ二〇二～二〇五）。また、足庭作工一六四〇人半の内訳には、「十二人割榲榑五百九十村」と見える（続修後集三十四裏、五ノ三四五）。

(35) 西山良平「奈良時代『山野』領有の考察」（『史林』六〇―三、一九七七年）では、「主典宅」の工は建築ばかりでなく伐木にもかかわっていた可能性が大きい、と推定されている。

(36) 『大日本古文書』では、当該部分を「長一丈二尺」とするが、「写真」より「長一丈三尺」と訂正した。

(37) 福山D著書二九頁。

(38) 岡藤前掲註(9)論文。

(39) 西山前掲註(35)論文。

(40) 福山B論文。

(41) 天平宝字六年正月十八日付「物部東人解」には、朱の異筆で「経所停」と記されている（続修二十九、五ノ六五）。なお、奈良から石山に遷された写経所の活動については、横田拓実「奈良時代における石山寺の造営と大般若経書写」（石山寺文化財総合調査団編『石山寺の研究』一切経篇所収、法藏館、一九七八年）および本書第六章・第七章を参照。

(42) 吉田前掲註(1)論文。

(43) 「解移牒符案」には、六年正月（続修後集二十八裏、十五ノ一四五）、三月〜十月（続々修十八ノ三、続修後集三十三裏、続修四十六裏、同四十七裏、同二十六裏、十五ノ一七五、一九二、二二二、二一七、二三〇、二四五、二四七。八月分は『大日本古文書』未収のため、岸前掲註(7)論文による）の各「上日注文」がある。

(44) 『大日本古文書』未収。岸前掲註(7)論文による。

(45) 『続日本紀』天平宝字五年十月己卯条には「為レ改二作平城宮一、暫移而御二近江国保良宮一」との詔が見え、同六年五月辛丑条には「高野天皇（孝謙太上天皇・引用者注）与レ帝（淳仁天皇・同）有レ隙、於レ是、車駕還二平城宮一」と記されている。

(46) 「秋季告朔」によれば、石山寺の造営期間は、五年十二月十四日〜六年八月五日となっている（続修後集三十四裏、五ノ三五三）。

(47) 詳細は不明だが、この「注文」は、雄足の任務の一端を彼の一族の者が請負っていたことを伝えるものであろう。

(48) 以上の経緯については、吉田前掲註(1)論文に詳しい。

(49) 吉田氏は、この岡田を山背国の恭仁の近くの岡田か近江国の勢多近くの岡田かのいずれかとし、そこで雄足は私営田を経営していたと指摘される。

(50) 渤海大使高麗大夫とは、天平宝字五年十月二十二日（癸酉）に遣高麗（渤海）使に任ぜられた（『続日本紀』）造東大寺司の前次官高麗朝臣大山をさす。「食物用帳」では、六年三月二十八日に米一斛を「奉充」（続修別集二十裏、十五ノ三八八）、四月十四日に米二斛を「借充遣」（続々修三十八ノ九、十五ノ三九五）と見える。「奉充」とは造石山寺所が大夫所に米を支給した意ともとれるが、「借充遣」と同じく借用分の米を返却したことを伝えるものと解した。天平二年の「越前国正税帳」には「送渤海郡使人使等」の食料が支出されている（正集二十七、一ノ四三八）ので、大山らは越前から出国する前に、しばらく勢多にあった近江国衙付近に滞在していたのであろう。また、寺刀自倉人女は石山寺にいた女性と思われる。上寺は石山寺をさす（福山A論文、吉田前掲註(1)論文）と考えられるが、福山D著書では、上寺は上院とも称されるので東大寺の羂索院をさすのではないかとする（七九～八二頁）。一方、松原弘宣「実忠和尚小論」（『続日本紀研究』一七七、一九七五年）では、上院（上寺）は東大寺三綱側の石山寺造営における出先機関であったと見る。いずれにしても、東大寺と石山寺は本末寺の関係にあるので、奈良から送られた米は石山寺に収納されていたと思われる。従って、米の貸与主体は奈良にあったとしても、実際は石山寺から受理したものであろう。

(51)　木村徳国『古代建築のイメージ』（日本放送出版協会、一九七九年）によると、上代の建築にはヤとトノがあり、ヤはわが国の伝統的建造物一般をさすのに対し、トノ（殿）は中国から導入された建築様式をさすという。また木村氏によれば、ヤを語頭・語尾にもつ多くの建築関係語が生まれており、漢字の家・宅があてられるヤカもその一つである（第I部第四、六章）。この他、吉田孝「イヘとヤケ」（前掲註(1)著書所収。初出は一九七六・七八年）参照。

(52)　たとえば、播磨国租米の進納状況を雄足に問う天平宝字六年二月十日付「大尼公所牒」（続修四十三、五ノ一〇六）の宛先は「阿刀主典所」になっている。といっても「〇〇所」がすべて官人らの執務所にあたるとは思えず、単に〇〇の所という場合も当然ありうる。従ってここでは、執務所である蓋然性が高いと考えておきたい。

(53)　鬼頭清明氏は、越前国史生であったとき雄足の館には公廨稲が配分保管され、それを出挙稲として運営することによって雄足自身の利潤をあげていた、と指摘されている（前掲註(6)著書一六二頁）。勢多の「雄足の宅」に収納されていた私米は、こうした出挙利稲の一部なのであろう。

(54)　松原氏は、雄足は「宅」を拠点として石山寺の造営・勢多庄の管理も行なっていたと指摘されている（前掲註(12)論文）。しかし、石山寺の造営については、造石山寺所の政所があるのだから雄足はそこで執務をしていたと見るべきだろう。また、「宅」が勢多庄を管理していたといえるかどうか、関係史料は見出だせなかった。ただ松原氏が言われるように、この庄が石山寺造営のために設置されたものであるならば、機能的な面においては「雄足の宅」と一線を画すべきだろう。従って、「雄足の宅」が庄内にあらねばならない必然性はないわけで、松原氏の指摘されるように庄外に、恐らく隣接して設置されていたと見た方がよいだろう。

(55) 天平宝字三年五月二十一日付「足羽郡書生解」（正集六、四ノ三六六）には、去年の米として七斛五斗を「安都宅」に進上したと記す。この他、同二年八月十一日付「越前国司牒」（正集六、四ノ二八七）、同三年五月十日付「道守徳太理啓」（続修四十六、四ノ三六五）など。

(56) 「造石山寺写経所食物用帳」によると、天平宝字六年八月二十三日には雄足の宣により信濃使に白米二斗が支給され、九月一日にはさらに白米一斗が下されている（続々修三十八ノ八、十五ノ四七五、四七八）。この他、（天平宝字五年ヵ）十二月十四日付「安都雄足用銭注文」（続々修十八ノ三裏、十六ノ五七）。

(57) 「銭用帳」によると、天平宝字六年九月五日には田上の田直料五〇文を主典にかわって造石山寺所が立替えている（続々修四十三ノ九、十五ノ四四四）。この他、同六年十一月一日付「米銭請用注文」（続修四十一、五ノ二八五）、「食物用帳」同年五月三日条（続々修三十八ノ九、十五ノ四一一）など。

(58) 岸俊男「越前国東大寺領庄園をめぐる政治的動向」（前掲註(2)参照）。

(59) 岸俊男「東大寺をめぐる政治的動向」（前掲註(1)参照）および前掲註(58)論文。

(60) 本表作成にあたっては、薗田香融「南都仏教における救済の論理（序説）」（同『日本古代仏教の伝来と受容』所収、塙書房、二〇一六年。初出は一九七四年）にまとめられている天平年間における間写経一覧を参照した。天平宝字年間の写経については、山本前掲註(18)著書を参照。

(61) 『法華経』一部八巻などの書写を宣した内侍印八麻（因八麻、稲蜂間）連仲村女は、天平宝字五年正月二日（戊子）に外従五位下、同七年正月九日（壬子）には従五位下を授けられた（『続日本紀』）。仲村女は孝謙太上天皇の側近であったが、この四年段階は孝謙と淳仁天皇の不和が生じる前なので仲村女は親仲麻呂派と思われる。なお仲村女については、野村忠夫『後宮と女官』一五二～一五三頁（教育社、一九七八年）、須田春子『律令制女性史研究』六九～七〇頁（千代田書房、一九七八年）参照。

(62) 瀧川政次郎「保良京考」（同『京制並に都城制の研究』〈法制史論叢第二冊〉所収、名著普及会、一九八六年復刻。初版は一九六七年。初出は一九五五年）では、石山寺の造営（大増築）は北京保良京鎮護の道場たらしめるための荘厳化であった、と指摘される。

(63)　これについては、横田前掲註(41)論文参照。
(64)　『続日本紀』天平宝字六年正月庚辰朔条には「廃朝、以二宮室未レ成也」とある。
(65)　『続日本紀』天平宝字五年十月乙卯条には、保良宮遷都の理由を「為レ改二作平城宮一」とする。
(66)　雄足の任務が仲麻呂の施策と密接な関係を持っていたことに注目すれば、保良宮の造営は天平宝字三年十一月十六日（戊寅）より開始されている（『続日本紀』）ので、雄足の東塔所運営への参加は法華寺阿弥陀浄土院金堂造営のみならず、この保良宮造営にもかかわるものであったのかもしれない。
(67)　『続日本紀』天平宝字二年八月甲子条。
(68)　造石山寺所の「解移牒符案」に見える天平宝字六年十月二十八日付「石山奉写大般若所解案」（続修二十六裏、十五ノ二四七）によると、十月の上日報告には雄足の名が記されていない。
(69)　山本前掲註(18)著書第三章「天平宝字六年～八年の御願経書写」を参照。
(70)　これらの写経事業については、栄原永遠男「奉写大般若経所の写経事業と財政」（同『奈良時代写経史研究』所収、塙書房、二〇〇三年。初出は一九八〇年）に詳しい分析がある。
(71)　『続日本紀』同年五月辛丑条。
(72)　「解移牒符案」の天平宝字七年正月～十二月の写経所上日報告（「経所解案」等）を見ると、正月～六月は一四～九人の出仕であるのに対し、七月～十二月は四～三人となっている（続修二十裏、十六ノ三二六～三二八、続々修十八ノ四、五ノ三八六l10～三八七、日名子文書、五ノ三九九、続修四十八裏、十六ノ三二八～三三〇、続修四十七裏、十六ノ三八二～三八四、続々修二十四ノ五、十四ノ三六四～三六五、続修四十八裏、十六ノ三三〇～三三一、続々修十八ノ七裏、十六ノ三三一～三三二l3、続修五十裏、十六ノ三三二～三三四）。
(73)　本表作成にあたっては、堀池春峰「藤原仲麻呂と前山寺」（同『南都仏教史の研究』〈遺芳篇〉所収、法藏館、二〇〇四年。初出は一九五七年）にまとめられている藤原仲麻呂家写経関係文書一覧、岸俊男『藤原仲麻呂』一三六～一三八・三七六～三七七頁（吉川弘文館、一九六九年）の仲麻呂家写経関係年表をそれぞれ参照した。仲麻呂家の写経事業については、栄原永遠男「藤原仲麻呂家における写経事業」（同『奈良時代の写経と内裏』所収、塙書房、二〇〇〇年。初出は一九九九年）に詳しい。

(74) 薗田香融「恵美家子女伝考」（同『日本古代の貴族と地方豪族』所収、塙書房、一九九二年。初出は一九六六年）では、これらの写経事業は仲麻呂の三男訓儒麻呂の宅で恵美一族全体の事業として経営されていた、と指摘する。

(75) 福山E、F論文。

(76) 堀池前掲註(73)論文。

(77) たとえば、天平十一年五月十八日付「北大家写経所啓」（続修四十五、二ノ一七〇）など。この点については山本幸男「八世紀における王臣家発給文書の検討」（『ヒストリア』八九、一九八〇年）参照。

(78) 賀陽兄人はここだけなので、葛井根主の経歴を見ると、天平宝字五年十月己卯に外従五位下に叙せられたあと、同八年正月二十一日（己未）に備中介、同年十月十一日（甲戌）に阿波守、神護景雲二年二月十八日（癸巳）に衛門大尉、延暦四年正月十五日（辛亥）に伊予守に、それぞれ任命されている（以上『続日本紀』）。

(79) 本文書の背面は天平宝字七年二月十八日付「造東大寺司石山院所牒案」（続々修十八ノ四、五ノ三八六）。

(80) 福山E論文。

(81) 岸俊男「藤原仲麻呂の田村第」（前掲註(2)著書所収。初出は一九五六年）。

(82) 波々伯部守「防閤と馬従」（横田健一先生還暦記念『日本史論叢』所収、一九七六年）。

(83) たとえば岸前掲註(73)著書参照。信濃国については、親仲麻呂派と思われる忌部宿禰鳥麻呂が天平宝字元年七月八日（甲寅）に信濃守に任ぜられているのが参考になる（『続日本紀』、河合ミツ氏の御教示による）。また同五年正月十六日（壬寅）には、仲麻呂の二男真先が美濃・飛騨・信濃按察使に、女婿の御楯が伊賀・近江・若狭按察使にそれぞれ任命されている（『同』）。仲麻呂にとって信濃国は軍事的拠点であったのであろう。

(84) 鬼頭前掲註(6)著書一七〇・二二七頁。

(85) 直木孝次郎「難波使杜下月足とその交易」（同『難波宮と難波津の研究』所収、吉川弘文館、一九九四年。初出は一九八一年）では、難波の交易使となった下級官人がきびしい監督の目をくぐって商業活動をいとなみ、わずかながらも利潤を積立てていた姿が描かれている。職務・職権を利用した官人の経済活動は、このように小規模なものであったのだろう。

〔付記〕

本稿が発表されてから以降の安都雄足をめぐる主要な研究として、小口雅史「安都雄足の私田経営――八世紀における農業経営の一形態――」（『史学雑誌』九六―六、一九八七年）、関根淳「藤原仲麻呂と安都雄足――岡寺をめぐる考察――」（『続日本紀研究』三〇四、一九九六年）、山下有美『正倉院文書と写経所の研究』第二章「写経機構の内部構造と運営」（吉川弘文館、一九九九年）、同「安都雄足――その実像に迫る試み――」（栄原永遠男編『古代の人物3・平城京の落日』所収、清文堂、二〇〇五年）、市川理恵「造石山寺所関係文書からみた安都雄足の官司運営」（同『正倉院文書と下級官人の実像』所収、同成社、二〇一五年。初出は二〇一四年）などが出されている。雄足が造東大寺司主典の地位にあったころの分析が増えつつあるようだが、それは当該期の厖大な写経・造営関係史料の研究が進展し、雄足の動向をより具体的に系統的に辿れるようになってきたからであろう。その意味で、雄足の全体像を提示すべき時期に来ているように思われる。

第二章　天平宝字二年造東大寺司写経所の財政運用
——知識経書写と写経所別当の銭運用を中心に——

はじめに

天平宝字二年（七五八）の造東大寺司写経所では、二月ごろに『四分律』三部一八〇巻が書写されたあと、六月から十一月にかけて併せて三六〇〇巻に及ぶ写経事業が行なわれた。六月十六日宣による『金剛般若経』一〇〇〇巻（以下、千巻経と称す）、七月四日宣による『千手千眼経』一〇〇〇巻・『新羂索経』一〇部二八〇巻・『薬師経』一二〇巻（以下、千四百巻経と称す）、八月十六日宣による『金剛般若経』一二〇〇巻（以下、千二百巻経と称す）の書写がそれである。[1] 六月には、安都宿禰雄足が越前国史生から造東大寺司主典に転じ写経所別当になっているので、[2] この三六〇〇巻の御願経書写は写経所の体制を新たにして行なわれた如くである。[3] しかし、この年の写経所では、御願経とは別に九月ごろから官人・僧侶らの知識『大般若経』も書写されていた。それは、写経所の持つ出版的機能に彼らが依拠するものであったが、[4] その結果、後述するように写経所には内裏・紫微中台（坤宮官）・造東大寺司から支給された御願経書写料とは別に知識経書写料が集積されることになった。[5] 本稿の課題は、この知識経書写料の行方を検討し、当時の写経所財政の具体相に接近することにある。

写経所の所管官司である造東大寺司の財政運用については、天平宝字六年の造石山寺所の事例や、写経料のすべてが綿で支給された同年末の二部『大般若経』の書写事業が先学によって注目され[6]、造東大寺司の財政運用には下級官人の経済活動が機能していたと指摘されている。しかし、この官人の経済活動の性質については評価の分かれるところで、官人の「私経済」、すなわち私富と私的な経済活動が官司の財政運用の基礎になっていたかどうかという観点から議論がなされている[7]。前稿（本書第一章）では、造東大寺司の実務官人の一人である安都雄足の「私経済」なるものの実態を検討し、これが造東大寺司の財政運用の基礎になっていたとは評価できないことを指摘した。

しかし、官司の財政運用と下級官人の関係は、こうした「私経済」の比重如何といった問題のみに帰せられるのではなく、官人の持つ実務能力が財政運用にいかに具現されていたのかという観点からも考えるべきであろう。そのためには、財政運用の内実を再現する作業を積み重ねる必要があるが、本稿はこの課題に迫るための個別研究でもある。

まず、知識『大般若経』書写の様相をとりあげ議論の糸口をつかむことにしたい。

一　知識『大般若経』書写と写経所

1　知識『大般若経』書写

知識『大般若経』の書写を見る上で重要な意味を持つのは、天平宝字二年（七五八）八月二十八日付「造東大寺司解（案）」（続々修十八ノ三裏、四ノ二九七〜二九八、続修別集四十七、四ノ二九三〜二九六）である。この文書の首部は欠けているが、ここには造東大寺司次官以下の官人、それに大舎人・舎人・散位・留省・未選ら合計四六人の歴名が記されており（後掲表1参照）、「以前、応参入奉写大般若経之例人／等歴名、申挙如前」という文言で締めくくっている。同年九月二十三日付「造大殿所解」には、右の歴名に見える八人の官人が「奉写知識之般若経料」を進上したことが記されている（続々修四十四ノ六裏、二十五ノ二三九〜二四〇）ので、この「造東大寺司解（案）」は、知識『大般若経』の書写に参加すべき官人名を列挙した報告書と見ることができる。つまり、官人らに知識として『大般若経』の書写に奉仕することを求める命令が、これ以前に出されていたわけである。

この知識『大般若経』の書写については松平年一氏の紹介があり、天平勝宝八歳（七五六）の「大殿」（松平氏は保良宮と見る）建築のときに出された『大般若波羅蜜多経』六〇〇巻書写の命が、どういうわけか二年後の天平宝字二年にいたって実施されたもの、と指摘されている。[8] しかし、書写の命が天平勝宝八歳に出されたという確証はなく、また「大殿」建築との関連も不明なので、松平氏の見解は正鵠を射るものとは思えない。[9] むしろ、天平宝字二年八月ごろの政治情勢を勘案してみると、書写の命を天平勝宝八歳に求めなくてもよさそうである。

たとえば、『続日本紀』の天平宝字二年八月丁巳（十八日）条には大史（陰陽寮）の奏を受けて出された勅があり、水旱・疾疫の災を除くため天下諸国の男女老少、文武百官人らに「諸仏之母」である「摩訶般若波羅蜜多」の念誦を命じているのが参考になる。この八月は、皇太子大炊王が即位して淳仁天皇となり（一日〈庚子〉）、藤原朝臣仲麻呂が太政官を舞台に独裁的な政治を展開する時期でもあった。[10] 仲麻呂政権は、人心の掌握と統制をはかるために右のような命令を発したと思われるが、知識『大般若経』の場合も同じような効果が期待できたであろう。つまり、『大般若経』も仏教の根本法典であって災除のために書写された事例があり、[11] 官人を知識として写経に参加させることは彼らの統制にも有益であったと思われるからである。この勅が出された翌十九日に善福師宣があり、『大般若経』第一巻が奉写されたことが「千手千眼幷新羂索薬師経等充本帳」（続々修八ノ四、十三ノ四一五〜四一八）に

表1　天平宝字二年八月二十八日付「造東大寺司解（案）」に見える知識歴名

官	知識	巻数	銭(文)	紙(張)	備考
（長官	欠？）				
次官	従五位下　高麗大山	九一	二五〇		
判官	外従五位下　河内画師祖足	九二	二九〇		
	外従五位下　上毛野真人	九三		二〇	
主典	正六位下　下日佐若麻呂	九四	三〇〇		
	正六位上　葛井根道	九五	三〇〇		
	従六位上　美努奥麻呂	九六	三〇〇		
	従六位上　阿刀酒主	九七	三〇〇		
	正八位上　安都雄足	九八			
大工	外従五位下　益田縄手	九九	三〇〇		△
長上	正六位上　路虫麻呂	一〇〇	三〇〇	一一	
	正六位下　土部七忍	一〇一	二五〇	二〇	△
史生	正七位下　川原人成	一〇二	一三〇		
	従七位上　土師名道	一〇三	二五〇	二〇	
	正八位下　委文伎美麻呂	一〇四	三〇〇		△
	正八位下　阿刀与佐美	一〇五	二五〇	二〇	△
	正八位下　河内画師年継	一〇六	二五〇	二〇	
	従八位上　麻柄全麻呂	一〇七	二九〇		
	（欠）	（一〇八）			
	大初位上　秦益倉	一〇九	布一端		
	大初位上　土師男成	一一〇			自写
	大初位上　賀陽田主	一一一			私奉写
番上	少初位上　今来人成	一一二			私外奉写
	无位　高乙虫	一一三	三〇〇		
造仏司主典	従六位下　志斐麻呂	一一四			私外奉写

見えている。この奉写記事は、御願経の充本記事と併記されているので、これも御願によるものと考えられるが、知識『大般若経』書写の発令主体である天皇自らが知識となり、第一巻の書写に奉仕したことを伝えるものであろう。

このように、官人を知識として『大般若経』書写に参加させる命令（勅）[12]は天平宝字二年八月十八日ごろに出されたと考えられる。各官司はこれを受けて前記の「造東大寺司解（案）」の如く参加者名簿を提出し、内裏ではこれをもとに官人らに写経担当巻数を割り当てたものと思われる。知識となった者は、もちろん自弁で写経を行なわねばならなかったが、造東大寺司官人の場合を見ると、その多くは写経所に依頼していた。前記の「造東大寺司解（案）」には、各官人名の下に巻数番号（朱記）とともに書写依頼の有無、書写料

			四七	九八〇〇	二五一	
木工寮長上	正六位上	猪名部百世	一一五	二五〇	二〇	△
左大舎人	正七位上	建部広足	一一六			自写
	従七位下	能登忍人	一一七	二五〇	二〇	自写
	正八位下	玉手道足	一一八	二九〇		
	従八位上	能登男人	一一九			自写
	少初位上	日置広庭	一二〇	二五〇	二〇	△
	少初位上	塩屋男光	一二一	三〇〇		
右大舎人	少初位上	伊部子水通	一二二	二九〇		
坤宮官舎人	正八位下	他田水主	一二三			自写
散位寮散位	正八位下	雄橋石正	一二四	二九〇		
	正八位下	勝部小黒	一二五	二五〇	二〇	△
	従八位上	葛井荒海	一二六	二九〇		
	従八位上	大石阿古麻呂	一二七	二九〇		
	従八位下	上馬養	一二八	一三〇	二〇	
	従八位下	坂本上麻呂	一二九	三〇〇		
	大初位上	田中国足	一三〇	二五〇	二〇	△
	大初位下	阿閇乙麻呂	一三一	二五〇	二〇	
	少初位下	守苌麻呂	一三二	二九〇		
武散位	大初位下	竹田真弓	一三三	二九〇		
留省	従八位下	鴨僧麻呂	一三四	三〇〇		
未選		息長常人	一三五	二九〇		
		暑田部国勝	一三六	三〇〇		
		筑紫虫麻呂	一三七	二九〇		
		（計）	四七	九八〇〇	二五一	

＊本文書は二断簡よりなり（四ノ三九七～三九八、二九三～二九六）、第一断簡は第一〇七巻まで、第二断簡は第一〇九巻以降である。第一〇八巻の部分は切断のときにでも欠失したのであろう（松平年一「知識写大般若経と大殿の建築」『日本歴史』三三三〈一九七六年〉参照）。なお、備考欄の△は同二年九月二十三日付「造大殿所解」（二十五ノ二三九）にも見える官人である。

が注記されている。このうち、**表1**はそれらをまとめたものである。長官の坂上忌寸犬養[13]と第一〇八巻担当者は史料欠失のため不明、安都雄足はこの注記の作成者なので巻数以外は空白になっているのであろう。本人が書写する自写・私奉写、本経（底本）を借用して他所で書写を行なう私外奉写[14]を除くと、この表では三八人の官人が写経所に知識経の書写を依頼したことになる[15]。その場合の書写料は、銭三〇〇文か、銭二五〇文・紙二〇張のいずれかで支払うことになっていたようである[16]（**表1**参照）。

写経所に依頼したのは造東大寺司の官人だけではなかった。写経を求める書状、各種公文書の注記の中で知識経の書写と判断されるものを集めて整理すると**表2**のようになる。これによると、合わせて七〇巻余りの書写依頼が外部からあったこと、また僧侶も知識に

表2　知識経書写依頼の一覧（天平宝字二年）

年月日	依頼者	巻数	写経料	依頼先	出典
2年8月30日	坤宮・安宿弟見	五五	銭三〇〇文	東寺前越殿辺	同日付安宿弟見啓（四ノ二九七）
9月4日	左虎賁衛・為奈豊人	五六九		東大寺第五座下	同日付為奈豊人啓（二十五ノ二三五）
9月10日	真人	（一巻）	紙二〇張	写経所	同日付知識写大般若経料紙進送文（二十五ノ二三六〜二三七）
	久治良	（一巻）	紙二〇張		
	田次万呂	（一巻）	紙二〇張		
9月14日	坤宮・葛木戸主	（一四巻）	銭三貫六四八文	阿刀曹官尊者	同日付葛木戸主状（十四ノ六三）
2年9月14日／18日	内舎人・榎井祖足	一八五	布一端、紙二〇張	男黒尊侍者	14日付榎井祖足・弓削秋麻呂啓（四ノ三一五〜三一六）
	石川宿奈万呂	一八九	布一端、紙二〇張		18日付弓削秋麻呂・榎井祖足啓（二十五ノ二三八〜二三九）
	内舎人・弓削秋麻呂	一九〇	布一端、紙二〇張		
（以下は諸文書に注記されるもの）	武部少・安都佐官	三三八	布一端		2年8月28日造東大寺司解（案）（四ノ二九六）
	宮・安宿史生	（一巻）	銭二五〇文		9月23日造大殿所解（二十五ノ二四〇）
	左大史・美努智万呂	（一巻）	銭三〇〇文		9月23日唐僧恵雲状（二十五ノ二四二）
	内侍・大段（分）	（一巻）	布一端		人々大般若帳（十四ノ二二五）
	鴨娘	（一巻）	布一端		
	忍海娘	（一巻）	布一端		
	大僧都・良弁	（一巻）	調布二端、庸二段、銭三〇〇文		9月10日知識写大般若経料紙進送文（二十五ノ二三七）
	慈福師	（一巻）			
	安寛師	（四〇巻）			
	平栄佐官		銭一〇〇文		「間銭下帳」（十四ノ二〇三、**表4**参照）
9月1日／3日	三嶋監物	（一巻）	銭三〇〇文		2年8月18日東寺写経所経師召文（十三ノ四八八）
	田中大夫	（一巻）	銭三〇〇文		
	宮・上毛野大疏	（二巻）	銭四〇〇文		
	宇自可少疏		銭一〇〇文		

＊この他に、第一一三巻の書写を指示する「氏名闕状」（続々修四十四ノ六裏、二十五ノ二三二）が見える。

参加していたことがわかる。このように写経所に書写依頼が集中するのは、「葛木戸主状」によれば、「経師清好、皆／在寺家」からであった（続々修四十四ノ六裏、十四ノ六三）。それ故、写経能力を持ちあわせていない官人・僧侶は、責務を果たすためにツテなどを頼って東大寺や造東大寺司・写経所の官人らに写経の斡旋を求めたわけである。その結果、写経所には、彼らの料銭が集積されることになった。

一方、書写命令が出されたころの写経所の状況を見ると、六月十六日宣による千巻経と、七月四日宣による千四百巻経の書写事業が終盤にさしかかり[17]、また八月十六日には新たに千二百巻経の書写が命じられていた（天平宝字二年十一月十五日付「造東寺司写経目録案」続々修十八ノ六裏、十四ノ二五七〜二五八）。しかし、この写経事業はすぐには開始されず、一カ月余り後の九月十九日になってようやく経師が召集され書写作業が開始されている（〈天平宝字〉二年九月十五日付「安都雄足牒」続々修四十六ノ九、十四ノ六四）。この千二百巻経書写が遅延した理由は定かでないが、その一つに経師の確保が難航した点があげられると思う。たとえば、八月十九日付の「東寺写経所召文（案）」を見ると「写始　御願／経、未畢輙退」いた経師が追喚されている（続修四十三、四ノ二九〇〜二九一）ように、先行する二度の写経事業の書写作業が終わると、写経所を離れて本司に戻る経師が多かったのである。

このように、八月の後半になると写経所では経師が不足し、新たに宣された千二百巻経書写事業の開始が遅延したものと思われる。従って、知識経の書写もすぐには行なわれなかったわけである。ところが、九月三日〜十八日の「食口帳」（続々修四十ノ五、十六ノ五〜九）には経師らの日別の食口・用米が見えており、その内訳にある経師数には「美乃命婦」「義部省」「弁官」との注記があって、それぞれ区別しているのが注意される[18]。ここに、それぞれの単口数をあげてみると「美乃命婦」八人、「義部省」八八人、「弁官」一七人となる。こうした注記は、経師らの所属を明らかにするためのものと思われるが、ともかくこの間に写経所では書写が行なわれていたのである。しかし、千二百巻経書写は前記のように九月十九日より開始され、またこのころに御願経の書写を命じる宣も出されていないので、これは私願経の書写をさすと見てよいだろう。つまり、美乃命婦[19]（本人もしくは依頼を受けた経師）、義部（刑部）省や弁官に所属する経師（官人）らが写経所に出向し、私願経を書写していたと考えられるのである。

彼らが写経所を利用しえた理由は明確でないが、九月五日付の千巻経・千四百巻経書写の布施注文である「東寺写経所解（案）」（続修別集二十、四ノ三〇一～三一一）に経師として義部省中解部従六位上韓国毛人、同史生大初位上韓国千村、右弁官史生少初位常世馬人の名が見えるのが参考になる。恐らく写経所に出仕する彼らが、別当の判許を得て何人かの同僚とともに写経所で書写を行なったのであろう。それは時期的に見て、彼らに割り当てられた『大般若経』を書写するためであったと思われる。前掲の**表1**に自写と記された官人が幾人かいたが、彼らも義部省や弁官の官人らと同様に写経所施設を利用して、知識経を書写したのであろう。これらは能筆と自認する官人らの対応と見ることができる。

以上、知識経の書写をめぐる官人らの動向を略記した。写経所ではこの他に本経の貸し出しも行なっていた[20]ので、『大般若経』のかなりの部分の書写が写経所の機能に依拠して行なわれていたことになる。別当安都雄足は、こうした知識経を差配し、九月十九日以降は千二百巻経書写の合間をぬって漸次知識経を処理していったものと思われる。

2　写経料銭の運用

天平宝字二年九月以降の写経所には、知識経の書写を依頼する官人らの料銭が集積されることになったが、次にその用銭状況を検討しておこう。これについては同年十一月七日付の次の二つの注文、すなわち、造東大寺司官人

（表1参照）に他司官人の依頼分を加えた合計四〇巻の「写経料銭用注文」（「司幷人々大般若経料銭用幷所残注文」続々修四十四ノ六裏、十四ノ二三五～二三六）と、葛木大夫（戸主）所が一括して依頼した一四巻分の「写経料銭用注文」（「上馬養大般若経布施注文」続々修四十四ノ六裏、十四ノ二三八）が有益である。これらは、いわば大口の写経分ということになる。表3は、右の二つの「注文」をまとめたものである。このうち、葛木大夫所の送付した写経料銭はこの三貫六四八文がすべてであったが、造東大寺司の場合は経師料が含まれていないので実際はこれより多額である。葛木大夫所の例を参照して一巻分の経師料を一三〇文と見るならば、四〇巻の経師料は五貫二〇〇文で造東大寺司の写経料は合計一〇貫三一五文ということになる。[21]

この表3で注目したいのは、残銭がそれぞれに生じていることである。[22] これらは、必要経費を差し引いた余剰分ということになるので、本来ならば知識の官人らに返却すべき銭であった。ところが、後掲表4から知られるように、これらの銭は十一月七日以降も写経所に留められたままになっているのである。ということは、写経所では当初より余剰分、すなわち〝利益〟を見込んで写経料を確定し受領していたことになる。ここで試みに、表3より一巻あたりの写経料に見込まれた〝利益〟を算出してみると、経師らの浄衣・筆・墨は造東大寺司官人らの納める写経料で賄われたとするならば、（2095＋

表3　知識経書写料銭の用銭

	司幷人々大般若経料（四〇巻）	葛木大夫所大般若経料（一四巻）
写経料	五貫一一五文（一〇貫三一五文）	三貫六四八文
浄衣料	一貫七三〇文	
筆墨料	三八五文	
経師料	（五貫二〇〇文）	一貫八二〇文（人別一三〇文）
装潢料	五〇三文	一六八文
校生料	四〇二文	一四八文
残　銭	二貫　九五文	一貫五一二文

表4　「間銭下帳」（天平宝字二年）

日付	下銭	内訳	用途
A			
10月20日	一貫七三〇文	司幷他司人々等大般若料	経師等浄衣料絁幷布等直料
22日	二五〇文	司大般若料	奉写金剛般若経師等筆直料
26日	一二五文	司幷人々大般若料	金剛般若写料筆直料
28日	九〇文	｛四二文　葛木大夫所 　四八文　司大般若料	装潢阿刀水通下充
29日	二〇文	司大般若料	筆一管直
11月3日	一貫一三一文	｛八五七文　司幷人々大般若料 　二七四文　葛木大夫所大般若料	四五五文　装潢料　四〇二文　校生料 一二六文　装潢料　一四八文　校生料
B			
7日	一一〇文	｛一〇〇文　平栄佐官殿般若料 　一〇文　弓削内舎人般若料	薪一〇荷買直
9日	七貫	別当	｛六貫一六四文　奉写金剛般若経々師等布施料 　七二七文　人々奉写大般若経々師等布施料 　一〇九文　即借用　別当
10日	四一四文	葛木大夫所	奉写玄蕃助石川大夫之方広経一部三巻経師等布施料、借下充
11日	五五文	人々食物代	薬五升直
13日	五九文	人々食物代	菁奈四束、大根五把、春芥子半升直
15日	一〇〇文	金剛般若布施料	遣伊賀山所勝屋主、下充

	20日	三貫七二〇文	二〇〇〇文 人々大般若料 一〇〇〇文 別当 六〇〇文 先残 一二〇文 内侍等残	嶋院返上料
C	22日	八文	人々食物代	末醤并塩買料
	29日	二貫	一〇三六文 葛木大夫所 九六四文 上馬甘布直	即借用別当、右依主典宣
	30日	九四七文	知識	付勝屋主、右依主典宣
	12月21日	二六〇文	（知識？）	大般若二箇巻料

＊A断簡…十四ノ二〇一～二〇二、背面は白紙。B断簡…十四ノ二〇三～二〇四、背面は天平宝字二年十月十二日付「東大寺写経所請銭注文」（四ノ三四五～三四六）。C断簡…十五ノ四五二*l*13～四五三、背面は（天平宝字二年）「写方広経経師等布施注文」（続々修四十三ノ九裏、十四ノ一九七）。この文書は、表中の十一月十日条に見える借用銭を注記するので、十一月十日ごろに作成されたものと考えられる。

1512）÷54≒67という結果を得る。つまり、支払われた一巻分の写経料約二五九文（（10315＋3648）÷54）のうち二五％余りが、〝利益〟として写経所に残るのである。といっても、これは試算なので一つの目安にすぎないが、こうした余剰銭が写経所に保管されていたことが重要である。

知識経はこの他に五〇巻余りが書写されたと考えられるので、少なくとも七貫文余りの銭が写経所に残ったはずである。では、このような銭はその後どのように取り扱われたのであろうか。これを見る上で注目されるのは、題籤に「間銭下帳」と記された往来軸を持つ「東大寺写経所間銭下帳」（続々修四十三ノ十一、十四ノ二〇一～二〇二、続修四十三裏、十四ノ二〇三～二〇四、続々修四十三ノ九、十五ノ四五二*l*13～四五三）である。この文書は管見では三断簡からなるもので、第二と第三の断簡の接続は確定しがたいが、内容的には連続するものと考えられる。[23]

表4は、この「間銭下帳」の記事を日付順にまとめたものである。ここにあげた下銭内訳のうち、「司幷他司人々等大般若料」「司大般若料」「人々大般若料」と「葛木大夫所大般若料」とは、**表3**にまとめた五四巻分の写経料に該当する。[24]この両表を比較すると、その写経料は十月二十日～十一月三日に使用されていたことがわかる。[25]つまり、この間に合計五四巻の知識経が書写されたのである。また、この**表4**より、その余剰銭は十一月七日以降も写経所に保管されていたことが知られるだろう。この他、下銭内訳にはいくつかの知識経書写料が見えているが、ともかく官人より徴収された写経料は、「別当」の銭、「人々食物代」[26]等とともに「間銭」として掌握されていたのである。また、この「間銭」とは、写経所本来の事業である御願経書写以外の用途に充当する銭をさしていると見てよいだろう。[27]つまり、当時の写経所では、外部から得た収入を御願経料に混淆させることなく区別して管掌していたわけである。

この「間銭」とされた写経料銭、とりわけその余剰分の取り扱いを「間銭下帳」（**表4**）に見ると、葛木大夫所の場合、玄蕃助石川大夫の『方広経』書写料[28]と別当にそのほとんどが借用されている。まさに、「間銭」として運用されたわけである。しかし、造東大寺司官人らの余剰銭は、これとは異なった取り扱いを受けており、十一月二十日には「別当」の銭、「先残」、「内侍等残」とともに「嶋院返上料」三貫七二〇文に充当されているのが注目される。このうち、「別当」の銭については後述することにして、「内侍等残」とは、これも知識経書写料の余剰銭に該当する。[29]しかし、この日の返上料の性格を知る上で重要な意味をもつのは、「先残」六〇〇文の存在である。

では、「先残」とは何を意味するのであろうか。これについては、十一月二十日ごろに作成されたと思われる「経所雑物見注文」（続々修二十八ノ十四裏、十四ノ一九八～一九九）が参考になる。これは、写経所にあった銭五貫四七文の用・定を記した「注文」であるが、その中に「六百文先経写料用嶋院送料」という項目が見えている。つまり、「先残」とは「先経写料」の遺銭をさすわけである。また十一月七日付「奉写先経料銭用并所残注文」（続々修四十四ノ六裏、十四ノ二三七）によると、「先経料」とは「千手并羂索経等料」に該当するので、(30) より具体的には、それは千四百巻経の写経料遺銭であったことになる。この他、次にあげる「東寺写経所解案」（続々修十八ノ六裏、十四ノ二四七〜二四八）も有益である。

東寺写経〔所〕解　申〔残〕雑物残事

合伍種

銭参貫柒佰弐拾文

米壱拾参斛五斗

小豆伍斗

小麦伍斗

海藻伍拾斤

以云、三度所雑物〔用度〕雑用所残如件、仍具

状、謹解、

天平宝字二年十一月十四日主典安都□□（宿禰）

次官従五位下高麗朝臣　判官一人次官従八位下高麗□

上件雑物、以月廿日、返上嶋院、付三国広山、

以云、三度奉写経料請用雑物并所残如件、仍

注状、謹解、

右の文書は案文なので錯綜している部分もあるが、ここに記された「三度奉写経料」とはこの年の六月中旬以来継続されてきた御願経の書写料を意味する。従って、右の「東寺写経所解案」は、これらの写経事業終了時に作成された報告書と見ることができる。写経所では、ここに記載した残雑物を六日後の二十日に嶋院へ返上したわけであるが、注意したいのはその中に銭が三貫七二〇文含まれていたことである。つまり、この銭の額が先の「嶋院返上料」と一致するのである。それは、この両者が同一の事柄を表現しているからであろう。すなわち、「嶋院返上料」とは御願経書写料遺銭に該当するのである。ただし、その内実は、知識経書写料銭（余剰分）と「別当」の銭で構成されるもので、実際の遺銭は千四百巻経書写料の六〇〇文だけであったわけである。

余剰を見込んで官人より徴収した知識経書写料は、前記のように「間銭」として掌握されていた。つまり、それは、写経所にとって別途な資金であったからである。ところが、その一部は右に見たように御願経書写料遺銭として使用されていたのである。では、何故にこのような措置がとられたのだろうか。それは、写経所では独自に得た収入を所管官司などから支給された写経所本来の財源にも随時充当するという財政運用が、通常行なわれていたかならなのかもしれない。しかし、ここで注意したいのは、「嶋院返上料」には「別当」の銭も含まれていたことである。「別当」、すなわち写経所別当安都雄足は自らの責務を果たすために、このような銭運用を行なったと考えられるが、そこにはいかなる事情があったのであろうか。次にこの点を検討してみよう。

二　写経所別当の銭運用

1　千四百巻経書写料遺銭

写経所別当安都雄足の銭運用を見る上で、有益な材料を提供してくれるのは、天平宝字二年十月五日付の「奉写先後経料交替注文案」（続々修八ノ二十裏、十四ノ一八七～一八八）である。写経所では、この前後に公文書作成や諸物資の出納を掌る案主が佐伯里足から上馬養・勝屋主に交替しているので、これは後任者への事務引き継ぎのために里足が作成した「注文案」と考えることができる。従って、ここには当時の写経所財政の状況が記されているわけであるが、残念ながら銭項目の一部しか見えていない。しかし、これとは別途に作成された案文と思われるものが残っている。「写経布施用度幷食物案帳」と題される文書（続々修四十四ノ七、十四ノ二四二～二四四）がそれである（以下「十月五日交替注文案」と称す）。ここには、写経所が保有する写経料が銭・米・大豆・胡麻別に書き出されており、また公文櫃納物の目録も見えている。次に銭項目の部分をあげておく[31][32]。

合銭十九貫八百九十四文
、二〔四〕貫六百一文〔一百九十五文〕葛木大夫所大般若布施料
、三貫九百卅六文官人幷舎人等〔他司人〕大般若奉写布施料
八貫五百六十文一千二百〔巻経〕奉写経師等生菜幷筆直料
八百六十文可納厨　一百文借用大原国持　、定七貫七百文
八貫四百五十四文先経奉写経料遺
一貫五百文借用義部省　五百六十四文別当所
二百六十文借用佐伯里足　一千二文欠八百文建部広足時 二百二文佐伯里足時

、　見定五貫一百廿八文
　三百七十文人々借用経料食物代

これより、十月五日段階の写経所では、御願経書写料や官人より徴収した知識経料などが用途別にそれぞれ管掌されていた様子が知られるが[33]、ここでとりあげたいのは、「先経奉写料遺」、すなわち前節で指摘した千四百巻経書写料遺銭の運用状況である。

七月四日宣によって開始されたこの千四百巻経書写事業は八月末には終了し、九月五日になると六月十六日宣による千巻経書写と、この写経に参加した経師らへの「布施注文」が作成された（「東寺写経所解（案）」続修別集二十、四ノ三〇一～三一一、「東寺写経所解案」続々修四十四ノ六裏、十四ノ二九～三一、続々修十八ノ三裏、十四ノ三一～四五）が、写経料遺銭や用途残物は返却されることなく写経所に保管されていた[34]。それは、次の千二百巻経書写料が支給されるまでの中継ぎ費として、その後は予備費として運用するための措置であったと思われる[35]。しかし、遺銭の大半は、次に述べるようにこうした写経所の用途には充てられていなかった。

表5は、右にあげた「十月五日交替注文案」と、十月六日以降の遺銭の行方を記した十一月七日付「奉写先経料銭用并所残注文」（続々修四十四ノ六裏、十四ノ二二七）より、千四百巻経書写料遺銭八貫四五四文の運用状況をまとめたものである。それによると、十一月七日までには、遺銭のほとんどが使用され六〇〇文を余すばかりになっ

表5　千四百巻経書写料遺銭の運用

遺銭		八貫四五四文	
		一貫五〇〇文	借用義部省
		五六四文	（借用）別当所
		二六〇文	借用佐伯里足
		三貫七六八文	借用秦稲持
	△	五〇〇文	千二百巻経浄衣料
	△	一五文	雇車賃料
	△	二四五文	雑用
		八〇〇文	欠・建部広足時
		二〇二文	欠・佐伯里足時
残		六〇〇文	

＊△は千二百巻経書写料に使用されたもの。「後金剛般若経料銭下充帳」（続々修四十三ノ八、十四ノ一～一四）の十月十四日条、十一月初の条を参照。

ていたのがわかる。前節で見た「先残」とは、こうした遺銭運用の結果であったわけだが、注意したいのはその内容である。**表5**を見れば明らかなように、御願経料に充当されたのは△印を付した計七六〇文だけで、その他は借用あるいは欠損になっているのである。

では、遺銭の借用とはいかなる性格のものであろうか。これを見る上で有益なのは、「米雑物等請充幷借銭帳」（続々修四十三ノ七、十四ノ四七〜五二、以下「請充幷借銭帳」と略記）である。九紙よりなるこの文書[36]には、**表5**にあげた借銭の事情を伝える「注文」がいくつか存在している。そこでまず、「別当所」の借銭五六四文の例をとりあげてみよう。これについては、次にあげる第8紙の「安都雄足報納銭幷残銭注文」が参考になる。

（所）
報納銭壱拾貫伍伯陸拾肆文
　六貫九百文布施料売物直　白絁二匹直一貫五百文　橡絁四匹直二貫
　　羅絁一匹直八百（文）　庸綿四十屯直二貫六百文
　借用三貫六百六十四文
以十月五日納壱拾貫
　所残伍伯陸拾肆文
右、報納幷残勘注如件、
　　　　天平宝字二年十月五日
　　　　　　　　安都雄足

これは、別当安都雄足が報納すべき銭一〇貫五六四文のうち一〇貫文を納めたことを伝える「注文」であるが、ここで注意したいのは、この結果、雄足の未報納銭が五六四文になっていることである。つまり、表5の借銭とは、彼の未報納銭であったわけである。ということは、右の「注文」に見える報納銭一〇貫五六四文とは遺銭からの借用分ということになるが、これについては検討を要する。報納銭の内容を見ると「布施料売物直」と「借用」に二分されており、報納先が両者異なっているように思えるからである。

その理由を「布施料売物直」に見ると、それは九月の初めに経師らに支給された千巻経・千四百巻経書写の布施料に関連すると思われる。この時の「布施注文」（前掲）を見ると、布施物は溢幡絁・白絁・羅・調綿・庸綿と多種多様であり、この他に銭も支給されているのが注意される。異例ともいうべきこのような布施支給がなされた(37)のは、坤宮官（紫微中台）が布で申請された布施料を銭に換算、さらにそれを右のような価値の異なる絁・羅・綿に准銭して写経所（造東大寺司）に下したからであった（天平宝字二年九月八日付「坤宮官布施充当文」続々修四十四ノ十裏、十四ノ五三～五四）。銭は計算上生じる端数を賄うために支給されたと思われるが、「布施料売物直」とは、この銭を得るために布施物の一部を売却して得た価銭をさすと考えられる。すなわち、九月十二日付の「奉写経所庸綿等沽却銭用注文（安都雄足布施注文）」（続修四十一、十四ノ六二～六三）を見ると、庸綿一〇一屯・羅一匹・橡絁四匹・白絁二匹を曹司、佐伯、建部、上、山らに分配して売却し一〇貫八六五文を得ることになっていたのである。(38)しかし、布施料の支給が急がれたためか、造東大寺司がこの銭を立替え、曹司（別当）らは請負った売却分の価銭を借用する、という形をとったようである。(39)

布施料支給の背景には以上のような事情があったわけだが、これを念頭にすれば、雄足の報納銭にある「布施料売物直」とは造東大寺司に返却すべき銭であったことになる。雄足は、東西市などの流通経済に依拠して請負った布施物を売却し、この日の報納にいたったのであろう。

やや迂遠にわたったが、右の点を確認して再度前記の「注文」を見ると、遺銭からの借用分は「借用」とされた三貫六六四文であること、この日の報納銭一〇貫文は六貫九〇〇文を「布施料売物直」として造東大寺司への返済に充て、残りの三貫一〇〇文を遺銭からの借用分に充てたというわけである。この他、「請充幷借銭帳」第2紙の「本銭所用等注文」（十四ノ四八）によると、別当は御願経料銭から一貫九四四文を借用していた。[40]「借用」の報納銭には、この分が含まれていたかどうか不明であるが、いずれにしても別当が幾度かにわたって遺銭などから借用していたのは事実である。

別当の安都雄足が、この借銭をどのように運用していたのか残念ながら定かではない。しかし、これを私用に充てていたと即断すべきではないだろう。この点については、雄足が銭を報納した翌日に行なわれた秦稲持の借銭の例が参考になる。

『更借給石山領秦稲持参貫柒伯陸
拾捌文
　　　　二年十月六日借受主典安都雄足』
依員、以先所残下充如件、付即秦稲持
　　　　　　　　　　　行上馬養
　　　　　　　　　　　勝「屋主」（自署）
　　　　（『　』は朱筆、以下同じ）

右にあげたのは、表5に見える稲持の借銭を伝える「請充幷借銭帳」第7紙の「安都雄足借銭注文」（十四ノ五一）である。この石山領秦稲持とは、大坂山作領として石作に従事していた人物[41]であるが、雄足との関係は明確でない。しかし、雄足はこの年の十一月二十九日以降写経所を離れて東大寺の東塔造営にかかわったと考えられる[42]こと、稲持のいる大坂山では寺院造営に必要な礎石などの石材が切り出されている[43]ことなどを勘案すると、この両者には、ともに造営事業に関与という共通点が認められる。また、銭三貫七六八文を雄足が借受し、それを稲持に借給するという形をとっていることに注目すると、東塔造営用の石作料の一部にこの銭が充てられたと見ることもできるだろう。それはともかく、借用者は稲持になっているものの雄足がその仲介者になっていること、しかもこうした借銭は、冒頭に「更借給」とあるように、これ以前にもあったことに注意したい。

先に、別当は遺銭などから幾度か借銭していたことを指摘したが、それはこの稲持に対する借受・借給のようなものかもしれない。別当の借銭を私用と即断できない所以でもある。

次に、義部省の場合はどうであろうか。これについては、「九月八日義部省借用銭一貫五百文受解部」と記す「請充并借銭帳」第3紙の「義部省借用銭注文」（十四ノ四八）が該当するが、その事情を見るには、次にあげる第1紙の天平宝字二年九月六日付「韓国毛人啓」が参考になる（十四ノ四七～四八）。

謹啓
　米壱斛
　右、米借請如件、謹啓
　　　天平宝字二年九月六日　韓国毛人
「（異筆）判充
　　　　安都雄足」
『義部省用（借）米合二石二斗二升四合

以九月十二日報納米壱斛　未納一石二斗二升四合
生菜直納銭三百五十二文経師八十八人料　塩一升七合六夕
経師幷仕丁単一百廿三人経師八十八人 仕丁卅五人」

右の「啓」の本文と奥の朱筆はそれぞれ連関しており、これより九月六日の借米の結果、義部省の借用米は二斛二斗二升四合になったこと、そのうち一斛は十二日に報納されたことなどが知られる。また、朱筆には経師らの生菜直料や単口数が記されているので、この借米は義部省にかかわる写経に使用されていたようである。そこで想起されるのは前節でとりあげた義部省官人らの私願経（知識『大般若経』と思われる）書写である。彼らは九月三日〜十八日の間、写経所で写経を行なったわけだが、その時の官人（経師）の単口数は八八人であり、右の注文の記述と一致するのである。つまり、別当は施設利用と同時に食米などの貸与も認めていたわけである(44)。従って、九月八日の借銭もこうした状況から生まれたもので、一貫五〇〇文は筆・墨・紙といった写経用途物などの費用に充てられたのではないかと思われる(45)。

以上、**表5**にあげた遺銭の借用状況について、「請充幷借銭帳」の諸「注文」を参照して検討を加えた。関連史料がないため佐伯里足の分については言及できなかったが、これより確認できるのは次の二点である。①千四百巻経書写の予備費として保管されていた遺銭の大半は、別当の判許によって別当自身に、さらに石山領秦稲持、写経所施設を使用する義部省官人らに融通されていた。②従って、遺銭は写経所財政とは別な場面で運用されていたわけで、遺銭に対する別当の権限の大きさを読みとることができる。

2　安都雄足と写経所財政

話を知識経書写料銭の運用にもどそう。前節では、この銭の一部（余剰分）が御願経料遺銭として使用されていたことを指摘したが、それは右に考察した別当安都雄足の千四百巻経書写料遺銭の運用と深いかかわりを持っていたのである。すなわち、十一月十日付「奉写先経料銭散注文」（続々修十八ノ六裏、十四ノ二四一～二四二）によると、**表5**にあげた借銭のほとんどは未報納のままになっており、遺銭の回収は思うように進んでいなかったことが知られる。それ故、写経事業終了時には遺銭の不足分を補塡する必要が生じていたわけで、別当は自ら保有する銭とともに知識経書写料をこれに充当したと考えられるのである。つまり、「間銭」とされた知識経書写料銭は、写経所財政に組み込まれていたのではなく、別当に掌握されて彼の銭運用に有効に利用されていたというわけである。

このように、別当独自の銭運用には、別当自身の借銭や保有銭の使用が含まれていた。また、前掲の「間銭下帳」（**表4**）によると、別当は「間銭」からも借用しており（十一月二十九日）、保有銭は「奉写金剛般若経」（御願経）、「人々奉写大般若経」（知識経）の布施料にも充当されていた（十一月九日）。問題は、こうした別当の借銭・保有銭をどう評価するか、換言すれば、それは雄足の私的な経済活動（私経済）の表現と見ることができるかどうかであるが、結論からいえばその可能性は少ないと考える。次にその理由をあげておく。

まず、借銭については私用に充当されていたと即断できないことを先に指摘したが、残念ながらその用途を伝える史料が残っていないので、この点をこれ以上深化させることはできない。しかし、雄足の保有銭の性格については、ある程度まで知ることができる。

これを「間銭下帳」の十一月九日条の記述に見ると、この日下された別当の銭七貫文から別当が一〇九文借用しているのが注意される。つまり、別当は自ら下した銭を改めて借用しているのである。このような手続きをわざわざとったのは、この日の下銭七貫文が別当の私銭ではなかったからだろう。

また、私銭であるならば、公文書である「間銭下帳」にはその旨が明記されたはずである。たとえば、造石山寺所関係文書の天平宝字六年（七六二）二月五日付「造甲賀山作所告朔」（続修三十九、五ノ八五～九四）には、用米二〇斛九斗三升八合のうち一斛五斗は「長上船木宿奈万呂私米便借用」（五ノ八六、傍点は引用者、以下同じ）とあり、「奉写二部一切経料銭納帳」（続々修二ノ九、十九ノ一一二～一一九）の宝亀三年（七七二）十二月二十三日条には借納銭三貫文が「大判官私銭」と注記されている（十九ノ一一八）。こうした実例は多くはないが、官司が官人の私物を借用する場合には、「私」という語を明記するのが原則ではなかったかと思われる[46]。つまり、それは、公私の混淆を避けて正確な官司財政を把握するための措置であったわけである。従って、帳簿などの公文書に「私」と注記せずに官人の銭・諸物資を用途物として記す場合は、それは官人の私物ではなく、何らかの目的で彼らが保管していた公の財源をさすと考えられるのである。

このように、別当安都雄足の保有銭は、彼の私銭ではなかったと見ることができる。恐らくそれは、写経所財政とは別途の財源として造東大寺司から請けた公銭[47]なのであろう。つまり、借銭の背後には「私経済」が予測されるとしても、銭運用の財源にはそうした要素は含まれていないと考える。

雄足が独自の銭運用を行なっていたことは先に見たが、その際の財源は御願経書写料遺銭、知識経書写料、それに彼の保有していた公銭であった。性質の異なるこれらの銭を写経所とは別な場面で運用できたのは、雄足自身が造東大寺司主典の地位にあり、その職務権限の裏打ちがあったからだと思われる。たとえば、前記の秦稲持に遺銭を貸与する時に雄足は案主である上馬養らに指示を与えていること（「請充借銭帳」第七紙）、雄足が「間銭」を借用する時に「主典宣」を発していること（**表4**、十一月二十九日条）などは、彼の権限が銭運用に発揮されていたことを示している。従って、雄足の銭運用は恣意的なものではなく、造東大寺司財政の一環として機能する性格のものであったと考えられるのである。この点を、知識経書写料について見るならば次のようになる。すなわち、前記のように、この銭は写経所財政に充当されず雄足の銭運用に利用されていたが、それは写経所の得た収入を造東大寺司が雄足を介して吸収していたことを意味する。

また、雄足の銭運用は、他の官司財政も利用して展開していたと考えられる。当時の造東大寺司の判官や主典は、通常、被管官司の別当を二つ程度兼務していると推測されるからである[48]。

以上のような官人の銭運用が存在していたのは、遺銭あるいは別途の収入といった資金を滞留させることなく有効に活用する意図が造東大寺司にあったからであろう。その際、官人の判断と裁量にもとづいて銭が運用されたのは、それらの銭を官人自身、造東大寺司から請負うという形をとっていたからだと思われる。造東大寺司は、こうした官人の銭運用を通じて財政の円滑化を図るとともに、銭の増殖も期待したものと考えられる。

おわりに

本稿では、天平宝字二年の写経所における銭運用の検討に終始したが、ここに改めてこれまでの論点をまとめると次の四点になる。①八月十八日ごろ知識『大般若経』の書写命令が発せられ、知識となった官人や僧侶らの多くは写経所の機能に依拠して責務を果たそうとした。その結果、写経所には写経料として官人らより徴収した銭が集積されることになった。②しかしこの銭は、写経所財政には充当されずに「間銭」として管掌され、その一部は別当の銭運用に利用されていた。③この別当安都雄足の銭運用は、「間銭」の他に御願経写経料遺銭や彼の保有銭（公銭）を財源とするもので、写経所を拠点に独自な展開を見せていた。④それは、雄足の持つ職務権限の裏打ちがあったからで、造東大寺司はこうした官人の銭運用を通じて財政の円滑化を意図したと考えられる。

本稿で抽出した別当安都雄足の銭運用は、造東大寺司が滞留する資金（余剰銭など）や外部からの収入を雄足に請負わせ、その運用を委任することによって成立したものと考えられる。それだけ造東大寺司は、雄足のような下級官人の実務能力に高い評価を与えていたのであり、それなくして円滑な財政運用が期待できなかったからであろう。問題は、この下級官人の実務能力がいかに具現され官司の財政運用に反映されていたかであるが、本稿では雄足独自の銭運用の存在を指摘するにとどまった。しかし、前節で千四百巻経遺銭の融通先としてあげた義部省官人、東塔所との関係が推測される秦稲持、それに遺銭と「間銭」を借用する雄足自身を念頭にするならば、雄足のもとには、請負銭の活用を可能にするような経済的諸関係が存在していたと推測される。すなわち、それは、雄足の持つ職務権限に裏打ちされた実務能力によって形成される官司内外の人間関係の総体を基礎とするもので、官司相互間での諸物資の融通といった官司間財政や、実物貢納経済を補完する流通経済との接触といった様々な経済活動の場面において便宜が期待できる一つの経済体の如き存在である。実務官人を中心に形成されるこうした経済的諸関係が、官司機構とは別個に存在し、財政運用に際しては大いに活用されていたと考えられるのである。本稿の冒頭で指摘したように、下級官人の「私経済」なるものは官司の財政運用の基礎になりうるほど大きくもなく、また自律的なものでもなかったが、官人の持つ実務能力によって形成される経済的諸関係は官司財政の運用にとって、不可欠な位置を占めていたというわけである。(49)

右にあげた論点は、天平宝字二年九月～十一月という限られた期間の写経所における銭運用を素材とするものであった。それ故、これは、この時期の特殊事情にもとづく一形態と位置づけるべきものかもしれない。しかし、写経料遺銭のような滞留資金の存在は常に予測される事態であるし、また写経所独自の収入もこの年の知識経書写料にとどまるものではない。

たとえば、写経所が造東大寺司に組み込まれた天平二十年（七四八）以降を見ると、天平勝宝年間（七四九～七五七）には「検定経幷雑物等帳私経計帳」（続々修十四ノ八、十一ノ四二～四三）、「私願経等勘帳」（続々修十四ノ八、十一ノ四八～四九）、「写私雑書帳」（続々修十一ノ七、十一ノ四七二～四七五）などが作成されており、官人の私願経書写もかなり行なわれていたことが知られる。その際、もちろん写経料が願主より支払われていたわけで[50]、こうした収入の利用については一定の取り決めが存在していたと思われる。それが、本稿で指摘したような別当を媒介として造東大寺司が吸収する方式のものであったかどうかは確認できないが、何らかの形で活用されていたはずである。また、独自の収入を得ていたのは写経所だけではなかったであろう。造東大寺司には、木工所や造瓦所、造物所といった種々の造営機関が所属しており、各機関の持つ諸機能が官人さらには王臣家から求められる場面が予測されるからである[51]。その時には当然、収益があったものと考えねばならない。

このように、天平宝字二年九月～十一月のような状態は特例とすべきものではないと思われる。つまり、下級官人の銭運用が期待されるような状況が恒常的に存在していたというわけである。

造東大寺司の財政運用の内実を見るには、こうした下級官人の経済活動を再現する作業を積み重ねる必要があるだろう。

註

（1）各写経事業を伝える主要な文書の所在を『大日本古文書』の巻・頁数で示すと、『四分律』は三ノ六一二、千巻経は十三ノ二三八〜三三一、十四ノ二五七、千四百巻経は四ノ二七四、十三ノ三五七〜四六三、千二百巻経は十四ノ一〜二六、二五八。これらの写経の詳細については、山本幸男『写経所文書の基礎的研究』第一章「天平宝字二年の御願経書写」（吉川弘文館、二〇〇二年）を参照。

（2）天平宝字二年六月二十一日付「清衣等進送文」（続々修四十四ノ三、十一ノ三四七〜三四八）に、雄足は主典として見える。ここでは経師等の清衣の進送を検じているので、この時には写経所別当の任にあったと考えられる。雄足の経歴については、吉田孝「律令時代の交易」（同『律令国家と古代社会』所収、岩波書店、一九八三年。初出は一九六五年）、本書第一章を参照。

（3）茨木一成「式部省と写経生」（『日本歴史』二四三、一九六八年）では、三六〇〇巻の写経には新参の経師が多く登場すると指摘している。

（4）井上薫『奈良朝仏教史の研究（再版）』四二六頁（吉川弘文館、一九七八年。初版は一九六六年）。

（5）これについては、「写千巻経所銭并紙衣等納帳」（続々修四十三ノ五、十三ノ二四三〜二五二）、「経師装潢校生等浄衣請来検納帳」（続々修八ノ九、四ノ二七八〜二八〇）、「後金剛般若経経師等食米并雑物納帳」（続修後集十九、十四ノ五五〜五八、続修別集一裏、十四ノ五九〜六〇）を参照。

（6）吉田前掲註(2)論文、松平年一「官写経所の用度綿売却に関する一考察」（『歴史地理』六二―二、一九三三年）、伊東彌之助「奈良時代の商業及び商人について」（『三田学会雑誌』四一―五、一九四八年）、横田拓実「天平宝字六年における造東大寺司写経所の財政」（『史学雑誌』七二―九、一九六三年）、鬼頭清明「八、九世紀における出挙銭の存在形態」（同『日本古代都市論序説』所収、法政大学出版局、一九七七年。初出は一九六八年）、栄原永遠男「奉写大般若経所の写経事業と財政」（同『奈良時代写経史研究』所収、塙書房、二〇〇三年。初出は一九八〇年）、直木孝次郎「難波使杜下月足とその交易」（同『難波宮と難波津の研究』所収、吉川弘文館、一九九四年。初出は一九八一年）。

（7）吉田前掲註(2)論文、鬼頭前掲註(6)論文。

(8) 松平年一「知識写大般若経と大殿の建築」（『日本歴史』三三三、一九七六年）。天平勝宝八歳の「大殿」建築とは、同年二月二十七日付「造大殿所解」（丹裏文書、第九十六号、二十五ノ一四七、上日報告書）にもとづく。この造大殿所を保良宮造営の事務所とする解釈については、田中嗣人氏が支持する（同『日本古代仏師の研究』一一一頁、吉川弘文館、一九八三年）。なお、福山敏男「東大寺大仏殿の第一期形態」（同氏著作集二『寺院建築の研究』中巻所収、中央公論美術出版、一九八二年。初出は一九五二年）では、これを大仏殿の造営機関と見る。

(9) 松平氏は、本文中にあげた「造大殿所解」に知識となった官人の写経料が見えることから、「大殿」建築とこの写経事業のかかわりを指摘される（前掲註(8)論文）。しかし、この「解」にあげられた官人は八月二十八日付「造東大寺司解（案）」（**表1**参照）にも含まれているので、これは「大殿」建築に特別かかわるものであったとは思えない。従って、この「造大殿所解」は、写経に参加すべき官人の写経料を所管官司に送付したことを伝える報告書と見るべきだろう。

(10) 岸俊男『藤原仲麻呂』二三四～二四五頁（吉川弘文館、一九六九年）。

(11) 『続日本紀』天平十三年三月乙巳条。

(12) 『大般若経』一巻の書写を求める天平宝字二年八月三十日付「安宿弟見啓」（続修四十六、四ノ二九七）には、「依勅、毎人可写ㇾ奉経如件」と見える。

(13) 犬養はこの「造東大寺司解（案）」の署に、「長官正四位上兼行左勇士衛督左右馬監播磨守坂上伊美吉使」と見える。

(14) 天平宝字二年九月二十一日付「造仏司牒」（続々修四ノ二十、十四ノ一七二）によると、主典志斐麻呂は第一一四、一一二巻を本経として奉請している。**表1**を見ると、この両巻は志斐麻呂と今来人成の担当分であったことがわかる。

(15) 第一一七巻担当の能登忍人は自写となっているが、写経料を支払っているので写経依頼者として数えた。

(16) **表1**を見ると、この写経料を満たさない者が何人かいる。それは支払いの時点で手持ちの銭が不足していたからであろうか。また、秦益倉の布一端は銭二五〇文に准ずると思われる。これについては、「後金剛般若経料銭下充帳」（続々修四十三ノ八、十四ノ一～一四）の十月十四日条で浄衣料布二端を五〇〇文で購入しているのが参考になる。

(17) この点は、「写千巻経所銭并紙衣等納帳」(続々修四十三ノ五、十三ノ二四三～二五二)では八月になると綺・軸の納入が増加し写経事業が仕上げの装潢作業に入っていること、両度の写経に参加した経師らの「布施料注文」が九月五日に作成されていること(「東寺写経所解(案)」続修別集二十、四ノ三〇一～三一一)、などから推定される。

(18) 『大日本古文書』はこの「食口帳」を天平宝字六年九月三日の項に掲載している。しかし、後述するように天平宝字二年九月六日付「韓国毛人啓」(続々修四十三ノ七、十四ノ四七～四八)に見える朱筆では、義部省にかかわる経師の単口数が八八人とあり、この「食口帳」のものと一致する。また、九月十二日に借米一石を報納したことを、この両者はともに記している。それ故、ここにあげた「食口帳」は天平宝字二年のものと判断した。

(19) 『日本古代人名辞典』(第六巻一六六〇頁)によると、美乃命婦は他には見えない。

(20) 前掲註(14)参照。

(21) **表1**に示した三八巻分の写経料は九貫八〇〇文なので、この推定は妥当といえるだろう。

(22) 千二百巻経の「後金剛般若経装潢紙等下充帳」(続々修二十八ノ二十一、十四ノ一九～二六)によると、大般若(知識経)料として綺・軸が十月六日以降に下充されている。**表3**にまとめた「写経料銭用注文」や、**表4**の「間銭下帳」には、こうした仕上げの諸経費について明記されていないが、装潢料の中に一括して含めているものと見ておきたい。

(23) **表4**に示した「間銭下帳」の構成よりすれば、まずAが作成されたあと、順次反故紙(B、C)を貼り継ぎ銭下が記録された如くである。それが正倉院文書の整理の過程で、まずBの部分が切り取られて続修四十三に収められ、残りのAは続々修四十三ノ十一に、Cは同四十三ノ九にそれぞれ収められたと考えられる。なお、B、C以外にも断簡が存在するかもしれないが、管見では確認できなかった。

(24) 表中の十一月二十日の「人々大般若料」は、「経所雑物見注文」(続々修二十八ノ十四裏、十四ノ一九八～一九九)には「司并人々大般若料」と見え、造東大寺司官人らの写経料の一部であることが知られる。

(25) 十月二十二、二十六日の下銭三七五文は金剛般若料の筆直に充てられている。当時の写経所では、御願の『金剛般若経』（千二百巻経）の書写事業が行なわれているので、この写経料に充当されたように見えるが、千二百巻経の「料銭下充帳」（前掲註(16)参照）には、この両日に筆直の出費が知識経料銭よりなされたことは記されていない。それ故、金剛般若料とは知識大般若料と同一のものと考えられる。なお、十一月十五日の下銭一〇〇文の内訳が「金剛般若布施料」となっている。これは同月九日に「奉写金剛般若経々師等布施料」に充当された「別当」の銭の一部に相当すると思われる。

(26) 次節でとりあげる「交替注文案」によると、写経所に「人々借用経料食物代」とする銭が三七〇文あったことが知られる。これは本経の貸与料を食物代に充当したものと思われるが、**表4**に見える「人々食物代」とは、この銭に相当するのではなかろうか。

(27) 御願経料銭は「本銭」と称されていたようである。「米雑物等請充幷借銭帳」第2紙（続々修四十三ノ七、十四ノ四八）の「本銭所用等注文」には、「本銭」九四貫四一七文のうち七六貫二一三文を所用したことが記されている。この「注文」には年月日は記されていないが、ここに見える所用銭額は、千巻経・千四百巻経の書写が行なわれていた六～八月の「東大寺写経所食口帳」（続々修三十八ノ七、十三ノ三三七～三五二）に記された用銭総額（六月六貫九〇八文、七月三七貫二一〇文、八月三二貫九五文）と一致するので、この「注文」は御願経写経料銭の「用銭注文」と考えられる。

(28) 石川大夫の写経については、十月十五日付「石川弟人啓」（続々修四十三ノ十九裏、十四ノ一九六～一九七）、「写方広経経師等布施注文」（続々修四十三ノ九裏、十四ノ一九七）が関連する。

(29) 「人々大般若帳」（続々修十一ノ六、十四ノ二二四～二二五）によると、大段（分）内侍・鴨娘・忍海娘ら三人の大般若料七五〇文のうち三九〇文は経師三人料に使用された。また、前記の「経所雑物見注文」によると、残銭のうち一二〇文は「用嶋院送料」と記されている。

(30) 千四百巻経の「千手千眼幷新羂索薬師経料銭衣紙等下充帳」（続々修八ノ七、十三ノ三六四～三七一19、続修三十裏、十三ノ二六七～二六八、続々修四十三ノ六、十三ノ二六九～二八三19）によると、「金剛般若経料用替」と注記して合計二貫八三八文の銭が下充されている（十三ノ三六四～三六八）。つまり、千巻経写経料遺銭が次の事業に充当されていたわけである。従って「先経料」とは、より正確に言えば千巻経写経料遺銭を含めての千四百巻経写経料遺銭ということになる。

(31) 天平宝字二年十月五日付「東寺写経所解」（続々修十八ノ六裏、四ノ三四〇）には、大保（藤原仲麻呂）の召を受けた佐伯里足の不参状が記されている。しかし、「後金剛般若経料銭下充帳」（前掲註(16)参照）や「後金剛般若経装潢紙等下充帳」（前掲註(22)参照）によると、十月六日以降の条には里足の署が見えないので、この五日には写経所を離れ大保の召に応じていたようである。詳細は本書第四章を参照。

(32) 比較のために「奉写先後経料交替注文案」の内容を次に示しておく。

　二年十月五日奉写先後経料交替
　　合銭弐拾肆貫壱伯捌拾文
　　　二貫六百一文葛（木）大夫所大般若写料
　　　四貫一百九十五文司官人并他司舎人等大般若写料
　　　八貫五百六十文後一千二百巻経写料
　　　　八百六十文可納自厨
　　　　定七貫七百文
　　　八貫四百五十四文先経写料
　　　　一貫五百文（ママ）借用義部省辛国毛人
　　　　二百六十

合銭が見定であるか否かを除けば他の数値は本文に引用したものと一致する。

(33) ここに見える「人々借用経料食物代」については、前掲註(26)を参照。

(34) 「十月五日交替注文案」には、銭の他に紙八一五張は「六十五張先残　七百五十後」、米六四俵は「卌一（三）俵先　廿一俵後」と記されている。先とは千四百巻経書写料、後とは千二百巻経書写料をさす。

(35) 「後金剛般若経料銭下充帳」は九月一日より始まっているが、九月十一日条に続く十五日条の冒頭には「一千二百巻料物用始」（十四ノ三）と注記されている。これは、千二百巻経書写料銭の支給が遅れ（この事業の遅延については前節の1を参照）十五日になってようやく使用が可能になったことを意味するもので、九月一日〜十一日の用銭六貫五二七文は千四百巻経書写料銭が充当されていたものと考えられる。従って、本節でとりあげる千四百巻経書写料遺銭八貫四五四文とは、九月十一日ごろの残銭であったことになる。

(36) この文書について『大日本古文書』は、「各紙端ノ中ホドヲ、紙ニテ軸ニ綴ヂ結ベリ」と注記している（十四ノ四七）。つまり、それは貼り継がれたものではなく、冊子のような体裁をとっているわけで、「写真」を見ると各紙右端の中ほどに孔をあけ紙紐にて軸にとじている様子が知られる。それぞれが一連の注文であったので、散逸をさけるためこうしたまとめ方をしたのであろう。次にこの文書の性格であるが、本文中で指摘するように、九紙のうち三紙が遺銭の借用を伝える「注文」であり、二紙がこれに関連することからすれば、写経所に保管されていた千四百巻経書写料の遺銭や遺米の「用途注文」などをまとめたものと見ることができる。

(37) 山田英雄「写経所の布施について」（同『日本古代史攷』所収、岩波書店、一九八七年。初出は一九六五年）。

(38)「布施注文」に記された二一〇人の布施料のうち、銭の支給合計は、一部欠失があるが九貫三八一文である。欠失分を加えれば一〇貫八六五文に近い数値になると思われる。

(39) 本文にとりあげた「奉写経所庸綿等沽却銭用注文」の後半、すなわち布施料売却の記事のあとには次のような記述が見える。

　　自政所来五貫　建部一貫三百文　上一貫三百文
　　　山六十六文　自余司者
　　　　　九月十二日勘雄足

これは、十二日に政所（造東大寺司）より銭五貫文が支給され建部らに分配したことを示すものである。本文書の冒頭部分を見ると、一〇一屯の綿を曹司に五〇屯、佐伯に一〇屯、建部に二〇屯、上に二〇屯、山に一屯それぞれ割り当て、屯別六五文で売却することになっていたが、右にあげた記述を見ると、建部・上・山は自らの売却価銭を政所から請けた形になっている（山だけ一文の誤差）ので、本文の如く解釈した。なお「司」は曹司、つまり別当をさすものと考えた。

（40）『大日本古文書』は別当の借用銭を「一貫九百卅四文」とするが、「写真」では「一貫九百冊四文」と読めるので、本文のように記した。

（41）（天平宝字）二年十一月二十九日付「安都雄足牒」（続々修十八ノ六裏、十四ノ二六七）を見ると、「石作内真堝（大山坂）等作領秦稲持」と記されている。

（42）たとえば、「東大寺写経所軸納帳」（続々修二十八ノ十四、十四ノ二〇五～二〇七）の署名部分参照。詳細については本書第一章を参照。

（43）この点については、福山敏男「奈良時代に於ける法華寺の造営」（同『日本建築史の研究』所収、綜芸舎、一九八〇年復刻。初版は一九四三年。論文初出は一九三二年）参照。

（44）この食米は千四百巻経書写料の遺米であったと思われる。本稿では言及できなかったが、雄足は米の運用も行なっていたのである。「請充幷借銭帳」第4紙の九月七日付「安都雄足充米銭注文」（十四ノ四九）、第9紙の十一月二十四日付「安都雄足布施米注文」（十四ノ五二）はこれに関連する。

（45）「請充幷借銭帳」第6紙の天平宝字二年十月六日付「韓国連毛人啓」（十四ノ五〇）によると、十月六日に義部中解部韓国毛人が雄足の判許を得て銭一貫五〇〇文を借用している。この「啓」には「其報奉写経了而将／進納」とあるので、これも写経料として遺銭から借用したものと考えられる。しかし、十月六日以降の遺銭の運用状況を記した二年十一月七日付「奉写先経料銭用幷所残注文」（続々修四十四ノ六裏、十四ノ二三七）には、この借銭が見えないので、十一月七日までに報納されたのであろう。

（46）「奉写一切経経師請筆墨手実帳」（続々修二十九ノ二、十八ノ一一三～二〇六）に見える宝亀二年（七七一）閏三月二十一日付「大宅童子手実」（十八ノ一四二）には、写紙四六四枚のうち「八十四枚者、童子之私墨頭用盡申」と記されていた。これは、公私の区別が厳密に行なわれていたことを伝える史料であろう。

（47）この公銭は、雄足の任務に即して随時使用される予備資金であったと思われる。宝亀年間の造東大寺司では、官人が出挙銭を請負い貸付けを行なっていたことが指摘されている（鬼頭前掲註（6）論文）。この天平宝字二年においても「月借銭解」が二通存在する（天平宝字二年二月付「上道真浄月借銭解」、続修別集二十、四ノ二六一、同二年六月二十七日付「氏未詳真養月借銭啓」、続修四十六、四ノ二七二）が、その裏はいずれも「造石山寺所雑材幷檜皮及和炭用帳」（続々修四十五ノ四、続修四十七裏、続修後集二十裏、続修二十五裏、同四十六裏、十五ノ三六五～三七四。本帳については、本書第六章の「造石山寺所関係帳簿一覧表」を参照）に使用されているので雄足とのかかわりが予測される。それ故、雄足の保有する公銭は月借銭（出挙銭）にも使用されていた可能性がある。

(48) たとえば、天平宝字六年（七六二）四月一日付「造東大寺司解（案）」（続修後集三十三、五ノ一八八～一九四l10、続々修十八ノ三裏、五ノ四六五、続修後集三十三、五ノ一九四l11～一九五）、同七年正月三日付「造東大寺司解（案）」（続修別集三十三裏、五ノ三七五～三八三）に見える判官葛井連根道、主典弥努連奥麻呂の例を参照。

(49) 鬼頭清明氏は官人の持つ経済的実務能力（私富と人的能力）は官衙財政に従属するものと指摘される（前掲註(6)論文）。総論としては首肯しうる見解である。しかし、私富はともかく人的能力、すなわち本稿でいう実務能力は官人の資質にかかわるものであり、形式的には官衙に従属するとしても、その能力の発現は主体的なものである。それ故、官衙への従属性を強調するだけでは不充分であるといわねばならない。むしろ下級官人を採用した造東大寺司には、彼らの能力を発揮できるような条件が備わっていたのではなかろうか。官人は、こうした環境の中で主体的な経済活動を行ない、財政運用を支えていたと考えられる。

(50) 天平十八年（七四六）の例ではあるが、市原王は『法花経』一部・『薬師経』二巻料として、絁二匹と銭四八〇文を支払っているのが参考になる（「自私所来案」続修後集一、二ノ五五九～五六〇）。

(51) たとえば、天平宝字六年（七六二）正月七日付「造寺司牒」（正集五、五ノ一～二）によると木工が「越前長官殿」（恵美薩雄）に奉充されており、同七年十二月三十日付「大宰帥（恵美真光）宅牒」（続修別集五、五ノ四六四）には造東大寺司の銅工の上日が報告されている。いずれも専権をふるう藤原仲麻呂（恵美押勝）の男子のもとに派遣されているので、造東大寺司がこれら木工・銅工の借請け料を得たかどうかは定かでない。

〔付記〕

知識『大般若経』書写の命令（勅）は、水旱・疾疫の災を除くために出された「摩訶般若波羅蜜多」の念誦策と同様の主旨で出されたのではないかと本文で推測した（六三頁）が、その後、前後になされた『金剛般若経』大量書写が、唐の玄宗の同経重用策に倣ったものと解し、諸官人や僧尼らが知識となって一巻ずつ書写する知識『大般若経』も、その目新らしい企画から、唐の影響を受けている可能性があると指摘した（「天平宝字二年の『金剛般若経』書写――入唐廻使と唐風政策の様相――」〈『奈良朝仏教史攷』所収、法藏館、二〇一五年。初出は二〇〇一年〉）。こうした知識経書写の政治的背景については言及できていないが、市川理恵「橘奈良麻呂の変と知識経書写」（同『正倉院文書と下級官人の実像』所収、同成社、二〇一五年）では、橘奈良麻呂の変を「下級官人がはじめて当事者となった大規模な政変」と見なし、藤原仲麻呂が自己の政権の安定化のために下級官人の掌握に乗り出すが、その手段としてとったのが知識経書写であったと結論づけている。写経関係文書に見える下級官人の動向を政治的視点からとらえるのは斬新であり興味深いものがあるが、果たして、彼らが時の政権担当者にどのような思いを持っていたのかは、別途に検討を要する問題である。写経関係文書が、そこまで語れるかどうかという点も含めて、今後の検討課題であろう。

II 写経所をめぐる人々

第三章　市原王と写経所

――舎人・「長官」・玄蕃頭時代の役割をめぐって――

はじめに

天平十一年（七三九）から天平勝宝三年（七五一）にかけての写経関係文書（正倉院文書）に頻出する市原王については、各種帳簿類に見える「長官王」「長官宮」の呼称に多くの関心が払われ、その「長官」が金光明寺造物所や造東大寺司の長官に相当するかどうかをめぐって議論が深められてきたが[1]、反面、これらの帳簿から窺われる市原王の動向についてはさほど考察が加えられておらず、市原王と写経所の関係も明確になっているとはいいがたい。小稿は、このような研究状況を念頭に、当該期の市原王の動向を具体的に辿り、写経所との関係や「長官」の内実の解明を試みようとするものである。

市原王は、天智天皇の曾孫安貴王の子で[2]、『万葉集』に八首の歌が収められる歌人でもある[3]。『続日本紀』によると、天平十五年五月五日（癸卯）に无位から従五位下となり、天平二十一年四月十四日（丁未）の聖武天皇東大寺行幸時に従五位上に昇叙、天平勝宝二年十二月九日（癸亥）に大納言藤原朝臣仲麻呂が東大寺に遣わされた折には正五位下を授けられている。天平宝字四年（七六〇）六月七日（乙丑）に光明皇太后が崩じると山作司となり、同七年正月九日（壬子）に正五位下のままで摂津大夫、同年四月十四日（丁亥）には造東大寺司長官に、それぞれ任じられている。しかし、これ以降の動きは認められず、極位は正五位下であったと見られる。

正史では、天平宝字四年までの市原王の職歴が載せられていないが、正倉院文書には、天平十一年正月から天平宝字三年三月にかけて、舎人・「長官」・玄蕃頭・備中国守・治部大輔などを歴任したことが記されている。[4]とりわけ、舎人から「長官」・玄蕃頭に至る時代の記録が多く残っており、当時の市原王の姿を知る上で興味深い事柄を提供してくれる。以下では、これらの記録（文書）をもとに舎人・「長官」・玄蕃頭としての活動内容を考察し、あわせて「長官」の内実に迫りたいと思う。

一　舎人時代

市原王が正倉院文書に初見するのは、天平十一年（七三九）正月二十八日付の「写経司解」（続修別集十八、二ノ一五四〜一五五）においてで、日下の「史生小野朝臣国堅」の左に「舎人市原王」とその名が見える。これ以降、同年四月十五日から八月二十九日に至る一七通の「写経司解」（一部は啓）の署名欄に、単独もしくは史生高屋連赤麻呂や小野国堅（方）らとともに舎人市原王（一部は舎人のみ）と記されている。[5]赤麻呂や国堅と署を加える場合は、その名は日下ではなく左側に置かれるので、市原王は写経司を監督する立場にあったものと思われる。

この写経司は、「五月一日経」などの書写のために、皇后宮職の下部機構として設置された写経の専当機関で、市原王が登場するころには、その管轄下に東院写一切経所を設置する準備が進められていた。[6]そのため、写経司への出仕を、この写一切経所の設置と関連づけて解する見方が出されている。[7]しかし、市原王が初見する右の「写経司解」で写一切経所の写経殿一間の材直銭が申請されたとしても、実際にこの直銭で泉木屋から用材が購入されるのは六月四日になってからであるから、さほどこれと関連づけて考える必要はないだろう。[8]むしろ、二月初めごろから四月末にかけて『法華経』一〇〇部八〇〇巻の書写（九九部は白紙に、一部は紫紙に書写）が写経司で実施されている[9]ことを念頭にすれば、こちらの方に市原王の任務の主眼が置かれていたように思われる。この写経では、光明皇后の病気平癒との関連が指摘されている。[10]とすれば、それは迅速に進められねばならず、市原王はその命を受けて写経司を監督するために出向したと見なすことができるからである。

市原王は、この年（十一年）の九月に写経司を離れるが、『万葉集』によれば翌十月には皇后宮の維摩講の場にあり、仏前に唱歌をする際には忍坂王とともに琴を弾いたと記されている（巻八―一五九四左註）。市原王が皇后宮職の舎人であったとされる所以であり、[11]また皇后との繫がりを窺わせる記事でもある。市原王の写経司への出向は、皇后の病気平癒に関連する百部『法華経』書写事業の遂行にあったと解しておきたい。

このように見ると、写経が終わった五月以降も市原王が写経司に留まる理由が問われることになるが、それはなお皇后関係の写経が行なわれていたためである。

この点について注意されるのは、百部『法華経』書写事業がほぼ終了するころに作成された四月二十六日付「写経司啓（案）」（続修四十五、二ノ一六七～一六九）である。ここでは、紫紙一六〇〇〇張を請けて書写された経典九部七七七巻の用紙数が集計され、残紙は二五二五張（計算上は二五三五張）と報告されているが、その左端に別筆で「紫紙二百卅張賜北家奉／令旨如右　　大進八束宣」とあって、令旨により紫紙二三〇張を北家に与えるよう指示がなされている。ここに見える紫紙は右の残紙の一部、令旨は皇后の命令にあたるので、[12]写経司の紫紙一六〇〇〇張は皇后のための写経に供されるべきものであったことが知られる。この「写経司啓」の翌日（四月二十七日）の日付を持つ「写経司解案」（続々修十七ノ一、七ノ一七九）では、『大宝積経』一二部一二〇巻の書写に必要な紫紙を一九九一張、遺りは五四四張と校会されているが、ここにあげられる紫紙の合計二五三五張は「写経司啓」に記される残紙数に近似もしくは一致するので、『大宝積経』の書写も皇后の発願を受けてのものと見られる。この「写経司解」に単独で署名する市原王は、その写経の遂行に責務を負っていたことになるだろう。

『大宝積経』の書写がいつ行なわれたのかは不明であるが、これも皇后の病状に関連があるとすれば、五月中に実施されていた可能性が高い。その仕事量は、ほぼ二カ月で終わった百部『法華経』書写の八分の一程度に過ぎないが、このような小規模の写経に百部『法華経』と同数の装潢や経師らが召集されたとは考えにくく、すべて紫紙に金泥で書写される今回の場合は通常に比べ進度が遅くなるようなので(13)、開始から終了まで早くても一カ月余りかかったのではないかと想像される。

市原王は、結局、六月ごろまで皇后の写経の遂行に従事していたと見られる。そのころの写経司では、東院写一切経所の用材が購入され、写経殿の設営が進められていた。この写一切経所は、当時休止状態にあった「五月一日経」の書写を進めるための施設とされているので(14)、写経司を監督する立場にあった市原王は、こちらの作業にも関与したのであろう。しかし、それも八月末までで、九月になると写経司を離れることになる。前記のように、翌十月には皇后宮の維摩講の場にあったことから推せば、それは皇后からの召請によるのかもしれない。

二　「長官」の仕事

市原王の名が再び正倉院文書に現われるのは、四年後の天平十五年（七四三）八月になってからである。この年の五月五日に无位から従五位下に叙せられた市原王は、「長官宮」もしくは「長官王」と称され、これ以降天平勝宝三年（七五二）正月にかけての写経関係文書の中に頻出する（後掲の一覧表を参照）。問題は、この「長官」の内実をどう理解するかであるが、これを造東大寺司の前身である金光明寺造物所の長官、造東大寺司成立後は同司の長官とする見方[15]や、後述のように「金光明寺造物所解」や「造東大寺司解」などに署名を加える場合は、長官の肩書を記していない点を考慮して、市原王は正式な長官ではなく長官的存在であった、あるいは実質的な長官であったため官司内で慣習的に長官と呼ばれていた、などとする見方[16]が出されている。しかし、関係史料を通覧してみると、「長官」の解釈にはなお検討の余地があるように思われる。以下、考えるところを述べておく。

市原王の名は、「長官宮」「長官王」の他に「市原王」「市原宮」と称されたり[17]、天平十八年十一月以降になると「玄蕃頭……王」の呼称が現われるなど一様ではない。「市原王の呼称一覧表」（以下、表と称す）は、「長官」の称が使用される七年余りの期間に、市原王の名が宣・判・私写・奉請・署・蔵書・知・使などの記述で、どのように使われていたのかを日付順に整理したものである。これによると、十八年十二月十一日の私写（63）[18]から二十年二月六日の蔵書（66）までの一年余り、市原王の名が一例（65）しか認められない（64は除く）時期があるが、ここではこれも含めて次の三期に区分し考察を進めることにする。

Ⅰ期　天平十五年八月～同十八年十二月

Ⅱ期　同十九年正月～十二月

Ⅲ期　同二十年正月～天平勝宝三年正月

まずⅠ期を見ると、十八年二月前半ごろまでは「長官」が、それ以降は「市原」の称が主に使用されていることが知られる。これを帳簿に即して示すと、金光明寺造物所管下の写経所（金光明寺写経所）で作成された「律論疏集伝等本収納并返送帳[19]」では、判・奉請・宣・蔵書・使のすべてにわたって「長官」とある（2 6 11 13 14 17 20 23 24

表　市原王の呼称一覧表（天平十五年八月〜天平勝宝三年正月）

	項目の日付	呼称	項目	（文書名）記事	出典
1	（天平）15・8・12	王＊	宣	（造東大寺司解案）花厳経疏一部二〇巻　所奉写	十ノ三七五
2	（天平）15・8・20	長官宮	判	（収納幷返送帳）納成唯識論一部一〇巻・法花経一部八巻	八ノ一八七
3	（天平）15・9・1	長官宮	宣	（間本充帳）弁中辺論三巻・起信論疏二巻・梵網経疏二巻　依令旨所写	八ノ三七〇
4	（天平）15・9・10	市原	宣	（本経検定注文）出千眼千臂経二巻	二十四ノ一七九
5	（天平）15・11・10	市原宮	私写	（写疏充紙帳）肇論疏一通三巻	八ノ三六一
6	（天平15・11）15	長官宮	奉請	（収納幷返送帳）金剛三昧論一部三巻	八ノ一八七
7	（天平）15・11・17	長官王	宣	（間写経疏目録）唯識論枢要一部四巻　所奉写	八ノ三七一
8	（天平）15・11・17	王	判	（間本充帳）唯識論二部二〇巻・枢要一部四巻　依令旨所写	八ノ三六八
9	（天平）16・2・2	市原宮	宣	（本経検定注文）出不必定入定入印経一巻・无量門微密持経一巻	二十四ノ一七二
10	（天平）16・2・2	市原宮	宣	（本経検定注文）出不思議功徳諸仏所護念経二巻	二十四ノ一八〇
11	（天平）16・6・23	長官宮	判	（収納幷返送帳）金剛三昧経一巻　借請平摂師	八ノ一九〇
12	天平16・6・29	従五位下　王	署	（奉請啓）奉請法花摂釈四巻・金剛三昧経論二巻	八ノ一六八
13	（天平）16・7・11	長官宮	宣	（収納幷返納帳）摩訶衍起信論別記一巻　借令請善摂師所	八ノ一八九
14	天平16・7・22	長官宮	蔵書	（収納幷返納帳）納起信論二巻　長官宮御書	八ノ一九一
15	（天平16・7）	長官宮	宣	（間本充帳）花厳経孔目四巻・一乗教分記三巻・起信論二巻　依令旨所写	二十四ノ二七八
16	天平16・8・10	長官王	宣	（間写経疏目録）十一面経疏一巻　依令旨所奉写	八ノ三七一
17	（天平16）8・11	長官宮	宣	（収納幷返納帳）金剛三昧経論四巻（上中、本・新）本所返送	八ノ一九〇
18	（天平16・8）	長官宮	宣	（間本充帳）十一面神呪心経義疏一巻　依令旨所写	二十四ノ二七九
19	（天平16・8）	長官宮	宣	（間本充帳）弁中辺論一部三巻・肇論一巻　所写	二十四ノ二七九
20	（天平16）9・9	長官	宣	（収納幷返送帳）返送金剛三昧経論下巻　慈訓師所送	八ノ一九〇
21	天平16・12・18	従五位下　王	署	（写疏所解案）申請布施事	八ノ五二〇
22	（天平16）	長官宮	宣	（辛国人成請経啓）奉請金剛三昧経	二十四ノ二六九
23	（天平）17・4・12	長官宮	宣	（収納幷返送帳）八巻金光明経疏一部八巻　借請慈訓師所	八ノ一九二

24	天平17・5・25	長官宮	奉請	（収納幷返送帳）納金剛三昧経論疏下巻　従長官宮御所	九ノ三六五
25	（天平）17・6・3	長官宮	宣	（収納幷返送帳）理趣経疏一巻　借受善摂師所	八ノ一九二
26	天平17・6・17	長官宮	宣・知	（間写経注文）菩薩善戒経一巻　所写	二ノ四五五
27	天平17・6・21	長官宮	宣	（以受筆墨写経幷更請帳）金剛三昧経・起信論別記　依令旨可写疏	二ノ四五六
28	天平17・7・15	長官宮	蔵書	（収納幷返送帳）納法門名義集一巻　長官宮御書	九ノ三六五
29	（天平17）8	長官王	使	（収納幷返送帳）六巻抄六巻　内裏進納写幷本一二巻	九ノ三六六
30	（天平17）9・29	長官宮	奉請	（櫃納経疏道具目録）六巻抄一二巻　奉請宮裏	八ノ五七六
31	（天平）17・10・30	市原宮	知	（大般若経料納紙帳）従図書寮来大般若経紙	八ノ五七八
32	（天平）17・11・2	王	宣	（造東大寺司解案）百論疏一部三巻・百論一部三巻　所奉写	十ノ三七六
33	天平17・11・5	長官王	奉請	（収納幷返送帳）梵網経二巻並下巻　従長官王御所来之	九ノ三六六
34	（天平）17・11・11	市原王	奉令旨	（間写経幷疏未請注文）大般若経一部六〇〇巻　為今帝所奉写	八ノ五八二
35	（天平）17・12・24	長官王	宣	（収納幷返送帳）梵網経二巻並下巻　令請道宣	九ノ三六六
36	（天平18・正）13	王	判	（後写一切経雑案）以写一切経料自図書寮来内借充	九ノ一
37	天平18・2・8	長官王	宣	（写経所解案）多心経七六八巻　奉写経	九ノ一七七
38	（天平18・2・8）	長官王	奉	（間写経疏注文）多心経七六八巻　右計取天平十八年暦日員日別充二巻　奉写一巻者奉為今帝一巻奉為皇后　奉長官王	十一ノ一七〇
39	（天平）18・2・12	王	宣	（造東大寺司解案）唯識論一部・弁中辺論一部・百論一部・肇論　所奉写	十ノ三七六
40	天平18・2・28	市原宮	宣	（間紙納帳）奉写十一面経疏一巻	九ノ六四
41	天平18・3・3	市原宮	宣	（間紙納帳）奉写尊勝珠林一巻	九ノ六四
42	天平18・3・7	市原宮	宣	（間紙納帳）奉写仁王経義疏二巻	九ノ六五
43	天平18・3・9	市原宮	宣	（間紙納帳）奉写起信論疏四巻	九ノ六五
44	天平18・3・16	市原宮	宣	（間紙納帳）為良弁大徳奉写法花経二部	九ノ六五
45	天平18・3・26	市原宮	宣	（常疏料紙収納帳）献納宮内黄紙四〇〇張	八ノ五五九
46	天平18・4・3	市原宮	宣	（間紙納帳）疏料黄紙四〇〇張　進納於宮内	九ノ六五
47	（天平）18・4・15	長官宮	私写	（自私所来案）問答要義一巻　件写了即奉送	九ノ一九七
48	（天平）18・4・18	長官宮	私写	（自私所来案）三論玄義一巻	九ノ一九七

49	（天平）18・4・18	王	判	（自私所来案）新参入経師山下咋万呂	九ノ一九七
50	天平18・5・18	市原宮	宣	（間紙納帳）奉写八敬六念并四分戒本	九ノ六六
51	（天平）18・5・20	王	宣・使	（造東大寺司解案）百論疏一部三巻・百論一部三巻　奉請内裏	十ノ三七六
52	（天平18）6・15	王	使	（造東大寺司解案）弁中辺論本三巻　奉請内裏	十ノ三七六
53	天平18・7・2	従五位下　王	署	（金光明寺写経所解案）申請間写経等布施事	九ノ二五四
54	天平18・8・19	市原宮	宣	（間紙納帳）法花遊意二巻　奉写	九ノ六五
55	（天平）18・9・2	王	宣	（造東大寺司解案）中論疏一部・法花玄論一部・十二門論疏二巻・法花遊意二巻　奉請安定尼公許	十ノ三七六
56	（天平18）9・10	王	宣	（金光明寺写経所解案）花厳経八〇巻　為行弁師所奉写	九ノ三三一
57	（天平）18・9・18	市原宮	私写	（自私所来案）打紙四〇張　市原宮陰陽書料	二ノ五二六
58	天平18・⑨・8	市原宮	宣	（間紙納帳）使用先一切経料紙	九ノ六五
59	天平18・10・15	市原宮	宣	（間紙納帳）法花経一〇部　奉写	九ノ六六
60	天平18・11・1	玄蕃頭従五位下　王	署	（金光明寺造物所告朔解案）起十月一日迄二十九日用物并所残勘注申送	九ノ三〇一
61	（天平18）11・14	市原王	宣	（金光明寺写経所解案）法華経一〇部　所奉写	九ノ三三二
62	（天平18）11・14	市原王	宣	（間写経布施注文）十一面経一一巻・金剛般若経一巻・阿弥陀経一巻奉写	九ノ三二一、二十四ノ三八九
63	天平18・12・11	市原宮	私写	（自私所来案）市原宮御願法花経一部并薬師経二巻料	二ノ五五九
64	（天平18）	市原王	宣	（写疏所解案）花厳経疏二〇巻　更令写	九ノ三八九
65	（天平19）	市原宮	私写	（間写充本帳）市原宮紙合二〇〇張	二十四ノ四七三
66	天平20・2・6	市原宮	蔵書	（収納并返送帳）疏本　市原宮本者	三ノ一六一
67	（天平）20・3・1	王	判	（経巻出入検定帳）出陀羅尼集経一部一二巻　奉請内裏	二十四ノ一七五
68	（天平20）4・22	長官宮	宣	（間紙納帳）使用宮間写花厳経二一部料	三ノ四八五
69	（天平）20・5・2	長官宮	宣	（一切経散帳）仏性論一部三巻　奉請平摂師所	十一ノ二二六
70	天平20・5・2	長官宮	宣	（内裏等疏本奉請帳）涅槃経疏一〇巻・涅槃経疏一五巻　奉請平摂師所	十ノ二八六
71	天平20・5・26	従五位下　王	署	（東大寺写経所解案）申請浄衣料絁綿等事	十ノ二七四
72	天平20・7・10	玄蕃頭従五位下　王	署	（東大寺写経所解案）申奉写大般若経所用并残物便用事	十ノ三一一

73	天平20・7・24	玄蕃頭従五位下　王	署	(東大寺写経所解案)申請浄衣料布事	十ノ三一七
74	天平20・7・29	玄蕃頭	署	(金光明寺造物所経師召文案)以前人等依有行事皆悉追喚	十ノ三一八
75	(天平20)8・28	市原宮	宣	(納櫃本経検定并出入帳)観虚空蔵経一巻　奉請	二十四ノ一六四
76	天平20・9・7	玄蕃頭従五位下　王	署	(造東大寺司解案)中未奉請経論疏事	十ノ三七七
77	(天平20・9・9)	王	署	(写書所告案)上件疏早速令写	十ノ八三
78	天平20・9・22	長官宮	宣	(納本経櫃盛文)宝星陀羅尼経一〇巻　奉請内裏	二十四ノ一六五
79	(天平20)11・3	長官宮	宣	(納櫃本経出入注文)因明正理門論一巻・因明入正理論一巻　奉請即其宮	二十四ノ一九二
80	(天平20)	長官宮	宣	(納本経第六櫃盛文)奉請僧承教師所	三ノ四〇
81	天平21・2・8	長官宮	宣・使	(内裏等疏本奉請帳)最勝王経疏一部六巻　奉請於内裏	十ノ二八四
82	天平21・2・9	長官宮	判	(経巻出入検定帳)浴像功徳経一巻・灌仏経一巻　奉請	二十四ノ一七七
83	天平21・2・15	玄蕃頭従五位下　王	署	(東大寺写経所解案)応奉写大般若経一部料可用雑物顕注如前	十ノ五四三
84	天平21・2・25	玄蕃頭王	使	(間写経疏目録)成唯識論疏一部一六巻　奉請内裏	八ノ三七一
85	天平21・2・26	玄蕃頭「市原」王	署	(間紙納帳)自内裏奉充瑜伽論料色紙一〇〇巻	十ノ二七一
86	天平21・3・17	長官宮	宣	(本経疏奉請帳)摂大乗論疏一一巻　奉請慈訓師所	十一ノ九
87	天平感宝元・4・19	長官宮	判	(納櫃本経出入注文)雑集論一部一六巻　奉請教輪師	二十四ノ一九二
88	(天平感宝元)4・24	王	署	(千部法華経布施文案)以四月二十四日賜了	三ノ二一四
89	天平勝宝(ママ)元・4・17	長官宮	宣	(内裏等疏本奉請帳)法花統略六巻・吉蔵師疏一二巻・範法師八巻　奉請平摂	十ノ二八五
90	天平感宝元・5・21	長官宮	宣	(経巻出入検定帳)文殊師利問経一部二巻　奉請於西宮	二十四ノ一八二
91	天感元・5・21	長官宮	宣	(経疏出納帳)対法論疏一三巻　奉請新薬師寺	三ノ二二一
92	天平感宝元・5・27	長官宮	使	(経巻出入検定帳)解深密経五巻　奉請内裏	二十四ノ一七七
93	天平感宝元・⑤・11	玄蕃頭従五位上「市原」王	署	(大安寺造物所解)申請丹事	三ノ二三八
94	天平感宝元・⑤・12	長官王	宣	(東大寺装潢所紙進送文)進送大安寺写経所紙	二十四ノ五九六
95	天感元・6・25	玄蕃宮	判	(本経疏奉請帳)瑜伽抄三六巻・瑜伽抄記二五巻　奉請仙寂師	十一ノ一一
96	天感元・6・25	長官宮	判	(経巻出入検定帳)相続解脱地波羅蜜了義経一巻・解節経一巻　奉仙寂師	三ノ二六一
97	(天平勝宝元)8・23	玄蕃宮	私写	(経紙幷表紙用帳)又着玄蕃宮御書一枚	十一ノ二三〇

98 （天平勝宝元 8）	長官宮	私写	（検定経幷雑物等帳）長官宮私一巻（花厳経寿量品一巻）	十一ノ四六
99 天平勝宝元・9・8	玄蕃頭従五位上　王	署	（東大寺写経所奏）瑜伽論六巻　貢進	十一ノ七三
100 天平勝宝元・9・9	知事玄蕃頭従五位上　王	署	（造東大寺司牒案）永金大徳御房　為本将写件本難得	三ノ三二〇
101 （天平勝宝元）9・13	玄蕃頭　王	署	（千部法華経布施文案）以九月十三日賜了	三ノ二八〇
102 勝宝　元・12・19	玄蕃頭　王	署	（千部法華経布施文案）以勝宝元年十二月十九日賜了	三ノ三四三
103 （天平勝宝元）	長官宮	奉請	（一切経散帳案）決定毗尼経一巻・発覚浄心経一巻　已上奉請長官宮	十一ノ三五五
104 天平勝宝2・正・28	知事正五位下行玄蕃頭	署	（造東寺司返送文案）奉請法花玄賛合三巻　写畢奉送	十一ノ一三九
105 天平勝宝2・2・27	玄蕃頭市原王	宣	（装潢受紙墨軸等帳）海龍王経　奉写料	十一ノ一五七
106 天平勝宝2・3・1	長官王＊	宣	（装潢受紙墨軸等帳）海龍王経一〇部四〇巻　奉写料	十一ノ一五八
107 勝宝　2・4・12	長官宮	私写	（写経所雑物借用幷返納帳）長官宮令写法花経表紙所借用	十一ノ四
108 （天平勝宝2）6・16	長官王	宣	（経疏櫃帙等借用帳）漆塗経櫃一合　宮舎人付闇智東人進送	十一ノ二五五
109 天平勝宝2・6・26	長官王	宣	（本経疏奉請帳）梵網経疏一部二巻　奉請西宮	十一ノ一二
110 勝宝　2・8・9	長官王	宣	（本経疏奉請帳）理趣分述讃三巻　奉請即其御曹司	十一ノ一二
111 天平勝宝2・11・5	玄蕃頭従五位上　王	署	（造東寺司牒案）僧綱務所　瑜伽論　奉返・奉請	十一ノ八〇
112 勝宝　3・正・6	玄蕃頭王	宣	（雑物借用幷返納帳）千部料紙六〇張　借進送	十一ノ五
113 （天平勝宝3）正・25	長官宮	宣	（経疏出納帳）十一面経一巻　寺家経借即令奉請其宮御曹司已訖	三ノ五四二
114 勝宝　3・正・27	長官宮	奉請	（経疏出納帳）一切経要集一部　奉請長官宮御曹司已訖	三ノ五四二

•1　「項目」に示した宣・判・私写・奉請・署・蔵書・知・使・奉などの各記事が、複数の文書・帳簿等に認められる場合は、項目の日付に最も近い時期に作成された文書・帳簿等のものを掲出した。日付の丸囲いは閏月であることを示す。
•2　「呼称」の一部（1、106）に付した＊印は、墨消もしくは削除されたものであることを示す。
•3　「出典」には、「項目」の各記事が収載される『大日本古文書』の巻・頁数を示した。なお、文書名は、律論疏集伝等本収納幷返送帳を収納幷返送帳とするなど簡略に従ったものがある。

25 28 29 33 35）のに対し、宣のみが現われる「間紙納帳」[20]では「市原宮」だけが用いられる（40〜44 46 50 54 58 59）、という具合にである。つまり、「長官」の称が十八年二月ごろを境として余り使われなくなるのである。これは写経所内の帳簿に認められる傾向であるから、そこには作成主体である案主らの市原王に対する認識の変化が現われていることになるだろう。

では、その変化とはいかなるものであったのか。この点を右の二つの帳簿をもとに検討を加えておく。「長官」の称が用いられる「律論疏集伝等本収納幷返送帳」（以下、「収納幷返送帳」と記す）は、天平十五年五月から同二十一年二月にかけて、写経所が「五月一日経」の底本として各所から奉請した律論疏等の収納と返送を記録する帳簿である。「五月一日経」の書写事業は、『開元釈教録』収載の入蔵録（一切経目録）を目標に天平八年九月から開始されたが、その後、底本の入手が困難になり、十五年五月からは『開元釈教録』に載せられない章疏も「五月一日経」に加えられるようになった。「収納幷返送帳」は、こうした写経事業の方針転換にともなって作成されだしたもので、[21]「長官」の称が最初に現われるのもこの帳簿においてである。

この「収納幷返送帳」内での市原王の動向は、前記のように判・奉請・宣・蔵書・使などの記述に認められる。このうち、写経所の活動と関連の深い判・宣・使について見ると、事例の最も多いのが宣で、その内訳は、審詳大徳所より請来した『摩訶衍起信論別記』一巻を「依長官宮宣借令請善摂師所」（13、八ノ一八九）のように、写経所が奉請した章疏を他者へ借請させる指示が三例（13 23 25）、「依長官宣慈訓師所送件書」（20、八ノ一九〇）のように、章疏を持ち主に返送させる指示が二例（17 20）となる。判は二例ある（2 11）が、そのうちの一つは宣でも認められる他者への借請を許可するもの、使は、『六巻抄』六巻の底本と写本合わせて一二巻を内裏へ進納したときのもの（29）である。いずれも、市原王が「五月一日経」用の底本管理に深くかかわっていたことを伝えている。『起信論』『法門名義集』といった蔵書が提供される（14 28）のも、こうした立場のなせる業であろう。本帳には、章疏の持ち主への返送や甲加宮（紫香楽宮）からの指示（宣）を受けて借請や奉請を許可する進膳令史（高屋赤麻呂）

の判が四例記されている[22]が、それらは追認の域を出ず、市原王のような裁量権は持たなかったようである。

こうした市原王の底本管理の様相は、「本経検定注文」（続々修十五ノ三、二十四ノ一七〇～一七三、一七七～一八四）でも認められる（4 910）が、使に関しては、天平十五年から十九年にかけての間写経を報告する二十年九月七日付「造東大寺司解案」（続々修十六ノ一裏、十ノ三七四～三七七）の中で、市原王の宣によって書写された論疏の写本や底本に、「十八年五月廿日専　王、奉請内裏」、「依　王十八年二月十二日宣、所奉写者、即以六月十五日、専　王副、弁中辺論本三巻、奉請内裏」（51 52）と注記されているのが留意される。この「解案」にあげられるⅠ期内の一二の間写のうち、内裏への奉請を記すのは右の二件だけである。その中で、市原王が専ら奉請したとあるのは、王が内裏と近い関係にあり、王による奉請が求められていたからであろう。

次に「間紙納帳」は、天平十八年二月から二十一年三月にかけて間写で用いる料紙の収納を記録した帳簿で、ここでは前記のように「市原」の称が宣に付して使われている。その大半は、「依市原宮宣奉写十一面経疏一巻」（40、九ノ六四）のように間写の指示であるが、それらは「間本充帳」の例からすれば令旨を受けてのものと見られる。

「間本充帳」[23]は、経師への間写用の底本充当を記録する帳簿で、天平十五年九月から十六年九月にかけて行なわれた一六件の間写の記事が載せられている。このうち、令旨（光明皇后の命）によるのが一二件で、その宣者として「長官宮」（市原王）が三回（3 15 18）、進膳令史（高屋赤麻呂）も三回、茨田少進（枚万呂）と式部尊（鈴鹿王）が各二回登場する。[24]この四人は、皇后もしくはその周辺より書写の命を受け、これを直接あるいは間接に写経所に伝えた人々であるが、茨田少進と式部尊は写経所外にいたのに対し、高屋赤麻呂は写経所に出仕する下級官人であった。

高屋赤麻呂は、天平十年閏七月二十九日付「写経司舎人等上日帳」（続々修二十四ノ五裏、七ノ一八三～一八四）に

舎人としてその名が見え、十一年に市原王が写経司に出向したころには史生の地位にあって実務を担っていた[25]。写経司は、その後解体・再編され、市原王が再び写経事業に関与しだす十五年には金光明寺写一切経所と称されていたが、赤麻呂は進膳令史の肩書でこの写経所の運営にかかわり、「収納幷返送帳」では、市原王が底本管理を行なうなかで、返送・借請・奉請の判を加えていたことは先に見た通りである。位階の方は、市原王の従五位下に対し赤麻呂は従八位下[26]と大きく開くが、写経の業務に長年従事し、令旨の宣者になるなど皇后周辺の信任も厚かった。それ故、赤麻呂は、市原王にとっても有為な実務官人であったはずである。「五月一日経」書写に関与し、適宜内裏に出入りする市原王は、舎人時代からの誼みもあり、この赤麻呂と良好な関係を築いていたものと見られる。

しかし、高屋赤麻呂は、天平十七年九月を最後に[27]写経の業務から離れたらしく、それ以降の写経関係の帳簿類にはその名が見えなくなる。「収納幷返送帳」には、「成唯識論九巻第一巻常欠唐書者　具帙占黄紙白檀軸／右書、以十九年十二月七日、内裏奉請如前、使高屋古令史」（十ノ五五三）とあり、天平勝宝元年八月十九日付「疏所櫃納検定文案」（続々修十四ノ八、十一ノ四三～四八）に「肇論一巻　起信論已上二巻高屋古令史私〔起信論借奉請縄万呂返了〕」「辛櫃卅三合／廿五合大小乗経幷雑幷雑物等納／二合高屋古令史私物納」とあって、いずれも「古令史」と記されることから、赤麻呂は天平十九年十二月七日から天平勝宝元年八月十九日の間に没したものと解される[28]。写経所から離れるのは、晩年になっての病が原因なのかもしれない。

「間紙納帳」のI期の記事（天平十八年二月～十月）を見ると、一一件の間写経の宣者には、市原王の他に紀少進・田辺史生（真人）・中納言尊（藤原豊成）が認められる[29]が、いずれも一度しか現われず、八度に及ぶ市原王との差は歴然である。高屋赤麻呂がいたならば、「間本充帳」でのように市原王とともに宣者に名を連ねていたであろうが、このころには写経の業務から離れていた。結局、こうした事情が市原王を専ら間写の令旨を受ける役回りに就けたのであろう。それはまた、市原王と写経所の距離を縮めることになり、案主らにはより身近な存在と認識されるに至ったと思われる。「間紙納帳」で肩書を記さない「市原」が用いられるのは、こうした市原王と写経所の親密さを表現するものと評価しておきたい。帳簿等に宣者として現われる市原王を「市原王」「市原宮」と表記する事例は、天平十八年二月～十一月の期間に集中し、これ以降は余り認められなくなる。それは、当該期の市原王と写経所の関係が、前後に比を見ないものになっていたからであろう。

このように、Ⅰ期における市原王は、「五月一日経」さらには令旨を受けての間写などを通して写経所との繋がりを深めていたといえるが、となると、その「長官」の内実をどう見るかが問われることになる。つまり、これを金光明寺造物所の長官もしくはそれに准ずるものと解するならば、正倉院文書が写経関係文書の集合体であるという点を考慮しても、市原王の仕事内容は写経に片寄りすぎる嫌いがあるからである。もし、「長官」という称が造物所の仕事全般を統轄する立場へのものであったならば、「金光明寺造物所解」や「金光明寺写経所解」の署名欄に「長官」の肩書を記したはずである。ところが、それが認められない（53 60）ということは、市原王が金光明寺造物所の長官ではなかったからであろう。

三　「長官」の本務

では、「長官」とは、いかなる地位をさす呼称であったのであろうか。これを考える上で重要なのは、次に示す天平十八年（七四六）十一月一日付「金光明寺造物所告朔解案」（続々修三十七ノ一裏、九ノ三〇〇～三〇一）の署名欄に記される玄蕃頭の肩書（60）である。[30]

天平十八年十一月一日史生大初位上田辺史
玄蕃頭従五位下　王
造仏長官外従五位下国　大養徳国少掾従七位上佐伯宿禰

ここに見える日下の田辺史以外の三人には、それぞれ本官と思われる肩書が付されているが、これは、当時の金光明寺造物所が他官司からの出向官人によって構成されていたためとされている(31)。これに従えば、最上位にある市原王は、玄蕃頭として金光明寺造物所に出向していたことになる。

この玄蕃寮の頭の職掌は、養老職員令18玄蕃寮条に「掌、仏寺、僧尼名籍、供斎、蕃客辞見讌饗送迎、及在京夷狄、監当館舎事」と規定されている。このうち「供斎」について、『令集解』引載の古記は「供斎謂礼仏也」とし、令釈は「供斎、謂宮内幷在京礼仏」とするので、大宝令においても「供斎」、すなわち宮内・京内礼仏が頭の職掌であったことが知られる。供斎は斎会の供養の意で、仏を礼拝する法会につきものであるから、供斎を礼仏と解したのであろう。この礼仏については、同じく職員令6図書寮条の頭の職掌にも「宮内礼仏」とあり、『令義解』はこれを釈して「謂、宮中諸作仏事也、正月金光明会、及臨時転読般若等之類」と述べ、礼仏の具体例をあげている。この二つの規定によれば、宮中の礼仏（諸作仏事）は図書頭が、供斎（斎食供養）は玄蕃頭がそれぞれ管掌することになっているが、古記や令釈が供斎と礼仏を同義に解するように、実際には両者は截然と区別されず、玄蕃頭も宮中の諸作仏事にかかわっていたものと見られる。

市原王が「長官」と称されるⅠ期の仕事内容は、先に見たように光明皇后発願の「五月一日経」書写や間写など、宮中の仏事に連なる作善にかかわっており、玄蕃頭の職掌とも矛盾しない。また、「長官」は四等官制下での一等を指す呼称(32)であるから、玄蕃頭を「長官」と呼ぶことは当然ありうる。従って、市原王に冠される「長官」を玄蕃頭の意に解しても問題はないように思われるが、ただ、「大粮申請継文」内の天平十七年二月二十日付「玄蕃寮解」（正集二、二ノ三九〇）の署名欄には「従四位上行頭」とあって、別人が頭の地位にあるので[33]、市原王の玄蕃頭就任は、これ以降、同十八年十一月までの間ということになるだろう。これを表に即していうと、同十五年八月から十八年四月にかけての記事に見えるⅠ期の「長官」は、玄蕃頭以外の地位に対する呼称であったと解さなければならなくなる。

天平十五年五月五日に従五位下に叙せられた市原王に見合う官職のうち、「長官」と称しうる内官の文官をあげると、従五位上では、玄蕃頭を除くと、左右大舎人頭、大学頭、木工頭、雅楽頭、主計頭、図書頭、従五位下では、内蔵頭、縫殿頭、大炊頭、散位頭、陰陽頭、主殿頭、典薬頭となる[34]。このうち、宮中の仏事（写経など）にかかわる仕事が、その本務と繋がりうる官職をさがすと、まず前記の図書頭が候補としてあがってくる。しかし、この地位には、市原王と同じ日に无位から従五位下になった林王が同十五年六月三十日（丁酉）に任じられているので[35]、これは対象外となるだろう。次に宮中との関係でいえば、宮内省被管の木工頭、大炊頭、主殿頭、典薬頭や治部省被管の雅楽頭が留意されるが、いずれもその職務に仏事とのかかわりを認めるのは困難である。この点は、中務省被管の内蔵頭、縫殿頭の場合も同様であるが、左右大舎人頭については、『令義解』が「大舎人是供奉人」と釈するように[36]、大舎人を率いて天皇に供奉することが職務となるので、宮中の仏事にも関与できる立場にあったといえるであろう。その意味で、市原王にふさわしい官職のように思われる。

この左右のうち右大舎人頭には、市原王や林王と同じ日に従五位下に叙せられた高丘王が天平十五年六月三十日に任じられている。左大舎人頭の任命記事は認められないが、先の「大粮申請継文」の同十七年四月十八日付「左大舎人寮解」（正集一、二ノ四一〇〜四一一）の署名欄には、「従五位下守頭　王久仁宮留守」とあり注目される。ここに見える「王」を市原王と断定することはできないが、その可能性は高いように思われる。当時、紫香楽宮にあった聖武天皇の命を受け、市原王が久仁（恭仁）宮の留守を勤めていたとするならば、先の表から窺われる天平十六年九月から十七年五月にかけての記事の少なさや、十七年五月十一日（戊辰）の平城還都以降、再び記事が増える理由が説明できるようになるからである。とすれば、その就任時期は、林王・高丘王らの任官時である十五年六月三十日から、「長官」の称が初見する同年八月二十日までの間となるだろう。[37]

このように、Ⅰ期の「長官」は、左大舎人頭をさす呼称であったと思われる。市原王は、この職務のもと、金光明寺造物所や写経所に関与していたわけで、それぞれの発給文書で王の名が署名欄の高い位置にくるのは、両所でなされる宮中の仏事（写経）を管轄する立場にあったからであろう。

市原王はその後、玄蕃頭に就任するが、「長官」の称は継続して使用されていく。以下、この点を表に即して検討を加えておく。

四　「長官」と玄蕃頭

まずⅡ期（天平十九年正月～十二月）は、前記のように市原王の名が写経関係文書に見えない時期にあたる。『続日本紀』によれば、天平十九年三月十日（乙酉）に従五位下阿倍朝臣毛人が玄蕃頭になっているので、任を解かれた市原王は写経所さらには金光明寺造物所を離れたのであろう。しかし、翌二十年二月になると市原王の蔵書が写経所に収納され（66）、三月には経典の奉請に判を加える（67）など写経所との関係が復活する。そして、四月になると玄蕃頭に復任したらしく再び「長官」の宣が出され（68）、七月十日付「東大寺写経所解案」（続々修二十四ノ六裏、十ノ三〇五～三一一）には「玄蕃頭従五位下　王」（72）との位置が記されている。つまり、このⅡ期は、玄蕃頭の解任期間とほぼ重なるのであるが、復任に至る経緯も含めて、その間の事情は不明とせざるをえない。

Ⅲ期（天平二十年正月～天平勝宝三年正月）になると、署の事例が多く現われるが、金光明寺造物所や造東大寺司、東大寺写経所、大安寺造仏所などの文書の位置には玄蕃頭の肩書が付されている（72 73 74 76 83 93 99 100 104 111）。「長官」は、Ⅰ期と同じく宣・判・使・私写・奉請などに見え（68 69 70 78～82 86 87 89～92 94 96 98 103 106～110 113 114）、「市原」は蔵書と宣に二例（66 75）認められるにすぎない。その中で、数は少ないものの使・判・私写・宣などに「玄蕃頭」「玄蕃」が用いられ（84 95 97 105 112）、一部は「長官」と同義のものとする事例が出てくる。

たとえば、天平感宝元年（七四九）六月二十五日の良弁宣を受けて経・疏各二部が仙寂師に奉請された記事が、経の方が「経巻出入検定帳」（続修別集四十七裏、三ノ二六〇～二六一）に、疏は「本経疏奉請帳」（続々修十五ノ二、十一ノ九～一六）にそれぞれ見えるが、この奉請に判を下した市原王を、「検定帳」では「長官宮」、「奉請帳」では「玄蕃宮」と表記している（96 95）。また、「装潢受紙墨軸等帳」（続々修三十七ノ四、十一ノ一五六～一六九）では、「依天平勝宝二年二月廿七日玄蕃頭市原王宣、奉写料」として政所から受けた『海龍王経』料紙八五五張（八〇〇張は経師（紙）、五五張は凡紙）の収納を記したあと、七行後に「海龍王経十部卌巻料自政所来穀紙八百張　充装潢春日虫万呂／右、依長官王天平勝宝二年三月一日宣、奉写料」との記事を載せている（105 106）。後者では宣の日付が異なり、また記事全体を墨筆で囲み、この帳簿から除いたことを伝えているが、内容は前者と同じく『海龍王経』の書写料紙に関するもので、宣者の「長官王」が「玄蕃頭市原王」をさすことはいうまでもないだろう。

こうした同一の判や宣を、市原王が名乗り分けることはないので、それはまさに写経所の案主らの表記法にかかるものといわねばならない。その使い分けの基準は明らかではないが、Ⅰ期とは異なって、「長官」のみの表記では現実にそぐわないとの認識がそこにはあったように思われる。つまり、市原王の立場に変化が生じていたのである。これは、天平二十年になって金光明寺造物所が造東大寺司と改称され、その構成員を四等官制にもとづく自前の官人によって賄えるようになったことと関連する。この点を、同二十年九月七日付「造東大寺司解案」（続々修十六ノ一裏、十ノ三七四〜三七七）の署名欄に見ると次のように記されている。

天平廿年九月七日主典従八位下山口忌寸伊美吉

造寺次官兼大倭少掾従七位上佐伯宿禰　　判官正八位上田辺史

玄蕃頭従五位下　　王

これによると、上位の市原王だけが本官の玄蕃頭を冠し、それに次ぐ佐伯宿禰（今毛人）が造寺次官、田辺史（真人）が判官、山口伊美吉（佐美麻呂）が主典となっている。この中で、市原王の肩書に帳簿類で頻出する「長官」が付されていないのは、王自身が造東大寺司の長官ではなかったことによる。当時の造東大寺司には、長官はいなかったと見るべきであろう(38)。金光明寺造物所の段階では四等官制は整わず、案主らが左大舎人頭や玄蕃頭であった市原王を「長官」と称しても問題はなかった。しかし、造東大寺司の成立後は、実際の長官が空席になっているのに、「長官」の称をI期と同様に広範に用いるのが憚られるようになってきた。恐らく、こうした事情があって、次第に現実の職位である玄蕃頭の用例が増えることになったものと見られる。しかし、「長官」の称がその後も使用されることは表に見る通りで、市原王の影響の大きさを物語っている。

では、長官ではない市原王が、何故に造東大寺司の文書の署名欄では上位にくるのであろうか。それは、次官が従七位上であるのに市原王は従五位下という位階の格差によるところが大きいが、もう一点留意しておきたいのは、天平勝宝元年（七四九）九月九日付「造東大寺司牒（案）」（続修別集六、三ノ三一九〜三二〇）、同二年正月二十八日付「造東寺司返送文」（続々修四十ノ一裏、十一ノ一三九～一四〇）、同三年四月二十一日付「造東大寺司啓案」（続々修四十ノ一裏、十一ノ五四八）の造東大寺司の文書では、「知事玄蕃頭従五位上　王」「知事正五位下行玄蕃頭」（100 104）のように「知事」を付して位署がなされていることである。この「知事」とは事を知る、言い換えれば造東大寺司の事を知る意に解される[39]。事例は三件と少ないが、この「知事」であることが、長官ではない市原王を造東大寺司の上位に押し上げていたものと思われる。では、市原王は、この「知事」の立場で何を掌ろうとしていたのか。関係史料による限り、やはりそれは写経事業であったと見なければならないであろう。

このⅢ期における市原王の宣の内容を見ると、Ⅰ期に比して間写の指示（68 104 105）は減るものの、底本や写本の奉請指示が大半を占めており（69 70 75 78～81 86 89 90 91 109 110 113）、判においても同様の傾向が認められる（67 82 87 95 96）。また、使はすべて内裏へのものである（81 84 92）。つまり、市原王の仕事内容はⅠ期の場合とほとんど同じなのである。従って、造東大寺司内における市原王の役割は、宮中の仏事に連なる写経等の業務を玄蕃頭の立場から管掌するところにあり、それが肩書の上では「知事」と称されることもあったということであろう。

おわりに

市原王は、天平十五年（七四三）八月ごろから、恐らく左大舎人頭として、同十八年十一月ごろからは玄蕃頭として、金光明寺造物所や造東大寺司の写経所で行なわれていた宮中の仏事、すなわち光明皇后発願の「五月一日経」や各種間経の書写を管掌していたこと、その関係で写経所との繋がりが生じ、案主らは「長官王」「長官宮」と称して市原王を接遇した、というのが小稿での結論である。

市原王がこうした役割を担うに至ったのは、仏教への造詣が深く宮中からの信任が厚かったからであろう。王と仏教の関係は、表に示した蔵書からも窺うことができるが、一方で写経所への影響力を用いてか、私写の依頼も多く認められる。王権に仕えながら市原王は、この仏教に何を求めていたのか、は興味深い問題である。稿を改めて検討することにしたい(40)。

註

（1）主要な研究に、若井敏明「三たび造東大寺司の成立について——市原王をめぐって——」（『続日本紀研究』二六三、一九八九年）、山下有美『正倉院文書と写経所の研究』第一章第二節三「金光明寺造物所の構造」・第三節一「造東大寺司の成立」（吉川弘文館、一九九九年）、北條朝彦「「市原王」考」（水野柳太郎編『日本古代の史料と制度』所収、岩田書院、二〇〇四年）がある。

（2）『本朝皇胤紹運録』（『群書類従』第五輯）による。

（3）『万葉集』巻三—四一二、巻四—六六二、巻六—九八八・一〇〇七・一〇四二、巻八—一五四六・一五五一、巻二〇—四五〇〇。歌人としての側面については、北條前掲註（1）論文を参照。

（4）舎人・「長官」・玄蕃頭については、表「市原王の呼称一覧表」を参照。天平勝宝四年閏三月二十八日付「造東寺司請経論疏注文案」（続々修二ノ十一、十二ノ二五八〜二六三）には、天平十八年五月二十日、同二十一年二月八日の備中国守市原王宣によって書写された経典名をあげるが、ここに見える肩書は「注文案」作成時のもので、後述のように各宣が出されたころの市原王は玄蕃頭等の地位にあった。治部大輔の肩書は、天平勝宝八歳六月九日付「東大寺図端書」（正倉院御物、四ノ一一六）、天平宝字元年九月二十六日付「奉写経所解案」（続々修十八ノ五、四ノ二四〇〜二四一）、同年十月十四日付「写経所解案」（続々修十八ノ五、四ノ二四二）に見える。

（5）『大日本古文書』収載の巻・頁数で示すと、二ノ一六六・一六七・一六九、七ノ一七九・二六二・一七七・一七二・一七三・二九五・一七二・二九七・二二八・二三一、二ノ一八〇、七ノ三七一、二ノ一八五・一八六。後掲の

註(22)(24)(29)も同じ。
(6) 栄原永遠男「初期写経所に関する二三の問題」(同『奈良時代の写経と内裏』所収、塙書房、二〇〇〇年。初出は一九八四年)。写経所の変遷は、この栄原論文による。
(7) 若井前掲註(1)論文。
(8) 天平十一年六月四日付「泉木屋所解」(続修別集十八、二ノ一七一～一七二)。
(9) 天平十一年四月十五日付「写経司啓」(塵芥六、二ノ一六一～一六六)。この写経については、栄原永遠男『奈良時代写経史研究』第Ⅰ部第二章「百部法華経の写経事業」(塙書房、二〇〇三年)を参照。
(10) 栄原前掲註(9)著書第Ⅰ部第二章。
(11) 井上薫『奈良朝仏教史の研究(再版)』第三章第二節一「写経司と東院写一切経所」(吉川弘文館、一九七八年。初版は一九六六年)。
(12) 栄原永遠男「北大家写経所と藤原北夫人発願一切経」(前掲註(6)著書所収。初出は一九九五年)。
(13) 百部『法華経』のうち、白紙九九部の布施申請をする天平十一年四月十五日付「写経司啓」(前掲註(9)参照)によれば、一張あたりの経師の布施料は五文、紫紙一張の場合は、同年四月二十五日付「写経司啓」(塵芥六、二ノ一六六～一六七)では倍の一〇文になっている。これは、紫紙では金泥を用いるため、通常よりも時間がかかったことによるのであろう。
(14) 栄原前掲註(6)論文。
(15) 若井前掲註(1)論文。
(16) 山下前掲註(1)著書第一章第二節三・第三節一。
(17) 「長官」や「市原」に付される「王」と「宮」に、何らかの相違があるのかどうかは不明。
(18) 以下、**表**に示した事項に言及する場合は、それぞれに付した番号を本文でのように記す。
(19) 正集三十三裏、八ノ一八五～一八八/11、二十四ノ二五八、八ノ一八八/12～一九三、正集二十一裏、九ノ三六五～三六七、続修八裏、三ノ一六一～一六三、正集一裏、十ノ五五三～五五四(『正倉院文書目録』一では、このあとに塵芥二十四裏・二十四ノ五〇九～五一〇の接続を推定するが、『同』五ではこの言及がない)。

(20) 続々修三十七ノ二、九ノ六四〜六九・四五〇〜四五一、十二ノ二二二〜二二三、八ノ四五二〜四五三、正集一裏、三ノ四八四、続々修三十七ノ九、十一ノ五四四、正集一裏、三ノ四八四〜四八五、続々修三十七ノ四、十ノ二六七〜二七一。
(21) 皆川完一「光明皇后願経の書写について」（坂本太郎博士還暦記念会編『日本古代史論集』上巻所収、吉川弘文館、一九六二年）。
(22) 八ノ一八九〜一九一・一九三。
(23) 続修三十二裏、八ノ三六九〜三七〇・三六七〜三六八・三六五〜三六七、正集三十二裏、二十四ノ二七六〜二七八、正集三十三裏、八ノ四六六、正集三十二裏、二十四ノ二七八〜二八〇。
(24) 八ノ三六五・三六九・四六六、二十四ノ二七九〜二八〇。
(25) 高屋赤麻呂については、鬼頭清明『日本古代都市論序説』第一章「高屋赤麻呂の世界」（法政大学出版局、一九七七年）を参照。
(26) 市原王の位署も見える天平十六年六月二十九日付「奉請文案」（続々修十六ノ四、八ノ一六七〜一六八）の日下に、「従八位下行進膳令史高屋連」と記される。
(27) 天平十七年九月八日付「校正勘出文」（続々修二十六ノ四、八ノ五〇七）。
(28) 鬼頭前掲註(25)著書第一章。
(29) 九ノ六五〜六六。
(30) 天平勝宝二年十二月二十八日付「造東寺司未返経論注文」（続々修四十ノ二裏、十一ノ四五〇〜四五三）には、**表**の51に相当する記事を「依玄蕃頭市原王十八年五月廿日宣奉請」と載せるが、ここに見える市原王の肩書は当時の官職（玄蕃頭）にもとづくものと解されるので、本文にあげた「告朔解案」でのものが玄蕃頭の初見となるであろう。
(31) 山下前掲註(1)著書第一章第二節三。
(32) 養老職員令1神祇官条。
(33) 『続日本紀』によると、天平十年閏七月七日（癸卯）に従四位下安宿王が玄蕃頭に任じられている。王は同十二年十一月二十一日（甲辰）に従四位上に進んでいるので、この解の署名欄に見える「頭」は安宿王であった可能性がある。

(34) 養老官位令11従五位条。後述のように、市原王と同じ日に无位から従五位下に昇叙した林王は図書頭に、高丘王は右大舎人頭にそれぞれ任じられているので、それに准じた想定を行なっている。

(35) 以下、日付を記した事項は、断らない限り『続日本紀』による。

(36)『令義解』職員令5左大舎人寮条。

(37)『続日本紀』によれば、聖武天皇は、天平十六年二月二十四日（戊午）に行幸してから以降、同十七年五月五日（壬戌）に恭仁宮に還幸するまでの間、紫香楽宮に滞在している。

(38) 山下前掲註(1)著書第一章第三節一では、成立当初から天平勝宝六年までの間、造東大寺司は正式な長官を欠いていたと指摘する。

(39) 北條前掲註(1)論文。

(40) この点については、山本幸男「正倉院文書からみた市原王の仏教信仰」（『人文学研究』二、二〇一七年）で検討を試みた。なお、市原王の政治的な位置については、鷺森浩幸「聖武天皇と藤原八束・市原王」（同『天皇と貴族の古代政治史』所収、塙書房、二〇一八年。初出は二〇一一年）を参照。

第四章　正倉院文書に見える「鳥の絵」と「封」

――写経所案主佐伯里足の交替実務をめぐって――

はじめに

大平聡氏は、「正倉院文書の五つの『絵』――佐伯里足ノート――」と題する論文[1]において、天平宝字二年（七五八）六月から八月にかけての造東大寺司写経所の「食口帳」と、同年九月から十一月にかけて同所で行なわれた『金剛般若経』一二〇〇巻（以下、千二百巻経と称す）書写事業の帳簿の裏面に、水鳥を模したような「絵」が描かれていることを指摘され、この「絵」は当時写経所の案主であった佐伯里足が、写経所を離れるにあたって自分の責任がどこまでであるかを示すために描いた「マーク」のようなものではなかったか、と推測された。筆者も、天平宝字二年の写経関係史料を整理する中でこの「絵」と出会い関心を持つことになったが、大平氏の論文に接することにより、「絵」の作成者が明らかになるなど、いくつかの問題を解くことができた。しかし反面、この「絵」がどのような目的で描かれたのかという機能面については、大平氏とは別の解釈も成り立つのではないかとの疑問も抱くに至った。

本稿は、こうした大平氏の論文に啓発され草したものであるが、以下では、帳簿背面に見える「絵」の機能について私見を述べ、あわせてそれを描いたとされる佐伯里足の実務状況について言及したいと思う。

一　五つの「鳥の絵」

まず、問題の水鳥を模したような五つの「絵」（以下、「鳥の絵」もしくは「絵」と称す）を示すと図1のようになる。A~Eの順序は大平氏の論文に従ったが、「鳥の絵」そのものはマイクロフィルム紙焼写真（以下、「写真」と略記）から敷き写したものを掲げておいた。というのは、「写真」を見る限り、Aの「頭」と「首」を描く弧状の線の途切れの位置がB、Cのようにもう少し上になっており、Dの「頭」の線の一部が残るなど、大平氏の掲げられた「絵」とは異なる部分がいくつか認められるからである。(2) 以下の考察は、図1の「鳥の絵」にもとづいて進めることにする。

次に、「鳥の絵」が描かれた帳簿とその位置関係を示しておく。

A.「東大寺写経所食口帳」（天平宝字二年六月~八月の「写経所食口」三通よりなる。題籤〈紙で作られる〉付往来軸を持つ。一〇紙。続々修三十八ノ七、十三ノ三三七~三五二）。(3)

第10紙背の右端から約三センチメートル(4)左の天地ほぼ中央部に描かれる。帳簿面の記事は右側に二行あるのみで、あとは余白になっている。

B.「後金剛般若経料銭下充帳」（天平宝字二年九月一日から十一月上旬にかけての銭の支出を記録する。題籤欠の往来軸を持つ。一〇紙。続々修四十三ノ八、十四ノ一~一四）。

第6紙背の左端から約八センチメートル右の天地ほぼ中央部、帳簿面では十月五日条の記事の署名部分の背に描かれる。A、C、D、Eに比して天地が逆になっている。

C.「後金剛般若経食物用帳」（天平宝字二年九月十八日から十一月二十六日にかけての食料雑物の支出を記録する。第1紙右端に往来軸の痕らしいハガシトリ痕がある。[5] 二一紙。第1紙、続修四十九裏、十四ノ八一〜八二、第2〜13紙、続々修八ノ二十、十四ノ八二〜一〇三、第14紙、続修四十九裏、十四ノ一〇三〜一〇四、第15〜17紙、続々修四十三ノ十九、十四ノ一〇五〜一〇八、第18紙、続修四十六裏、十四ノ一〇八〜一〇九、第19〜21紙、続々修四十三ノ十九、十四ノ一〇九〜一一三）。

第6紙背の右端から約二八センチメートル左、左端から約三〇センチメートル右の天地中央部やや下、帳簿面では十月五日条の記事の署名部分の背に描かれる。

D.「後金剛般若経料雑物収納帳」（天平宝字二年九月十七日から同三年四月二十六日にかけての燃料・蔬菜類・軸・油などの雑物、それに銭の収納を記録する。[6] 九紙。続々修四十四ノ五、十四ノ七一〜八〇）。

第2紙背の右端から約一〇センチメートル左の天地中央部やや下、帳簿面では九月二十五日条の冒頭記事の背に描かれる。

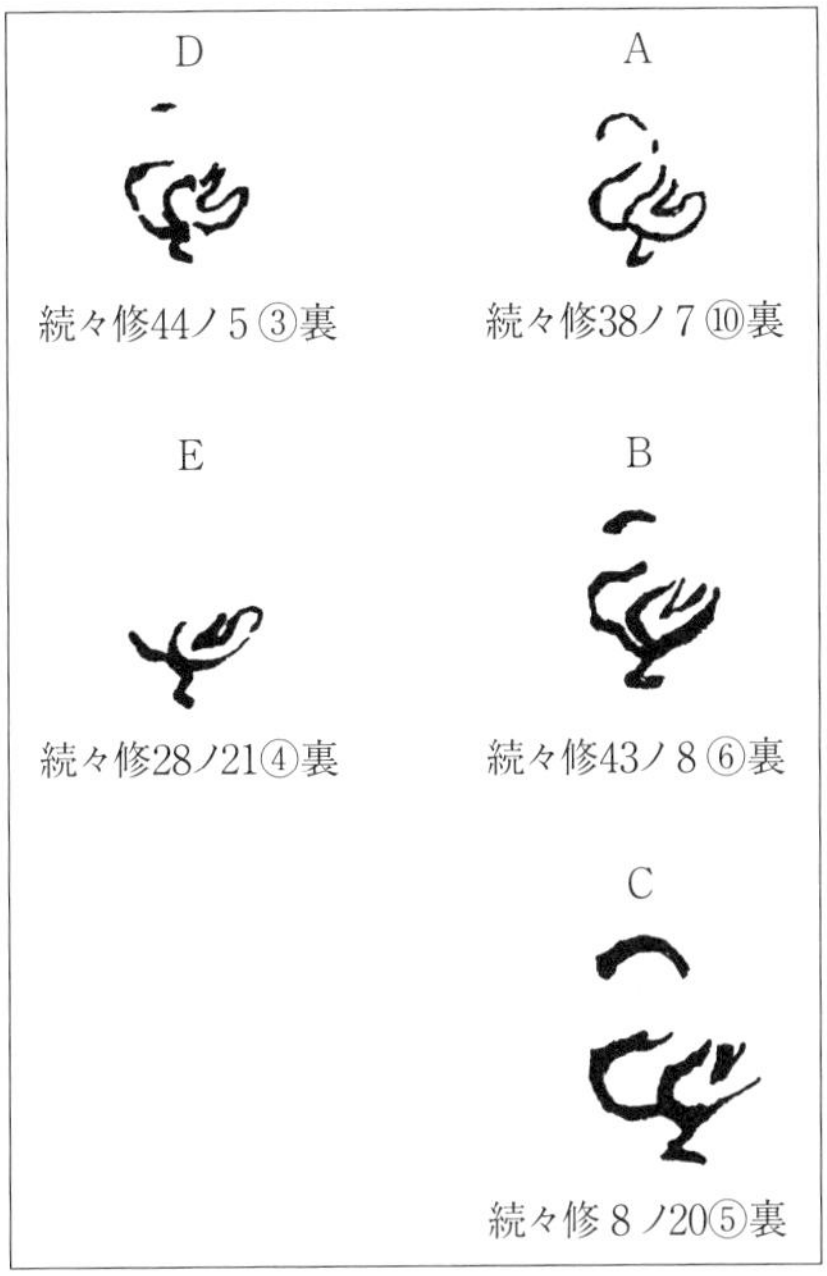

図1　「鳥の絵」

E.「後金剛般若経料幷雑用紙下帳」[7]（天平宝字二年九月二日から十一月二十四日にかけての紙・手巾・木綿・軸・筆・綺の支出を記録する。題籤付の往来軸を持つ。六紙。続々修二十八ノ二十一、十四ノ一一九〜一二六）。

第4紙背の左端から約七センチメートル右の天地中央部やや下、帳簿面では十月四日条の記事の署名部分の背に描かれる。

図2は、右に示した「鳥の絵」の位置を図示したものである。これも大平氏の論文に従ったが、「写真」に見える目盛をもとに推算した右端もしくは左端からの長さを書き入れ、また「鳥の絵」が帳簿の首部に対してどの位置にあるのかもわかるようにしておいた。

以上にあげた「鳥の絵」およびそれが描かれている帳簿背面の位置関係より、大平氏は次のように述べられた。

㈠五点の「絵」は、Aを最も「写実的」と見、以下省略の順に配列した（**図1**参照）。

㈡「頭部」の描き方に違いが見られるが、本体部の基本線が一致するので、この五点の「絵」は同一の図柄と考えられる。

㈢B～Eの「絵」は、十月五日まで写経所の案主を務めた佐伯里足が、自分の責任において記した最後の記事の裏に描かれている。これは、里足が自分の責任所在分が裏でもあるいは外側からでも確認できるようにしたものではないか。

㈣Aの「絵」が描かれている「食口帳」には佐伯里足の署名が見えない。しかし、七月二十四日ごろに写経所案主となった里足は、食料関係に着帳の責任を持っていたので、少なくとも八月一カ月分の「食口案」は里足によって作成されたのではないか。とすれば、Aの「絵」は、本帳を巻いて保管するとき、その外見からでも自分の責任において作成管理した帳簿であることがわかるように記された「マーク」の機能を果たしているのではないか。

㈤十月五日ごろ、佐伯里足は写経所を離れることになり、それまで彼が保管していた帳簿が上馬養に引き継がれ

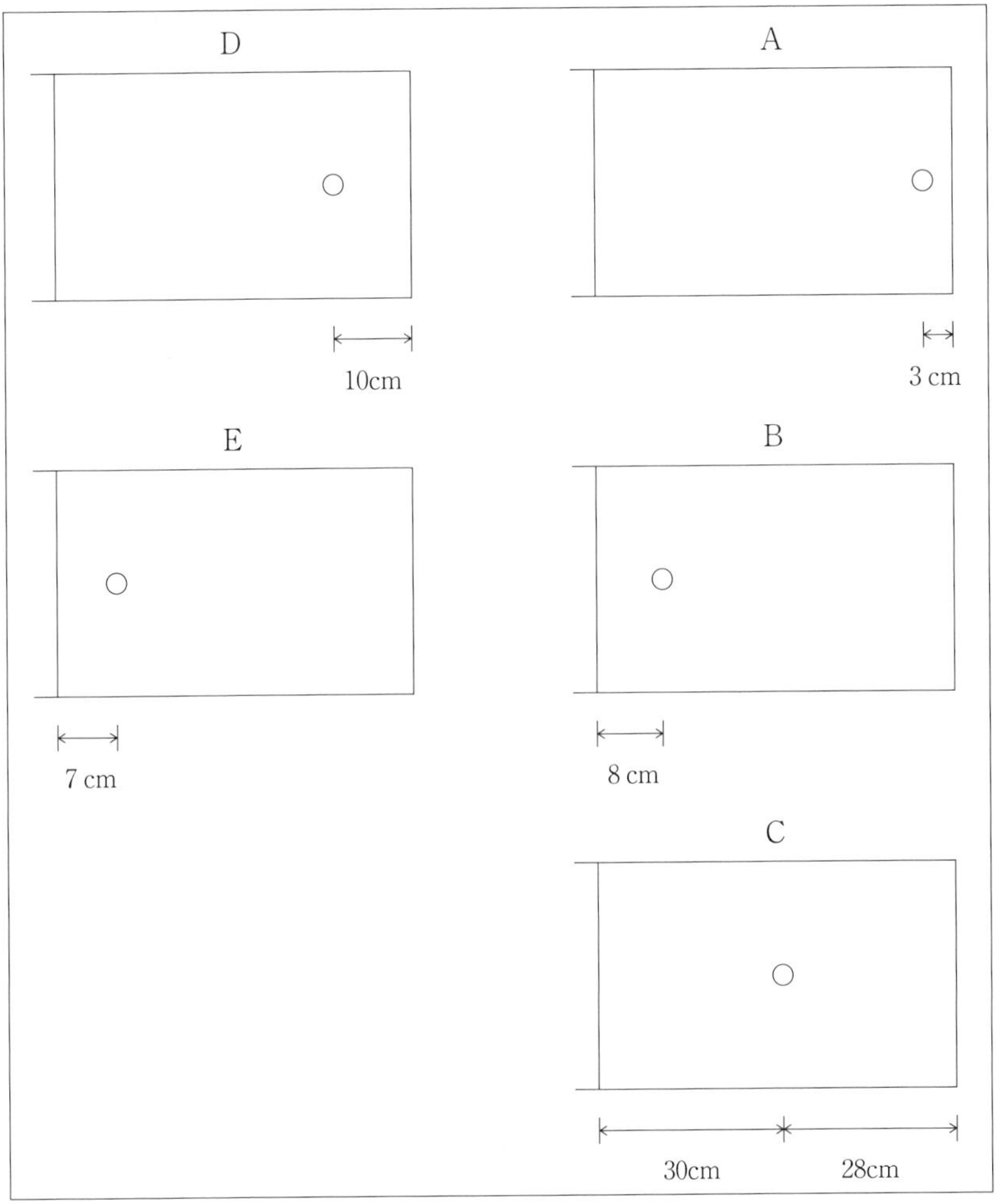

図2　「鳥の絵」の位置（○印）

るが、その際、里足は帳簿の裏にこれらの「絵」を描いたのではないか。

大平氏の論点は多岐にわたるが、「鳥の絵」の形状㈠㈡とその機能㈢㈣㈤についての見解は、右の五点に要約されると思う。いずれも創見に満ちており、「鳥の絵」の作成者を佐伯里足と認定された点は卓見といわねばならない。しかし、その形状については、前記のように「写真」を見ると異なる箇所があり、またその機能も形状より推せば、別の見方が成り立つように思われる。それ故、次節では右の点について私見を述べ、「鳥の絵」の持つ意味を考えることにしたい。

二　形状から見た「鳥の絵」の機能

まず形状について見ると、大平氏のいう㈡の点については全く異論はない。しかし、㈠については、果たして「首」の線の途切れや「頭」の線の消失が省略といえるかどうか疑問である。というのは、最も「写実的」なAを基本型として描いていくうちに簡略化されたとするには、下半分の形状が五点とも共通しており、書き慣れた結果の省略とは考えにくく、また意図的なものであったとしても、「首」や「頭」の省略は全体の釣り合いから見て不自然なように見えるからである。むしろ、弧状の線の途切れや「頭」の線の消失は、何らかの理由で当該部分が欠けてしまった結果ととらえた方がよいのではなかろうか。

この点について参考になるのはCの「絵」である。**図1**には表せなかったが、「写真」を見ると弧状の「頭」の線の右側と「首」の線が何かに遮られたような形で途切れており、また「頭」の線の両端をかすめるように細長い皺がやや右下りに横に走っているのが確認できる。この皺は、第7紙背には残っておらず、第5紙背にも認められないようなので、[8]第6紙背だけのものと推測される。折目の可能性もあるが、「鳥」の「翼」のすぐ右に一センチメートル余り皺の途切れたところがあり、そこに縦に約二センチメートルほど何かに圧迫されたような痕が見えるので、折目とするには不自然である。となるとそれは、何か細長いもので圧し付けられたときについた痕ということになるだろう。料紙の天地ほぼ中央部にこれが残っていることから推せば、その細長いものとは、紐のようなものではなかったろうか。つまり、この皺は、第6紙の帳簿面を内側にして何か物を包み、その上から紐のようなもので強くしばったときについた痕ではないかと思われる。このように見れば、「頭」と「首」の線の途切れと皺の関係もうまく説明できるのではないか。すなわち、線が途切れているのは、この間に途切れと同じ幅の紐（紙紐であろうか）が通っていたからであり、本来は「頭」と「首」とが恐らく一本の線で繋がる「鳥の絵」であったのが、紐を巻いて結んだあと、「頭」と「首」を繋ぐ線が紐の上に乗るように描かれたため、紐を解くと現状のような形になったと考えられるのである。前記の皺が途切れている箇所が紐の結び目にあたるならば、「翼」の部分の右側の線はこの結び目に乗っていた可能性がある。この点も含めて、以上の事柄を図示すると**図3**のようになる。

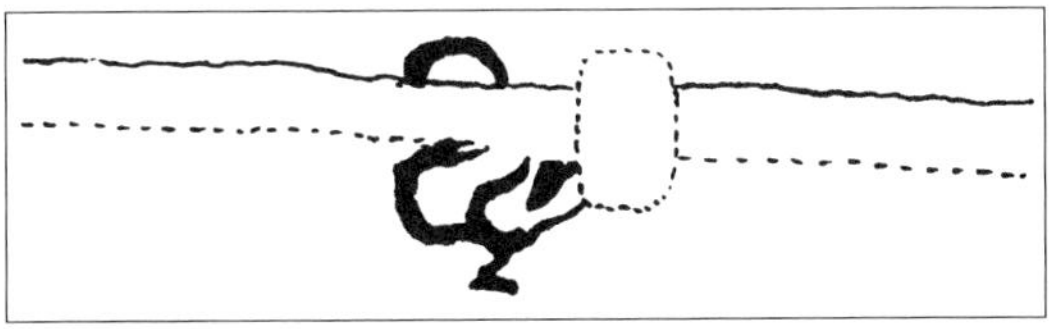

図3　「鳥の絵」と紐の関係（実線は皺を示す）

Cの「頭」と「首」を描く弧状の線の途切れが右のような理由で生じたとすると、残りの「絵」の場合も同じように考えられるのではなかろうか。もっとも、「写真」ではC以外に紐でしばったような痕は確認できず、詳細は原本調査に期待するしかないが、[9]「鳥の絵」の形状および料紙の天地ほぼ中央部に描かれている点より推せば、その可能性は高いように思われる。紐を巻くのは形崩れの防止や保管のためであるから、その上に描かれる「鳥の絵」とは、紐を簡単に解くことを禁じる封印としての役割を持っていたといえるのではなかろうか。

このように、「鳥の絵」の描かれている料紙が紐で巻かれていたとなると、その料紙は本来、何か物を包んでいた裏紙のようなものではなかったかと思われてくる。つまり、A～Eの帳簿に使用される当該料紙は裏紙を二次利用したものであって、「鳥の絵」も帳簿の料紙として貼り継がれる以前から描かれていたのではないかという疑問である。しかし、Aの「食口帳」は、未使用紙で作成された正文のようであり、「鳥の絵」のある第10紙だけ反故紙を利用していたとは考えにくい。また、B～Eの場合も、大平氏の指摘を念頭にすれば、裏紙の封印がいずれも佐伯里足の最終記事の裏にくるというのも不可解といわねばならない。それ故、これらの料紙を裏紙とするのは困難であり、A～Eの「鳥の絵」は、当該料紙が帳簿に貼り継がれてからあとで描かれたものと見て問題はないと思う。

「鳥の絵」を帳簿に巻かれた紐の上に描く封印であったと考えるならば、大平氏がB～Eの帳簿で注目された次の点、すなわち佐伯里足の最終記事の裏にそれが認められるという点（前掲㈢）をどう評価すればよいのだろうか。大平氏は、これを責任の所在を示すためのものと推測されている。しかし、結論からいえば、それは紐が巻かれたときの帳簿の形態に起因するのではないかと思われる。以下、「鳥の絵」が描かれたとき、各帳簿がどのように巻かれていたのかを検討しておきたい。

まず、Aの「絵」を見ると、それは「食口帳」の最終紙背の右端近くに描かれている。従って、この場合は、帳簿を巻き上げ紐を巻いて結んだあとに描いたものと思われる(10)。これに対してB～Eの場合は、各帳簿の中途の料紙背に描かれている。もっとも、料紙は最初からすべて貼り継がれていたわけではなく、「鳥の絵」が描かれたとき、当該料紙は帳簿の末尾に位置していたと見ることもできる。たとえば、何か物を包んだと想定されるCの料紙は、後述のようにそのとき帳簿の最終紙であったと思われる。しかし、そうであったとしても、「鳥の絵」はいずれも料紙背の右端から離れたところに位置しているため、Aのように巻き上げたあとで描かれたとは見ることができない。では、B~Eの帳簿はどのように巻かれていたのであろうか。考えうるのは、帳簿の左側の料紙が軸に巻かれた部分とは逆に左から右に巻かれ、この両者が合わさっているような状態である。これを図示すると**図4**のようになる。

B~Eのように、日ごとに記事を書き進めていく型式の帳簿[11]では、料紙は必要に応じてその都度貼り継がれていったと思われる。ただし、その貼り継ぎ方は一様でなく、帳簿の使用法もそれに従って異なっていたであろう。たとえば、料紙を一枚ずつ貼り継ぐときには、料紙は机の上に広げられて記入され、それが終わると破損を防ぐためにも右側の往来軸に巻き取られ、次の記入時には再び広げられて使用されたものと見られる。一方、料紙を数枚程度まとめて貼り継ぐ場合、未使用紙の多いときには、必要な部分だけ机の上に広げ、残りは巻き物状にして左側に置いたであろう。そして、記事の書き入れが終わると、往来軸の方に巻き上げずに、最終記事のあたりで右側の往来軸のある巻き物と左側の未使用紙の巻き物とが合わされ、次の記入に備えられたのではなかろうか。**図4**は、まさにこのような帳簿使用を念頭にしてのものである。この状態で紐を巻くとするならば、全体が解けないように、その結び目は左右の巻き物が接触する上の面にくるであろう。また、「鳥の絵」は、左右の側面か下の面のいずれかということになるが、推算で縦横ともに三センチメートル前後

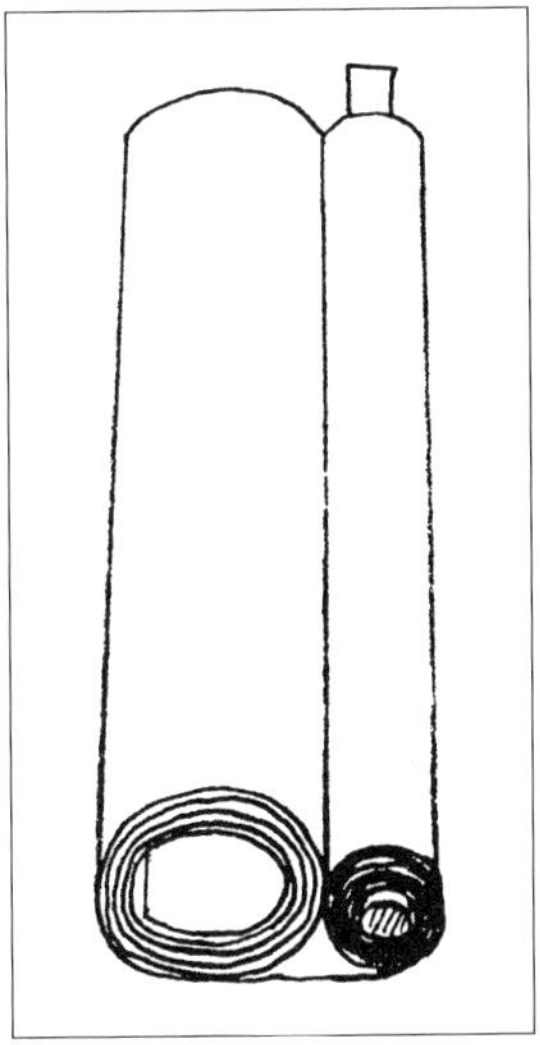

図4　帳簿を閉じた状態

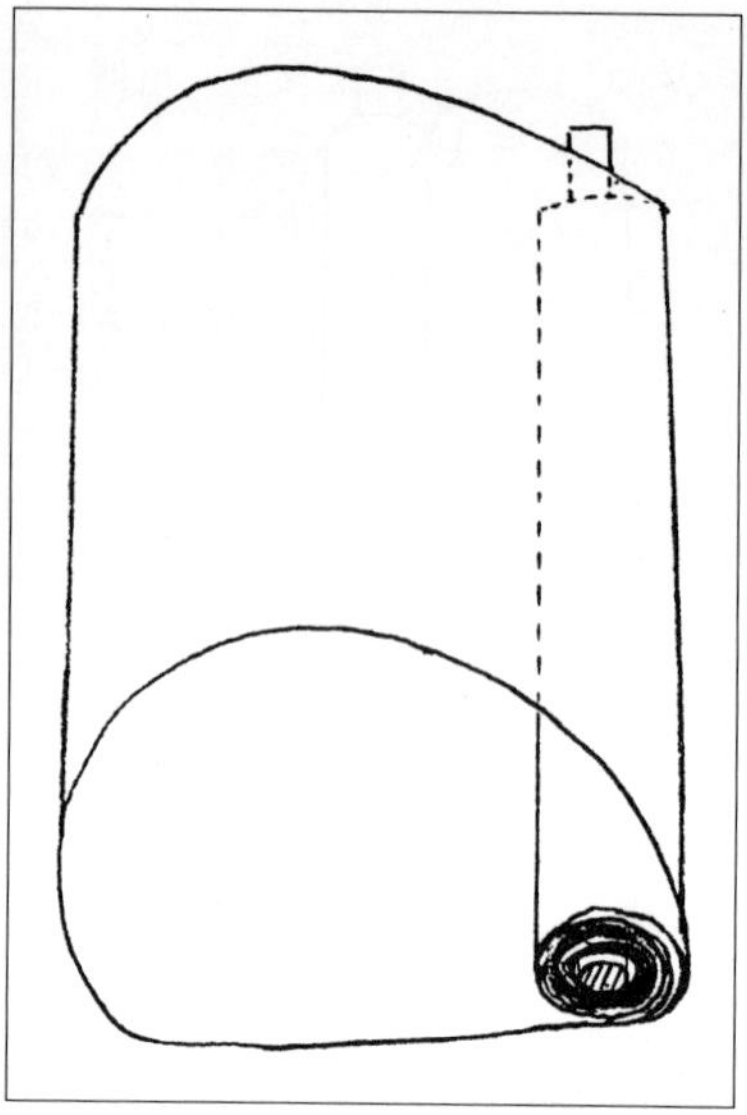

図5　物を包んだ状態

ある「絵」を描くには、やはり平板な下の面が選ばれるのではなかろうか。その場合、「鳥の絵」は、まさに最終記事の背にくるであろう。つまり、それは、責任の所在を示すためではなく、帳簿に巻かれた紐に封印として記した結果そうなったと考えられるのである。

このように、帳簿が**図4**のような状態になるのは、未使用紙が数枚程度貼り継がれているときであるが、B・D・Eの帳簿では背面の状況を見る限り、そうした想定は十分可能である。[12] しかし、Cの場合は、前記のように当該料紙背の皺が次の第7紙に及んでおらず、またその第7紙は十月五日付の反故文書を使用するので、「鳥の絵」が描かれたときには、当該料紙は帳簿の最終紙であったと見られる。[13] 従って、Cの帳簿は、AやB・D・Eとは異なった状態のもとで紐に巻かれていたことになる。前記のように、帳簿面を内側にして何か物を包んでいたとするならば、それは**図5**に示したような状態ではなかったろうか。つまり、当該料紙を往来軸の方に巻き上げずに余したままにして物をのせ、その物とともに往来軸のある巻き物をも包み込むようにして料紙の左側を右に引き、その上に紐が巻かれたような状態である。この場合、紐の結び目は全体の形が崩れないように上の面にくるのが普通であろう。「鳥の絵」は、包む物の量に左右されるかもしれないが、下の面に描くには全体を反転しなければならないので、形崩れを避けるためにも結び目のある上の面に描かれるのではないか。そして、それが、結び目近くに描かれたとすれば、当該料紙背のほぼ中央部に位置することになるのではなかろうか。Cの場合は、B・D・Eの場合ほど確たることはいえないが、「鳥の絵」の位置は、やはり帳簿の巻き方に規定されていたと考えられるのである。

以上、推測に推測を重ねた結果ではあるが、「鳥の絵」が佐伯里足の責任の所在を示すための「マーク」ではなかったとなると、その作成者も必ずしも里足でなくてもよくなってくる。里足が帳簿保管の責任者としても、それぞれの帳簿に紐を巻き「鳥の絵」を描いたのは別人であったと見なせなくはないからである。しかし、結論を急ぐ前に、当時の帳簿記入の状況に眼を向け、「鳥の絵」の作成者が里足であるかどうかを検討したいと思う。

三　佐伯里足の「封」

前節では、「鳥の絵」が封印としての役割を果たしていたことを述べたが、実はこの時期の帳簿等の記事の上にも、朱筆で「封里足」「封馬養」と記すものが散見する。以下では、これらがどのような目的で記されたのかを検討し、「鳥の絵」と関連するかどうかを考えることにしたい。まず、関係史料をあげると次のようになる。

B.「後金剛般若経料銭下充帳」（前掲）
D.「後金剛般若経料雑物収納帳」（前掲）
E.「後金剛般若経料幷雑用紙下帳」（前掲）
F.「後金剛般若経料紙納帳」（天平宝字二年八月二十五日から十月十二日にかけて紙・被・綿の収納を記録する。(14)二紙。
　第1紙、続々修八ノ十八、十三ノ四九一〜四九二、第2紙、正集四十四裏、四ノ三三六）。
G.「後金剛般若経経師等食米幷雑物納帳」（天平宝字二年九月十日から十月二十七日にかけての食料雑物・銭・木

沓・扉・綺の収納を記録する。題籤付往来軸を持つ。三紙。第1～2紙、続修後集十九、十四ノ五五～五八、第3紙、続修別集一裏、十四ノ五九～六〇）。

H.「東大寺写経所間銭下帳」（天平宝字二年十月二十日から十二月二十一日にかけて間銭の支出を記録する。[15] 題籤付往来軸を持つ。四紙。第1～2紙、続々修四十三ノ十一、十四ノ二〇一～二〇二、第3紙、続修四十三裏、十四ノ二〇三～二〇四、第4紙、続々修四十三ノ九、十五ノ四五二～四五三）。

I.「先後経料銭用注文」（天平宝字二年十一月の作成か。一紙。続々修二十七ノ三裏、十四ノ三一八）。

帳簿等の記事の上、とりわけ数量記載の上に朱筆で「封――」と記されるのは、管見では右の七点だけであり、H以外はいずれも千二百巻経書写関係のものである。大平氏も指摘されるように珍しい着帳様式として注目されるが、それだけに何故この時期にこうした処理がなされたのか問題となるところである。そこで、その間の事情を知るために「封――」の出方を一覧化したのが**表1**である（Iを除く）。表中の「里」「里足」「足」は佐伯里足に、「馬」「馬養」は上馬養に相当し、いずれも自筆と判断されるものである。表には、当該帳簿と並行して作成された同型式[16]の六点の帳簿も比較のために掲出しておいた（イ・ロ・ニ・ホは千二百巻経書写に先立って行なわれた『千手千眼経』一〇〇〇巻・『新羂索経』一〇部二八〇巻・『薬師経』一二〇巻〈以下、千四百巻経と称す〉書写の帳簿で、他は千二百巻経書写のもの。帳簿名等は**表1**の注2に示しておいた）。

この表を一覧して知られるのは次の四点である。

まず第一は、「封」[17]を記入しだしたのは佐伯里足であり、いずれも銭や衣料・食料などの写経料物の出納を記録する帳簿にそれが認められることである。これ以前に、このような「封」が見えない点より推せば、それは里足の案出するところといえそうである。また、帳簿の内容よりすれば、この「封」は写経料物の出納管理と関係を持つ

表1　「封」の一覧表（天平宝字二年〜三年）

		8・25	26	27	28	29	30	9・1	2	3	4	5	6	7	8	9	10	11	12
収納	F 8. 25〜10. 12 （紙・布・絹）	封里足																	
収納	G 9. 10〜10. 27 （銭・食料・履物）																封里足		
収納	D 9. 17〜3. 4. 26 （燃料・菁）																		
支出	B 9. 1〜11. 8カ （銭）							封里足	封里足		封里足	封里足	里足	封里足			封里足	封里足	
支出	E 9. 2〜11. 24 （紙・手巾・木綿）								封里足	封里足			封里足			封			
支出	H 10. 20〜12. 21 （銭）																		
収納	イ 7. 6〜9. 28 （銭・紙・浄衣・軸）						｜			｜							｜		
収納	ロ 7. 9〜8. 30 （食料）				｜		｜												
収納	ハ 10. 20〜3. 3. 27 （軸）																		
支出	ニ 6. 22〜9. 2 （食料）	｜	｜				｜	｜	｜										
支出	ホ 7. 5〜9. 8 （銭・紙・浄衣・綺）	｜	｜	｜	｜	｜	｜								｜				
支出	C 9. 18〜11. 26 （食料）																		

13	封里里足											
14												
15		封里足全全		里足			｜					
16				里足								
17		封里足	封里足	封足								
18				封里足								｜
19		封里足	封里足	封里足	封里足							｜
20		封里足	封里足	封里足								｜
21		封里足	封里足	封里足	封里足		｜					｜
22			封里足	封里足								｜
23			封里足	封里	里足		｜					｜
24				封里足	封里足		｜					｜
25			封里足	封里足								｜
26				封里足			｜					｜
27				封里足	封里足		｜					｜
28		封里足		封里足	封		｜					｜
29	封足				封							｜
30				封里	封里							｜
10・1		封里足		封里足	封							｜
2	封里足	封里足										｜
3	封里足	封里足		封里足								｜
4				封里	封里							｜
5			｜	封里足・馬養								｜
6			｜	馬養	｜							｜
7			｜	封馬	｜							｜
8			｜									｜

9			｜	封馬	｜							｜
10		｜	｜	封馬	｜							｜
11			｜	封	｜							｜
12	｜		｜	封馬印	｜							｜
13			｜	封馬	｜							｜
14		｜	｜	封馬	｜							｜
15		｜	｜	封	｜							｜
16			｜	封馬	｜							｜
17			｜									｜
18			｜	封馬								｜
19		｜	｜	封								｜
20			｜	封馬養	｜	封馬印			｜			｜
21			｜	封馬	｜							｜
22			｜	封馬		封馬						｜
23		｜	｜	封印	｜				｜			｜
24			｜	封馬養								｜
25												｜
26			｜	封馬		封印			｜			｜
27		｜			｜							｜
28			｜			封馬						｜
29			｜	封馬		封馬			｜			｜
11・1									｜			｜
2				封馬	｜				｜			｜
3												｜
4			｜			封馬養						｜
5			｜	（封馬養）	｜							｜

	6	7	8	9	10	11	12	13	14	15
〈以下1条略〉	—		—		—					
	（封馬）	（—）	（封馬養）							
〈以下2条略〉						—				
〈以下5条略〉		封馬印		封	—	—		—		—
〈以下15条略〉										
〈以下11条略〉	—	—	—	—	—	—	—	—	—	—

注1　「封」が始まる八月二十五日から千二百巻経書写が一段落する十一月十五日までの期間（「封」の最後はHの十一月九日条）を表示した。

2　B～Hの帳簿については本文を参照。参考としてあげた帳簿は次の通り。イ「千手千眼并新羂索薬師経料銭并衣紙等納帳」（第1紙、続々修八ノ九、四ノ二七八～二八〇、第2～6紙、続々修八ノ九、未収、第7紙、続修別集十六裏、十三ノ二五二～二五三）、ロ「千手千眼并新羂索薬師経料食料雑物納帳」（続々修八ノ六、十三ノ四三一～四三五）、ハ「東大寺写経所軸納帳」（続々修二十八ノ十四、十四ノ二〇五～二〇七）、ニ「写千巻経所食物用帳」（本帳は千四百巻経書写の「食物用帳」を兼ねる。第1～9紙、続々修八ノ十九、十三ノ二八四～二九八、第10紙、小川広巳氏蔵、未収、第11紙、所在不明、二十五ノ二四八～二四九、第12～24紙、続々修八ノ十九、十三ノ二九九～三一七、第25紙、板津七三郎氏旧蔵断簡、二十五ノ二三二～二三三、第26紙、続修別集一裏、十三ノ四七三～四七五、第27紙、続修四十三裏、十三ノ四七〇～四七一、第28紙、続修四十九裏、十三ノ四七一～四七三、第29紙、続修二十六裏、十四ノ一～二）、ホ「千手千眼并新羂索薬師経料銭并衣紙等下充帳」（第1～4紙、続々修八ノ七、十三ノ三六四～三七一、第5紙、続修三十裏、十三ノ二六七～二六八、第6～14紙、続々修四十三ノ六、十三ノ二六九～二八三）。

3　「封」が複数記入されているときは、そのうちのひとつをあげた。なお、Bの帳簿には十月五日条が二回出てくるが、表中には一括して示した。

4　B・E・Hの帳簿には、名を記さない「封」が見えるが、それらは十月五日以前の場合は里足の、十月六日以降の場合は馬養の「封」と見なせるだろう。

5　——は、「封」のない条を示す。

ものと思われる。

第二の点は、里足の「封」は千二百巻経書写の帳簿に限定して記されており、千四百巻経書写のものには確認できないことである。**表2**は、写経所の別当・案主の帳簿への署名期間を示したものであるが[18]、これによると里足は七月二十四日より帳簿の作成に関与していたことがわかる。当時の写経所では、六月十六日宣による『金剛般若経』一〇〇〇巻（以下、千巻経と称す）書写と七月四日宣による千四百巻経書写が並行して進められていた。従って、里足は、この二つの写経の帳簿作成にかかわったあと、八月十六日宣による千二百巻経書写に参加したわけだが、「封」を記入したのは千二百巻経書写の帳簿だけであり、八月二十五日以降も継続するイ・ロ・ニ・ホの千四百巻経書写の分には全くそれが確認できない。これより「封」は、千二百巻経書写の料物管理のために記されていたことが知られるであろう。

第三の点は、写経料物の収納に関してはすべての品目に里足は「封」を記しているのに対し、支出の場合はそれが限定的になっていることである。**表3**は、収納・支出別に各品目の「封」の有無を示したものである[19]。これによると、収納・支出ともに「封」を記されたのは銭と紙だけであり、米・海藻などの食料や薪・松などの燃料は収納に際してのみ「封」を記されていたことが知られる。これは、収納にあたっては同様の手続きがとられたものの、食料や燃料は容積が大きくかさばる関係で銭や紙とは別の場所に保管されていたため、その後の運用方法にも違いが生じていたのであろう。

第四は、里足の「封」は十月五日の記事が最後で、それ以降上馬養が「封」の記入を継承するが、馬養の場合は銭の支出に関する帳簿に限ってそれを記していることである。里足が写経所を離れるに至ったのは、この十月五日に大保（藤原朝臣仲麻呂）宣により召されたためで、写経所では二〇日間の猶予を求めたが認められなかったらし

表2　帳簿への署名状況

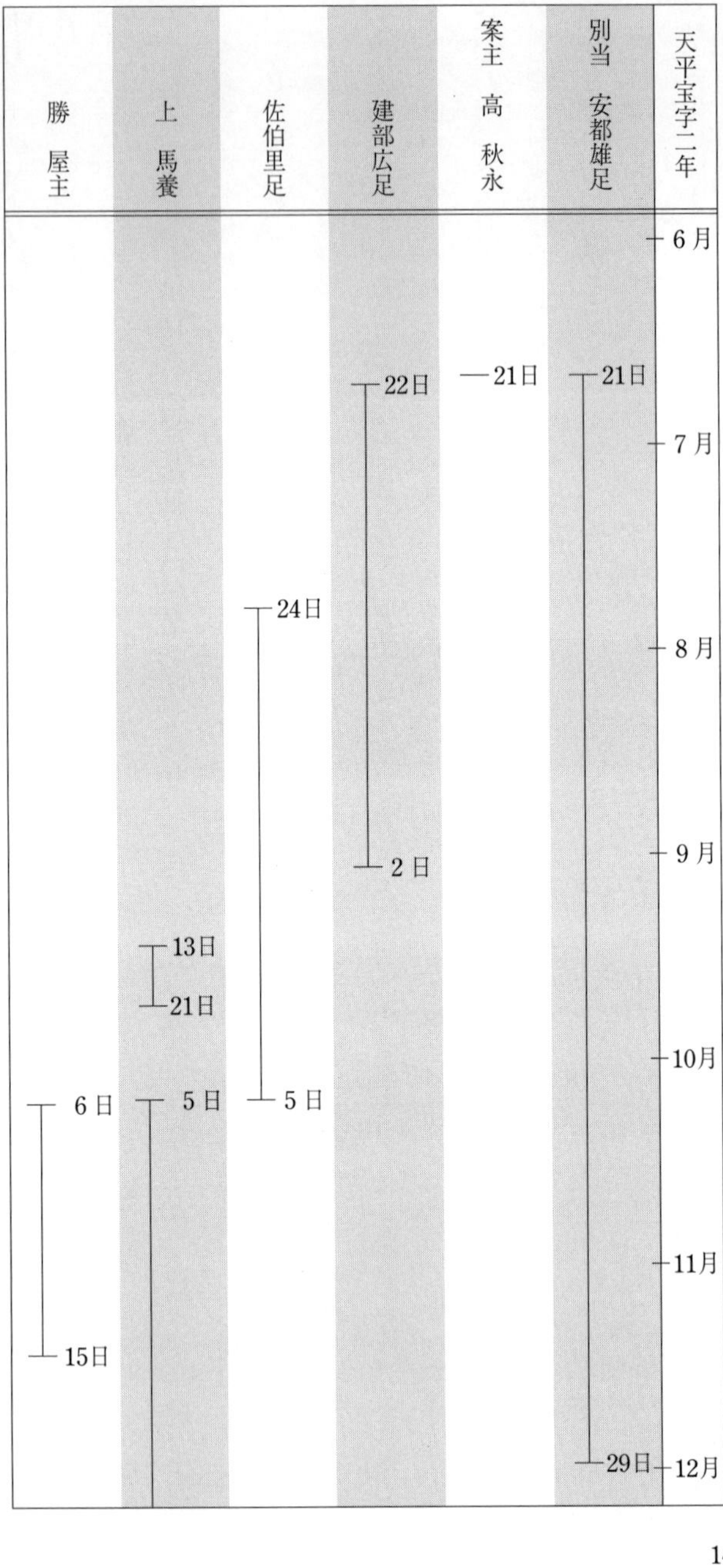

注1　対象としたのは、「写千巻経所銭幷衣紙等下充帳」（第1紙、続修後集十、十三ノ二五八～二六〇、第2～4紙、続々修四十三ノ六、十三ノ二六〇～二六五、第5紙、続修三十一裏、十三ノ二六五～二六六、第6紙、続々修八ノ七、十三ノ三七一～三七三、第7紙、続々修四十三ノ六、十三ノ二八三～二八四）、「写千巻経所食物用帳」（**表1**の注2を参照）、「千手千眼幷新羂索薬師経料銭幷衣紙等下充帳」（**表1**の注2を参照）、および、本文にあげたB～Eの帳簿である。

2　高秋永は、六月二十一日条にのみ署名の見える人物である。

く、これ以降里足は写経所関係文書から姿を消す[20]。里足が写経所を離れたあと、帳簿の作成に関与するのは上馬養と勝屋主であった（表2を参照）。馬養が案主の地位につくのが九月十三日ごろであり、同月二十二日から十月四日まで一時写経所を離れていたようだが、十月五日以降は千二百巻経書写が終了するまで帳簿の作成にかかわっている[21]。一方、屋主の場合は、十月六日から十一月十五日までの間で、千二百巻経書写が一段落すると写経所を離れたらしい[22]。短期間ではあったが、馬養の方が里足と案主を共にしたことから「封」の記入を継承したものとみられる。しかし、馬養は、里足のように出納関係の帳簿のほとんどに「封」を記したのではなく、Ｉの銭用注文やＨの「間銭」の支出を記録する帳簿にも援用するように、銭の支出にのみ限定して記入している。これは、銭以外の雑物管理には馬養はさほど関心を払っていないこと、いいかえれば銭の管理という点にのみ「封」の意義を認めていることを意味するであろう。里足が案出したと思われる「封」の様式は、馬養に至って限定的に使用されるが、それは「封」の記入が銭の管理を契機に始められたからではなかろうか。

　これまで「封」を写経料物の管理にかかわるものとして扱ってきたが、本来封とは、書き終えた文書に他見を許さないために記したり、継目裏封のように貼り継いだ文書の剥ぎ取りを禁じるために記すなど、対象となるものの上に記すのが普通である[23]。ところが、本節でとりあげている「封」の場合は、帳簿の記事、とりわけ数量記載の上に記すわけだから、それは特異な例といわねばならない。恐らく、何ものかに封を加えたことを帳簿面に記す必要があってのことと思われるが、ではそれは一体いかなる事情によるのであろうか。次節では、料物管理と封の関係について検討を加え、

表3　出納物と「封」の有無

	収納	支出
銭	○	○
紙	○	○
米	○	
塩	○	
海藻	○	
酢	○	
醤	○	
末醤	○	
糟醤	○	
漬薑	○	
大豆	○	
小豆	○	
栗	○	
菁	○	
薪	○	
松	○	

右の問題を考えることにしたい。

四　案主の写経料物管理

この当時、写経所で写経料物の管理がどのように行なわれていたのかは定かでない。しかし、次にあげるⓐ「奉写先後経料交替注文案」（続々修八ノ二十裏、十四ノ一八七～一八八）とⓑ「写経布施用度幷食物案帳」と題される㈹㈺㈸の三つの「注文案」（続々修四十四ノ七、十四ノ二四二～二四四）は、写経料物の収納管理の様子を知る上で参考になるだろう。長くなるが、全文を引用しておく。

ⓐ「奉写先後経料交替注文案」

二年十月五日奉写先後経料交替

合銭弐拾肆貫壱伯捌拾文

二貫六百一文葛大夫所大般若写料（木）

四貫一百九十五文司官人幷他司舎人等大般若写料

八貫五百六十文後一千二百巻経写料

八百六十文可納自厨

定七貫七百文

八貫四百五十四文先経写料

一貫五百文借用義部省辛国毛人

二百六十

ⓑ「写経布施用度幷食物案帳」

(甲)合銭十九貫八百九十四文

、二貫六百一文葛木大夫所大般若布施料

、三貫（四）九百卌六文（一百九十五文）官人幷舎人（他司人）等大般若奉写布施料

八貫五百六十文一千二百（巻経）奉写経師等生菜幷筆直料

八百六十文可納厨　一百文借用大原国持　、定七貫七百文

八貫四百五十四文先経奉写経料遺

一貫五百文借用義部省　五百六十四文（別当所）

二百六十文借用佐伯里足　一千二文欠（八百文建部広足時 二百二文佐伯里足時）

、　見定五貫一百廿八文

三百七十文人々借用経料食物代

(乙)公文櫃納物

辛櫃匙一（自嶋院紙納来辛櫃之）　刀子五柄　阿膠一斤（大）

布袴三䙁　布浄衣一領

交易布一段半段　手巾二条　凡紙廿七枚（市）

綿六屯　手巾料布二丈　布綱四条
布帯二条　又布浄衣一　布袴七罥
布二端並弓削内舍人之

（紙継目）

紙八百十五張
六十五張先残　七百五十後
軸卌枚　廿二枚白　十八枚絵
㈣米六十二[四]俵
卌一[三]俵先　廿一俵後
大豆
麻胡[レ]二俵
（以下余白）

ⓐの「注文案」は途中で記事が終わっているが、内容はⓑの㈲（「大般若布施銭幷先経遺銭等注文案」）と同じものである。銭の合計が二四貫一八〇文に対し一九貫八九四文と相違するのは、ⓐがあるべき所定銭の合計であるのに対し、㈲の場合は借用や欠失分をそこから差し引いた残りの合計だからである。㈲もⓐと同じく「二年十月五日奉写先後経料交替」と題されるとすると、同筆と見られる㈡（「公文櫃納物注文案」）㈣（「先後経料食物注文案」）も紙や米に「先」「後」の区別をつけているので、同じ題目のもとに同時期に作成された「注文案」と考えられる。順序としては、ⓑの三「注文案」がまず作られ、次にそれをもとにしてⓐが浄書された如くである。しかし、ⓐは書

きさしらしく、ⓑの㈥も途中で筆をとめているようなので、完全なものは別に存在していたのかもしれない。

このⓐⓑの日付は、前記のように案主佐伯里足が写経所を離れる日にあたっている。題目に「奉写先後経料交替」とある点を考えあわせると、これは、里足の管理下にあった先後経（千四百巻経と千二百巻経）[24]の書写料を上馬養と勝屋主に託すためのものと見られ、ⓐⓑともに恐らく里足の筆ではないかと思われる[25]。その里足が、下書きと見られるⓑの作成に際し、行間をあけて銭（甲）・雑物（乙）・食料（丙）を書き分けているのは、これらの写経料物を品目別に収納管理していたからであろう。もっとも、㈡の公文櫃に紙や布などの雑物が納められているのはやや不審で、交替の行なわれる十月五日になって、所々に散在していたのを一括して納めた結果と考えられなくもない。しかし、この中には、刀子や凡紙といった公文作成料や公文櫃用と思われる布綱が含まれており[26]、公文櫃には必ずしも公文（帳簿や案文・正文）のみが納められていたわけではないことを窺わせる[27]。それ故、ここでは、折々に写経所へもたらされた銭や食料それに燃料・履物以外の雑物は、公文櫃に収納していた可能性が高いと考え、㈡を十月五日以前からの収納物を書き上げた「注文案」と見なしておきたい。

ⓑの性格を右のように考えると、当時の写経所では、写経料物を銭・雑物・食料別に収納管理していたこと、その収納には、雑物の場合[28]、櫃が利用されていたことが知られる。櫃は、経巻や食器、食料などの保管に当時幅広く使用された収納具であるから、他の写経料物の収納保管にも利用されていたのではないかと思われる。たとえば、㈡の中に嶋院から紙を納めて送られてきた辛櫃の匙（カギ）[29]が見えるが、経紙の場合は別に専用の櫃があったのかもしれない。この他、銭の収納にも櫃を利用した事例がいくつか認められる[30]。米や胡麻も使用に際しては俵から出して一旦櫃に納められたのであろうが、これら食料の場合は、その容積から推して使用に供されるまでは、恐らく燃料とともに倉庫の中に収納されていたのであろう[31]。

前節では、帳簿面に「封」を記入したのは、何ものかに封を加えたことを帳簿に記す必要があったからではないかと指摘したが、以上よりすれば、その何ものかとは、写経料物を納めた櫃もしくは倉庫ではなかったかと考えられる。正倉院文書には、櫃に封を加えたことを伝える事例がいくつか認められるので、次に必要部分のみを引用し、あげておくことにする。

ⓒ天平十八年二月二十日付「志斐万呂櫃納紙検定注文」（続々修三十七ノ九裏、二十四ノ三三〇～三三一）

廿一日田辺史生封櫃納物（経打紙（紙）二巻荒紙五巻播磨国者 又荒紙十二枚）
又幡（播）磨荒紙十枚　破一裏
　相知秦少広　（異筆）「又此櫃鏁子伝付秦小広」

ⓓ天平十九年十一月十日付「令知山足所条制」（続々修三十五ノ六裏、二ノ七一四～七一五）

若依高屋令史宣而新写疏等乎奉請者能験校可充遣
又大便尓母少便尓母寸間母疏櫃能可封　又夜別宿人能可験事

ⓔ天平宝字六年十二月八日付「石山院解」（続々修十八ノ三裏、五ノ二八八）

令奉請般若本経一辛櫃（在鏁幷封 副鎰一隻）残紙一辛櫃（在封）
　布綱柒条　布浄衣参領　経机一前（居櫃）　莒形一基

ⓕ天平宝字六年十二月十五日付「石山院解」（続々修四ノ二十一裏、五ノ二八九～二九〇）

令奉請大般若六百巻　又理趣分一巻（後奉写者）
納辛櫃三合（柒二合 白木一合）並在レ封道　布綱三条

一本経一櫃　残紙等一櫃　已上依無担夫不得奉令請
一私御持経残紙同櫃奉坐在上案主封仍是度不奉令請

ⓒに「田辺史生封櫃納物」、ⓕに「在封道」[32]「在上案主封」とあるように、封にはそれを加えた人物の名前が記されていたようである。また、ⓒⓔによると、封はカギをかけた櫃にも加えられている。カギだけであれば、その所持者が誰であろうとあけることができるが、封を加えれば開封しうる立場の人でなければあけることができない、と認識されていたのであろうか。ⓓにおいて「寸間母疏櫃能可封」とあるのは、カギのない櫃であったため、封の効力によって櫃の管理を指示したものと思われる。正倉院に伝来する櫃より想像すると、カギ付きの場合は、身の長側面と蓋の甲板側面にある壺金具にさし込まれた状態の鏁子に「封某」と記した短冊を結び付け、カギのない場合は同様の短冊を二〜三枚、蓋と身にわたるように貼り付けて封としたのではなかろうか[33]。いずれにせよ封は、品物の保管・管理に、あるいはその搬送時に加えられたのであろう。

倉庫に封を加えた例は、天平十年（七三八）の「和泉監正税帳」などに見える[34]が、この場合もカギ付きの櫃と同様に、倉庫の扉の錠に短冊が結び付けられたのではなかろうか。

以上、憶測にわたったが、右にあげた事例よりすれば、里足が封を加えた対象とは、銭・紙・雑物を収納する櫃のカギもしくは蓋と身であり、食料・燃料の場合は倉庫のカギではなかったかと考えられる。前節の**表1**での確認点を念頭にすると、銭・紙・雑物は収納と支出を終えるごとに、食料・燃料は収納を終えるごとに封が加えられ、その旨を帳簿に記した当該事項の上に「封――」と朱筆で書き加えられたのであろう。このような管理方式が、当時の各官司でとられていたかどうか定かではないが、写経所に限って見るならば、千二百巻経書写の段階になって関係帳簿にそれが見えるので、これはこの時期から始められた新たな方式と評価できるように思われる。

では里足は、何故にこのような処置を帳簿に加えだしたのであろうか。これを考える上で注意されるのは、前掲ⓑの㈪の中に「先経奉写経料遺」、すなわち千四百巻経書写料遺銭八貫四五四文のうち、建部広足のときに八〇〇文、佐伯里足のときに二〇二文それぞれ欠があったことを記している点である。ここでいう広足のとき、里足のときとは、彼らが写経所の案主であったときをさすのであろうが、千四百巻経書写に関しては、この両者は案主の地位をともにしている（前掲**表2**を参照）。ただし、当初からかかわっていたのは広足の方で、里足の名が帳簿に見えだすのは七月二十四日になってからであった。従って、写経の実務からすれば広足の方がいわば主任格といえるわけで、このような見方に立つと、広足のときとは、千四百巻経の書写期間にほぼ相当する七月五日から九月二日にかけての間であり、里足のときとは、広足が写経所から姿を消す九月三日から十月五日までということになる。そのそれぞれの期間に写経料銭の欠が生じているわけだが、それは主任格の案主の責任下にあって使途を関知できなかった銭が存在したこと、つまり案主の銭の管理に落ち度があったことを意味するものと思われる。このような欠失が第三者によって指摘されたのか、自己点検の過程で明らかになったのか定かではないが、いずれにせよ管理の不行き届きを改善する必要があったことは確かであろう。千二百巻経書写の開始を契機に始められた封による写経料物の管理方式は、まさにその対策として打ち出されたものではなかったであろうか。恐らく、案主の配下の者が担当していた写経料物の出納の場に里足自身が立ち会い、収納・支出が終わるごとに櫃や倉にカギをかけるとともに封を加えたのであろう。それが銭だけにとどまらず、写経料物の全般にわたっているところに里足の意気込みが感じられるが、もちろんそれは、別当の安都宿禰雄足ともう一人の案主建部広足の同意を得ての行動と見られる。[35]帳簿面にわざわざ「封」を書き込んだのも、別当らに里足の料物管理ぶりを確認させるという目的があったのであろう。しかし、このような努力にもかかわらず、里足が主任格の案主になってからも千四百巻経書写料遺銭の欠失を出しているのは、当時の料物管理のむずかしさを物語るようである。[36]

里足が案出したと思われるこうした封による管理方式は、前記のように銭の支出面に限って上馬養に継承されて行くが、それも天平宝字二年限りであったらしく、これ以降の写経所の帳簿面には「封」を認めることはできない。それは、手続きの煩を厭い、封による管理方式を放棄したためかもしれない。つまり、それだけ里足の実務能力は異彩を放っていたわけであり、あえて写経の途中に大保が召すだけの力量を備えていたといわねばならないだろう。

五　「鳥の絵」と里足の「封」

以上、「鳥の絵」の作成者が佐伯里足であるかどうかを見るために、当時の帳簿に記された「封」の意味を検討してきたが、それより浮かび上がってきた実務家里足の管理方式からすれば、当然、公文の管理・保管といった面にも相当の注意が払われていたものと思われる。料物の収納・支出ごとに「封」を記入し、ほとんど里足一人で作成し管理してきた前記の諸帳簿を後任の案主に託すわけだから、里足の姿勢からしても自分の手でそれらは閉じられねばならなかったであろう。[37]紐を巻いたのはそのためであり、ここに用意周到な里足の実務家ぶりが窺えるが、そうした作業を自ら行なったことの証しとして紐の上に描いたのが「鳥の絵」の封印ではなかったであろうか。つまり、「鳥の絵」の作成者はやはり里足と見なければならず、その封印の意図するところは、櫃や倉庫に加えた封、帳簿面に記入した「封」と同じく、管理主体が里足であることを周知させるところにあったと考えられる。

このように見ると、里足は自らの管理下にあった帳簿の全てに封印を加えていたのではないかと思えてくる。しかし、実際にそれが確認できるのは、第一節にあげた五点だけであり、里足が作成に関与したと見られる次の一〇点の千二百巻経書写関係帳簿には、それが認められない[38]。

F.「後金剛般若経料紙納帳」(前掲)

G.「後金剛般若経経師等食米并雑物納帳」(前掲)

J.「後金剛般若経経師等筆并墨直充帳」(天平宝字二年九月十五日から十月二十九日にかけての筆墨直銭の充当を記録する。題籤付往来軸を持つ。二紙。続々修八ノ十七、十四ノ六五~六八)。

K.「一千二百巻金剛般若経紙充帳[39]」(天平宝字二年九月十九日から十一月一日にかけての経紙の充当を記録する。一一紙。続々修三十六ノ二、十四ノ一一七~一三七)。

L.「千二百巻金剛般若経書上帳」(天平宝字二年九月二十日から十一月四日にかけての写経巻数を記録する。一一紙。続々修三十六ノ二、十四ノ一三七~一六一)。

M.「後金剛般若経装潢紙上帳」(天平宝字二年九月十九日から十月二十七日にかけての継・界の紙数を記録する。題籤付の往来軸を持つ。二紙。続々修八ノ十五、十四ノ一六六~一六九)。

N.「後金剛般若経装潢書作経充帳[40]」(天平宝字二年十月十三日から十一月八日にかけての書写済み経巻の仕上げ巻数を記録する。題籤付往来軸を持つ。一紙。続々修八ノ十六、十四ノ一六九~一七〇)。

O.「後金剛般若経校帳」(天平宝字二年十月十三日から十一月七日にかけての校正紙数を記録する。題籤付往来軸を持つ。二紙。続々修八ノ十二、十四ノ一九一~一九四)。

P.「経師等被充帳案」(天平宝字二年十月四日から十七日にかけての被の充当を記録する。題籤付往来軸を持つ。三紙。続々修四十四ノ四、十四ノ二六一~二六五)。

Q．「経師画工等上日案」（天平宝字二年八月から同三年七月にかけての上日を記録する。[41]一紙。正集七裏、四ノ二九七～二九八）。

このうち、F・Gは、B～Eと同じく日ごとに記事を書き継ぐ型式の帳簿である。大平氏も指摘されるように、料紙の背に「鳥の絵」があってもおかしくないものであるが、Fにはそれが認められず、Gも背面の写真が撮られていないため「鳥の絵」はなかったのではないかと思われる。[42]両者とも全体の紙数が少なく、里足が写経所を離れたころには料紙は一～二紙程度であったと見られるので、往来軸に巻き取られたとしても紐が巻かれなかった可能性が高い。というのは、同じく一～三紙程度の帳簿であるJ・M～Qにおいても料紙背の写真はなく、またあったとしても「鳥の絵」は描かれていないからである。恐らく、こうした料紙の少ない帳簿については、逐一紐を巻かず、一括してまとめたのではなかろうか。これについて参考になるのは、**図5**に示したCの帳簿の形態である。第二節では、これを何か物を包んだときの状態と想定したが、その包んだ物とは、右にあげた料紙の少ない帳簿ではなかったであろうか。千二百巻経書写関係の帳簿はよく残っており、こうした短少型の帳簿としては、あと「充本帳」（底本の充当を記録する）の存在が推定できる程度である。[43]それ故、この九点に横帳と見られるK・Lを加えたとしても、模型を使っての推測ではあるが、Cの帳簿の最終紙でもって充分包むことができたと思われる。つまり、里足は、すべての帳簿に紐を巻かなかったものの、短少型の帳簿や横帳は**図5**のような形で一括してまとめていたと想像できるわけで、その意味において、紐と封印によって帳簿を保管・管理するという姿勢は一貫していたと考えられるのである。

「鳥の絵」が、こうした里足の責任遂行を裏付けるものであったとすれば、では何故に、それが鳥という形をとることになったのであろうか。考えうる可能性は、次の二点ではないかと思われる。

図6　「封」に見える里足の自署

その第一は、里足という名との関連である。前節では、里足は「封里足」と記した短冊のようなもので櫃や倉庫に封を加えていたと推測したが、「鳥の絵」も封印と考えられる限り、そこに里足の名が暗示されていたとしてもおかしくはないからである。このような観点から帳簿に記された「封」の筆勢を見ると、「鳥の絵」と里足の名は全く無縁ではないような気がする。**図6**は、両者の関係を想起させる「封」の「里足」をDとEの帳簿から選んで示したものである。これによると、里の字を田と土に分けて見るならば、土は「鳥」の「頭」と「首」に、足は「胴」と「翼」と「足」にそれぞれ繋がりそうな形を持っており、「鳥の絵」とは、実は里足の署名の一部を変形させたものではなかったかと思われてくる。

第二の可能性は、鳥が里足にとって何か特別な意味を持つ存在であったことである。里足が「鳥の絵」を自己の標識として使っていたとすると、それは鳥そのものに何か執着する理由があったからではなかろうか。古代の人名には、動植物名がよく用いられており、[44] とりわけ動物名では十二支に因んだ人名が圧倒的に多いことが指摘されている。[45] それだけ十二支に強い親近感が持たれていたわけだが、その命名法に、生まれた年や日時の十二支が人格を生み出し、その人の守護神的な役割を果たすという観念があったとすれば、里足の場合も、名前にこそ使用されなかったものの、生まれた年の十二支が特別な意味を持っていたと見なせなくもないだろう。鳥（酉）を選んだ動機がこんなところにあったとすれば、「鳥の絵」は、まさに里足の人格の標識とするにふさわしいものであったことになる。

里足が「鳥の絵」を描いた理由については、右の二つの可能性があるように思う。いずれをとるにせよ、巻き物などに自分の封印を加えるという思いが、こうした「鳥の絵」を生み出すきっかけとなったのであろう。
里足が、通常の自署とは異なる自己標識を使用していたことは重要である。大平氏は、これを後の花押に繋がるもの、あるいは一種の「家紋」ともいうべきものかと指摘されているが、この他に当時の下級官人が公文等に捺していた私印との関係も考えてみる必要があると思う。

おわりに

「鳥の絵」を封印として使用し、帳簿面に「封」を記入した里足の存在は、官僚機構の末端において下級官人による独自の個性の表出があったことを伝えるものといえるであろう。彼らの資質や力能が職務遂行の中でどの程度発揮されていたかは、当時の官人気質や国家機構の弾力性を知る上で興味深い問題である。正倉院文書の研究は、国家を底辺で支えるこうした下級官人の独自性の解明にも眼を向けていかねばならないと思う。

註

（1）奈良古代史談話会編『奈良古代史論集』二（真陽社、一九九一年）所収。以下、特に断らない限り大平氏の見解はこの論文による。
（2）「写真」から敷き写したとしても、「鳥の絵」は正確さに欠けるかもしれない。しかし、形状の途切れや残存についてはほぼ確認できるので、**図1**に示したものをもって考察を進めても大過はないと思う。
（3）文書名は、原則として『大日本古文書』『正倉院文書目録』に従ったが、一部内容に即して改めたものがある。

これについては、そのつど註で指摘する。なお、天平宝字二年に行なわれた千二百巻経などの御願経書写関係史料は、山本幸男『写経所文書の基礎的研究』第一章「天平宝字二年の御願経書写」（吉川弘文館、二〇〇二年）において復原も含めて整理・検討したので、本稿では必要なものに限り言及する。

（4）続々修各巻の第1紙の「写真」に映っている巻尺の目盛りをもとに推算した。各「写真」に目盛りが映っているわけではないので正確な数値は出せないが、おおよその目安を得る上では有効と思い本文に示した。以下の数値も同様である。

（5）『正倉院文書目録』による。

（6）第1紙の右端に往来軸が貼り付けられているが（題籤の有無は「写真」から判明せず）、第1紙の前に欠失のある可能性があるので、これが本帳のものであるかどうかは定かでない。

（7）『大日本古文書』は「後金剛般若経装潢紙等下充帳」と題するが、松島順正編『正倉院宝物銘文集成』（吉川弘文館、一九七八年）は、表に「後金剛般若経／料抃雑用紙下帳」裏に「天平宝字二年九月二日／始」と記す題籤（軸は折損、中倉22ノ残闕1）は本帳から離脱したものと指摘するので、本文のように改めた。

（8）第5紙背の「写真」は撮られていないようである。しかし、第6紙の「写真」には背面の皺がかすかに映っているのに対し、第5紙にはそれが認められないので、本文のように考えた。

（9）紐を巻いたとしても、必ずしもその痕が残るわけではないだろう。Cの場合は、たまたま強くしばったため痕が残ったものと思われる。なお、Eの「絵」で「頭」と「首」が欠けているのは、その部分が紐の上に乗っていたからであろう。しかし、Dの「絵」の「胴」と「翼」の部分の途切れについては、その理由は定かでない。折界もしくは折目の影響であろうか。

（10）模型を使っての推定による。以下のB～Eの場合も同じ。

（11）大平聡「『三人』の写経生――天平期写経所における人名表記についての一考察――」（『桐朋学園大学研究紀要』一三、一九八七年）では、このような型式の帳簿を「日次式」と呼んでいる。

（12）「鳥の絵」のある料紙の次にBは四紙、Dは五紙、Eは二紙の未使用紙（反故紙ではない紙）が貼り継がれている。それ故、「鳥の絵」が描かれたときには、これらの料紙が一括して貼り継がれていたと想定してもおかしくはないと思う。

(13)　第7紙背は後掲ⓐ「奉写先後経料交替注文案」である。第6紙には十月四日条の後半と五日・六日各条の記事が見えるが、これに右の第7紙が貼り継がれたのは六日もしくは七日条の記事を書き入れるときであろう。「鳥の絵」は里足が写経所を離れる十月五日に描かれたと思われるので、Cの場合は第6紙がそのときの最終紙であったと見られる。

(14)　現状では第1紙の右に短冊型の紙が繋がり、その右に題籤に「後金剛般若経料紙／納帳」（表）「天平宝字二年九月二日／始」（裏）と記す往来軸が貼り付けられている。しかし、題籤と本文とは記事の開始日などに一致しない点があるため、この往来軸は本帳のものかどうか定かではない。

(15)　間銭とは本銭（御願経書写料銭）に対するもので、具体的には当時の写経所に依頼された知識『大般若経』書写の料銭や別当の保有銭などからなる。この帳簿の性格や間銭の運用については、本書第二章を参照。

(16)　日ごとに記事を書き継いでいく型式の帳簿、大平氏のいう「日次式」の帳簿である。

(17)　以下、帳簿の記事の上に朱筆で「封里足」「封馬養」のように記されたものを「封」と呼ぶ。

(18)　対象とするのは、前掲註(16)に示した型式の帳簿である。この帳簿では、各日条の記事の左に別当・案主の署名が記されているが、それは氏名もしくは名のみ（氏は他者が記す）を自署するのが原則のようである。ただし、別当の場合は写経所常駐でなかった関係からか、氏だけを他者が記し名を自署しないものが散見する。しかし、この場合も自署を想定してのものであるから署名と見なしておいた。

(19)　表中には、収納・支出の両方が確認できる品目をあげた。従って、「封」が加えられていても収納のみに見える布・綿・木沓・扉、支出のみに見える手巾・木綿は掲出しなかった。

(20)　天平宝字二年十月五日付「東寺写経所解」「東寺写経所解案」（続々修十八ノ六裏、四ノ三四〇、続々修十八ノ六、十四ノ四〇一〜四〇二）。この間の事情については、前掲註(1)にあげた大平論文に詳しい。

(21)　最も遅くまで書き継がれた帳簿は、Dの「後金剛般若経料雑物収納帳」であるが、その最終の天平宝字二年四月二十六日条には千二百巻経料として綺一三〇丈の収納記事があり、上馬養が自署を加えている。綺は巻緒用と見られるので、千二百巻経は四月末から五月初にかけて最後の仕上げが施されていたようである。

(22) 天平宝字二年十一月十四日付「東寺写経所解」「東寺写経所解案」（松岡弘泰氏蔵、四ノ三四八、続々修十八ノ六裏、十四ノ二四六）では千二百巻経の書写報告がなされているので、このころには書写・校正作業さらには装潢作業も軸付けや巻緒付けなどの最後の仕上げを除いて、ほぼ終了していたのであろう。なお、千巻経・千四百巻経・千二百巻経の書写事業とその意義については山本前掲註(3)著書第一章を参照。

(23) 封については、鈴木茂男「文書のかたちと折り方」（『書の日本史』第九巻〈平凡社、一九七六年〉所収）、中村直勝『日本古文書学』下、三〇六〜三一九頁（角川書店、一九七七年）、鬼頭清明「古代の『礼紙』について」（同『古代木簡の基礎的研究』所収、塙書房、一九九三年。初出は一九八六年）を参照。

(24) 天平宝字二年十一月七日付「奉写先経料銭用并所残注文案」（続々修四十四ノ六裏、十四ノ二三七）によると、「千手并羂索経等」すなわち千四百巻経を「先経」（傍点引用者。以下も同じ）と称し、千二百巻経を「後金剛般若経」と称している。

(25) ⓑが里足の筆であることは、㈶に二カ所見える「佐伯里足」と、B〜Eの帳簿の署名部分に記された「佐伯里足」の筆蹟が同一と見られることから判断した。ⓐはⓑに比して丁寧な書きぶりであるが、数字や「人」「先」などの筆遣いが類似するので、これも里足の筆である可能性が高い。

(26) たとえば、後掲ⓔⓕに見える布綱は櫃を運ぶときにかけられたのであろう。

(27) 天平十九年三月七日付「常疏写納并櫃乗次第帳」（続々修十二ノ四、九ノ三四三〜三四八）に見える「公文第五櫃」には、公文の他に経巻・帙・経紙・櫃の鏁子・銅盤・筆・墨・膠・雌黄などが収納されており、公文櫃の用途の一端が知られる。

(28) 関根真隆「正倉院古櫃考」（同『正倉院への道――天平美術への招待――』所収、吉川弘文館、一九九一年。初出は一九七八年）。

(29) カギについては、宮原武夫「不動倉の成立」（同『日本古代の国家と農民』所収、法政大学出版局、一九七三年。初出は一九六三年）を参照。

(30) 天平宝字六年の作成と思われる「安都雄足夏衣服料并収納銭注文」（続々修十八ノ三裏、十五ノ四六一〜四六二）には、「以五月十二日西櫃収納銭弐拾伍／貫　又新銭参百拾柒文」と見える。この他、『日本霊異記』中巻第四二に、皮櫃に銭百貫が収められていた事例が語られている。

(31) 写経所に付属した倉庫の存在については、史料上確認できていない。しかし、写経所に送られた食料や燃料がそのまま厨に集積されていたとは考えにくいので、使用に供されるまでの保管場所として倉庫の存在を想定してもよいと思う。一方、銭や紙は写経にとって重要な料物であったため、その他の雑物は公文櫃に納められていた関係で、案主の執務所の近くに置かれていたのではなかろうか。

(32) ⓕの「石山院解」には下道主が自署を加えているので、「在封道ㇾ」とは本来「在道主封」とあるべきところだろう。

(33) 鏁子の装着については関根前掲註(28)論文による。正倉院に伝来する櫃は、宮内庁蔵版・正倉院事務所編集『正倉院の木工』（日本経済新聞社、一九七八年）の図版23～38を参照。

(34) 「封正倉」とあって正倉の封に従事した人員・日数・食稲・酒の量が記されている（正集十三、二ノ七八・八〇、正集十四、二ノ九三）。この他、正倉院御物出納文書の「西行南第二倉公文下帳」には、大同二年八月二十一日のこととして「為勘東大／寺倉封開状、令進件倉下文」と見える（続々修四十四ノ十一、二十五ノ付録・五五～五八）。

(35) 写経所の保有物を書き上げた天平宝字二年十二月二十五日付「経所雑物見注文」（続々修十八ノ五、十四ノ二七五～二七六）には、「用道守」「道守用」と記した浄衣・祖布・祖布袴・調布などがあげられている。「道守」とは、写経所において雑務に従事していた人物らしいが、帳簿の方にはその名は全く見えない。

(36) Bの「後金剛般若経料銭下充帳」によると、九月一日から十一日までは千四百巻経書写の料銭が使用されていた。里足のときの欠失は、この期間に生じたのかもしれない。

(37) Aの「東大寺写経所食口帳」には里足の署名が見えないが、この帳簿は毎月の「食口」を貼り継ぐ型式のものなので里足の手元に置かれていたのであろう。また、大平氏によれば八月分の「食口」は里足によって作成されていた可能性があるという（第一節でまとめた㈣の論点を参照）。

(38) 千二百巻経書写関係の帳簿の料紙の大半は、未使用紙か、もしくはこの年の九月～十一月に作成された文書の反故紙である。これに対して、Pの場合は天平十二年の「越前国江沼郡山背郷計帳」（二ノ二七三～二八〇）、Qの場合は天平二十年十月二十八日付「寺堂司牒」（三ノ一二九）のそれぞれの背面を使用しており、他の帳簿とは異なる。それ故、この二点は里足の管轄外のところで作成されていた可能性があるが、決め手を欠くのでここに一括して掲出しておいた。なお、造東大寺司もしくは写経所発給の文書案や正文および同所に宛てられた文書を貼り継いだ〝雑文帳〟が存在していたが、各文書の性格からして別当の保管物と見られるので、ここには掲げなかった。〝雑文帳〟については山本前掲註（3）著書九七～一〇〇頁を参照。

(39)『大日本古文書』はKとLの帳簿を「後金剛般若経経師紙筆墨充帳」と題し一つの帳簿として扱うが、内容からすれば、本文に示したように本来は二つの帳簿であったと思われる。両帳（いずれも横帳と見られる）の詳細については山本前掲註（3）著書六四～六五頁を参照。

(40) NとOの帳簿は十月十三日から記事が始まるが、Nの場合は冒頭に「天平宝字二年九月廿日」とあり、Oの場合は題籤に「二年九月十九日／校帳」とあって帳簿の作成時を示すのでここに掲出しておいた。

(41)『正倉院文書目録』は、題籤に「自宝字二／年八月至」（表）「迄三年／七月上日帳」（裏）と記す往来軸（中倉22ノ24）は本帳のものであったと推測する。

(42) 帳簿背の写真のない場合は紙面が空白であるためと見なしておきたい。

(43) 千四百巻経書写の「充本帳」は一紙である（「千手千眼并新羂索薬師経等充本帳」、続々修八ノ四、十三ノ四一五～四一八）。

(44) 村山修一「古代の人名についての覚書」（魚澄先生古稀記念会編『国史学論集』所収、一九五九年）。

(45) 前田太郎「動物名に因んだ古代の人名」（『歴史地理』二九―四、一九一七年）、阿部武彦「上代人の人名をめぐる諸問題」（同『日本古代の氏族と祭祀』所収、吉川弘文館、一九八四年。初出は一九四二年）、岸俊男「十二支と古代人名――籍帳記載年齢考――」（同『日本古代籍帳の研究』所収、塙書房、一九七三年。初出は一九六〇年）。

〔付記〕

大平聡氏が「鳥の絵」の論文を発表されたとき、私は天平宝字二年の三六〇〇巻経書写関係史料の整理を進めていたが、その後、正倉院文書研究会で発表する機会を得て、作表の中でこの「鳥の絵」に言及することがあった。この経緯を知られた大平氏は、わざわざ職場に電話をかけてこられ、「鳥の絵」の論文を書くようにと勧めて下さった。すでに優れた知見が出されているので、今さらという思いがあったが、私のように悉皆的な史料整理をする立場から「鳥の絵」を考察すれば、大平氏とは異なる見方も出せるのではないかと考え、比較的短期間にまとめたのが、この第四章の論文である。大平氏の後押しがなければ仕上がらなかったもので、帳簿の模型を作ったりして楽しい時間を過ごしたこと、抜刷を謹呈した近世文学専攻の同僚から「粋な論文」と誉めてもらったことが、懐しい思い出として残っている。改めて氏の学恩に深謝したい。後日、この論文が刊行される以前に、杉本一樹氏が大平氏の論文を評した私信の写しを見せてもらう機会があったが、その中で、佐伯里足と「鳥の絵」を繋ぐものとして、杉本氏も署名の崩し字との関連、生年（酉）との関連を指摘されていたことを知った。この点、ここに書き記しておく。

付論1　天平宝字年間における経師・装潢・校生の動向

正倉院文書によると、天平宝字年間（七五七～七六五）の造東大寺司の写経機関では、大小合わせて三〇余りの写経が行なわれていた。各写経時には、書写量と書写期間に応じて経師・装潢・校生らの延べ人員が見積られ、各所から彼ら写経従事者は造東大寺司に召集されていたが、経師らの選定や召集の仕組みについては不明な点が多く、その内実は明らかになっていない。単発的にしかも短期間に実施される写経事業では、能筆を誇る人材が集中的に求められることになる。それだけに、彼らの選定・召集のあり方は、こうした写経の需要を満たし得た当時の下級官人層の実態を理解する上でも、解明されねばならない問題といえるだろう。しかし、それにはまず、各写経にどのような経師・装潢・校生が従事していたかを知る必要がある。

小稿は、右のような問題関心から、天平宝字年間における経師・装潢・校生の動向を一覧化し、後考に備えようとするものである。もとより、こうした作業は、当該期のみならず、その前後の天平～天平勝宝期（七二九～七五七）、天平神護～宝亀期（七六五～七八〇）の動向を把握した上で果たされるべきものであろう。しかし、厖大な写経関係文書の中から経師らの動向を的確に抽出するには多大の時間と労力を必要とするので、ここでは天平宝字年間に限ってのものを提示することにしたい。

「経師・装潢・校生の動向一覧」について

後掲の**表**「経師・装潢・校生の動向一覧」（以下、一覧表と称す）は、写経従事者名の知られる次の二一度の写経を対象に整理したものである（括弧内は写経期間で年号は天平宝字。後掲の「3　写経の時期区分」を参照）。

A.『般若心経』一〇〇巻（元年六月～七月）
B.『金剛般若経』一〇〇〇巻（二年六月～十月）
C.『千手千眼経』一〇〇〇巻・『新羂索経』一〇部二八〇巻・『薬師経』一二〇巻（二年七月～十一月）
D.『金剛般若経』一二〇〇巻（二年九月～三年四月）
E.『法華経』四五部三六〇巻・『金剛般若経』四五巻・『理趣経』四五巻（四年正月～三月）
F.『称讃浄土経』一八〇〇巻（四年六月～八月）
G.『大仏頂陀羅尼経』一〇巻・『随求即得陀羅尼経』一〇巻（四年七月～十月）
H.『周忌斎一切経』五三三〇巻（四年八月～五年五月）
I.『大般若経』一部六〇〇巻・『理趣経』二巻（六年二月～十二月）
J.『観世音経』一〇〇巻（六年二月～七月ヵ）
K.『灌頂経』一二部一四四巻（六年十二月～七年五月）
L.『大般若経』二部一二〇〇巻（六年閏十二月～七年四月）
M.『金剛般若経』二〇巻・『最勝王経』二部二〇巻（六年閏十二月～七年四月ヵ）

N.『仁王経疏』五部二五巻（六年閏十二月～七年二月）
O.『梵網経』二〇部四〇巻・『四分僧戒本』一〇巻・『四分尼戒本』一〇巻（七年二月～六月）
P.『法華経』二部一六巻（七年二月～三月）
Q.『仁王経疏』一部五巻（七年四月）
R.『最勝王経』一一部一一〇巻・『宝星陀羅尼経』一部一〇巻・『七仏所説神呪経』三部一二巻・『金剛般若経』六〇〇巻（七年三月～六月）
S.『十一面神呪心経』三〇巻・『十一面観音神呪経』一巻・『孔雀王呪経』七巻・『陀羅尼集経』一二巻（七年七月）
T.『大般若経』一部六〇〇巻（八年八月～十二月）
U.『観世音菩薩授記経』三巻・『観世音三昧経』三巻（八年十一月）

大規模写経として知られる天平宝字四年（七六〇）六月～七月のF『称讃浄土経』一八〇〇巻書写[2]では、写経従事者名はごく一部しか伝わらず、同年七月に七六〇巻で打ち切りとなった一切経書写[1]や他年度の中小規模の写経でも全くそれが認められないものがあるなど、史料上の制約があるため一覧表には当該期の写経全般についての動向は示されていない。しかし、全体の三分の二に及ぶ写経の従事者名が知られること、その中にはFや一切経七六〇巻書写を除く他の大規模写経（B～E・H・I・L・R・Tの各写経）がすべて含まれることを念頭にすると、この一覧表でもって天平宝字年間の写経従事者の動向が、ほぼ見通せるものと考える[3]。

以下、一覧表の作成にあたって留意した点、整理方法、典拠などを五点にわたって注記しておきたい。

1　人名

経師・装潢・校生別に掲出した人名には、それぞれ番号を付し、兼務のある場合にはその旨を人名の上に記しておいた。人名は、各写経の行なわれた順に、「布施申請文」「筆墨直充帳」「紙充帳」「本充帳」「紙上帳」「校帳」などの記載順を参考にして配列した。人名の表記は、竹内理三・山田英雄・平野邦雄編『日本古代人名辞典』（吉川弘文館、一九五八〜七七年。以下『人名辞典』と称す）に従い、名前の一部を異にする人物が同一人であるかどうかの判定も原則としてこれに拠った。しかし、次にあげる一一人については判断を異にするので、以下その理由を略記しておく。

［経師］18丸部人主・20三嶋県主百兄・54大窪石弓：『大日本古文書』によると、Rの写経を伝える「七百巻経充紙筆墨帳」（続々修十ノ十九、五ノ四一八〜四三三、二行未収）では丸部人万呂が、Bの写経を伝える「金剛般若経紙充帳」（続々修八ノ十三、十三ノ三一八〜三三一）では三嶋百足がそれぞれ用紙を充てられ、Dの写経を伝える「経師等被充帳案」（続々修四十四ノ四、十四ノ二六一〜二六五）では大窪石万呂が被を充てられたと記されている。『人名辞典』は、これより丸部人万呂・三嶋百足・大窪石万呂の項を立て、丸部人主・三嶋県主百兄・大窪石弓とは別人として扱っている(4)。しかし、「写真」で当該箇所の人名を見ると、人万呂は人主、百足は百兄、石万呂は石弓と読めるので、いずれも『大日本古文書』の誤読と判断される。

［同］21山部宿禰吾方万呂・104秦太草（棗）：『人名辞典』では、山部宿禰吾方万呂と屋部県万呂を、秦太草と秦太棗を別人として扱っている。しかし、彼らが参加したことになるDの写経の経師関係の帳簿類を見ると、県万呂と太棗の名が載せられているのは、吾方万呂と太草の名が認められない「後金剛般若経写上注文」（続々修二十三ノ五、十四ノ一六四〜一六六）であり、ここに記された写上数（写し終えた経巻数）は、経師別に書上数（写上数に同じ）を記録した「千二百巻金剛般若経書上帳」(5)（続々修三十六ノ二、十四ノ一三七〜一六一）

の吾方万呂と太草のものに一致することが知られる。[6] それ故、県万呂と吾方万呂、太棗と太草は同一人と判断される。恐らく、屋と山、県と吾方、棗と草が音通することから、二様の表記が併用されたのであろう。

［同］24安宿公広成：『大日本古文書』では、Eの写経を伝える「筆墨直充帳」（続々修三十二ノ五、十四ノ三四五～三四六）に安宿広川が筆墨直銭を受けたことが記されている。『人名辞典』は、これより安宿広川と安宿公広成とは別人として扱っているが、「写真」を見ると当該箇所の人名は広川とは読み難いことが知られる。『大日本古文書』が川と読んだ文字は、字画の一部が朽損するため判読しにくい状態にあるが、これを成と読んで、同じくEの写経を伝える「四十五部法華経充本帳」（続々修五ノ十四、十四ノ二八八～二九二）に三度登場する安宿広成と同一人と見なしても、問題はないように思われる。

［同］44広田連（辛）毛人・67広田連（辛）広浜：『人名辞典』では、Cの写経を伝える「千手千眼幷新羂索薬師経書上帳」（続々修七ノ六、十三ノ三八七～四一四）などに見える辛毛人・辛広浜を、「布施申請文案」の天平宝字二年九月五日付「東寺写経所解（案）」（続修別集二十、四ノ三〇一～三一一）に記載された広田毛人・広田広浜とは別人として扱っている。[7] しかし、広田姓はCの写経関係帳簿には見えず、「布施申請文案」に記された毛人と広浜の事績は、「書上帳」などのそれとほぼ一致する。[8] それ故、広田毛人と辛毛人、広田広浜と辛広浜は同一人と判断される。この二人は、『続日本紀』天平宝字二年九月己卯（十日）条に「右京人正六位上辛男床等一十六人賜二姓広田連一」とある改氏姓に預かったのであろう。[9]

［同］160高赤万呂：『人名辞典』では、高を高屋連の略称と見なし、高赤万呂と高屋連赤麻呂を同一人として扱っている。しかし、その一方で、官位が合わないことから両者は別人の可能性もあると指摘する。Hの写経の「布施申請文案」である「奉写一切経所解案」（続々修二ノ一、十五ノ一〇三～一一九）には、三人の題師、

高赤万呂を含む一三〇人の経師、二二人の校生、一〇人の装潢の名が載せられているが、そこでは姓を省略しても氏名の一部を略して記載する方式はとられていないようである。高赤万呂と高屋連赤麻呂は、別人と見なしておきたい。

［同］176刑部真綱：『大日本古文書』によると、Hの写経を伝える天平宝字四年九月二十七日付「奉写一切経所経師等召文」（続々修三ノ四裏、十四ノ四四四～四四五）には刑部真綱の、「布施申請文案」である「奉写一切経所解案」（前掲）では経師の一人に刑部直綱の名を記しているが、「解案」の当該箇所の「写真」を見ると、直・綱は真綱の誤りであることがわかる。『人名辞典』では、刑部直綱についての言及はない。

［校生］11安都犬（牛）養：『人名辞典』は、安都犬養と安都牛養を別人として扱っている。しかし、両者が参加したことになるCの写経関係史料では、牛養の名が見えるのは、犬養の名が認められない二通の「布施申請文案」（いずれも天平宝字二年九月五日付「東寺写経所解案」、一通は前掲、他の一通は続々修四十四ノ六裏および十八ノ三裏、十四ノ二九～四五）だけであり、そこに記された校紙数は、校生別に校紙数を記録した「千手千眼幷新羂索薬師経校帳」（続々修二十六ノ八、十三ノ四二七～四三〇）の犬養のものにほぼ一致する。[10]これより、牛養と犬養は同一人と見られるが、牛と犬が併用された理由は、定かでない。ただ、「布施申請文案」の一つに「安都犬（牛）養」（四ノ三二〇）とあって、犬を牛と書き直しているところを見ると、文案作成者が犬養を牛養と誤認していた可能性がある。

2　写経歴

当該期以外での写経歴を示すために、天平年間（七二九～七四九）は三期に、天平勝宝年間は二期に、天平神護

〜宝亀年間は一期として便宜的に区分し、『人名辞典』を参照して、それぞれの時期に写経活動に従事していた場合には＊印を付した。ここでの写経歴は、造東大寺司およびその前身の金光明寺造物所の写経機関、皇后宮職の写経機関でのものをさすが、一部これ以外での写経歴を持つ者がいる。これについては＊印に括弧を付して示した。

3　写経の時期区分

天平宝字年間の写経活動には三つの盛行期があるので、元年から三年までをⅠ期、四年から五年までをⅡ期、六年〜八年までをⅢ期として二一の写経を三期に区分した。各写経の期間は、B・C・D・H・I・K・L・N・Tは書写作業の開始から仕上げの装潢作業が終了するまでの期間を、他は書写作業の期間（一部推定を含む）を示しておいた。(11)

4　写経活動をめぐる表示

経師・装潢・校生の写経へのかかわり方を示すために、「充紙帳」（もしくは「書上帳」）「紙上帳」「校帳」が残る場合には、次のような表示方法をとった。すなわち、書写・装潢・校正の各作業期間を六期に等分し、第一期から第六期までの参加者には○印、第一期から参加して第五期以前に作業から離れた場合には●印、第二期以降から第六期までの参加者には△印、第二期以降に参加して第五期以前に作業から離れた場合には▲印、当初の参加予定が何らかの事情で取り止めとなったものには×印をそれぞれ付した。(12)また、Cの写経において、各印の右肩に＋を付したものは、写経命令が出されて間もなく開始された『千手千眼経』二〇巻書写(13)の参加者であることを示す。

右以外の写経では、参加の有無を示すにとどめた。

なお、経典の題目を書写した場合には題と記し、推測による表示には各印に括弧を付しておいた。

A～Uの各写経における経師・装潢・校生の動向を知るために使用した主な史料は、次の通りである。

A　天平勝宝九歳七月九日付「般若心経百巻布施注文」（続々修四十二ノ一、十三ノ二二三～二二四、正集四十五裏、四ノ二二五～二二六）。

B・C「金剛般若経紙充帳」（前掲）、「金剛般若書作充帳」（続々修八ノ十四、十三ノ三五三～三五六）、「充千手千眼幷新羂索薬師経紙帳」（続々修七ノ五、十三ノ四三五～四六二）、「千手千眼幷新羂索薬師経書上帳」（前掲）、「千手千眼幷新羂索薬師経装潢紙上帳」（続々修八ノ二、十三ノ四二三～四二六）、「千手千眼幷新羂索薬師経装潢充書造経帳」（続々修八ノ三、十三ノ四一九～四二〇）、「千手千眼幷新羂索薬師経校帳」（前掲）。

D「一千二百巻金剛般若経紙充帳」（続々修三十六ノ二、十四ノ一一七～一三七）、「千二百巻金剛般若経書上帳」（前掲）、「後金剛般若経装潢紙上帳」（続々修八ノ十五、十四ノ一六六～一六九）、「後金剛般若経校帳」（続々修八ノ十二、十四ノ一九一～一九四）。

E「写経料紙充帳」（京都・小川広巳氏蔵、二十五ノ二五六～二五九）、「四十五部法華経装潢充造物帳」（続々修二十八ノ十八、十四ノ三二一～三二三）、「四十五部法華経校帳」（続々修五ノ十三、十四ノ三一九～三二一）。

F　天平宝字四年六月八日付「文部省経師歴名」（続々修三十七ノ九裏、十四ノ三四六、続々修三ノ四裏、十四ノ三四七）、同四年六月十一日付「東寺写経所移案」（続々修十八ノ六、十四ノ三九七～三九八）、同四年七月二十一日付「供奉校生舎人歴名」（続々修三ノ四裏、十四ノ三五九）、同四年七月二十二日付「校生歴名」二通（続々修三ノ四裏、十四ノ三五九～三六〇）。

G　天平宝字四年十月十九日付「東大寺写経布施奉請状」（続々修四十一ノ三、四ノ四四一～四四四）。

H　「奉写一切経所解案」（前掲）。

I　「石山院大般若経充本帳」（続々修十八ノ二、五ノ一〇七～一一〇）、天平宝字六年七月二十五日付「造石山院所解案」（続修九、続々修四十七ノ四、続修九、続々修四十六ノ七、いずれも『大日本古文書』未収[14]）。

J　「写経料紙充用注文」（続々修十八ノ二、五ノ四五七～四五八）。

K　「奉写灌頂経料紙筆墨充帳」（続々修十ノ四、十六ノ五二～五四）、「奉写灌頂経料紙装潢下充帳」（続々修十ノ二、十六ノ五〇～五二）、「灌頂経十二部校帳」（続々修十ノ一、十六ノ五六～五七）。

L　「奉写二部大般若経料紙筆墨充帳」（続々修四ノ六、十六ノ一三九～一六四）、「奉写二部大般若経紙装潢充帳」（続々修四ノ十一、十六ノ一三七～一三八）。

M　「二部大般若経本充帳」（続々修四ノ九、十六ノ一六四～一七〇）。

N　「仁王経疏本充帳」（続々修九ノ八、十六ノ三一九～三二二）。

O　「奉写梵網経幷四分律充紙帳」（続々修十ノ十二、十六ノ三五七～三五九）、「奉写梵網経幷四分律紙充装潢帳」（続々修十ノ十三、十六ノ三三四～三三六）。

P　（天平宝字）七年三月三日付「法華経二部奉写注文」（続々修十ノ十一、十六ノ三六二）。

Q　「仁王経疏本充帳」（前掲）、「奉写七百巻経装潢紙上帳」（続々修十ノ二十一、十六ノ三六四～三六七）。

R　「七百巻経充紙筆墨帳」（前掲）、「奉写七百巻経装潢紙上帳」（前掲）、「七百巻経校帳」（続々修十ノ十七、十六ノ三八七～三八九）。

S　「卌巻経充本帳」（続修後集三十九、五ノ四四九～四五〇）、「奉写四十巻経紙充装潢帳」（続々修十ノ二十九、十六ノ四一四～四一五）。

T「大般若経料紙充帳」（続々修四ノ十九、十六ノ五三七〜五四八）。

U（天平宝字）八年十月二十九日付「観世音菩薩授記経観世音三昧経書写注文」（続々修四ノ十三、十六ノ五六二）。

5　位階と所属もしくは身分

各写経に従事した経師・装潢・校生の中で、位階と所属もしくは身分の知られるものについてはⅠ〜Ⅲ期ごとに表記し、同一期に位階などに異動のある場合には、↓印をもって示した。なお、天平宝字二年八月二十五日（甲子）に官号の一部が改易されるが、同八年九月二十二日（丙辰）に廃され旧に復する（いずれも『続日本紀』）ので、煩を避けて同五年に停廃される紫微中台（坤宮官）以外は、改易官号の併記は行なわなかった。

Ⅰ〜Ⅲの各期における経師・装潢・校生の位階・所属・身分を知るために依拠した史料は、次の通りである。

Ⅰ期：「写経所経師以下上日帳」（続々修二十四ノ五、十三ノ二〇二〜二〇四）、天平宝字二年六月十八日付「中島写経所写手進送文」（続々修八ノ十九裏、十三ノ二三六〜二三七）、同二年六月二十二日付「僧平仁経師進上解」（続々修八ノ十九裏、十三ノ三三一）、同二年七月十四日付「東大寺請経文」（続々修三十四ノ十裏、十三ノ三八三〜三八四）、同二年九月五日付「東寺写経所解案」二通（BとCの写経の「布施申請文案」、いずれも前掲）、同二年十月五日付「東寺写経所解」（続々修十八ノ六裏、四ノ三四〇）、同二年十一月三日付「東寺写経所解案」（Dの写経の「布施申請文案」、続々修四十五ノ三裏、十四ノ二二六〜二三四）。

Ⅱ期：（天平宝字四年二月）「造東寺司移案」（続々修十八ノ六、十四ノ三六七）、同四年閏四月二十六日付「東寺写経所移案」二通（続々修十八ノ六、十四ノ三九三）、同四年六月八日付「文部省経師歴名」（前掲）、同四年六月十一日付「東寺写経所移案」（続々修十八ノ六、十四ノ三九七～三九八）、同四年六月二十五日付「奉造丈六観世音菩薩料雑物等請来注文」（正集五、四ノ四二〇～四二五）、同四年六月二十九日付「東寺奉写経所解案」（続々修十八ノ六、十四ノ四〇五～四〇六）、同四年七月二十一日付「供奉校生舎人歴名」（前掲）、同四年七月二十二日付「校生歴名」（前掲）、同四年十月十九日付「東大寺写経布施奉請状」（前掲）、同四年十(ママ)日付「坤宮官舎人長葛木男足校生送進文」（続修別集四十七、四ノ四五九）、同五年正月六日付「奉写一切経所解案」（続々修三ノ四、十五ノ一～三）、同五年正月十二日付「装束忌日御斎会司牒案」（続々修三ノ四、十五ノ三、続修十九裏、十五ノ三）、同五年正月十五日付「装束忌日御斎会司牒案」二通（続修二十裏、十五ノ五～六、続々修三ノ四、十五ノ六）、同五年五月九日付「奉写一切経所解案」（続々修三ノ四、十五ノ五六～五七）。

Ⅲ期：天平宝字六年九月二日付「奉写勅旨大般若経所移案」三通（続修二十六裏、十六ノ一～二、続修十九裏、十六ノ二～三、続修四十九裏、十六ノ三）、同六年閏十二月二十一日付「奉写灌頂経所解案」（続々修十ノ八、十六ノ一七二～一七四）、同六年十二月二十三日付「土師名道経師貢進啓」（続々修四ノ二十一、十六ノ一一二）、同七年正月十四日付「造物所解」（続々修二十四ノ七、十六ノ三一八～三一九）、同七年四月十三日付「奉写御執経所請経文」（続修別集四、五ノ四三三～四三四）、同七年五月十四日付「東大寺写経所牒案」（続修四十七裏、十六ノ三八三～三八四）、（天平宝字）八年十月三日付「造東大寺司移文案」（続修別集三十八、五ノ四九四～四九六）、「奉写御願大般若経上日幷行事案」（続修別集一、十七ノ一～七）。

以上の他に、辻善之助・久松潜一監修、竹内理三編『寧楽遺文』中巻（一九六二年訂正初版、東京堂出版）六一〇～六四〇頁に収載する「経典跋語」も参照した。

表　経師・装潢・校生の動向一覧（天平宝字元年〈七五七〉〜八年〈七六四〉）

〔経師〕

5 曰佐膳夫	4 (校)岡曰佐大津	3 小長谷金村	2 秦家主	1 村君安麻呂	人名（人名の表記および名前の一部を異にする人物が同一かどうかの判定は原則として『日本古代人名辞典』に従ったが、一部判断を異にするものがある。これについては本文の「1　人名」を参照。）	
					天平10年（738）以前	写経歴
					同11〜15年（739〜743）	写経歴
		*	*		同16〜20年（744〜748）	写経歴
	*	*	*	*	天平勝宝元〜4年（749〜752）	写経歴
*	*	*	*	*	同5年〜8歳（753〜756）	写経歴
		参	参	参	A　般若心経100巻　元年6〜7月	Ⅰ期
○	○				B　金剛般若経1000巻　2年6〜10月	Ⅰ期
△	+△				C　千手千眼経1000巻・新羂索経10部280巻・薬師経120巻　2年7〜11月	Ⅰ期
×	×				D　金剛般若経1200巻　2年9月〜3年4月	Ⅰ期
			△		E　法華経45部360巻・金剛般若経45巻・理趣経45巻　4年正〜3月	Ⅱ期
					F　称讃浄土経1800巻　4年6〜8月	Ⅱ期
			参		G　大仏頂陀羅尼経10巻・随求即得陀羅尼経10巻　4年7〜10月	Ⅱ期
	参		参		H　周忌斎一切経5330巻　4年8月〜5年5月	Ⅱ期
	参		参		I　大般若経1部600巻・理趣経2巻　6年2〜12月	Ⅲ期
			参		J　観世音経100巻　6年2〜7月ヵ	Ⅲ期
			○		K　灌頂経12部144巻　6年12月〜7年5月	Ⅲ期
	△		△		L　大般若経2部1200巻　6年閏12月〜7年4月	Ⅲ期
			(参)		M　金剛般若経20巻・最勝王経2部20巻　6年閏12月〜7年4月ヵ	Ⅲ期
	参				N　仁王経疏5部25巻　6年閏12月〜7年2月	Ⅲ期
	○		○		O　梵網経20部40巻・四分僧戒本10巻・四分尼戒本10巻　7年2〜6月	Ⅲ期
					P　法華経2部16巻　7年2〜3月	Ⅲ期
					Q　仁王経疏1部5巻　7年4月	Ⅲ期
△	△		△		R　最勝王経11部110巻・宝星陀羅尼経1部10巻・七仏所説神呪経3部12巻・金剛般若経600巻　7年3〜6月	Ⅲ期
			参		S　十一面神呪心経30巻・十一面観音神呪経1巻・孔雀王呪経7巻・陀羅尼集経2巻　7年7月	Ⅲ期
	○		●		T　大般若経1部600巻　8年8〜12月	Ⅲ期
	参				U　観世音菩薩授記経3巻・観世音三昧経3巻　8年11月	Ⅲ期
Ⅰ白丁	ⅠⅢ少初下・散位	Ⅰ未選	ⅡⅢ大初下・散位		位階と所属もしくは身分（Ⅰ期…天平宝字元〜3年（757〜759）／Ⅱ期…同4〜5年（760〜761）／Ⅲ期…同6〜8年（762〜764））	
	*		*		天平神護〜宝亀（765〜780）	写経歴

6	嶋毗登浄浜							○	△+	○				参				○			○			△		△		ⅠⅢ无位・式部省位子	
7	三嶋県主岡麻呂				*	*		○	△+	▲				参														Ⅰ大初上・散位	
8	阿閇朝臣豊庭					*		○	△+	●																		Ⅰ少初上・式部省位子	
9	丈部造子虫	*	*	*	*	*		○	△+	●				参				○	(参)						参			ⅠⅡ大初下・右大舎人	
10	湯坐伊賀万呂					*		○	△+	○																×		Ⅰ无位・式部省書生	
11	三嶋県主子公			*	*	*		○	△	●																●		Ⅰ白丁	*
12	井門臣牛養				*	*		○	△+	△																		Ⅰ白丁	
13	末津嶋万呂					*		●	△	○				参				●										Ⅰ白丁	
14	宇治部氏万呂							●	×																				
15	田部宿禰虫万呂					*		○	△	×																		Ⅰ大初下・左大舎人	
16	田部宿禰国守		*		*	*		○	△+	○																		Ⅰ无位・式部省位子 ↓白丁	*
17	子部多夜須			*	*			○	▲+	△																		Ⅰ少初下・式部省留省	
18	丸部人主							○	△	▲								○	参					●				Ⅰ大初下(上)・左大舎人	*
19	香山佐弥万呂							○	▲																			Ⅰ白丁	
20	三嶋県主百兄							○	△	○				参				○	参									Ⅰ従8上・式部省書生	
21	山部宿禰吾方万呂	*	*			*		○	△	▲				参														Ⅰ无位・式部省書生	
22	尾張連足人							○	△	○				参														Ⅰ少初下・散位	
23	信濃虫万呂				*	*		○	△+					参	参	参		○	参							●	参	Ⅰ白丁 ⅡⅢ少初下・左大舎人	
24	安宿公広成							○	△	△	参			参												●	参	ⅠⅢ无位・式部省位子	*
25	前部倉主							○	△+																			Ⅰ白丁	
26	神人万呂							●																					
27	刑部人成							●																					
28	余乙虫		*	*	*	*		○	▲+																			Ⅰ大初上・散位	
29	後家川麻呂							○	△	●	参			参														Ⅰ少初上・散位	

30	栗前造咋万呂				＊	＊		○	▲+									●										Ⅰ白丁	
31	田上史嶋成		＊	＊		＊		○		△	○																	Ⅰ大初下・左大舎人	
32	忍海連広次		＊	＊	＊	＊		題○	△		△			参				○	参									Ⅰ従7下（上）・散位 ↓式部省書生	
33	板持連三依				＊			○	△	○																		Ⅰ白丁	
34	（装）王馬養				＊			○	▲	○	参			参				○						▲	参	○	参	Ⅰ白丁	
35	秦忌寸忍国							●	▲+					参														Ⅰ少初上・坤宮官（紫微中台）舎人	
36	阿閇広人			＊	＊	＊		○	△	△		参		参														Ⅰ少初下・散位 Ⅱ散位	
37	住道小粳							○	▲+					参														Ⅰ白丁	＊
38	将軍水通				＊	＊		題○	△	題	参			参														Ⅰ従8下・散位	
39	（装）綾部忍国							●	△	▲																		Ⅰ少初上・散位	
40	若倭部連国栫					＊		○	△+					参				○	参					○		△		Ⅰ Ⅱ大初上・式部省書生 Ⅲ従8上・同	
41	日置小張							○	△	△																		Ⅰ白丁	
42	万昆秋万呂				＊			○	△	○																		Ⅰ白丁	
43	高東人		＊					○	△+																			Ⅰ无位・式部省書生	
44	広田連（辛）毛人					＊		○	△+	▲	参			参				○	参									Ⅰ无位・左大舎人 Ⅱ少初上・同	
45	小治田宿禰人君			＊	＊	＊		●																				Ⅰ少初下・散位	
46	中臣村屋連鷹取							●	▲					参	参			○								△	参	Ⅰ白丁	＊
47	丈部忌寸浜足					＊		○	▲+					参												○	参	Ⅰ Ⅲ少初上・式部省書生	＊
48	張阿古麻呂							○	△+		○			参														Ⅰ白丁	
49	坂上忌寸建万呂			＊	＊			●	△					参														Ⅰ少初下・右大舎人	
50	葛木豊足				＊	＊		△	△																			Ⅰ白丁	＊
51	安子石勝	＊	＊		＊			△	△																			Ⅰ白丁	＊

52	十市倭万呂							△	△	△				参														Ⅰ少初上・坤宮官(紫微中台)舎人	
53	万昆公麻呂	＊	＊	＊	＊	＊		△	△	△				参														Ⅰ従8上・式部省書生	
54	大窪石弓			＊	＊	＊		△	△	△	○			参	参			△		参				○	参			Ⅰ白丁	
55	(装)張兄麻呂				＊	＊		×	△	△	○			参	参	参		○	参					●		△		ⅠⅢ少初上・散位	
56	神門臣諸上			＊	＊			×	△																			Ⅰ従8上・散位	
57	(校)上毛野名方麻呂							●		△				参														Ⅰ无位・坤宮官(紫微中台)未選	
58	建部広足	＊	＊	＊	＊	＊		△	▲								○									●		Ⅲ正7上・左大舎人	
59	志紀県主久比麻呂		＊	＊	＊	(＊)		×						参														Ⅰ正8上・右大舎人	
60	岡屋君石足			＊	＊	＊		×																				Ⅰ少初上・散位	
61	椹日佐河内					＊		×	○	○		参																Ⅰ少初上→大初上・散位　Ⅱ少初上・同	
62	若倭部益国			＊	＊	＊		×																				Ⅰ少初下・散位	＊
63	尾張広足	＊							○	○																		Ⅰ従7上・太政官史生	
64	山口伊美吉子虫								○																			Ⅰ従8上・式部省史生	
65	掃守笠万呂								×			参																Ⅱ従8上・民部省史生	
66	糸益人								○	●																		Ⅰ従8上・民部省史生	
67	広田連(辛)広浜		＊						○	△																		Ⅰ正8上・大蔵省史生	
68	垂水祖人								×																				
69	常世連馬人			＊	＊				●																			Ⅰ少初上・右弁官史生	
70	韓国連千村								○	○		参		参														ⅠⅡ大初上・刑部省史生	＊
71	錦部小豆君麻呂	＊	＊	＊	＊	(＊)			×																				
72	答他戸広万呂								×																				
73	道守臣公麻呂				＊	＊			○	○	○																	Ⅰ无位・式部省書生	
74	佐太忌寸橘								○	○																		Ⅰ大初下・式部省留省	

75	秦晏子								○																			Ⅰ无位・式部省書生	
76	海部豊成								○																			Ⅰ白丁	
77	茨田浄野								○	○																		Ⅰ白丁	
78	土師宿禰乙主								●	○		参		参														Ⅰ无位・兵部省史生 Ⅱ兵部省史生	
79	倭画師雄弓								○	●		参		参														Ⅰ无位・左京職史生 Ⅱ左京職史生	
80	韓種麻呂	*	*			*			○																			Ⅰ正8下・散位	
81	粟田君足		*						○	△				参				○						○	参			Ⅰ少初下・散位→白丁	
82	土師宿禰五百国								●																			Ⅰ大初上・左大舎人	
83	難波真人高屋								○																			Ⅰ正6下・散位	
84	大宅立足					*			●					参														Ⅱ少初下・散位	
85	長背若万呂								○	△		参																Ⅰ従8下・弾正台史生 Ⅱ弾正台史生	
86	史戸赤万呂	*			*			参	題○	×				参														Ⅰ正7下・散位	
87	辛国連毛人								○	●				参														Ⅰ従6上・刑部省中解部	
88	秦忌寸豊穂								○	○				参												●		Ⅰ正8上・大蔵省史生 Ⅲ同・散位	
89	万昆神恵								○	○																		Ⅰ従8上・散位	
90	刑部諸国		*		*				○	●	参							○	参									Ⅰ白丁→无位・式部省位子	
91	秦大土								○	△																		Ⅰ少初下・散位→白丁	
92	(装)大友路万呂								○	○	参			参	参			△	参	参			参	○		▲		Ⅰ白丁	*
93	櫟井臣馬養	*	*	*	*				○	○				参														Ⅰ少初下・散位	
94	三嶋老人								○	○																		Ⅰ白丁	
95	張布治麻呂								○	○	×			参	参	参	○	○	参									Ⅰ従7下(上)・散位 Ⅲ従7下・同	

96	額田部虫万呂								×																				
97	三嶋鹿養								○																			Ⅰ大初上・散位	
98	縵野守								×																				
99	足奈太須								×	○				参											●	参		Ⅰ白丁	
100	念林人成								○	●	参			参														Ⅰ白丁	＊
101	小治田乙成								○	○				参														Ⅰ少初上・式部省位子	＊
102	壬生人成								○																			Ⅰ白丁	
103	若湯坐東人								●																				
104	秦太草（棗）					＊			●	○	○																	Ⅰ従8下・散位 Ⅱ正8上・同	
105	万昆嶋主	＊			＊	＊			○					参														Ⅰ白丁	
106	石津連真人								○	○																		Ⅰ无位・図書寮書生	
107	山田史浄人								○	○		参																Ⅰ正8上・治部省史生 Ⅱ従7上・同	
108	縵人益								△	●				参														Ⅰ白丁	
109	間人道嶋				＊				△					参														Ⅰ白丁	
110	蝮王部乙山								△																			Ⅰ白丁	
111	引田枚成								○	○																		Ⅰ式部省蔭孫	
112	穴太上万呂								△	○																		Ⅰ白丁	＊
113	敦賀公万呂								△	○																		Ⅰ白丁	
114	竹志嶋足								△	○																		Ⅰ白丁	
115	上村主虫麻呂								▲																				
116	三尾子牛甘								▲					参															
117	三嶋県主宗麻呂	＊	＊	＊	＊	＊			題																			Ⅰ正6下・内記	
118	采女立万呂									△				参														Ⅰ白丁	
119	高橋息嶋									○				参				○	参					△	参			Ⅰ白丁	＊

120	十市正月									△				参														Ⅰ白丁	
121	下村主浄足									△																		Ⅰ白丁	
122	甘良辰長									△																		Ⅰ白丁	
123	尼弥東麻呂									△																		Ⅰ白丁	
124	刑部縄麻呂			*	*					△																		Ⅰ白丁	
125	安宿造立万呂									△																		Ⅰ白丁	
126	赤染広庭									△				参												○		Ⅰ白丁	*
127	阿閇奴麻呂									△																		Ⅰ白丁	
128	中臣船万呂									△																		Ⅰ白丁	*
129	国造伯万呂									△	参																	Ⅰ白丁	
130	刑部足嶋									△																		Ⅰ白丁	
131	大伴赤橋									△				参														Ⅰ白丁	
132	徳足人									△																		Ⅰ白丁	*
133	鬼室石次	*		*	*	*					(△)			参	参	参		○						○	参	○		Ⅲ大初上↓従8下・散位	*
134	吉師広人										△			参															
135	山部宿禰針間万呂			*	*	*					○			参									参	○				Ⅲ少初下・散位	*
136	道守朝臣豊足		*	*	*	*					○															×			
137	中臣諸立					*					参			参				△		参						●	参		*
138	他田豊足					*					参																		
139	秦忌寸真藤				*							参																Ⅱ正8上・中務省史生	
140	坂本朝臣真嶋											参		参				○										Ⅱ少初上・中務省史生	
141	矢田部布智											参																Ⅱ大初下・散位	
142	大伴智麻呂											参																Ⅱ少初上・散位	
143	大狛乎治											参																Ⅱ少初上・散位	

144	秦忌寸八嶋										参																	Ⅱ式部省位子	
145	土師宿禰乙足										参																	Ⅱ式部省位子	
146	文忌寸咋麻呂										参																	Ⅱ无位・大学生	
147	大県道継										参																	Ⅱ太政官史生	
148	安勅月足										参																	Ⅱ中務省史生	
149	土師宿禰広内										参																	Ⅱ民部省史生	
150	額田部人足										参																	Ⅱ式部省留省	
151	秦忌寸千主										参		参															Ⅱ式部省位子	*
152	鼻乙麻呂				*	*					参		参					○							参			Ⅱ少初上・竪子・式部省書生	
153	佐夜枚徳										参																	Ⅱ右京職史生	
154	秦久世麻呂										参																	Ⅱ(散位)	
155	達沙牛甘	*	*	*	*						参																	Ⅱ(散位)	
156	雪浄人										参																	Ⅱ蔭孫	
157	行田舎人直千足											参																Ⅱ正8下・大学書博士	
158	手嶋連広成											参	参															Ⅱ少初上・召継・坤宮官(紫微中台)舎人	
159	河内浄成		*	*								参	題参															Ⅱ正7上・散位	
160	高赤万呂												参															Ⅱ大初上・式部省書生	
161	万昆多智			*	*	*							参		参			△	参	参	●			×				Ⅲ大初下・散位	
162	中臣鷹石												(×)																
163	穂積万呂												参																
164	史戸木屋麻呂			*	*								参																
165	春日部伯												参																
166	宇智若江												参																
167	陽胡田次												参																

168	安宿造大広													参														Ⅱ従6上・竪子・式部省書生	
169	城上連神徳													題参														Ⅱ正8下・散位	
170	鬼室小東人		*	*	*	*								参															
171	念林老人		*		*									参				●						●					*
172	飛鳥種万呂				*									参															
173	大宅人上				*									参															
174	民豊川													参										●					*
175	高市水取連老人		*	*	*	*								参										△		○		Ⅲ従8上・散位	
176	刑部真綱													参															
177	美努人長													参								参							
178	広田連浄足													参	×													Ⅱ大初上・竪子・式部省書生	
179	巨勢臣麻呂				*	*								参															
180	大隅忌寸公足					(*)								参														Ⅱ少初上・左大舎人	
181	穴太村主雑物													参	参	参	題○	○	参		○			△	参	●		Ⅱ正7上・竪子・散位 Ⅲ正7上・竪子→従6下・内竪	
182	丸部毛人													参														Ⅱ少初上・散位	
183	勝宅足													参															
184	山下造老			*	*	*								題参	参		○											Ⅲ従7上・散位	
185	他田千足													参															
186	大石毛人	*	*											参														Ⅱ正8上・雅楽合笙師	
187	大原魚足													参														Ⅱ少初下・舎人	
188	秦月麻呂													参															
189	難万君		*	*	*	*								参															
190	山辺千足	*	*	*	*									参									参	○	参				*

191	淡海直金弓	*	*		*	*								参	○		○	●										Ⅲ大初上・式部省書生	*
192	(校)丸部臣豊人													参														Ⅱ无位・式部省書生	
193	他田豊成													参															
194	丸部豊成													参														Ⅲ舎人	*
195	荊国足													参				○	参				参	○				Ⅲ大初下・式部省留省	*
196	丸連白麻呂	*												参															
197	城上連人足													参														Ⅱ正(従)8下・散位	
198	馬毗登道足	*		*	*									参								参		○		●		Ⅲ正8下・式部省書生	
199	高向小祖父				*									参															*
200	大原史魚次		*	*	*	*								参															
201	山口忌寸嶋足													参															
202	狛枚人				*									参															
203	一難宝郎	*	*											参												●		Ⅲ少初下・散位	
204	秦毛人			*	*	*								参															
205	雄橋豊嶋			*	*									参				○	(参)				参	○	参				
206	布利乙麻呂													参															
207	桧前佐波万呂													参															*
208	古月足													参	参														
209	秦大床		*	*										参															*
210	大友嶋成													参															
211	布師広田			*										参															
212	飯高豊長													参															
213	古牛廿													参															
214	物部嶋足		*											参															
215	万昆新太													参															
216	三宅安万呂					*								参															

217	佐夜田人													参															
218	私人足													参															
219	三尾工													参															
220	栗前五百継													参												●	参		*
221	秦小棗													参															
222	倉橋部秋庭													参															
223	礒部宮廬													参															
224	壬生美与曽													参															
225	比呂広麻呂													参															
226	宇治浄日麻呂													参															
227	椋橋部生成													参															
228	辟田在嶋													参															
229	(校)阿刀連乙麻呂																	△						△				Ⅱ造寺司未選	
230	山辺君諸公	*	*	*	*	*												○			○			▲					*
231	井門臣馬甘				*	*												○											
232	忍坂友依				*	*												○					参	○					
233	忍坂部乙綱																	○											
234	漢浄麻呂	*	*	*	*	*												○											
235	依羅連国方			*														○	参							●		Ⅲ大初下・散位	
236	岡人成																	○											
237	大伴名継																	○										Ⅱ无位・位子	
238	和気伊夜万呂																	○											
239	依羅国栖																	○	参										
240	美努連船長			*	*													○	参					○	参	○		Ⅲ大初上・散位	
241	山田高貞																						参	△					

242 大窪牛甘	243 念林宅成	244 (校)船連大長	245 (校)下浄人	246 福当倉主	247 春日根継	248 葛木人当(正)	249 爪工連家麻呂	〔装潢〕1 (経)綾部忍国	2 (経)張兄麻呂	3 荊嶋足	4 河内漢部隅田	5 穴人百村	6 (校)宗形若麻呂	7 (校)能登臣忍人	8 石田部嶋足	9 (経)大友路万呂	10 阿刀水通	11 (校)長江臣田越万呂	12 秦忌寸東人	13 粟田五百足
														*						
							*							*					*	
							*		*	*		*		*					*	
							*		*			*		*					*	
														参						
								△	●	○	●									
										▲	△	○	参	△	○					
												△	参	▲	△	●	△			
										△				○						
										参										
										参		参		参	参			参	参	参
														(参)						
														参						
														(◎)						
										○				○						
														参						
														参					参	
参																			(参)	
△	△	△	○							○				○					参	
														参						
				●	●	●	×													
				参																
		Ⅲ少初上・舎人				Ⅱ无位・舎人		(経師39参照)	(経師55参照)	ⅠⅡⅢ大初下・右大舎人	Ⅰ白丁	Ⅰ大初下・右大舎人	Ⅰ従8下・坤宮官(紫微中台)舎人	Ⅰ従7下・右大舎人 Ⅲ正7上(下)・左(右)大舎人	ⅠⅡ无位・図書寮装潢	(経師92参照)	Ⅰ大初下・散位	Ⅰ少初下・図書寮装潢 Ⅱ少初下・伊豆国史生	Ⅱ少初上・散位 Ⅲ少初下・同	
	*															*		*		*

14 秦百足	15 (校)難千依	16 新田部鳥万呂	17 六人部荒角	〔校生〕1 (経)上毛野名方麻呂	2 (装)宗形若麻呂	3 上村主馬養	4 宮門日野万呂	5 田辺史岡万呂	6 安宿造主麻呂	7 三国真人広山	8 岐連清人	9 大網清人	10 下道吉備	11 安都犬(牛)養	12 文岡主	13 山乙万呂	14 尺度合羽	15 韓国村麻呂
						*												
			*			*												
			*			*												
		*	*			*												
						参												
				(参)		(参)		(参)	(参)	(参)	(参)	(参)	(参)					
				○	×	△	△	○	○	○	○	○	△	△				
				●			●	○	○	○	●		○	○	○	×	△	△
				○		○												
									参									
参	参	参				参		参		参								
						(参)												
						参												
			(◎)			(◎)												
	Ⅱ大初上・坤宮官(紫微中台)舎人		Ⅱ史生	Ⅰ(経師57参照)	(装潢6参照)	ⅠⅡⅢ従8下・散位	Ⅰ坤宮官(紫微中台)未選	ⅠⅡ无位・右大舎人	Ⅰ坤宮官(紫微中台)未選 Ⅱ宮舎人	Ⅰ无位・坤宮官(紫微中台)舎人 Ⅱ少初下・同	Ⅰ无位・坤宮官(紫微中台)舎人 Ⅱ同・式部省位子	Ⅰ司未選	Ⅰ司未選	Ⅰ大初下・散位	Ⅰ坤宮官(紫微中台)未選	Ⅰ舎人	Ⅰ少初下・散位	Ⅰ司未選

No.	氏名																											備考
16	三尾人成										○																	
17	茨田連弟麻呂											参																Ⅱ大初下・右大舎人
18	粟田老											参																
19	新田部伊賀万呂											参																
20	土師諸君											参																
21	伊勢人麻呂											参																
22	坂上忌寸東人											参																Ⅱ少初上・右大舎人
23	物部首塩浪											参		参		参												Ⅱ坤宮官（紫微中台）舎人→大初下・左大舎人　Ⅲ従8下・左（右）大舎人
24	県在人											参																Ⅱ大初下・坤宮官（紫微中台）舎人
25	安宿長麻呂											参																Ⅱ无位・坤宮官（紫微中台）舎人
26	（経）阿刀連乙麻呂												参			参				参								（経師229参照）
27	紀朝臣主人													参														Ⅱ少初下・舎人
28	巨勢首村国													参														Ⅱ少初上・竪子・左大舎人
29	津守宿禰長川													参														Ⅱ式部省額外位子
30	坂上忌寸小野麻呂													参														Ⅱ正7上・竪子・左大舎人
31	武久史国上													参														Ⅱ正8下・竪子・右大舎人
32	次田連広名													参														Ⅱ少初上・召継・散位
33	他田毛人	*												参														Ⅱ少初上・坤宮官（紫微中台）舎人

34 (装)長江臣田越万呂													参														(装潢11参照)	
35 (装)難千依													参														(装潢15参照)	
36 (経)丸部臣豊人													参														(経師192参照)	
37 葛木弟人													参															
38 因幡国造田作													参														Ⅲ太政官史生	
39 和久勝土作													参														Ⅰ舎人　Ⅲ正8下・散位	
40 伊賀臣石足													参														Ⅱ従8上・散位	
41 日置浄足													参														Ⅱ大初上・散位　Ⅲ中務省史生	
42 弓削弟広													参															
43 下道福足													参															
44 船殿主													参															
45 (装)能登臣忍人		*	*	*	*										参												(装潢7参照)	
46 阿刀人成																(○)												
47 赤染(常世)人足			*	*												(△)			参									
48 杜下月足																			参				○					
49 秦太万呂																			参									
50 借馬百依																			参									
51 額田人成																			参									
52 (経)岡臼佐大津				*	*														参								(経師4参照)	*
53 (経)船連大長																							○				(経師244参照)	
54 三宅年継																							○					
55 下浄人																							○					

註

（1）ここでは、経紙（見写料・表紙料）が一万張を超えるものを大規模写経と見なしておく。

（2）以下では、一覧表に示した写経については、A～Uの写経と略称する。

（3）主な写経の名称のみをあげると、天平宝字元年の『金剛寿命陀羅尼経』六二五巻・『諸仏集会陀羅尼経』四〇〇巻書写、同二年の『四分律』三部一八〇巻書写、同四年の『最勝王経』一部一〇巻・『宝星陀羅尼経』一部一〇巻書写、『灌頂経』一部一二巻・『梵網経』一部二巻書写、同七年の『法華経』二部一六巻・『顕无辺土経』一〇〇〇巻書写、『華厳経』一部八〇巻書写、『心経』一〇〇〇巻書写など。

（4）ただし、丸部人主と丸部人万呂は同一人かとする。

（5）この帳簿については、山本幸男『写経所文書の基礎的研究』六四～六五頁（吉川弘文館、二〇〇二年）を参照。

（6）「書上帳」には、吾方万呂と太草の書写巻数がそれぞれ七巻、二〇巻とあるのに対し、「写上注文」には「十余三」「廿二余二」とあるのは、余りの分を差し引いた七巻、二〇巻を「書上帳」に記したとの意であろう。この点は、「写上注文」に見える10湯坐伊賀万呂、63尾張広足、88秦忌寸豊穂などの場合も同じである。

（7）ただし、辛毛人と広田毛人は同一人かとする。

（8）Cの写経の「書上帳」には、毛人は『千手千眼経』一二巻（うち一巻は一八帳）・『薬師経』一巻（二六張）、広浜は『千手千眼経』五巻・『薬師経』一巻（一三張）・『新羂索経』九巻（一七一張）をそれぞれ書写したことが記されている。「同帳」には、書写した経巻の紙数は『千手千眼経』の一部と、『薬師経』『新羂索経』にしか記されていないが、「千手千眼幷新羂索薬師経装潢充書造経帳」（続々修八ノ三、十三ノ四一九～四二〇）によると、『千手千眼経』の巻別紙数は、七月二十一日ごろまでは一四張、それ以降は一六張と考えられるので、これをもとに計算すると、毛人は二二〇張（18＋13×2＋16×11）、広浜は二六〇張（14×2＋16×3＋13＋171）となる。「布施申請文案」には、Cの写経に先行するBの写経の事績との合計が載せられているので、これに参加した毛人の事績を「金剛般若経書生等文上帳」（続々修八ノ十一、十二ノ四六二～四六九）より求めると、三二巻の書写で四一六張（巻別一三張）となり、合計は六三六張となって「布施申請文案」のものに一致し、広浜の場合は二六五張であるから近似する。

(9)　この点については、柳雄太郎「『続日本紀』の編纂関連史料――正倉院文書孝謙天皇詔勅草について――」(『続日本紀研究』二〇〇、一九七八年)に詳しい。

(10)　「布施申請文案」では四〇〇〇張、「校帳」では四〇一〇張とある。布施申請に際して、端数分の一〇張が削られたのであろう。

(11)　各写経の期間については、主に4の項に示した史料に拠っている。各写経の主な研究を示すと、A：宮﨑健司「藤原仲麻呂と般若心経」(同『日本古代の写経と社会』所収、塙書房、二〇〇六年。初出は一九九四年)、B～D：松田誠一郎「光明皇太后不悆と唐招提寺木彫群」(『仏教芸術』一五八、一九八五年)、山本前掲註(5)著書第一章「天平宝字二年の御願経書写」、E～H：山本前掲註(5)著書第二章「天平宝字四年～五年の一切経書写」、栄原永遠男「光明皇太后没後の写経事業群」(同『奈良時代写経史研究』所収、塙書房、二〇〇三年)、I：横田拓実「奈良時代における石山寺の造営と大般若経書写」(石山寺文化財綜合調査団『石山寺の研究』一切経篇、所収、法藏館、一九七八年)、K・L・N：栄原永遠男「奉写大般若経所の写経事業と財政」(同前掲著書所収、初出は一九八〇年)、山本前掲註(5)著書第三章「天平宝字六年～八年の御願経書写」、T：栄原永遠男「御願大般若経の写経事業」(同前掲著書所収、初出は一九八九年)、山本前掲註(5)著書第三章などがある。この他に、当該期の写経を概観したものに、福山敏男「奈良朝に於ける写経所に関する研究」(同氏著作集二『寺院建築の研究』中、所収、中央公論美術出版、一九八二年。初出は一九三二年)、井上薫『奈良朝仏教史の研究(再版)』三四九～三六四頁(吉川弘文館、一九七八年。初版は一九六六年)、藤本昌子「藤原仲麻呂と道鏡――写経事業をめぐって――」(『学習院史学』八、一九七一年)、写経期間などの表示を行なったものに、薗田香融「南都仏教における救済の論理(序説)――間写経の研究――」(同『日本古代仏教の伝来と受容』所収、塙書房、二〇一六年。初出は一九七四年)がある。

(12)　写経期間を六等分したのは、写経への途中参加・退出の基準を得るためであって、便宜的なものである。

(13)　この点については、山本前掲註(5)著書第一章で検討を加えた。

(14)　岸俊男「但波吉備麻呂の計帳手実をめぐって」(同『日本古代籍帳の研究』所収、塙書房、一九七三年。初出は一九六五年)の復原による。

第五章　正文に転用された反故文書

はじめに

吉田孝氏は、「律令時代の交易」[1]の中で正倉院文書の分類を試み、〔乙〕「写経所におかれていた文書」群の〔A〕「写経所関係文書」内(ロ)「写経所にきた文書」には、造東大寺司と皇后宮職(紫微中台・坤宮官)[2]の反故文書があることを示された。つまり、両官司で反故にされた文書の背面が、写経所宛の正文に再利用されていたのである。正文には、背の白い未使用の紙を使うのが普通なので、これは特異な伝達法といわねばならないが、吉田氏によれば、こうした反故文書の転用を行なっていたのはこの二つの官司だけであった[3]。造東大寺司は写経所の所管官司、また淵源を辿れば写経所は皇后宮職の一部局であったという関係が、その要因となっているのかもしれない。しかし、造東大寺司はともかく、皇后宮職の場合は事情を異にする。というのは、皇后宮職の写経所からその機能を受け継いでいるとしても、造東大寺司の写経所は、皇后宮職とは官制上別個の組織になるからである。従って、皇后宮職(紫微中台・坤宮官)が何故にこのような伝達法をとったのかという問題は、反故文書の再利用のあり方とともに、造東大寺司の写経所との関係を知る上でも興味深い事柄といわねばならないだろう。

本稿は、このような関心のもとに、皇后宮職(紫微中台・坤宮官)反故文書の背面が写経所宛正文に転用されたことの意味を考えようとするものであるが、まず、関係文書の整理と検討を行ない、状況の把握につとめることにしたい。

一　関係文書の検討

1　示された文書

吉田孝氏が、当該文書として示されたのは次の二通である。

A〔第一次文書〕天平二十一年二月十日付「掃部所解」（続修二十二、三ノ一九六〜一九七）

（別筆）「以二月十五日、申卿尊了、宜施行、宣之、少属田辺牛養」

掃部所解　申請年料葛野席直銭事

合卌一貫八百七十五文「（別筆）且充廿四貫五百文付石万呂 巳 勝 少属土師」

卅貫広席一千五百張直枚別廿文

一貫八百七十五文運駄卅七匹半賃直料匹別五十文

十貫狭席直

右、依例所請如件、

天平廿一年二月十日

〔第二次文書〕十二月二十五日付「池原禾守牒」（十四ノ四五一）

牒写経所

請物部角折
牒、件人依常悔過事、自今月
廿五日、至来正月十五日、所請如件、
預可備物、宜急令参、故牒、
　　十二月廿五日池原禾守牒

B〔第一次文書〕天平勝宝六年十一月十一日付「吉野百嶋解」（続修四十二、四ノ三二）

一牧裏事（この行、僅欠）
右、依去八月三日大風雨、河水高張、河辺竹葉被
漂仆埋、但以外竹原并野山之草甚好盛、
一牧子六人長一人 丁五人事
右、率常件人、令見妨守并上下御馬以次
祒承、望請、於国司誂給牒書、而如常正役、
欲得駈使、
一給衣服而欲令仕奉事
右、件牧子等、為貧乏民、其無衣服率仕
奉醜、
以前事条、具録如件、仍謹請裁、以謹解、
　　天平勝宝六年十一月十一日

知牧事擬少領外従八位下吉野「百嶋」(自署)

（余白に天平宝字八年三月二十四日付と見られる「吉祥悔過所解（案）」〈十三ノ一一七〉あり）

〔第二次文書〕十二月十五日付「池原禾守牒」（二十五ノ三〇〇～三〇一）

牒送

標紙陸伯張

右、付紀主人送、如上件、

十二月十五日

池原禾守

且付銭弐仟肆伯文

吉田氏は、論文の性格上、論証ぬきでこれらの文書を挙げられた。しかし、Aについては鬼頭清明氏が検証を加え[4]、第一次文書・「掃部所解」の別筆に見える二人の少属は皇后宮職の第四等官と推論されること、第二次文書は天平宝字二年（七五八）から五年にかけて坤宮官少疏ないし大疏であった池原禾守の「牒」であることから、「掃部所解」は「坤宮官の前身にあたる皇后宮職を宛先として提出され」、「それが、そのまま皇后宮職から坤宮官へと保存、継受されていたのではないか」とされた。一方、Bについて西山良平氏は、第二次文書がAと同じく「池原禾守牒」であることから、鬼頭氏の見解を念頭にし、第一次文書・「吉野百嶋解」も「皇后宮職（紫微中台・坤宮官）で反故にされた文書」の一部である可能性が大きいとされた[5]。

このように、鬼頭氏と西山氏の検証により、Aの「掃部所解」は皇后宮職へ、Bの「吉野百嶋解」はその後身の紫微中台へと宛てられ、いずれもそのまま坤宮官へと保存・継受されたと考えられるようになったが、ここで注意したいのは、その両者の背面が池原禾守の「牒」に使用されていることである。それが案文ではなく正文としてであることは、禾守の署が、紙背に切封の認められる（天平宝字）四年十一月八日付「池原禾守牒」（続修別集七、未収）のものと同一である点より判断される。[6] この二通の「禾守牒」はいずれも年紀を欠くが、Bの方は、左端に記された銭二四〇〇文の送付が、光明皇太后の周忌斎（天平宝字五年〈七六一〉六月七日）に供する一切経書写料の「納帳」、すなわち「後一切経料雑物収納帳」[7] の天平宝字四年十二月十五日条の記事「収納銭弐貫肆佰文墨直自政所請来検納如件　使紀主人」（十四ノ四三六）に対応しており、またAで所請する物部角折は、天平宝字四年十月から翌五年三月にかけて膳部として写経所に出仕する人物に相当すると思われるので、[8] ABとも天平宝字四年の文書と判断される。つまり、反故文書の正文への転用が、この年の十二月に行なわれていたという時間の特定が一応なされるのである。

この天平宝字四年には、池原禾守の名のもとに写経所に宛てられた啓・牒・符があと四通存在する。**表1**は、AとBも含めてそれらを一覧化したものである。これより、③④の背にも文書（年未詳）が認められ、ABとの類似が予想されるが、これらの文書は、B「吉野百嶋解」の余白に書き込まれた「吉祥悔過所解（案）」に関連を持つと思われる。『正倉院文書目録』二（続修）によると、この「吉野百嶋解」の右は続修別集第十巻裏の天平宝字八年三月二十四日付と見られる「吉祥悔過所解（案）」（十六ノ四九六～四九七）に接続することが推定されており、その「解（案）」の文面は「百嶋解」の左に書かれた「解（案）」に続くとされている。つまり、反故文書を転用して写経所に宛てられたBの「禾守牒」は、天平宝字八年三月に至って再び背面を案文作成に使用されたのである。その「吉祥悔過所解（案）」は、三月二十四日から四月八日までの仏像および聖僧の供奉料を申請するもので、そこに示された期日は、③背の「吉祥悔過所注文」④背の「写経用米下充注文」のそれとほぼ重なり内容的な繋がりが予測される。また、このBの「池原禾守牒」は、②③④Aとともに時間的な連続性の中にある（**表1**参照）ので、写経所ではこれらの文書をまとめて保管していたと見られるが、それが天平宝字八年三月になって一括して反故となり背面利用にまわされていた可能性が大きい。つまり、「吉祥悔過所解（案）」と二つの「注文」は、ほぼ同時期に作成されたのではないかと思われるのである。となると、禾守の「牒」「符」への反故文書の転用はAとBだけ

表1　池原禾守の文書

文面（写経所宛）				紙背文書		
天平宝字4年	様式	正倉院文書	『大日本古文書』	年月日	文書名	『大日本古文書』
①正月19日	啓	正集四十四	四ノ四〇七		〔空〕	
②11月8日	牒	続修別集七	未収		〔空〕	
③11月19日	牒	続修別集七	四ノ四五三		吉祥悔過所注文（3月16日～4月2日）	十六ノ四九八～四九九
B 12月15日	牒	続修四十二裏	二十五ノ三〇〇～三〇一	天平勝宝6年11月11日（天平宝字8年3月24日）	吉野百嶋解 吉祥悔過所解（案）	四ノ三一 十三ノ一一七
④12月21日	符	続々修四十三ノ二十二	十四ノ四四九～四五〇		写経用米下充注文（3月20日～4月1日）	十四ノ四五〇
A 12月25日	牒	続修二十二裏	十四ノ四五一	天平21年2月10日	掃部所解	三ノ一九六～一九七

＊④・符は、『大日本古文書』では、「島政所符」と題されるが、ここでは禾守の文書として扱った。

であったことになり、改めてその時期の特定が可能になるだろう。
以上、AとBの第一次文書についての先学の検証結果を略記し、さらに第二次文書について私見を付け加えたが、実はもう一通、吉田氏が当該文書として示されたものがあった。長くなるが、次に全文をあげておく。(9)

C〔第一次文書〕天平勝宝二年七月二十二日、二十六日、二十九日付「浄清所解幷進送文」（第6紙背、続々修四十三ノ二十二、三ノ四一二、第5〜1紙背、同四十四ノ三裏、十一ノ三五〇〜三五三）

浄清所
　進漬菜壱缶 員三斗 桃交水葱者
　　天平勝宝二年七月廿二日高屋向　御厩坊

（第6紙背）

-----（紙継目以下同）

浄清所解　申作土器事
合弐人　単功壱伯柒拾捌人
　讃岐石前 相作堀土運打薪藁備幷進京　単功八十九人
　借馬秋庭女 作手　単功八十九人
　田坏二千四百口　功廿四人 々別日百口「十口充銭三文」（異筆、以下同）
　鋺形九百九十口　功卅三人 々別日卅口「十口充八文」
　片埦三百六十口　功九人 々別日卌口「十口充五文」
　片佐良六百六十口　功廿二人 々別日卅口「十口充八文」
　小手洗六口　功一人「一日充六文」

（第5紙背）

物作器肆仟肆伯拾陸口

〔白い継紙〕

浄清所（この行半欠）
　進新米壱斗
　　　七月廿六日坂上比治加太

（第4紙背）

浄清所解　申返上前裳幷更請物事
返上物
　前裳二条長各三尺 副二布　洗布一条長三尺五寸　振布一条長二尺五寸
　右、依有損破、返上如前、
又請布壱丈捌尺　小松弐□(束カ)（上記二字僅存）

（第3紙背）

浄清所解　申幸行雑用事
用物
一御飯料米五斗新米一斗 古米四斗　又進米五升新　酒二負趚数一斗九升
　古酒一斗 和佐々酒九升　古糟一負趚数一斗　甘漬瓜一埦　甘漬茄子一埦　桃子

（第2紙背）

漬一埦　大豆漬一埦　水葱漬一埦　菁葅一埦　葵葅一埦　実一埦
醤瓜一埦　末醤瓜一　古漬葪一埦　古漬蕗一埦　麦生菜一埦
芹漬一埦　蕨漬一埦　唐丈（虎杖）漬一埦　多々良比売一埦　醤瓜一埦
末醤茄子一埦　薑一埦　糟瓜一埦
一人給料米四斗　古葅一叩戸　水葱并芹漬一叩戸　薪二荷　松一束
一供養料古葅一叩戸　葪并蕗漬一叩戸　甘漬瓜茄子一叩戸　薑一埦
葵葅一埦　芹并麦生菜一比良加　末醤茄子蘘荷糟瓜一比良加

（第１紙背）

収納物
商布陸拾段
右物、自大郡宮、請運如件、
一損失物
負𨏍三口　明櫃二合　筥方二具　荷縄布一条　叩戸一戸　煎坏二口
水埦十九合　土鋺形四口　片佐良四口　酒坏二口　小高佐良二口
右、以今月廿六日、大郡宮幸行雑用并収納物及損失等、
勘注如前、謹解、
天平勝宝二年七月廿九日高屋奈美貴

〔第二次文書〕天平宝字二年六月二十一日、二十二日、二十五日付「自宮来雑物継文」（十一ノ三四七～三五〇）

（題籤表）
自宮来雑
物継文

経師清衣参具各袍一　汗衫一　袴一　褌一　袜一
　　　　　　湯帳一
膳部衣肆具各洗染衣一　袴一　駈使丁衣捌具
各黄衣一　袴一　手巾拾条
右、附舎人山乙万呂進送、且
宝字二年六月廿一日秦月麻呂
（異筆、以下同）　（自署）
「検主典阿都宿禰　「雄足」」

（第1紙）

清衣捌具
五具各袍一　汗衫一　袴一　褌一　袜一
　　湯帳一
二具各袍一　袴一　湯帳一　袜一
一具袍一　袴一　湯帳一
右、付山乙万呂且進送、
六月廿一日秦月万呂
「検主典安都宿禰　案主建部広足」

（第2紙）

経師清衣参拾具
橡袍卅領　袴卅腰

（第3紙）

汗衫卅領　　褌卅簀並帛

湯帳卅領　　袜廿両並布　且縫糸

右、付舎人山乙万呂、三国広山

等進送、

六月廿二日秦月麻呂

「検主典安都宿禰」

（第４紙）

〔白い継紙〕

清衣拾肆具々別袍一領　汗衫一領　袴一口　褌一口　湯帳一条　袜一両

一汗衫参領　褌参簀　袜壱両

右、先送所欠加入者、付山乙万呂

一遣清衣壱具

右、今追進送、

六月廿五日秦月麻呂

「検主典安都宿禰」

「案主建部広足」

（第５紙）

〔空〕

（第6紙）

このCは、続々修編成時に第二次文書をもとに整理されたもので、現状では第1紙右端に「自宮来雑／物継文」と記す題籤付きの往来軸が繋がっている。また、第4紙と第5紙の間には白い継紙がはさまれ、この間に欠失のあることを示しているが、これについては、続々修第四十三帙第五巻に収められる「写千巻経所銭幷紙衣等納帳」（十三ノ二四三〜二五二）が参考になる。この「納帳」は、『金剛般若経』一〇〇〇巻（千巻経）の書写料として天平宝字二年六月二十一日から八月二十四日にかけて写経所に収納された銭・浄衣・紙・軸・綺などの数量を逐一記入したもので、浄衣の収納に関する記述は、**表2**に示したようにCのものと全く一致している。これは、Cの継文を手元において書かれた結果と思われる。従って、継文には、「納帳」に見える六月二十三日の収納記事に対応する「注文」

表2　浄衣収納記事

日付	写千巻経所銭幷紙衣等納帳	自宮来雑物継文
6月21日	経師浄衣三具　膳部衣四具 駈使丁衣八具　手巾一〇条 （又納）浄衣八具	経師清衣三具　膳部衣四具 駈使丁衣八具　手巾一〇条 清衣八具
22日	浄衣三〇具　縫糸	経師清衣三〇具　縫糸
23日	雑使浄衣三具　袜一〇両	
25日		清衣一四具 汗衫三領　褌三腰　袜一両
26日	浄衣一四具 汗衫三領　褌三腰　袜一両 （「以廿五日来今進納之」）	
7月3日	浄衣一具	

＊浄衣の内訳は省略した。

があったはずで、それが第4紙と第5紙の間の欠失文書に相当すると考えられる。また、この「納帳」との対応関係を重視すれば、さらに七月三日の記事に見合った「注文」もあったことになる。もしそうであるなら、小杉本では第5紙背の「浄清所解」の右に続々修第四十三帙第二十二巻所収の「浄清所進送文」(第6紙背、三ノ四一二)が続く[10]ので、この用紙(紙面は空)の左にそれが繋がるのであろう。このように、「自宮来雑物継文」は、右端に題籤付の往来軸を持ち、七紙程度の「注文」からなっていたようだが[11]、その「注文」の背に天平勝宝二年(七五〇)七月の「浄清所解」並びに「進送文」が認められるのである。

吉田氏は、このCの第一次文書を浄清所から紫微中台宛、第二次文書を宮(紫微中台)から写経所宛と判断し、先のABとともに当該文書として示された[12]。しかし、Cを詳しく検証された鬼頭氏は、第二次文書が紫微中台から来た文書の正文であるかどうかは疑問とし、六月二十一日の二通の「注文」が二紙にわたって書かれた「浄清所解」(天平勝宝二年七月二十九日付)を分離せずそのまま背面に記されていることから、この二つの「注文」は造東大寺司の案文と考えるべきであるとされた。もし正文ならば、「浄清所解」の継目をはがすなどして二紙に分け、一紙ごとに「注文」を作成したはずというのが鬼頭氏の考えで、これにより第二次文書は正文でなく案文と判断されたのである。では、第一次文書の方はどうかというと、七月二十九日付「浄清所解」には大郡宮行幸の記事があり、それは天皇ないし皇太后に関係するものだから浄清所は内裏か紫微中台の被管と考えられること、また、正倉院文書の中には吉田氏の整理によっても内裏から写経所へ来た文書は存在しないので、浄清所の文書は前掲Aの「掃部所解」の例からいって宛先は紫微中台であり、その後、そこで反故になって造東大寺司ないしは写経所へ払い下げられたものと考えられた。吉田氏は、この鬼頭氏の指摘を受け、Cの例示は誤りとし削除されたのである[13]。

しかし、私見によれば、Cの例示は妥当であったと考える。これを第二次文書について見ると、鬼頭氏が造東大寺司の案文とした理由は、前記のように六月二十一日付の二つの「注文」が二紙よりなる「浄清所解」の背面をそのまま利用していたことによるが、これは必ずしも氏の考えを支持するものではない。というのは、二十一日に宮（紫微中台）から送付される浄衣の数量が何らかの事情で追加されることになり、すでに作成済みの「注文」の左に貼り継がれていたもう一枚の反故紙に追加分の「注文」が書かれ、それがそのまま写経所に宛てられたと見ても不自然ではないからである。また、第二次文書を案文と考えると六月二十二日付「注文」の紙背の文書が問題になる。つまり、二通の文書のうち、「浄清所解」の方が尾欠の状態になっているのである。これは、「注文」作成時に、貼り継がれた状態にあった反故文書を適当な長さに切断したためであるが、これを案文と見なすと、造東大寺司写経所では、正文一通ごとに反故文書を切断して案文を作り、それをまた先の案文の左側に貼り継いでいたことになる。しかし、これは手間のかかる作業である。むしろ、浄清所の一連の文書が紫微中台からの払い下げであるならば、恐らく各文書は完形のまま貼り継がれた状態にあったのだろうから、写経所の方でも浄衣収納という特定内容の案文を書き継ぐ場合は、無用な切断はせずそのまま背面を利用したのではなかろうか[14]。六月二十二日付「注文」の紙背文書のあり方は、宮の側で「注文」に見合った長さに反故紙を切断した結果と見た方がよいと思う。また、前記の「写千巻経所銭并紙衣等納帳」とこのCの第二次文書の関係を念頭にするならば、浄衣の「送進注文」は「納帳」に利用されるいわば実務処理の文書であった。そのような一過性の文書のために、わざわざ案文が作られていたのかどうかも疑問といわねばならない[15]。

このように、第二次文書を造東大寺司の案文とする鬼頭氏の考えには無理があると思われる。しかし、第一次文書の宛先および浄清所の性格については異論のないところである。それ故、このCについては、第一次文書は紫微中台に宛てられたもの、第二次文書は反故になったその背面を正文に転用し、宮（紫微中台）から写経所に宛てられたものと評価できる。つまり、吉田氏の判断は妥当であったと考えるのである。

2　追加すべき文書

皇后宮職（紫微中台・坤宮官）で反故にされた文書の背面が、写経所宛の正文に再利用されていた実例として吉田孝氏が示されたのは、以上に見た三通であった。しかし、管見によれば、あと二通類似の文書が存在する。以下、それぞれについて検討を加え、当該文書に含むべき理由を述べておきたい。

D〔第一次文書〕天平勝宝三年十一月二十八日付「絞荏油雇人功食用銭等解」（続々修四十三ノ二十二裏、十二ノ一八〇）

雇人功幷食用銭一千五百卌文売荢直銭者
　絞荏一石人功食用一百十文
　　薪一駄直卌文　雇役単功三人功卌六文人別十二文
　　食米六升直卅文　塩六㧙（撮）直一文　鰯十八隻直三文
以前、被今月二日牒、謹依牒旨、令絞荏油、具録之数
如件、謹解、
　　　天平勝宝三年十一月廿八日舎人正八位下尾張連「男足」（自署）
　　　　佑従六位上行六人部連「佐婆麻呂」（自署）
　　　　　少疏高丘比良麻呂
「申令了、」（比良麻呂筆）

〔第二次文書〕七月十五日付「安宿豊前銭進送文」（二十五ノ二三〇）

進送銭事　後分
　合肆拾陸貫肆伯伍拾文
　　右、依請数、進送如件、
　（異筆）「欠四百三文」　　七月十五日安宿豊前
又綺五丈廿九巻料加仕丁一人
　（広足筆ヵ）「検主典安都宿禰　案主建部広足」

第一次文書は、首部を欠くため差出しは明らかではない。しかし、末尾に「申令了」との紫微中台少疏高丘比良麻呂の筆があるので、この文書の宛先は紫微中台であったと見られる。(16)

次に、第二次文書が正文であることは、安宿豊前の署が、紙背に切封を持つ九月十一日付「安宿豊前状」（続々修四十六ノ九、二十五ノ二三七～二三八）のものと同一である点より判断される。(17)日付には年紀が書かれていないが、『大日本古文書』はこれを「天平宝字二年ヵ」と推定する。この点を末尾の勘検（異筆）に名のある安都雄足と建部広足の経歴から検討してみると、雄足が造東大寺司主典の地位にいたのが、天平宝字二年六月から同八年正月ごろまで、(18)広足が写経所案主の地位にいるのは、雄足の主典存在中では同二年六月から九月にかけてであった。(19)つまり、両者が共に勘検に立ち会えたのは、天平宝字二年六月～九月の期間と考えられる。因みに、この二人が勘検署名する前掲Cの第二次文書も右の期間内の日付である。年紀を天平宝字二年と見る『大日本古文書』の推定は妥当といえる。

この文書の宛先が写経所であることは、右の勘検署名より明らかであるが、では差出しの方はどうであろうか。安宿豊前の地位が明らかではないので、以下これを文書内容から検討しておく。まず、「後分」として送られた銭四六貫四五〇文の性格を見ると、それは、当時写経所で行なわれていた『千手千眼経』一〇〇〇巻・『新羂索経』一〇部二八〇巻・『薬師経』一二〇巻（以下、千四百巻経と称す）の書写[20]に充当するものであったと思われる。浄衣・紙・銭・綺などの収納を記録する「千手千眼幷新羂索薬師経料銭幷衣紙等納帳[21]」の七月十五日条には「収納銭肆拾陸貫肆拾漆文油小麦小豆等直／綺伍丈以七月廿四日充付穴人百村」とあり、「進送文」に記された銭の額（欠失分は除く）と綺の長さに一致するからである。七月五日から始まる「千手千眼幷新羂索薬師経料銭幷衣紙等下充帳[22]」では、十四日までの下銭記事のほとんどに「金剛般若経料用替」とあるのに対し、これ以降は「正分」と記し、十八日には一七貫五九三文もの大量の銭が下充されている。「金剛般若経料」とは、この写経に先立つ六月二十二日ごろから書写の始まる『金剛般若経』一〇〇〇巻（以下、千巻経と称す）の書写料（銭）に相当する。つまり、七月五日から始まる千四百巻経の書写事業では、当初この千巻経料から用銭の立替が行なわれたのである。これは写経料銭の供給が遅れていたためで、七月十八日から「正分」の銭が下充されるのは、この十五日付の「進送文」によって写経所に銭四六貫余が送り届けられたからだと思われる。また、七月の「写経所食口案[23]」を見ると、この月所用の筆と墨の数量が「先経料」と「後経料」に別けて記入されている。これは、相前後して開始された二つの写経事業を区別するためのもので、「後経料」とは千四百巻経をさすが、四六貫余の銭も「後分」（傍点筆者、以下同じ）とされるのは、それが「後経料」に充当する銭であったからであろう。

このように、第二次文書は、千四百巻経料銭の送付を写経所に伝えるものと判断される。となると、その差出し側も自ずから限定されてくるわけで、結論からいうと、それは紫微中台であったと考えられる。というのは、千巻経およびこの千四百巻経に次いで九月十五日ごろから始まる『金剛般若経』一二〇〇巻（以下、千二百巻経と称す）の書写事業も、その料銭は紫微中台から供給されており[24]、また千四百巻経書写の場合も、十五日付の「進送文」に先立って七日ごろに、紫微中台から扉料として四七〇文充てられているからである。[25]このような一連の書写事業に対する銭供給のあり方からすれば、四六貫余の千四百巻経料も紫微中台からの供給とするのが穏当であろう。つまり、第二次文書の発給主体は紫微中台と考えられるのであり、それは紫微中台で反故にされた文書の背面に書かれた正文と見られるのである。

E〔第一次文書〕天平勝宝二年五月二十六日、六月二十七日、二十四日、二十一日、七月二日、三日、四日、五日、六日付「藍園進上文」（第10紙背、続修四十三裏、二十五ノ八～九、第9紙背、同上、十一ノ二八〇、第8紙背、続修四十二、三ノ四〇七、第7紙背、続々修四十六ノ六裏、三ノ四〇六、第6紙背、正集四十四、三ノ四一二、第5～2紙背、続々修四十六ノ六裏、三ノ四〇九～四一一、第1紙背、同上、十一ノ三二三）[26]

藍薗進上
蕗拾圍
蔓菁陸拾束　丁道部太麿
天平勝宝二年五月廿六日倉垣三倉
（余白あり）
（第10紙背）

進上瓜百七十一果　青瓜百卌七果　茄子一斛（僅欠）
龍葵葉六把　蘭一把　載車一両丁財部結
天平勝宝二年六月廿七日土形人足
（第9紙背）

藍薗進上
藍弐拾弐圍
天平勝宝二年六月廿四日倉垣三倉

（第８紙背）

藍薗進上
茄子伍斟
天平勝宝二年六月廿一日資人倉垣三倉
（余白あり）

（第７紙背）

藍薗進上
藍肆拾圍
載車二両一両雇車賃銭五十文
天平勝宝二年七月六日倉垣三倉

（第６紙背）

藍薗進上
藍肆拾圍
天平勝宝二年七月五日倉垣三倉

（第５紙背）

（藍薗進上）
熟瓜肆拾果
菜瓜壱伯弐拾果
龍葵拾五把
蘭弐
青大角豆拾把
天平勝宝二年七月四日倉垣三倉
（余白あり）

（第4紙背）

藍薗進上
茄子参斛弐㪷
天平勝宝二年七月三日倉垣三倉
（余白あり）

（第3紙背）

藍薗進上
藍肆拾圍
天平勝宝二年七月三日倉垣三倉
（余白あり）

（第2紙背）

藍薗進上
熟瓜捌拾丸
青瓜参伯弐拾丸
天平勝宝二年七月二日倉垣三倉
（異筆）「申了清浜」
（第1紙背）

〔第二次文書〕天平宝字四年十二月四日付「食法」（第1～5紙、十一ノ四八六l3～四八九l1、第6紙、十五ノ八五、第7紙、十一ノ四八九l2～l8、第8紙、十五ノ八四、第9～10紙、四ノ四五五）

食法
一経師并一日料　除装潢大小豆麦糯米生菜直銭
米二升　海藻一両　滑海藻二分
末滑海藻一合　与滑海藻相継　醤末醤各一合
酢五勺　塩六勺　已上六種長充　大豆一合
小豆二合　已上二種長充　布乃利一両　心太伊岐須
各二分　已上三種相継　漬菜二合
（第1紙）

生菜直銭二文　与漬菜相継　小麦五合
糯米四合　与小麦相継月中給六度已上九種随在不必充
一史生雑使膳部一日料
（第2紙）

米一升二合　海藻一両　滑海藻二分
漬菜二合　醬末醬各六勺　酢四勺
塩四勺
一校生一日料
米一升六合　海藻一両　滑海藻二分
漬菜二合　醬末醬各六勺　酢四勺

（第３紙）

塩四勺
一薪十二荷　々別直銭十三文
右法不造永例、斟准彼此、但
随物集、以為増益、
一惣料物
米六十八石五斗二升　五十九石八斗八升白　八石六斗四升黒

（第４紙）

海藻二百七十斤　滑海藻六十九斤一両
末滑海藻一石二斗三升　醬末醬各二石八斗二升八合
［五日受醬七斗七升　末醬七斗］
酢一石五斗四升二合　塩一石八斗九升六合
大豆二石四斗六升　小豆四石九斗二升
布乃利五十一斤四両　心太伊岐須各廿五斤十両

生菜直銭二貫四百六十文　小麦一石二斗三升
糯米九斗八升四合　薪三百六十荷
　右目録

（第5紙）

一米廿一石一斗六升四合　塩二石四斗七升六合六勺
醤一斗七升二合　酢二石六斗六升八合五勺　滑海藻
九斤一両　伊岐須卌一斤十二両　糯米一石一斗九升二合
大豆二石九斗二升　小豆一石七斗三升六合
木綿菜八十斤　銭一貫二百十文
薪百十四荷　在東大寺司

（第6紙）

　右、去十一月所残、同充如件、
一米卌七石四斗一升六合　卌八石七斗七升六合白 八石六斗四升黒
海藻二百七十斤　滑海藻六十斤　末滑海藻
二石二斗三升　醤二石六斗五升六合『宮』（朱筆、以下同じ）

（第7紙）

末醤二石八斗二升八合『宮』　小豆三石一斗八升四合
角俣五十一斤四両　心太伊岐須各廿五斤十両
小麦二石四斗九升四合　一石二斗六升四合借用代 一石二斗三升月料
銭四貫四百卌八文　二貫四百六十文生菜直 一貫九百八十八文薪二百卌六荷直
　右、今加所充如件、其数満目録了、

一米卌九石二斗　海藻百五十三斤十二両
滑海藻卌四斤十一両　末滑海藻一石二斗三升
醤末醤各二石四斗六升　酢一石二斗三升
塩一石四斗七升六合　大豆二石四斗六升
小豆四石九斗二升　布乃利五十一斤四両
心太伊岐須各廿五斤十両　生菜直銭二貫四百六十文
小麦一石二斗三升　糯米九斗八升四合
　右、経師装潢単二千四百六十人十二月大料
　如件、

（第８紙）

一米十石六斗八升　海藻卌八斤十二両
滑海藻廿四斤六両　醤末醤各三斗六升八合
酢三斗一升二合　塩三斗一升二合
　右、史生校生雑使膳部単七百八十人十二
　月大料如件、

（第９紙）

一米八石六斗四升　別一升六合　塩一斗八合　別二勺
海藻六十七斤八両　別二両
　右、抜出仕丁一丁、右火頭十七人、単五百卌人、十二
　月大料如件、

（第10紙）

以前物、依法充如件、但有不食者、
宜顕来月告朔、又筆墨直銭臨時充
耳、
県犬養宿禰「古万呂」(自署)　　　百済朝臣「東人」(自署)
上毛野公　　　　天平宝字四年十二月四日

第二次文書の方は、別稿で検討を加えたので復原についてはそれに譲り、ここでは、この文書の差出しをめぐって確認されたところを以下の三点にまとめておく。(27) ①文面には差出し機関名と宛先が記されていないが、第6紙から第7紙にかけて見える今回充当の食料雑物の品目および数量が、前記の「後一切経料雑物収納帳」では十二月五日に政所から供給された分とほぼ一致する（十四ノ四三五）。それ故、本文書は政所から写経所に宛てられたものであり、所属官人の二名が自署を加えていることから見て、これは正文と判断される。②差出し側の政所とは、天平宝字五年六月七日に行なわれる光明皇太后周忌斎の準備を担当する装束忌日御斎会司と同一実態の官司と考えられる。③この装束忌日御斎会司は、天平宝字四年十月初に写経所を配下に置き、周忌斎一切経書写の主導権を掌握するが、十一月になると、同じく周忌斎の準備を担当していた坤宮官を吸収併合するものと考えられる。

これよりすれば、第二次文書の差出しは坤宮官ではなかったことになる。しかし、十一月以降の装束忌日御斎会司（政所）は、③に記したように坤宮官を吸収併合するのであり、第二次文書もその後のものであるから、これを広い意味での坤宮官の文書と評価してもさしつかえはないと思う。

それでは、第一次文書は、どのようにして装束忌日御斎会司に入ったのか。この官司は、光明皇太后の崩後に設置された臨時の機関であるので、当然他所から供給されたのであろうが、その職務内容および右に見た坤宮官との経緯を念頭にするならば、それは、坤宮官から一括して譲られた反故文書の一部ではなかったかと思われる。となると、第一次文書の宛先は、坤宮官の前身である紫微中台であったことになる。そこで、この想定が妥当であるかどうかを次に検討しておきたい。

まず、第一次文書の状況を見ると、第1紙背から第6紙背までと第7紙背から第9紙背までには、日付の連続性が認められる。これは、藍薗からの「進上文」が日付順に左から右へと貼り継がれていたのを、第二次文書の作成時に、最初は六紙分を剝ぎ取り、次に三紙分を剝ぎ取りもしくは切断して前の分に継ぎ足し、最後にもう一紙剝ぎ取って第二次文書の尾部にあてた結果だと思われる。もっとも、この三回の剝ぎ取りの間に、他の文書への転用もあったかもしれないので、この一〇紙をもって、もとの貼り継ぎ状態を復原するわけにはいかないが、いずれにせよ藍薗からの「進上文」は巻き物状になっていたことは確かである。つまり、それらの宛先は、同一の機関であったわけである。

次に藍薗の性格について見ると、第7紙目の「進上文」の署名者倉垣三倉に資人という肩書がついているのが注意される。資人は、五位以上の有位者もしくは大臣・大納言の職にある者に給される従者であるから(28)、藍薗とは、こうした地位にある人物の家政機関に所属する施設と考えられる。その名の如く、この時期に苅入れを迎える藍の栽培がそこでの主務であったのであろうが、「進上文」から知られるように、瓜・茄子・蕗といった蔬菜類も並行して作られていたようである。

このような藍薗であれば、一連の「進上文」の宛先は、倉垣三倉の本主の家政機関（家司）と見るのが妥当かもしれない。そうなると、装束忌日御斎会司は、直接この某家から、あるいは他の第三者（坤宮官など）を介してこれらの文書を譲り受け、その背面を正文に転用していたことになる。しかし、公の機関が、私の家で不用になった反故文書を再利用していたとするのはやはり不審であり、管見では他にそのような例は見受けられない。それ故、「進上文」の宛先は、家外に求めた方がよいと思う。

そこで注意されるのは、前掲Cの第一次文書である。現状では、首部の一部や尾部を欠く文書が混じるが、本来は完形で浄清所から来た文書として日付順に右から左へと貼り継がれていたと見られる。これらの文書は、二十二日付で進上された漬菜（桃交水葱）と二十六日付進上の新米一斗が、二十九日付「解」に「御飯料」としてあげられる桃子漬・水葱漬、米五斗内の新米一斗にそれぞれ対応すると思われるので、いずれも七月二十六日に行なわれた大郡宮行幸の用途準備ならびに事後報告に関する文書と推定される(29)。

このCの第一次文書を藍薗からの「進上文」と比べてみると、両者間の繋がりを窺わせるものとして次の二点を指摘することができる。第一は、「進上文」の日付は天平勝宝二年（七五〇）五月二十六日から七月六日であるのに対し、Cのそれは同年七月二十二日から二十九日と接近すること、第二は、「進上文」にある蕗・蔓菁・茄子・瓜・龍葵菜が、Cの二十九日付「解」では古漬蕗・菁葅・甘漬瓜・葵葅のように漬物として記されていることである。もっとも、Cの第二次文書は天平宝字二年（七五八）六月、Eのそれは同四年十二月という具合に紙背の利用時期にひらきがあるので、両者は全く別個の内容を伝える文書であり、保管場所（つまり宛先）も異にしていたと見ることもできる。しかし、Eの第二次文書の差出しは、前記のように坤宮官（紫微中台の後身）を併合する装束忌日御斎会司であり、Cの第二次文書を出した紫微中台と密接な関係を持つ。それ故、CとEの第一次文書を全く別個のものとするよりも、保管場所を同じくしつつも何らかの事情で利用時期に差が生じたとした方が、第二次文書の状況にかなっているように思われる。従って、右記の二点は、単なる偶然とはいえず、両者間で何らかの関係を有していた結果だと考えられるのである。紫微中台の下部組織である浄清所が、食料・土器・衣類のことを掌る点よりすれば、某家の藍薗から進上された蔬菜類が、行幸用の漬物として保存処理するため、この浄清所に充てられていたと見なせるのではなかろうか。[30]

確証とまではいかないが、以上にあげた第二次文書の差出し主体およびCの第一次文書との関係より推せば、藍薗の「進上文」の宛先は紫微中台であった可能性が大きいといえるのである。

二　反故文書の正文転用の意味

皇后宮職（紫微中台・坤宮官）反故文書の背面が、写経所宛の正文に転用された実例として確認できるのは、前節で検討した五通の文書である。[31]正倉院文書全体よりすれば、それは微々たる数であるが、やはり残るべくして残った文書だろうから、これらに反故文書利用のあり方を問うのは意味のあることといわねばならない。そのためにもまず、それぞれの第一次文書と第二次文書の作成時を改めてまとめると、次のようになる。

A　天平二十一年（七四九）二月十日――天平宝字四年（七六〇）十二月二十五日
B　天平勝宝六年（七五四）十一月十二日――天平宝字四年十二月十五日
C　天平勝宝二年七月二十二日～二十六日――天平宝字二年六月二十一日～二十五日
D　天平勝宝三年十一月二十八日――天平宝字二年七月十四日
E　天平勝宝二年五月二十六日～七月六日――天平宝字四年十二月四日

第一次文書については、CとEの間に関係が見出だせる他は、これといったまとまりを持たない。しかし、第二次文書の方は、CDは天平宝字二年六月・七月、ABEは同四年十二月と時間的な繋がりがあり、また内容も、C

Dは千巻経およびそれに続く千四百巻経の一連の書写に、ABEは周忌斎一切経書写にそれぞれ関係するものであった。わずかな事例からなので即断は避けねばならないが、ともかく第二次文書の作成時期にまとまりのあることは認めねばならないだろう。

これらの第二次文書が右の二時期に作られた背景には、次のような事情があったものと思われる。すなわち、千巻経と千四百巻経の書写は、料銭供給のあり方から知られるように紫微中台の主導下で進められていること、また周忌斎一切経の書写は、まさに皇太后追悼事業の一環として行なわれていたことである。そのため、紫微中台および坤宮官（後に装束忌日御斎会司に併合）は、造東大寺司写経所の活動に深く関わり、書写事業の進展に重大な関心を払うようになる。恐らく、こうした写経所との緊密な関係が、反故文書の正文転用という特異な伝達法をとらせた一要因と見られる。

といっても、それは、紫微中台なり坤宮官が写経所を被管扱いしていたためではなかろう。A～Eの第二次文書を見ると、そのすべてが官人個人（ある場合は複数）の差出しという形をとっており、そこには官司名が記されていないからである。また、各文書の内容は、浄衣・銭・標紙・食料雑物の送付および膳部の所請といった実務処理のための局面的なものであり、写経事業の運営に関わるような全体的なものではない。つまり、それらは、官司の意志を反映するというよりも、それぞれの実務を担当する官人らの判断で出された文書といえるのである。従って、正文に反故文書を利用するのは、彼らの裁量にもとづくのであり、その反故文書は、所属官司から事務処理用に充当されていたものの一部と考えられる。

このように見ると、反故文書の正文転用は、この二つの時期の写経に限ったことではなく、また往々にして官司間でも行なわれていたのではないかと思われてくる。実際、その可能性は否定できないのであるが、ABEの場合を見ると、そこには特殊な事情があったことが知られる。前記のように、これらの文書が作成された天平宝字四年十二月は、坤宮官が装束忌日御斎会司に併合される時期であった。その関係からであろうか、坤宮官は大量の反故文書を一括して処分したらしく、ＡＢＥの第一次文書の年紀は天平二十一年（七四九）から天平勝宝六年（七五四）に及んでいるのである。これよりすれば、十二月ごろの官人の手元には、多数の反故文書が行き渡っており、それを利用する過程で正文への転用も行なわれたと見ることができるだろう。先に見た池原禾守の「牒」が、十二月になって反故文書の背面に記されるようになるのも、こうした事情によるものと思われる。ＣＤについては明確でないが、千巻経・千四百巻経、さらには千二百巻経と続く大規模な書写事業に紫微中台が関与する時期であるだけに、事務量の増大に備え多量の反故文書が官人らに充当されていたと想定することもできる。それ故、Ａ～Ｅは、多分に紫微中台・坤宮官内の特殊な事情のもとで現われた実務処理文書であったと見た方が、より状況にかなっているように思うのである。

もっとも、いかに多量の反故文書が官人の手元にあったとしても、本来それは、案文や帳簿作成などに利用するのが普通であった。しかし、それをあえて自らの裁量で正文に転用したのは、宛先となる写経所官人との間に、こうした特異な伝達法を容認しうる関係が成り立っていたからであろう。(32) 写経事業は、紫微中台・坤宮官の命を受けて造東大寺司が見積りを出すという具合に、まず官司間で計画が練られて開始されるが、その後の事業運営は、〝依頼側〟の紫微中台・坤宮官の官人と〝請負側〟の造東大寺司写経所の官人との連携のもとに進められる。そのため、両官司の官人関係は円滑であらねばならず、親密であることが望ましい。恐らく、このような事業運営上の必要事が、多量の反故文書の充当という事態を受けて、正文作成の面に投影されたのであろう。従って、Ａ～Ｅの文書は、紫微中台・坤宮官と写経所の実務系官人の関係がいかに緊密であったかを示すものとして評価すべきだと思うのである。その点で、造東大寺司と写経所間の場合とは、同じく反故文書の転用がなされていても質的に異なっていたわけである。

A～Eの持つ意味を以上のように見るならば、これより、こうした文書を生み出した天平宝字二年と同四年の二つの写経事業の特質が読み取れるのではないかと思う。つまり、紫微中台・坤宮官（装束忌日御斎会司）が、被管でない写経所に対し官人間で緊密な関係を作り上げ、写経を主導していくという体制の存在である。それは、官司秩序の枠を越えて臨機応変な対応を可能にする便宜的なものと見られるが、このような環境下で事業の遂行がはかられたのが、この二度の写経ではなかったであろうか。もとより、これについては個別的な検討が必要なので詳細は別稿(33)に譲ることにするが、A～Eは、当時の写経所の位置を知る上で重要な意味を持つ文書だと思うのである。

おわりに

本稿では、皇后宮職（紫微中台・坤宮官）の反故文書の背面が正文に使用された実例を検討し、さらにその意味について考えられるところを述べた。この他に、A～Eの文書が写経所関係文書として残った理由についても考察する必要がある。しかし、そのためには、天平宝字年間の文書群と他の時期の文書群との質的差異という問題に関わらねばならず、それは本稿のなしうるところではない。それ故、ここでは、当該文書の基礎的な考察を果たしたことでひとまず擱筆とすることにしたい。

註

（1）初出は『日本経済史大系』1（東京大学出版会、一九六五年）、その後補訂を行なって同氏の『律令国家と古代の社会』（岩波書店、一九八三年）に再収。以下、『日本経済史大系』所収の分を吉田旧稿、補訂後のものを同新稿と称す。

（2）皇后宮職が、天平勝宝元年（七四九）八月ごろに紫微中台、天平宝字二年（七五八）八月に坤宮官へと変遷する経緯と意義については、瀧川政次郎「紫微中台考」（同氏法制史論叢第4冊『律令諸制及び令外官の研究』所収、名著普及会復刻、一九八六年。初版は一九六七年、論文初出は一九五四年）を参照。

（3）吉田氏は、造東大寺司政所で反故にされた文書の背面が写経所宛正文に使用された事例として、（天平勝宝七歳）「造講堂院所解」（続々修二十四ノ七、十三ノ一五七～一五八。第二次文書は年未詳八月十二日付「造東寺司机進上文」、十五ノ三〇八～三〇九）、天平勝宝七歳三月二十七日付「造東大寺司解（案）」（続修別集四十七、四ノ五〇～五一。第二次文書は同歳七月十二日付「東大寺政所符」（「造東大寺司紙筆墨軸等充帳」内、四ノ六九）を、造石山寺所宛正文に使用された事例として天平宝字六年七月二十九日付「東大寺三綱牒」（正集五、五ノ二五九。第二次文書は同年八月二十日付「造東大寺司牒」、五ノ二七一）をあげられている（旧稿、新稿）。

（4）鬼頭清明「皇后宮職論」（奈良国立文化財研究所学報二三冊『研究論集』Ⅱ、一九七四年、所収）。以下、本文で言及する鬼頭氏の見解は、すべてこの論文による。

（5）西山良平「家牒・家符・家解――〈律令国家〉の一断面――」（『日本史研究』二一六、一九八〇年。後に、日本古文書学会編『日本古文書学論集』4〈吉川弘文館、一九八八年〉に再収）。

（6）全文をあげると次のようになる。

牒写経所
合標紙伍伯張
右随内史局進且送如件
四年十一月八日付紀主人
池原禾守

「（異筆）依員検納　主典安都宿禰　領賀茂「（自署）馬甘」上馬甘」

（7）続々修二ノ六、十四ノ四三二～四三六、続修二十裏、十四ノ四三七～四三八、続々修二ノ六、十四ノ四三八、続修二十裏、十四ノ四三八～四四〇、同二十二裏、十五ノ八五～八七、続々修二ノ六、十四ノ四四〇～四四二。この文書の復原については、山本幸男『写経所文書の基礎的研究』二七七～二八二頁（吉川弘文館、二〇〇二年）を参照。

（8）天平宝字四年十月十九日付「東大寺写経布施奉請状」（続々修四十一ノ三、四ノ四四一～四四四）、（天平宝字五年）三月四日付「奉写一切経所解案」（続々修三ノ四、十五ノ三六～三七）参照。

（9）紙数は第二次文書にもとづく。後掲E文書の場合も同じ。

（10）小杉榲邨影写「東大寺正倉院文書（絵仏師外三）」（国立国文学研究資料館史料館蔵）のマイクロフィルム紙焼写真による。なお、『大日本古文書』にも同様の指摘がある（三ノ四一二）。

（11）「写真」によると、第二次文書の第1、2、4、5紙および第4紙背には付箋が見える。これらは、続々修編成時に貼り付けられたのであろうから、その時には各紙が剥れた状態にあったものと推測される（続々修の付箋については、栄原永遠男「千手経一千巻の写経事業」〈同『奈良時代写経史研究』所収、塙書房、二〇〇三年。初出は一九八四・八五年〉に言及がある）。恐らく、これ以前に行なわれた抜き取りの際に各紙を分離した結果だと思われる。となると、現状の如く貼り継がれたのは続々修の編成時ということになり、果たしてそれが原形に復されているのかどうか検証する必要が生じてくるが、内容から見ると、現状の貼り継ぎには問題は認められず、これをもって原形（欠失部は除く）と見なしても大過はないと思う。なお、題籤を持つ往来軸は、第1紙の右側に貼り継がれた表裏空の短冊型の用紙に繋がるようだが、この「継文」は後述のように紫微中台から写経所に宛てられた「注文」からなると考えられるので、題籤とは内容的に矛盾しない。この往来軸は本「継文」のものと見てもよいと思われる。題籤に見える「宮」が紫微中台に相当することについては、鬼頭前掲註（4）論文に詳しい。

（12）吉田旧稿。

（13）吉田新稿。

(14) たとえば、天平宝字四年二月から八月にかけての写経所案文を書き継いだ「御願経奉写等雑文案」は、同二年の写経所の「雑文帳」の背面を、切断することなくそのまま利用している。詳細については、山本前掲註(7)著書二六九～二七六頁を参照されたい。
(15) この他、各「注文」左端の勘検署名も正文であることの一支証となるだろう。
(16) 天平勝宝四年十月二十二日付「奉請経論疏目録」（続々修十五ノ六、十二ノ三七九～三八四）に、同四年十一月二日付で紫微少疏として自署を加えるので、この少疏も紫微中台のものと考えられる。
(17) 「写真」による。
(18) 初出は前掲C・第二次文書、最終は「奉写梵網経幷四分律充本帳」（続々修十ノ十一、十六ノ三六〇～三六二）。
(19) たとえば、「写千巻経所食物用帳」。皆川完一「正倉院文書『写千巻経所食物用帳』について」（『東京大学史料編纂所報』8、一九七四年）によれば、この「用帳」は次のように復原される（以下、巻数と頁数のみを略記）。十三ノ二八四～二九八、未収断簡（小川広巳氏蔵）、二十五ノ二四八～二四九、十三ノ二九九～三一七、二十五ノ二三二～二三三、十三ノ四七三～四七五、四七〇～四七三、十四ノ一～一三。山本前掲註(7)著書一三～一五頁参照。
(20) 千四百巻経および以下にあげる千巻経、千二百巻経書写の概容については、山本前掲註(7)著書第一章「天平宝字二年の御願経書写」を参照。
(21) 続々修八ノ九、四ノ二七八～二八〇、未収、続修別集十六裏、十三ノ二五二～二五三。本文に示した七月十五日条は、続々修八ノ九の未収部分にある。山本前掲註(7)著書二三～三〇頁参照。
(22) 続々修八ノ七、十三ノ三六四～三七一、続修三十裏、十三ノ二六七～二六八、続々修四十三ノ六、十三ノ二六九～二八四。復原は『正倉院文書目録』二による。
(23) 天平宝字二年七月三十日付「写経所解案」（続々修三十八ノ七、十三ノ三四〇～三四六）。
(24) 天平宝字二年六月二十一日付「造東大寺司牒案」（続々修八ノ十九裏、十三ノ二四二～二四三）、「後金剛般若経経師等食米幷雑物納帳」（続修後集十九、十四ノ五五～五八、続修別集一裏、十四ノ五九～六〇）。
(25) 「千手千眼幷新羂索薬師経料銭幷衣紙等下充帳」（前掲註(22)参照）。
(26) 第9紙背の文書は首欠で署名者も他と異なるが、これも藍薗からの「進上文」と見ておきたい。また、第4紙背の文書で括弧内に示した文言は、第5紙背との貼り継ぎ部分（糊代）に隠れるものと推測される（「写真」による）。
(27)　山本前掲註(7)著書第二章「天平宝字四年～五年の一切経書写」。
(28)　養老軍防令・48帳内条。
(29)　大郡宮行幸と浄清所の関係については、山本幸男「孝謙天皇と大郡宮――聖武天皇の出家をめぐる臆説――」（続日本紀研究会編『続日本紀の時代』所収、塙書房、一九九四年）を参照。
(30)　鬼頭前掲註(4)論文。
(31)　管見の及ぶ範囲での検出による。
(32)　用紙不足という事態も考えられなくはない。しかし、「金剛般若経等料紙納帳」（続々修三十七ノ九、十三ノ三三二～三三四）や「後一切経料雑物収納帳」（前掲註(7)参照）によれば、紫微中台や坤宮官は写経料紙を供給するので、事務用の料紙（未使用）についても充分確保されていたと思われる。
(33)　山本前掲註(7)著書第一章および第二章。

〔付記〕

本稿で言及した装束忌日御斎会司の性格については、『写経所文書の基礎的研究』第二章「天平宝字四年～五年の一切経書写」（吉川弘文館、二〇〇二年）の中で考察を加えたが、その後、中村順昭「光明皇后没後の坤宮官――その写経事業をめぐって――」（同『律令官人制と地域社会』所収、吉川弘文館、二〇〇八年。初出は二〇〇三年）、稲田奈津子「奈良時代の忌日法会――光明皇太后の装束忌日御斎会司を中心に――」（同『日本古代の葬送儀礼と律令制』所収、吉川弘文館、二〇一五年。初出は二〇〇四年）が出て、問題点の整理がなされた。特に稲田氏は、山下有美氏の研究（同『正倉院文書と写経所の研究』第一章第三節「東大寺写経所」、吉川弘文館、一九九九年）をふまえ、関係史料の検証を介して、当方の解釈の問題点（装束忌日御斎会司が坤宮官を併合するという点など）を指摘して下さり大変ありがたかった。これによって、自説が相対化され再考の機会が与えられたのであるが、それを通して、なお関係史料の中に沈潜して得られた自らの解釈が成り立ちうるのではないか、との思いを抱くに至ったのは、一つの成果であった。稲田氏の学恩に深謝する。

III　下道主と上馬養

第六章　造石山寺所の帳簿
――筆蹟の観察と記帳作業の検討――

はじめに

天平宝字五年（七六二）十二月～六年八月の石山寺増改築工事（以下、造営と称す）と、同六年二月～十一月の同寺での写経事業を担当した造石山寺所の関係文書は、福山敏男氏の内容にもとづく整理分類研究、岡藤良敬氏の「写本」[1]「写真」[2]からの検証研究、東京大学史料編纂所と宮内庁正倉院事務所の原本調査などにより、ほぼ原形に復されつつある。総紙数四〇〇余りの関係文書の中心をなすのは、日ごとの料物収納や下充、発給文書の案文などを書き留める帳簿類で、その分量は全体の約六割に及んでいる[3]。これらは、石山寺での造営や写経の実態を伝える基本史料として内容の分析が進められ、多くの研究成果が蓄積されてきたが[4]、帳簿の作成過程という帳簿研究の基礎的な問題については、まだ充分な検討が加えられていない状態にある。①帳簿記事のもとになる伝票や発給文書案の収集と整理、②筆・墨・紙・軸などの帳簿用料物の入手と帳簿本体の作成、③帳簿への諸事項の記入（記帳）といった帳簿作成過程の解明は、造石山寺所の政所にあって実務に従事する官人の動向を知る上でも、重要な意味を持つ作業といえるだろう。ただ、そのためには、全体から見れば微細な日常的業務に眼を向けなければならなくなる。しかし、官司なり国家なりが、こうした業務の積み重ねによって成り立っていることを念頭にすれば、それは決して局面だけを照射する作業にはとどまらないであろう。

帳簿から汲み取った価値をいかに古代史像に反映させるかは今後の大きな課題であるが、本稿ではそれに向けてのささやかな試みを、右に示した帳簿作成過程の③の点、すなわち比較的状況を把握しやすい記帳作業の検討を通して行なうことにしたい。対象とするのは、日ごとに記事を書き継ぐ次の一四点の帳簿である[5]（年号はいずれも天平宝字）。

(A)「造石山寺所造寺料銭用帳」（五年十二月二十四日〜七年正月三十日）
(A′)「造石山寺所下銭帳」（六年四月九日〜二十日）
(B)「造寺料雑物収納帳」（五年十二月二十八日〜六年二月二十六日）
(C)「造石山寺所食物用帳」（六年正月十四日〜閏十二月二十九日）
(D)「造石山寺所解移牒符案」（六年正月十五日〜七年六月十六日）
(E)「造石山寺所雑材幷檜皮及和炭納帳」（六年正月十五日〜七月二十二日）
(E′)「造石山寺所雑材納帳」（六年正月十五日〜二十八日）
(F)「造石山寺所鉄充幷作上帳」（六年正月十六日〜八月三日）
(F′)「造石山寺所鉄用帳」（六年正月十六日〜二月二十一日）
(G)「造石山寺所雑物用帳」（六年正月二十四日〜七月二十七日）
(G′)「造石山寺所雑物用帳」（六年正月十六日〜二月二十五日）
(H)「造石山寺所雑材幷檜皮及和炭用帳」（六年三月四日〜十月一日）
(I)「米売価銭用帳」（第二枇）（六年八月十日〜九月二十四日）

(J)「造石山寺写経所食物用帳」（六年八月十二日～十二月十三日ヵ）

原形に復された各帳簿の用紙とその背面の関係および『大日本古文書（編年文書）』での掲載箇所は、後掲の「造石山寺所関係帳簿一覧表」（以下、一覧表と略記）に示しておいた。

以下では、まず帳簿の筆者を判定する作業から始め、次いでこれらの帳簿作成者の動向に留意しながら、右の一四点の帳簿がどのような状況の中で記帳が進められて行くのかを検討することにしたい。

一　帳簿の筆者

1　書式と位置

料物の収納・下充記事を書き継ぐ造石山寺所の帳簿（(D)「解移牒符案」[6]を除く一三点）は、(C)「食物用帳」を例に示すと次のような書式をとる（五ノ六～七）[7]。

（正月）
十七日下米伍斛捌合（白二斗 黒三斗八合）　乗米料留三升四勺
　右常食料下用如件
　　　主典安都宿禰　　領下道主
十八日下米柒斛弐升陸合（白一斗 黒六斗二升六合）　乗米分折留四升三合
　右常食料下如件
　又下米弐斛肆升（黒）
　右仕丁土師嶋足正当月半食残米料（日別八合）

主典安都宿禰　　領下道主
（合点は省略した）

十七日条は、日付の下に本帳の主文である下米・乗米記事を掲げ、次行以降にその用途を示す「右」で始まる記事（以下、「右」記事と称す）、主典と領の位置が続く（改行の場合は、主文／「右」記事／位置のように記す）。主文を追加する場合は、十八日条のように「又」を冠して記し（以下、「又」主文と称す）、「右」記事／位置と書き継ぐ。最初の主文／「右」記事に位置を加え、「又」主文を書く例もある。各帳簿を通覧すると、主文と「右」記事を同一行に記すもの（以下、主文＋「右」記事のように記す）、「又」主文を何度も繰り返すもの、「右」記事や位置を省略するものなどが散見するが、その例数はさほど多くなく、いずれも主文／「右」記事／位置、主文／「右」記事／（位置）／「又」主文／「右」記事／位置を基本形とする展開ととらえることができる。

位置には、右の例のように必ずといってよいほど「主典安都宿禰」（以下、主典位置と称す）と記されているが、その下に「雄足」と自署を加えるのはごくわずかである。これに対し領（案主）の場合は姓名を書く例が多く（以下、領位置と称す）[8]、彼らが帳簿の作成者であったことを示している。しかし、すべての記事が位置部分に見える領、具体的には右の下道主と四月以降に登場する上馬養（後述）によって書かれていたのではなく、たとえば、(A)「造寺料銭用帳」の二月十六日、三月八日、九日各条の位置に下道主が朱で、「道主」とのみ自署を加えたり、(E)「雑材幷檜皮及和炭納帳」の三月十六日、十七日などの条で道主の自署を欠く例があるように[9]、第三の筆者が存在していたことを伝えている。つまり、帳簿各条の筆者を簡単に位置に姓名を記す領とは見なせないわけで、主文・「右」記事の筆者が領であるかどうかの判定が必要になってくる。そこで以下では、正月十四日から八月二十三日にかけて日ごとの記事を書き継ぐ(C)「食物用帳」[10]を例にとり、「写真」より各条の筆蹟を観察し、その筆者の検討を試みることにしたい。これを通して第三の筆者とは誰なのか、他に第四、第五の筆者がいるのかどうかという問題も明らかになるはずである。

2　筆蹟の観察（正月十四日〜三月六日）[11]

筆蹟の判定は、観察者の感覚に負うところが大きく主観的になりがちである。また、多くの言葉を弄しても字形を直接示さなければ、それが誰の筆蹟であるかを読み手に伝えるのは難しい。それ故に、以下では、筆蹟の判定に客観的要素と具体性を加味するために、(C)「食物用帳」に頻出する文字の中から比較的字形の特徴をとらえやすいものをいくつか選び、それぞれの字形を「写真」から敷き写して各条ごとに主文・「右」記事・位署別に提示し、筆者と推定される人物の書状等[12]が残る場合は、それらのものとの比較を通して各条の筆者を判断していくことにしたい[13]。対象となる文字は、主文では「米」「黒（米）」「白（米）」「乗（米）」「塩」「海（藻）」「醤」「（醤・酢）滓」、「右」記事では「右」「料」「如（件）」、主典位署では「（安）都宿（禰）」で、領位署の場合は全体を示すことにする。なお、主文・「右」記事において、これらの文字が少数しか認められない場合は適宜他の文字で補うことにし、同一の文字が複数ある場合は、字形が相互に異なるものに限りもう一点加えて掲出しておく。

まず正月十四日から三月六日までの各条の筆蹟を示すと**図1**(1)のようになる。二月八日条「又」主文と十一日条主文の領位署には上馬養の姓「上」が見えているが、すべての領位署に「下道主」と記されているので、当該各条の筆者はこの下道主ということになりそうである。それが妥当かどうかを見るために、**図2**に示した道主の書状等の筆蹟と比較しておくことにする。書状等には、「黒」「乗」「塩」「滓」「都宿」が認められないので、残る一〇の文字がその対象となる。**図2**には、観察者の眼を通して「下道主」を除く各文字の字形をいくつかに分類し、それぞれに記号（アルファベットの大文字）を付しておいた。図1(1)にも同様の記号を持つ文字がある（丸囲いおよび括弧付きの記号については後述）が、これは図2との比較の結果、書状等の字形に類似すると見なしたものに相当する。[14]主文の「米」と「右」記事の「如」に関しては、字形を二点提示した箇所があるが、そのうちの一つが書状等の字形、つまり道主の筆蹟に類似する場合は、他の一点もこれに准じ比較の基準としたものがある。たとえば、正月十七日条と十八日条、二十五日条各主文の「米」の例で見ると、いずれも片方がA型の字形であるので、他方をそれぞれA_1・A_2・A_3型とし、他の条で類似の字形があれば同様の記号（A_1・A_2・A_3）を付していくという具合にである。これは、「写真」を見る限り各主文・「右」記事とも一筆のようであり、同一人による筆蹟の変化と見なせるからである。

図1(1)に示した比較の結果をもとに、主文の筆者を検討してみよう。まず、書状等の筆蹟に類似する字形が認められるのは、七四ある主文のうちで五六に及ぶ。類似の字形は、多くの場合一、二点であるが、「写真」によればこれら各主文は一筆であるため、いずれも下道主の筆と判断される。[15]図中には、書状等の筆蹟の場合と同じ要領で、他の文字（「黒」「乗」「塩」「海」）についても字形をいくつかに分類し、丸囲いの記号を付しておいた（後述の「右」記事の場合も同じ）。残りの一八の主文については、「黒」「乗」「塩」「海」の文字を道主の筆と認められるものと比較すると、正月十六日条「又」主文の「塩」は同月二十八日条主文の「塩」に、同月十八日条「又」主文の「黒」は同月二十六日条「又」主文の「黒」にというように、相互に類似する字形のあることが知られる。図1(1)には、それぞれの当該字形のある条の日付を記しておいたが、[16]二月二十六日条第一「又」主文にはこうした類似のものは認められない。しかし、ここに見える「酢」の文字を他日条のものと比べると（図1(2)参照）、字形には大きな相違はなく筆遣いも似るので、これも道主の筆と判断できそうである。

主文がいずれも下道主によって書かれていたとなると、それに続く「右」記事も同筆ということになるだろう。これも**図1**(1)に示した比較の結果をもとに見ると、七〇ある「右」記事のうち六七のものに書状等の筆蹟に類似する字形が存在する。残る三記事についても、正月十九日条の場合は「料」が同月十八日条主文のものに、その他はそれぞれに見える「米」「食」「作」を他日条のものと比べると（**図1**(2)参照）、いずれも字形が類似しており同筆と判断される。

領位署の場合は、「下道主」の字形が一定しないものの、姓の「下」から名の「道主」に至る筆の運びはいずれも一連のようであり、書状等の自署（**図2**参照）と比べても違和感はない。それ故、これらは道主の自署と見なしてよいだろう。正月十五日条の「案」、同月十六日～二十日条、二月八日～十一日条の「領」も字形および運筆が書状等のものに類似するので、領位署はすべて道主の筆と判断される。[17] 主典位署については判定の基準を欠くが、この部分だけ別筆とは考え難く、また「都」の筆運び、とりわけ「阝」の崩しのほとんどが「ア」のような状態になっていて、いずれも同筆と思われるので、これも道主の筆と見なしておきたい（位署の場合は、「都宿」の「都」に括弧付きの分類記号を図中に表記した）。

このように**図1**(1)(2)に示した正月十四日～三月六日にかけての各条の筆蹟は、下道主のものと判断される。以下、**図1**(1)と**図2**を道主の筆の判定基準とし、叙述の都合上、道主の筆を甲筆と称する。[18]

3　筆蹟の観察（三月七日～四月四日）

三月七日条は、**図1**(3)に示したように主文と四つの「又」主文からなり、それぞれに「右」記事と位署が加わる形式をとる。このうち、主文と第一・第四「又」主文およびそれらの「右」記事と主典位署は字形の類似より、領位置の「下道主」は**図1**(1)と同様の筆遣いを持つので、いずれも甲筆と判断される。これに対して、第二「又」主文の領位置には「下」とのみあるだけで、第三「又」主文のそれには「下」の下に朱で「道主」と書かれており[19]、各主文・「右」記事・主典位置の筆蹟も前後のものとは異なっている（**図1**(3)参照）。領位置に「下」もしくは「領下」とあって名を記さない例は、四月二日条「又」主文、五月二日条第二「又」主文、十六日条第三「又」主文でも認められる。「領下上」とのみある七月一日条と二日条の場合も同様に見てよいだろう。**図1**(4)は、これら各条の「米」以下の文字を掲出したものであるが、その字形は**図1**(1)とは異なっており、いずれも下道主以外の人物の筆であることを示している。それらの主文・「右」記事・位置の字形には相互に類似するものがあり、甲筆とは異筆とした三月七日条第二・第三「又」主文及びそれぞれの「右」記事・位置の文字の中にも、同様の字形（「米」「右」「料」「都宿」）が認められる（**図1**(3)(4)参照）。領位置に下道主が朱で名を加えたり、自署を欠く主文・「右」記事の筆は同一のようである。となると、その筆者が問題になってくるが、これについては、**図1**(5)に示した七月二十九日から八月六日にかけての各条が手懸りを与えてくれる。

この当該各条の領位置にも「領下」とのみあって道主の名が記されていないが、注意すべきは、その下にいずれも「注阿刀乙万呂」と書き込まれていることである。それは、筆の運びからして一筆で、**図3**に示した書状のものと比べても違和感はない。その阿刀乙万呂が、わざわざ「注」を冠して自署を加えたのは、下道主に代わって主文・「右」記事・位置を書いたことを注記する必要があったからであろう。乙万呂の書状は一通しか認められず[20]、比較の対象となる文字もわずかしかないが、この注記に信を置いて、七月二十九日から八月六日までの各条は乙万呂によって書かれたものと見なしておきたい。以下、**図1**(5)と**図3**を乙万呂の筆の判定基準とし、乙万呂の筆を乙筆と称する。

図1(5)と図3には、甲筆の場合と同じ要領で「米」以下の文字の字形をいくつかに分類し、それぞれに記号（片仮名のイロハ）を付しておいたが、この乙筆に類似する字形が図1(3)(4)にも存在する（イロハを付したもの）。対象となる文字がない三月七日条第三「又」主文の場合も、「肆」「壱」で比べるといずれも字形が似ることが知られる（図1(6)参照）。主典位署の記号を持たないものでも、「都」の「阝」の崩しが「や」となっている点、「宿」の「宀」がほとんど崩されずやや左下がりに長く書かれている点など乙筆に通じる筆遣いが認められ、領位署の「領」の場合も「令」や「頁」の崩し方が図1(5)のものに類似する。残る領位署の「下」も、ここだけ異筆とは考え難いので、主典・領位署とも乙万呂の筆と判定しておきたい[21]。

阿刀乙万呂の姓名が記されているのは、図1(5)に示した各条だけであるが[22]、右のように図1(3)(4)にも乙筆が確認されるので、乙万呂は三月から記帳にかかわっていたこと、また自らの姓名を記さずに記帳を行なう場合もあったことが知られる。

この乙筆は、次に示す図1(7)の三月八日から四月四日にかけての各条の中にも散見する。図中に示した記号をもとに主文の筆者を検討すると、五六ある主文の中で四八のものに甲筆と見られる字形が存在する。残る八主文のうち、三月二十四日条第一「又」主文の場合は、「酢」の字形を他日条のもの（甲筆）と比べると相互に類似することが知られる（図1(8)参照）。これに対し、三月十二日条主文、二十三日条「又」主文、二十六日条主文・第一「又」主文、四月二日条「又」主文には乙筆と見られる字形があり（四月二日条「又」主文は図1(4)参照。以下同じ）、三月十五日条第一「又」主文でも「肆」「斛」で比べると乙筆と判断してもよい字形が認められる（図1(8)参照）が、二十二日条主文では乙筆に次いで甲筆の字形が現われている[23]。

「右」記事については、五五あるうちの四九の記事に甲筆に類似する字形が存在する。そのうち四八のものは甲筆の主文に対応しているが、三月十五日条第一「又」主文の場合は異なり、主文は阿刀乙万呂が、「右」記事は下道主が書き上げるという体裁をとっている。しかし、両者の筆が同一条の主文と「右」記事を書き分けるのはここだけで、先に乙筆と見なした五つの主文（三月十五日条第一「又」主文は除く）と、甲・乙両筆が交る三月二十二日条主文の「右」記事は、乙筆によって書かれている（**図1**(7)参照）。

五二の領位署には、四月二日条「又」主文の例を除けば、「下道主」あるいは「領下道主」「下道」[24]と記されている。しかし、主文・「右」記事とも乙筆とした三月十二日条主文、二十三日条「又」主文、二十六日条第一「又」主文、四月二日条「又」主文、それに甲・乙両筆が交る三月二十二日条主文の場合は、主典位署と領位署の「領」も乙筆と見られ[25]、それに続く「下道主」も**図1**(1)と比べると一筆とするにはやや不自然であるので、道主の筆は名の「道主」「道」のみ（四月二日条「又」主文には名はなし。**図1**(4)参照）、姓の「下」は乙筆と見た方がよいように思われる。三月二十六日条主文の場合は、主文・「右」記事とも乙筆であるが、主典位署は前記のような甲筆の筆遣いを持つので、領位署とともに下道主の筆と判断される。主文・「右」記事が甲筆のものに対する残る四七の主典位署と四六の領位署も、**図1**(1)との相互比較より甲筆と見なすことができる。

このように、三月八日から四月四日にかけての各条では、領位署に下道主の姓名が記されていても、主文・「右」記事・主典位署と領位署の一部が乙筆で、甲筆は名のみの場合や、主文・「右」記事もしくは主文が乙筆の場合があることが知られる。その例は多くないが、記帳実務の実態を見る上で留意すべき点といわねばならない[26]。

4　筆蹟の観察（四月五日〜六月四日）

四月五日から二十日にかけての各条になると、**図1**(9)に示したように、領位署には下道主に代わって上馬養が登場し、全体の筆蹟も甲筆・乙筆とは異なるものが現われてくる。その筆者は上馬養のようだが、それが妥当かどうか**図4**に示した馬養の書状等の筆蹟と比べておくことにする。この図には、甲筆・乙筆の場合と同じく各文字の字形をいくつかに分類し記号（アルファベットの小文字）を付しておいた。**図1**(9)でもこれと類似する字形には同一の記号を付したが、それによると、三五ある主文の中で二一のものに馬養の筆蹟と見られる字形が存在する。図中には、甲筆の場合と同様に、他の文字についても丸囲いの分類記号を付しておいた（後述の「右」記事の場合も同じ）。これらの主文を残りのものと相互に比較すると、四月五日条第二「又」主文をはじめとする一一の主文にも類似の字形が認められる（日付のあるもの）。四月十五日条「又」主文の場合も「肆」の字形で比べると筆遣いが類似し（**図1**(10)参照）、右の三二の主文とともに馬養の筆と判断される。しかし、五日条第一「又」主文の場合は「米」「黒」「塩」の字形より下道主（甲筆）が、六日条第一「又」主文は「塩」の字形より阿刀乙万呂（乙筆）がそれぞれの筆者と見られる。

「右」記事では、四月六日条第一「又」主文のものを除けば、すべてにわたって馬養の筆蹟と認められる字形が存在する。例外とした六日条の「右」記事については決め手を欠くが、「如」の筆遣いと主文の筆蹟より乙筆と推定しておきたい[27]。

位署については、四月七日条以降から見ると、主典位署の「都宿」の字形は比較的安定しており、「都」の「阝」がやや丸味を持って「や」と書かれている点、「宿」の「宀」が崩されることなく「佰」との均衡を保って書かれている点が共通する筆遣いで、いずれも同一人にかかる筆蹟と思われる。領位署の「領」については、一八あるうちの一二に馬養の筆蹟に類似する字形が認められるが、残りのものについても相互に比較すると同筆と見なしてもよい筆勢を持っている。従って、その下に続く「上馬養」も、**図4**のものと比較しても違和感はないので、いずれも馬養の自署と判断される。「右」記事と領位署が馬養の筆となると、その間に挟まる主典位署も同筆と見ることができる（位署の場合は、「都宿」の「都」に括弧付きの分類記号を**図1**(9)に表記した）。

　これに対し、四月五日条と六日条の位署は複雑である。五日条第三「又」主文と六日条主文の場合は、主典・領位署とも七日条以降のものと比較しても馬養の筆であることに疑いはないが、先に乙筆とした六日条第一「又」主文・「右」記事の主典位署は、その筆遣いからして乙筆、領位署の「領上」も乙筆で、馬養の筆は名の「馬養」のみと思われる。**図1**(9)の当該部分を見ると、領位署の乙筆は「領下」と書いたあと「下」を「上」に訂正していることがわかる。同様のことは、五日条第一「又」主文の領位署にも窺えるが、こちらの方は主典位署とも馬養の筆と判断される。阿刀乙万呂（乙筆）と上馬養が領位署に最初「下」と書き込んだのは、これまでの記帳責任者が下道主であったからで、道主に代わって記帳を担当することになった馬養の立場が、実務の引き継ぎ途中のため、まだ定まっていなかったのであろう。馬養一人に記帳が委ねられるのは、七日になってからと思われる[28]。以下、**図1**(9)と**図4**を馬養の筆の判定基準とし、馬養の筆を丙筆と称する[29]。

　四月二十一日から二十四日にかけての各条の領位署には、上馬養と下道主の姓名が並記されている（馬養は一部姓のみ）。しかし**図1**(11)に示したように、主文では一〇あるうちの九に、「右」記事と主典位署ではすべてのものに甲筆に類似する字形が認められる。領位署の「領」も筆遣いから甲筆と判断されるので、その下に書かれている「下道主」も自署と見てよいだろう。「上馬養」の場合は、**図4**や**図1**(9)の自署と比べると一筆とするにはやや不自然で、四月二十一日条第三「又」主文と二十二日条主文の領位署では「上」とだけ記されている点からすると、「馬養」だけが自署のようであり、「上」は甲筆と推定される。四月二十一日条主文は、「壱」の字形の相互比較より丙筆と判断される（**図1**(10)参照）ので、上馬養は、この主文を書いたあとで記帳を下道主に譲り、二十四日まで実務にかかわった関係で領位署に名のみを記したのであろう。

四月二十五日から六月四日にかけての各条になると、領位署には下道主の姓名（一部は姓のみ。図1⑷参照）だけが記されているが、筆蹟を追って行くと、ここでも阿刀乙万呂の筆（乙筆）が散見する。図1⑿より、乙筆に類似する字形が認められる主文をあげると、四月二十六日条第一・第二「又」主文、二十九日条「又」主文、五月二日条第二「又」主文（図1⑷参照）、四日条第二「又」主文、十六日条第三「又」主文（図1⑷参照）、六月三日条主文の七点になる。これらの「右」記事にも同様の字形が存在し、それに続く主典位署にも乙筆と見なしてもよい筆遣いが認められる[30]。領位署の「領」も乙筆と見られることからすると、これまでの例より推して、下道主の筆は「道主」のみで「下」は乙筆と判断される。残る五五の主文には、いずれも甲筆に類似する字形が存在し、これに対応する「右」記事にも、五月十日条第二「又」主文のものを除けば、すべての記事に同様の字形が認められるので、いずれも甲筆と見なすことができる。例外とした五月十日条の分は乙筆のようで（図1⑿参照）、それに続く主典位署と領位署の「領下」も右の七点と同じく乙筆で、甲筆は「道主」のみと思われる。主文・「右」記事とも甲筆のものに対する残る四二の主典・領位署は、図1⑴の筆蹟と比較しても甲筆にかかることは明らかであろう[31]。

5　筆蹟の観察（六月五日〜閏十二月二十九日）

六月五日から十九日にかけての各条の領位署には、再び上馬養の姓名が現われる。図1⒀によると、二六ある主文のすべてに丙筆に類似する字形が認められ、「右」記事も二五のものに同様の字形が存在し、残る六月十五日条「又」主文も、「食」を相互に比較すると丙筆と見なしてもよい字形を持つことが知られる（図1⒁）。主典・領位署の場合も、先の図1⑼（四月七日条以降）と比べても筆遣いに相違はないので、六月五日から十九日にかけての各条は、上馬養一人によって書き上げられていたものと判断される。

六月二十日から三十日条にかけての領位署の一部には、下道主と上馬養の姓名が並記されている（一部は姓のみ）。図1⑮より冒頭の二日分を見ると、二十日条の二つの主文と「右」記事には丙筆に類似する字形があり、主典位署と領位署の「領」の筆遣いも丙筆と見られるので、この条の筆者は馬養、道主の筆は領位署の「道主」のみと思われる。二十一日条では、主文と「右」記事は「黒」「右」などの字形より丙筆と判断されるが、主典・領位署はその筆遣いより甲筆のようである。残る二つの「又」主文とそれらの「右」記事、主典・領位署も、字形の類似より甲筆と見られる。二十二日から三十日までの各条では、主文・「右」記事ともに甲筆に類似する字形が認められ、それに対する主典・領位署も、図1⑴との比較より甲筆と判断される。六月五日から記帳を担当した上馬養は、二十一日条の主文・「右」記事を書いたあと下道主に記帳を譲り、その後もしばらく実務に関与していたようである。

七月一日条と二日条は前記のように乙筆（図1⑷参照）。図1⑷と次の図1⒃からすれば、上馬養は二日をもって実務から離れたものと思われる。

七月三日から二十八日にかけての各条になると、領位署には下道主の姓名のみが記されているが、ここでも先の三月八日〜四月四日、四月二十五日〜六月四日の間と同じく、乙筆にかかる記述がいくつか認められる。図1⒃より、乙筆に類似する字形を持つ主文をあげると、七月三日条「又」主文、四日条主文、六日条第二・第三「又」主文、七日条の主文と第一・第二「又」主文、九日条第二「又」主文、十日条主文・「又」主文、十二日条第二「又」主文、十五日条の主文と六つの「又」主文、二十二日条第二「又」主文、二十三日条主文・第一「又」主文、二十八日条の主文と三つの「又」主文の二五点になる。これらの主文に対する二四の「右」記事は、二十八日条主文のものは「食」の字形の相互比較より（図1⒁参照）、他の二二記事は図中に示した「右」以下の字形の類似より乙筆と判断されるが、二十八日条第一「又」主文の場合は「如」の字形より甲筆と見られる。主典・領位署は、十五日条第三「又」主文と右の二十八日条第一「又」主文の場合は甲筆のようだが[32]、他のものは、その筆遣いより主典位署と領位署の「領」は乙筆と判断されるので、「領」を冠しないものも含めて「下」は乙筆、「道主」のみが甲筆と思われる。

残る五一の主文とそれに対応する「右」記事の筆者は、五日条「又」主文の「右」記事の場合は「食」の字形の相互比較より(**図1**⒁参照)、他の場合は類似する字形の存在より甲筆と判断される。また、これらの主典・領位署も、字形の類似より甲筆と見なしても問題はないだろう。

七月二十九日から八月六日にかけての各条は前記のように乙筆(**図1**⑸参照)。

八月七日から二十三日にかけての各条では、領位署の一部に下道主と上馬養の姓名(一部は姓のみ)が並記されているが、主文と「右」記事は甲筆と乙筆によって書かれている。**図1**⒄より、乙筆に類似する字形を持つ主文をあげると、八月八日条第二「又」主文、九日条第二「又」主文、十日条主文、十一日条の主文と二つの「又」主文の六点で、これらに対応する「右」記事にも同様の字形が認められる。四つある主典位署と領位署の「領」も乙筆と見られ[33]、甲筆は「道主」、丙筆は「馬養」のみで、姓の「下」「上」は乙筆と思われる。甲・乙・丙の三筆が同日条に現われるのは、(C)「食物用帳」ではこの八月十一日条だけである。残る九主文と、それに対する「右」記事と主典位署および領位署の「領」には、甲筆に類似する字形があり、「下道主」も**図1**⑴との相互比較より甲筆と判断されるので、「上馬養」の場合は「馬養」のみが丙筆で、「上」は甲筆と思われる[34]。

最後の閏十二月二十九日条は、その字形と筆遣いより甲筆と見てよいだろう(**図1**⒄参照)。下道主によって書き出された(C)「食物用帳」は、途中で阿刀乙万呂や上馬養に記帳が委ねられることがあったが、最終的には道主に

よって閉じられたようである。(35)

6　観察結果の整理

以上、(C)「食物用帳」を例にとり各条の筆蹟を観察してきたが、それより得られる知見をまとめると次の五点になる。

㈠「食物用帳」の筆者には、領位署に姓名を記す下道主（甲筆）と上馬養（丙筆）の他に阿刀乙万呂（乙筆）がいた。記帳を担当したのは、この三人である。

㈡阿刀乙万呂は、七月二十九日～八月六日の各条の位署部分の下に「注阿刀乙万呂」と姓名を記すだけであるが、その筆（乙筆）は、三月八日～四月四日、四月二十五日～六月四日、七月一日～八月十一日の各期間にも認められる。

㈢「食物用帳」の記帳責任者は、領位署にその姓名が最も多く登場する下道主と見られるが、領位署に「下道主」とあっても必ずしも道主が当該条を記していたわけではなく、乙万呂が記帳の一部を担当することがあった（ただし、㈡にあげた期間内）。その場合、道主は領位署に名のみを記すのが通例であった。

㈣上馬養は、四月七日～二十日と六月五日～十九日の各期間に記帳を一人で担当していた。四月二十一日～二十四日および六月二十日～七月二日の間の領位署に姓のみが記されたり、名を自署するのは、記帳を下道主に譲ってからも実務に従事していたためであろう。

㈤八月十日条までは、同日条で甲筆と乙筆、甲筆と丙筆、丙筆と乙筆の組み合わせがあっても、三筆のそれは認められないが、同月十一日条では、乙筆が記帳主体となり、甲筆と丙筆が名を自署するという三筆の重なりが現われる。

雑物の収納あるいは下充を書き継ぐ帳簿は、この他に一二点存在する。それらの帳簿の筆者も、(C)「食物用帳」の場合と同様の手法を用いて検討を試みたが、ここでは煩を避けて、その結果だけを(C)の例も含めて**表1**に整理しておく。この表には、造石山寺所発給の解移牒符の案文を書き留めた(D)「解移牒符案」もあげておいた[36]。

これをもとに、(C)「食物用帳」の筆者と、(C)とほぼ並行して作成された他の帳簿(I)「米売価銭用帳」・(J)「写経所食物用帳」は除く）の筆者を比較すると、先に(五)としてあげた点は、八月に入ると対象となる帳簿の点数が減少するのでここでは除くとして[37]、(一)の点、すなわち記帳を行なったのは下道主・阿刀乙万呂・上馬養の三人であること、(三)の下道主の記帳の一部を阿刀乙万呂が担当していたという点は、他の帳簿においても確認することができる。しかし、(二)の乙万呂の記帳は、(A)「造寺料銭用帳」・(E)「雑材幷檜皮及和炭納帳」・(F)「鉄充幷作上帳」・(G)「雑物用帳」では(C)よりも早く正月中旬から二月上旬にかけて始まっており、(四)の上馬養による単独の記帳も(A)の場合は四月に認められないという相違点が見出だされる。これよりすれば、各帳簿は必ずしも足並みを揃えて作られていなかったことになるが、次節では各帳簿の作成状況を検討し、こうした記帳担当者の動向の持つ意味を考えることにしたい。

図1　(C)「食物用帳」の筆蹟　(1)正月十四日～三月六日

（「右」記事・位置の空欄は、それぞれの項が存在しないことを示す。以下も同じ）

	天平宝字六年	正月十四日	十五日	十六日	又	十七日	十八日	又	十九日	二十日	二十一日
主文	米	A1 米	A1 米 B1 米	A1 米 B1 米		A1 米 A 米	A2 米 A 米	米	A 米	A1 米 B1 米	A1 米 A 米
主文	黒	Ⓐ 黒	Ⓑ 黒	Ⓐ 黒		Ⓐ 黒	Ⓑ 黒	黒 正26又	黒	黒	Ⓐ 黒
主文	白	白	白	白		D 白	白		白	C 白	白
主文	乗・塩・醤・海・滓		Ⓒ 乗	Ⓒ 乗	塩 正28 海 2.10	Ⓒ 乗	Ⓒ 乗		Ⓒ 乗	Ⓒ 乗	Ⓒ 乗
「右」記事	右			右	K 右	K 右	K 右	右	右	J 右	K 右
「右」記事	料			M 料		料	料	料	料 正18主	料	料
「右」記事	如			P 如	P 如	P 如	P 如		如	P1 如	P 如
位署	都宿		(A) 都宿		(B) 都宿	(A) 都宿		(B) 都宿	(B) 都宿	(B) 都宿	(B) 都宿
位署	（領位署）		S [illegible]下道主		T 領下道主	T 領下道主		T 領下道主	T 領下道主	T 領下道主	下道主

二月二日	三十日	二十九日	二十八日	又	二十七日	又	二十六日	二十五日	又	二十四日	二十二日
A1 米 A 米	B 米 B1 米	A4 米 A 米	A1 米米		米	B 米	A 米	A3 米 A 米	A 米		A1 米 A 米
Ⓐ 黒	Ⓑ 黒	Ⓐ 黒	Ⓑ 黒		黒 正16	Ⓑ 黒	Ⓑ 黒	黒	黒		Ⓑ 黒
白	C 白	白	白		白	D 白		C 白	白		C 白
Ⓒ 末 Ⓔ 塩	Ⓒ 末	Ⓒ 末	Ⓒ 末 Ⓓ 塩	塩 2.7 塩			滓 H 醤	Ⓒ 末	Ⓒ 末	塩 2.7	Ⓒ 末
J 右	I 右	K 右	右	K 右	J 右	K 右	右	右		K 右	K 右
料	料	料	料		料	N 料		料			料
P 如	P1 如	P 如	Q 如		P 如	P 如	P 如	P 如		P1 如	P 如
(B) [illegible]	(C) [illegible]	(B) [illegible]		(C) [illegible]			(B) [illegible]	(C) [illegible]		(A) [illegible]	(A) [illegible]
下道主	下道主	下道主		下道主			下道主	下道主		下道主	下道主

三日	1又	2又	四日	又	六日	七日	又	八日	又	十日	又
A1 米	A5 米	米	A6 米 B1 米	米 米	A5 米	A6 米	米	A5 米 A 米		米	A 米
Ⓑ 里	Ⓑ 里	里	Ⓑ 里	里 2.4主	里	Ⓑ 里	里	Ⓐ 里		Ⓑ 里	Ⓑ 里
		白		白	E 白		C 白	白			白
Ⓕ 塩		糸 正20		糸 2.17 塩	Ⓒ 糸 Ⓕ 塩		Ⓒ 糸 Ⓕ 塩	Ⓒ 糸	[illegible] H 醤	Ⓖ [illegible] H 醤	Ⓒ 糸
K 右	J 右	K 右	K 右	J 右	J 右	J 右	I 右	I 右	右	K 右	L 右
		料		料	O 料			料			料
	如	P1 如	P 如	如	如	如	P1 如	P1 如	Q 如	如	如
	(B) [illegible]	(A) [illegible]	(B) [illegible]	(B) [illegible]	(B) [illegible]				(A) [illegible]		
	下道主	下道主	下道主	下道主	下道主				T [illegible] 下道主		

十一日	1又	2又	十二日	十三日	十五日	十六日	十七日	十八日	又	十九日	二十一日
B 米	A6 米 A 米		A5 米 米	A6 米 A 米	B2 米 B1 米	B2 米	B2 米	A 米		A6 米 A 米	
Ⓐ 黒	Ⓑ 黒		黒	黒	Ⓐ 黒	Ⓑ 黒	黒	Ⓑ 黒		Ⓐ 黒	
	白		D 白	C 白	C 白		E 白			白	
	Ⓒ 末 Ⓔ 塩	塩 2.7	Ⓒ 末 Ⓓ 塩	Ⓒ 末	Ⓒ 末 Ⓔ 塩		Ⓒ 末 Ⓓ 塩		塩 2.7 醤	Ⓒ 末 F 海	海 3.6
J 石	K 石	K 石	K 石	J 石	J 石	J 石	石	石		K 石	J 石
	M 料		O 料	料	料		M 料			O 料	
P1 如	P 如	如	如		P1 如		P 如	如			P1 如
(B) 知宿	(C) 知宿	(A) 知宿	(A) 知宿	(C) 知宿	(B) 知宿		(A) 知宿	(B) 知宿	(B) 知宿	(C) 知宿	(C) 知宿
T [illegible]上 下道主	T [illegible] 下道主	下道主	下道主	下道主	下道主		下道主	下道主	下道主	下道主	下道主

二十九日	又	二十八日	3又	2又	1又	二十六日	二十四日	二十三日	二十二日	二十三日	又
B 米	米 米	B_2 米		A 米		A_6 米 B_1 米	A 米 B_1 米	A 米	A 米	米	A_6 米 A 米
里	里 2. 28主	Ⓑ 里		Ⓑ 里		Ⓐ 里	Ⓐ 里	Ⓐ 里	Ⓐ 里	里 正26主	Ⓐ 里
白	白					C 白	D 白	C 白			白
赤 Ⓖ 海	赤 2. 26 塩	Ⓓ 塩	海 2. 29		津	Ⓒ 赤 塩	Ⓒ 赤 塩	Ⓒ 赤 F 海			Ⓒ 赤 海
J 右	I 右	I 右	J 右	J 右	K 右	J 右	J 右	K 右	J 右	K 右	右
O 料	O 料			料		O 料	N 料	O 料			O 料
		Q 如								如	
(B) 和布	(A) 和布	(B) 和布	(C) 和布			(B) 和布	(C) 和布	(B) 和布	(B) 和布		(B) 和布
下道主	下道主	下道主	下道主			下道主	下道主	下道主	下道主		下道主

五日	又	三日	3又	2又	1又	二日	又	三月一日	又	三十日	又
B 米 B_1 米	A_6 米	A_1 米	B 米 B_1 米	A_5 米	A 米	A_2 米	A_5 米 A 米		米	A 米	A_5 米
	黒	Ⓑ 黒	Ⓑ 黒	Ⓑ 黒		Ⓐ 黒	Ⓑ 黒		黒 2. 18	Ⓐ 黒	Ⓑ 黒
D 白	白		C 白		E 白	白	白				C 白
Ⓒ 末 Ⓕ 塩	Ⓒ 末 塩	F 海 Ⓕ 塩	Ⓒ 末 Ⓔ 塩			海 H 醤	Ⓒ 末 海	F 海		海	
J 右	K 右	K 右	J 右	K 右	Ⓗ 右	K 右	Ⓗ 右	J 右	K 右	J 右	
料	O 料	料	O 料		料		料			M 料	O 料
P_1 如	P 如	Q 如	P_1 如	P_1 如	P_1 如	P_1 如	P 如	如	P_1 如		P 如 P_1 如
(B) 件	(B) 件	(C) 件	(A) 件	(A) 件	(A) 件	(B) 件	(B) 件		(B) 件	(B) 件	(B) 件
下道主	下道主	下道主	下道主	下道主	下道主	下道主	下道主		下道主	下道主	下道主

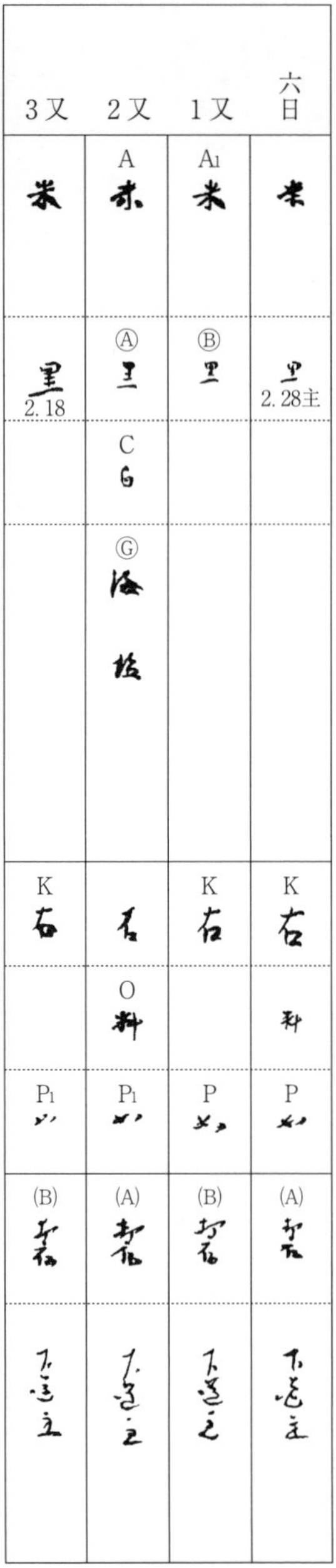
六日
1又
2又
3又
A1
A
Ⓑ
Ⓐ
Ⓑ
2.28主
2.18
C
Ⓖ
K
K
K
O
P
P
P1
P1
(A)
(B)
(A)
(B)

図1(2)

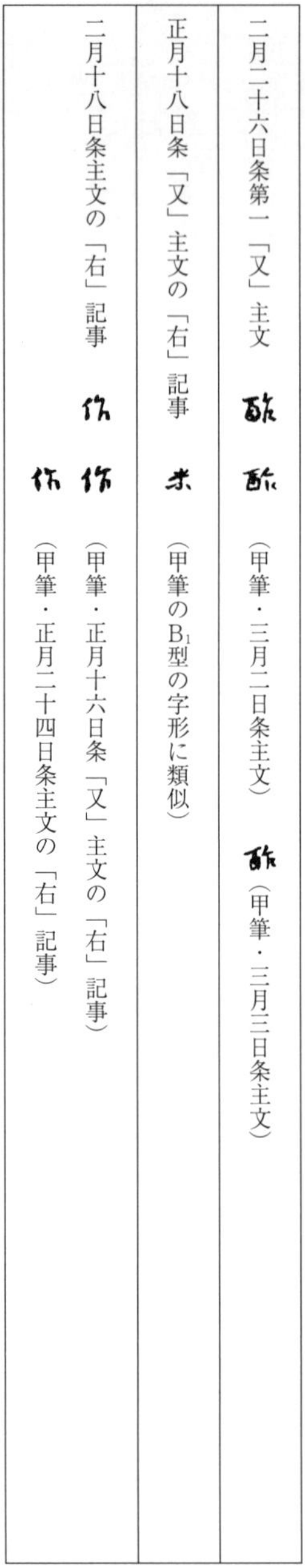
二月二十六日条第一「又」主文
（甲筆・三月二日条主文）
（甲筆・三月三日条主文）
正月十八日条「又」主文の「右」記事
（甲筆のB1型の字形に類似）
二月十八日条主文の「右」記事
（甲筆・正月十六日条「又」主文の「右」記事）
（甲筆・正月二十四日条主文の「右」記事）

図1(3)　三月七日（＊印は、「写真」から敷き写せなかった文字を示す。以下も同じ）

天平宝字六年
三月七日
主文
米
黒
白
乗・塩・醤・海・滓
「右」記事
右
料
如
位署
都宿
（領位署）
A1
A
Ⓑ
K
P
(B)

図2　下道主の筆蹟

	4又	3又	2又	1又
A	宋		チ 米	
Ⓐ	里		*	
D	白			
Ⓒ Ⓔ	示 竝	海		Ⓕ 竝
H	右	ラ 右	タ 右	I 右
O	料	ム 料		M 料
	小		ノ 如	P₁ 小
(B)	書	ヤ 都宿	ク 書	(A) 書
	毛三	（朱筆）下道三	卜	下道三

（右側の文字見本欄）

(3) A　　(2) I　　(5) L
(4) A　　(6) I　　(1) M
(3) B　　(8) I　　　 N
(8) C　　(1) J　　(8) O
(4) D　　(3) J　　(1) P
(4) D　　(5) J　　　 P
(7) E　　(7) J　　(4) P
　　E　　(1) K　　　 P
　　E　　(1) K　　(6) P
(4) F　　(3) K　　　 P
　　G　　(4) K　　(8) P
(4) H　　(8) K　　　 P
　　H　　　　　　　　 P
(6) H　　　　　　　　 P
(7) H　　　　　　　(2) Q
　　　　　　　　　　(1) R

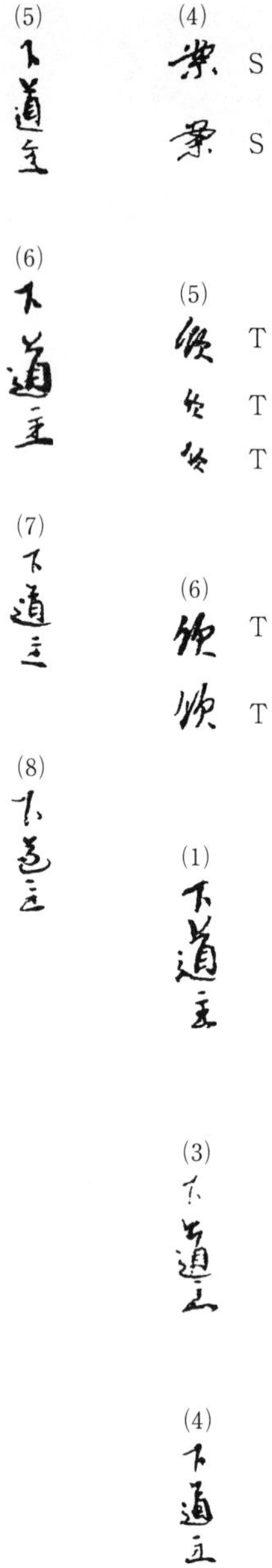

〈出典〉(1)（天平宝字）七年七月二十五日付「下道主状」（続修四十七、五ノ四五四～四五五）(2)（天平宝字）五年十二月一日付「下道主啓」（続修四十七、四ノ五二三）(3)（天平宝字六年ヵ）十二月八日付「下道主啓」（続修四十九、十六ノ二四～二五）(4)天平宝字六年十二月十五日付「石山院解」（続々修四ノ二十一裏、五ノ二八九～二九〇）(5)（天平宝字五年ヵ）六月十二日付「檜皮葺倉収納雑物注文」（続々修十八ノ三裏、四ノ五〇五～五〇六）(6)（天平宝字）六年十二月八日付「石山院解」（続々修十八ノ三裏、五ノ二八八）(7)（天平宝字）六年閏十二月十四日付「下道主啓」（続々修四十ノ五裏、十六ノ一七二）(8)（天平宝字六年ヵ）三月六日付「下道主雑物進上啓案」（続々修四十五ノ三裏、十五ノ三七四～三七六）

図3　阿刀乙万呂の筆蹟

〈出典〉（天平宝字六年ヵ）八月二十日付「阿刀乙万呂解」（続修二十六、十五ノ五〇二）

図1(4)　四月二日・五月二日・十六日・七月一日・二日

図1(5)　七月二十九日～八月六日（△印は訂正による加筆であることを示す）

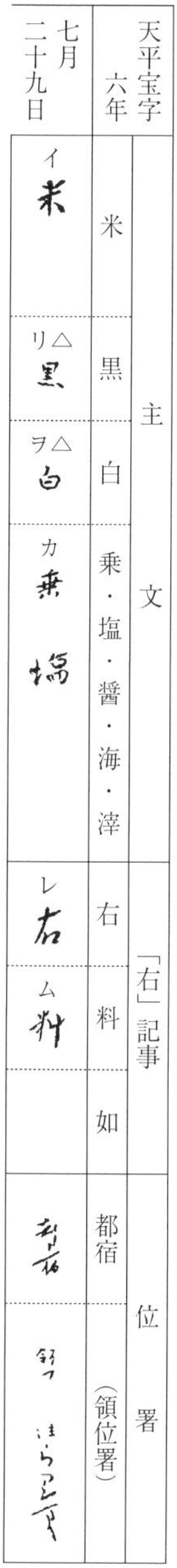

1又	ロ 米		ヲ 白		タ 右	ム 料		ク 卯宿	マ 鉄下 注阿弖乙吉
2又	ハ 米		ヲ 白		ソ 右			ヤ 都宿	マ 鉄下 注阿弖乙吉
八月一日	ニ 米 ハ 米	ヌ 黒	白	カ 粟 ヨ 塩	タ 右	ウ 料		ク 卯宿	マ 鉄下 注阿弖乙吉
二日	ハ 米	リ 黒	ヲ 白	カ 粟 ヨ 塩	ツ 右			ヤ 都宿	マ 鉄下 注阿弖乙吉
又	ホ 米		ワ 白		タ 右			ク 卯宿	マ 鉄下 注阿弖乙吉
三日	ハ 米 ヘ 米	ル 黒	ワ 白	カ 粟 ヨ 塩	タ 右	ヰ 料		ク 卯宿	ケ 鉄下 注阿弖乙吉
四日	ハ 米	リ 黒	ワ 白	カ 粟 ヨ 塩	ソ 右	ヰ 料		ク 卯宿	ケ 鉄下 注阿弖乙吉
五日	イ 米	リ 黒	ワ 白	カ 粟 ヨ 塩	タ 右	ム 料		ク 卯宿	ケ 鉄下 注阿弖乙吉
1又	ト 米		ワ 白		ネ 右	ム 料	オ 山		
2又	チ 米		ヲ 白		ナ 右			ク 卯宿	ケ 鉄下 注阿弖乙吉
六日	ハ 米 イ 米	ル 黒	ヲ 白	粟 ヨ 塩	ラ 右	ム 料		ク 卯宿	ケ 鉄下 注阿弖乙吉

図1(6)　三月七日条第三「又」主文　肆壹肆（乙筆・八月五日条第一「又」主文）　壹（乙筆・六月三日条主文、図1⑿参照）

図1(7)　三月八日〜四月四日

天平宝字六年		三月八日	又	九日	又	十日	十一日	又	十二日
主文	米	A 米	*	A_1 米	A_5 米 A 米	A 米	A_1 米	A_1 米	ホ 米
	黒	Ⓐ 黒	Ⓑ 黒	Ⓑ 黒	Ⓑ 黒	Ⓑ 黒	Ⓑ 黒	Ⓑ 黒	
	白	D 白			D 白	D 白		白	
	乗・塩・醤・海・滓	Ⓒ 乗 塩		Ⓓ 塩	Ⓒ 乗 Ⓓ 塩	Ⓒ 乗 Ⓓ 塩	Ⓕ 塩	F 海 Ⓕ 塩	
「右」記事	右	Ⓗ 右	右	K 右	K 右	J 右	K 右	K 右	ソ 右
	料	料			O 料	O 料	料	料	料
	如	如	P 如	P_1 如		P 如	P 如	P 如	如
位署	都宿	(B) 都宿	(A) 都宿	(B) 都宿	(B) 都宿	(A) 都宿	(B) 都宿	(B) 都宿	ヤ 都宿
	（領位署）	道主	下道主	下道主	下道主	下道主	下道主	下道主	下道主

十六日	3又	2又	1又	十五日	3又	2又	1又	十四日	十三日	2又	1又
	A1 米	A1 米		A1 米	A1 米	米 A1 米	米	A 米			
	Ⓑ 黒	黒		Ⓑ 黒	Ⓑ 黒	Ⓑ 黒	Ⓑ 黒	Ⓑ 黒			
		白				C 白	白				
Ⓖ 海	Ⓕ 塩	Ⓒ 末 Ⓓ 塩	滓 醤	滓 H 醤		Ⓒ 末 Ⓓ 塩	Ⓒ 末 海		Ⓕ 塩	Ⓖ 海 塩	F 海 Ⓕ 塩
J 右	K 右	K 右	右	J 右	K 右	右	K 右	K 右	I 右	I 右	K 右
	料	O 料				N 料	M 料			料	
R [illegible]		P [illegible]	P [illegible]	P [illegible]	P1 [illegible]	P [illegible]	P [illegible]	[illegible]	P [illegible]		P1 [illegible]
(A) 加署	(A) 加署	(B) 加署	(A) 加署	(C) 加署	(B) 加署	(A) 加署		(C) 加署	(B) 加署	(B) 加署	(A) 加署
下道主	下道主	下道主	下道主	下道主	下道主			下道主	下道主	下道主	下道主

又	米 A 米	Ⓑ 黒	白	Ⓒ 末	塩	K 右	料	P1 如	(B) [illegible]	下道主
十七日	A1 米 A5 米	Ⓑ 黒	白	Ⓒ 末	Ⓕ 塩	J 右	O 料	P 如	(A) [illegible]	下道主
十八日				醤	F 塩	K 右	料	Q 如	(C) [illegible]	下道主
又	米	Ⓑ 黒		Ⓒ 末	Ⓔ 塩					
十九日	A 米米	Ⓑ 黒		Ⓒ 末	Ⓔ 塩	J 右	料	P 如	(B) [illegible]	下道
又	A1 米	Ⓑ 黒				J 右		Q 如	(B) [illegible]	下道主
二十日	A1 米	Ⓑ 黒			Ⓕ 塩	K 右		P 如	(B) [illegible]	下道主
又	A1 米	Ⓑ 黒		Ⓒ 末	塩	右	料	P1 如	(C) [illegible]	下道主
二十一日	A1 米 A 米	Ⓑ 黒			Ⓕ 塩	J 右	料	如	(C) [illegible]	下道主
二十二日	ハ 米	リ 黒		H 醤	Ⓕ 塩	タ 右		如	ク [illegible]	ケ [illegible]下道主
二十三日	A2 米			醤	塩	J 右		P 如	(B) [illegible]	下道主
又	ホ 米	リ 黒				ソ 右		如	ク [illegible]	ケ [illegible]下道主

二十四日	1又	2又	二十五日	又	二十六日	1又	2又	二十七日	又	二十八日	1又
		A1 米	A1 米	A 米	ハ 米	ハ 米	A5 米 米	B 米	A1 米 A 米	A1 米	A2 米
		Ⓑ 黒	Ⓑ 黒	Ⓑ 黒	リ 黒	リ 黒			Ⓑ 黒	Ⓑ 黒	
							C 白		白		白
H 醤	淳	Ⓒ 糸 塩	Ⓒ 糸 Ⓕ 塩	淳 H 醤	淳 塩		Ⓒ 糸 Ⓔ 塩	H 醤 Ⓓ 塩	Ⓒ 糸 Ⓓ 塩		Ⓖ 海
K 右	I 右	K 右	K 右	I 右	タ 右	タ 右	J 右	J 右	右	K 右	K 右
斛		O 斛	斛	斛	斛		O 斛	斛	M 斛		
如	P1 如	P 如		如		ノ 如		如		P 如	P1 如
	(C) 都宮	(B) 都宮	(A) 都宮	(A) 都宮	(A) 都宮	ヤ 都宮	(B) 都宮	(B) 都宮	(B) 都宮	(C) 都宮	(A) 都宮
	下道主	下道主	下道主	下道主	下道主	[illegible]	下道主	下道主	下道主	下道主	下道主

2又
3又
二十九日
三十日
又
四月一日
又
二日
又
三日
四日
又
(図1(4)に掲出)

図1(8)

三月二十四日条第一「又」主文
（甲筆・三月二十四日条主文）この他、図1(2)を参照。
三月十五日条第一「又」主文
（乙筆・七月二十九日条第二「又」主文）「肆」は図1(6)を参照。

図1(9)　四月五日～二十日

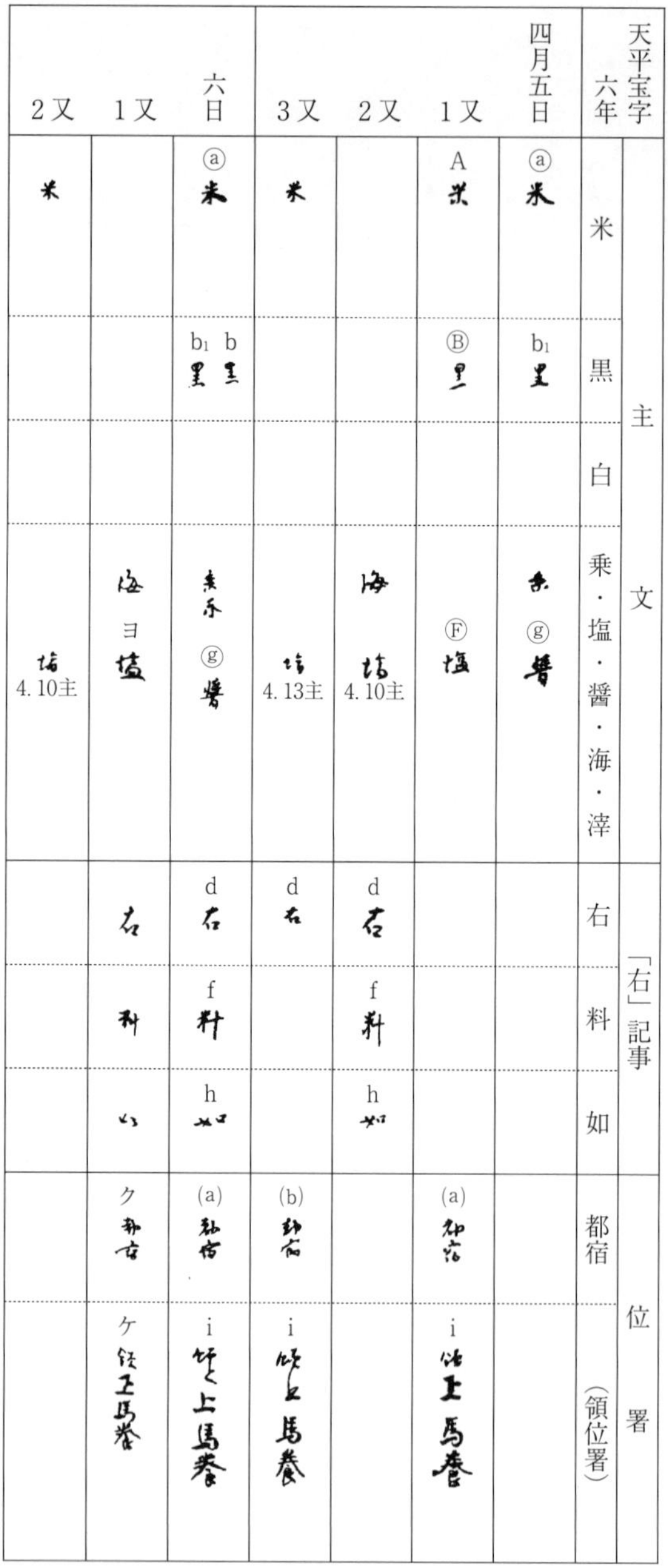

又	十二日	十一日	3又	2又	1又	十日	九日	八日	2又	1又	七日
ⓐ 米	ⓐ 米	米 4.9	a 米	ⓑ 米		ⓐ 米	ⓑ 米	ⓑ 米	ⓑ 米		ⓑ 米
b_1 黒	b 黒			b_1 黒			b_1 黒	b 黒			b 黒
	白	白				c 白	c 白		c 白		
ⓕ 塩	ⓓ 末 ⓗ 海	末 塩	ⓓ 末	ⓔ 塩	津 塩 4.12又	ⓓ 末 ⓔ 塩	ⓖ 堅 ⓔ 塩	ⓓ 末 ⓔ 塩	ⓓ 末 ⓔ 塩	津 塩 4.10主	ⓓ 末
		d 右	d 右	d 右	d 右	d 右	d 右	d 右	d 右	d 右	d 右
		f 料	f 料	f 料	f 料	f 料	f 料	f 料	f 料		f 料
				h 如		h 如		ⓙ 如	ⓙ 如	ⓘ 如	h 如
(a) 知宮		(b) 知宮	(b) 知宮	(b) 知宮			(b) 知宮	(b) 知宮	(b) 知宮	(b) 知宮	(a) 知宮
i 竹上馬養		竹上馬養	i 竹上馬養	竹上馬養			i 竹上馬養	竹上馬養	竹上馬養	竹上馬養	i 竹上馬養

又	十八日	十七日	十六日	又	十五日	2又	1又	十四日	2又	1又	十三日
米 米 4. 14主	ⓑ 米	ⓒ 米	a 米		a 米	ⓐ 米	ⓑ 米	ⓑ 米 米	米 4. 17	ⓑ 米	米
	b_1 里	b_1 里			b_1 里	b_1 里	b_1 里	b_1 里		b_1 里	b_1 里
		c 白	c 白		白	c 白		白			
粟 塩	粟 ⓔ 塩	ⓓ 粟 ⓔ 塩	粟 ⓔ 塩	醤	粟 ⓕ 塩	ⓓ 粟		ⓓ 粟 ⓕ 塩			ⓓ 粟 ⓔ 塩
	e 右						d 右	d 右		d 右	
	f 料							f 料		f 料	
										h [illegible]	
(b) 御宿		(a) 御宿	(a) 御宿	(a) 御宿		(a) 御宿	(a) 御宿		(a) 御宿	(a) 御宿	
i 飯上馬養	上馬養	i 飯上馬養	i 飯上馬養	i 飯上馬養		i 飯上馬養	i 飯上馬養		飯上馬養	i 飯上馬養	

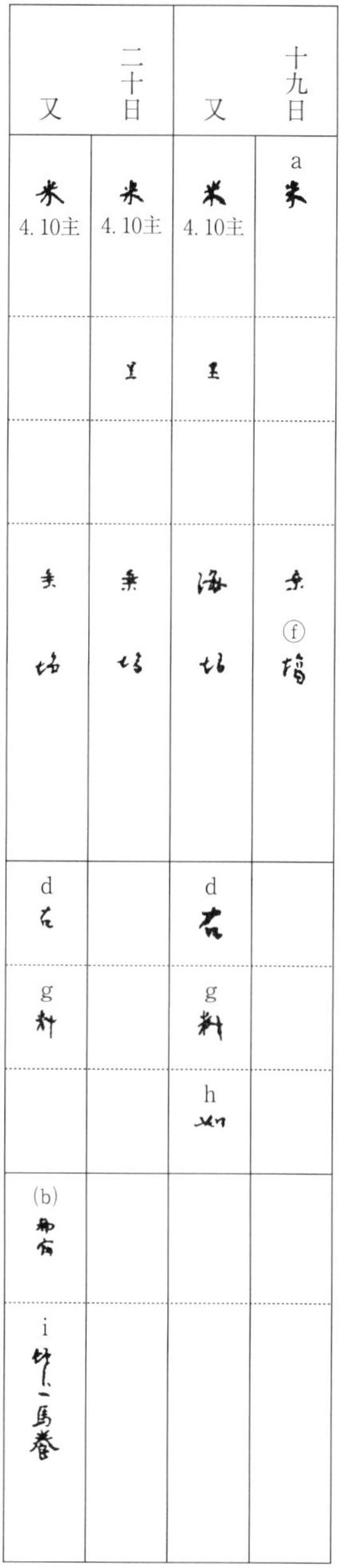

図4　上馬養の筆蹟

〈出典〉(1)（天平宝字）七年二月二十日付「上馬養状」（続修四十七、五ノ三八七～三八八）(2)（天平宝字）一年十二月二十五日付「経所雑物見注文」（続々修十八ノ五、十四ノ二七五～二七六）(3)（天平宝字）七年六月二十九日付「経所舎人返進文」（続々修十八ノ

七、五ノ四四七）(4)（天平宝字）四年四月一日付「上馬養請軸端解」（続々修三十七ノ九、十四ノ三三九）(5)（天平宝字）六年閏十二月四日付「上馬養銭用注文」（続々修四十ノ五裏、十六ノ一三一～一三二）(6)（天平宝字）六年二月五日付「上馬養銭用注文」（続々修四十三ノ二十二、五ノ八五）(7)（天平宝字）四年三月八日付「上馬養米請用文」（続々修四十三ノ二十二、十四ノ三三六）(8)（天平宝字）二年十一月七日付「上馬養大般若経布施注文」（続々修四十四ノ六裏、十四ノ二三八）(9)（天平宝字）二年十一月七日付「司并人々大般若経料銭用并所銭注文」「奉写先経料銭用并所残注文」（続々修四十四ノ六裏、十四ノ二三五～二三七）

図1(10)

四月十五日条「又」主文
（丙筆・四月十三日条第二「又」主文）
（丙筆・四月十一日条主文）
四月二十一日条主文
（丙筆・四月七日条主文）
（丙筆・四月十八日条「又」主文）

図1(11)　四月二十一日～二十四日

天平宝字六年
四月二十一日
1又
2又
3又
二十二日
主文
米
黒
白
乗・塩・醤・海・滓
「右」記事
右
料
如
位署
都宿
（領位署）
A1
B2
A1
A1
Ⓑ
Ⓒ
Ⓓ
K
J
M
P1
P
(B)
(A)
T

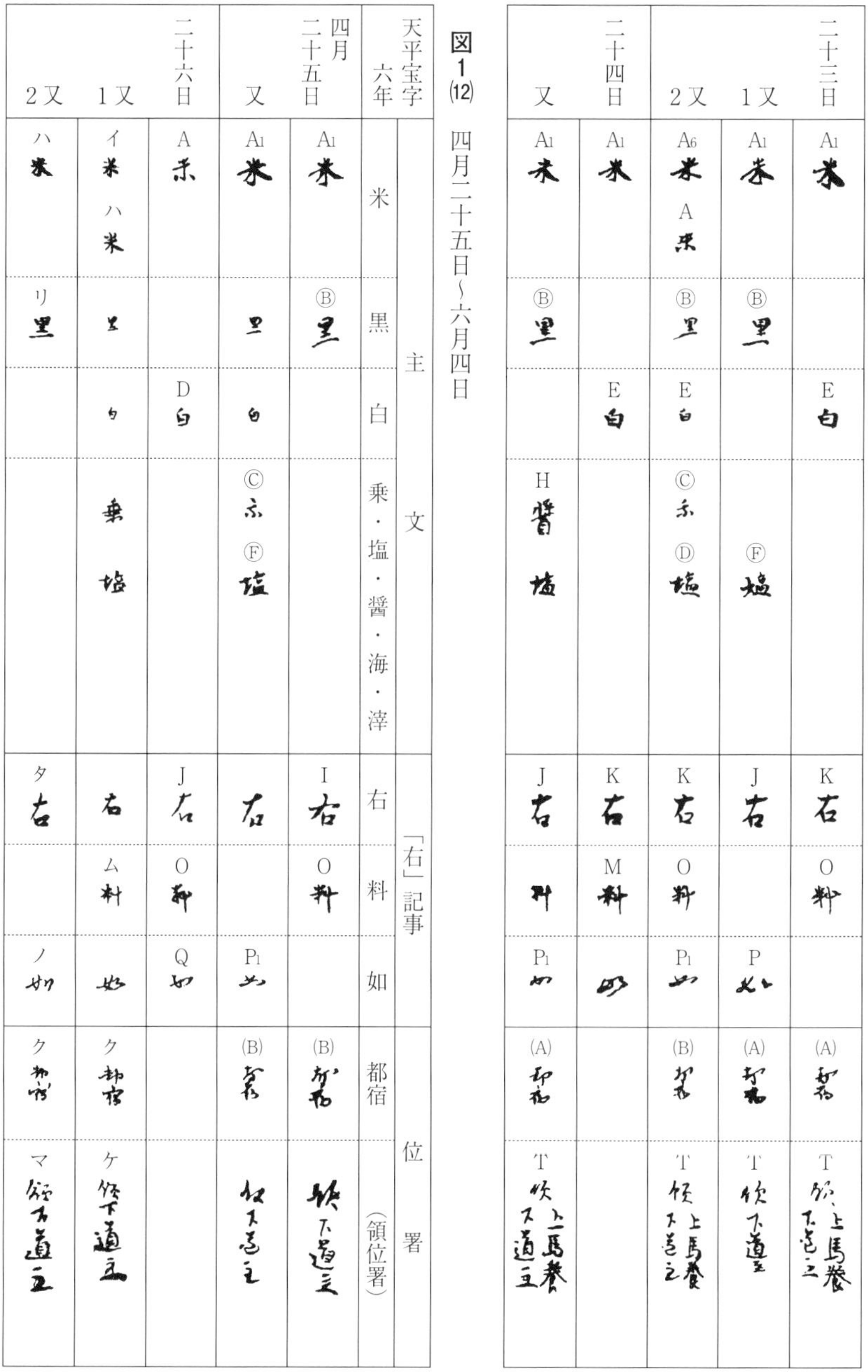

図1(12)　四月二十五日～六月四日

二十七日	二十八日	二十九日	又	五月一日	二日	1又	2又	三日	四日	1又	2又
A_1 米	米	米	ハ 米	B_2 米	A_5 米	A_6 米	（図1(4)に掲出）	＊	米	＊	ハ 米
A 米	B_1 米			B 米		B_1 米					
Ⓑ 里	Ⓐ 里	Ⓑ 里			Ⓑ 里	Ⓑ 里			Ⓑ 里	Ⓑ 里	リ 里
白	白	C 白	ヲ 白	E 白				D 白	＊		
Ⓒ 糸	糸	Ⓒ 糸		Ⓒ 糸					Ⓒ 糸		
Ⓕ 塩	塩	Ⓕ 塩		Ⓓ 塩	H 醤						
J 右	右	J 右	ソ 右	J 右	J 右	J 右		＊	右	J 右	
料	N 料	料		M 料					M 料	O 料	
P 如	P 如	P_1 如	ノ 如	P_1 如	P_1 如	P_1 如		P_1 如	P 如	P 如	
(B) 和南	和南	(B) 和南	ク 和南	和南	(C) 和南	(C) 和南		(A) 和南		(C) 和南	和南
T 候下道主	候下道主	下道主	ケ 候下道主	候下道主	下道主	下道主		下道主		下道主	下道主

五日
又
六日
七日
八日
九日
又
十日
1又
2又
十一日
十二日

又	A1 米	Ⓑ 黒							
十三日	B 米		白		右	O 料			
又	B 米			H 醤	右		P1 [illegible]	(B) [illegible]	下道主
十四日	B2 米		E 白	[illegible]	I 右	O 料		(A) [illegible]	下道主
十五日	B2 米 A 米		E 白	Ⓒ [illegible]	J 右	料		(B) [illegible]	下道主
十六日	米		E 白		K 右		P [illegible]	(C) [illegible]	下道主
1又				Ⓕ 塩	I 右	O 料	P [illegible]		
2又	A1 米 米		E 白	[illegible] Ⓕ 塩	I 右	料	P1 [illegible]	(A) [illegible]	下道主
3又	（図1(4)に掲出）								
十七日	B 米		D 白		K 右	O 料	[illegible]	(C) [illegible]	下道主
又	A5 米 B 米		D 白	[illegible] Ⓕ 塩	J 右	料	P [illegible]	(A) [illegible]	下道主
十八日	B 米		D 白	Ⓒ [illegible] Ⓕ 塩	I 右	O 料			

十九日	二十日	又	二十一日	二十二日	二十三日	二十四日	又	二十五日	又	二十六日	二十七日
米 B 米	米 B 米	米	B 米 A 米	A5 米 A 米	B2 米米	B2 米米	A 米	A1 米	A5 米	A1 米 B 米	A5 米 A 米
						Ⓑ 黒	Ⓑ 黒	*		Ⓑ 黒	Ⓑ 黒
E 白	白	D 白	白	*	E 白			白	E 白	白	D 白
Ⓒ 索 塩	Ⓒ 索 Ⓕ 塩		Ⓒ 索 Ⓓ 塩	Ⓒ 索 Ⓕ 塩	索 Ⓓ 塩	Ⓒ 索 Ⓕ 塩		索 Ⓕ 塩		索 Ⓓ 塩	索 塩
J 右	J 右	J 右	J 右	I 右	K 右	J 右	I 右	K 右	K 右	J 右	
O 料	O 料	料	O 料	料	O 料	O 料		*		O 料	
		P 也	也	Q 也	P 也		P 也				
	(A) 案主	(B) 案主	(B) 案主	(A) 案主	(A) 案主	(B) 案主	(A) 案主		(A) 案主	(A) 案主	
	下道主	下道主	下道主	下道主	下道主	下道主	下道主		下道主	下道主	

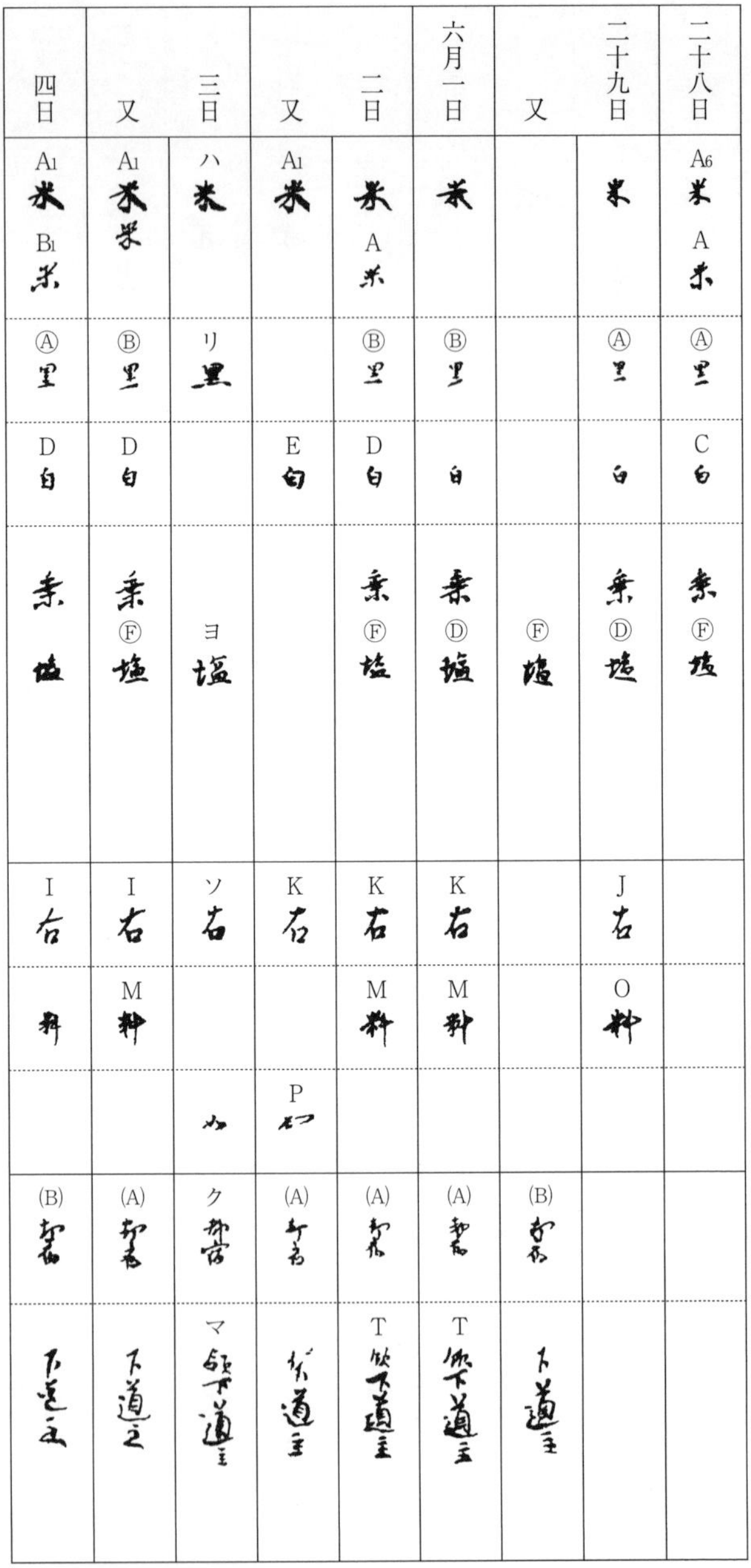

図1(13)　六月五日～十九日

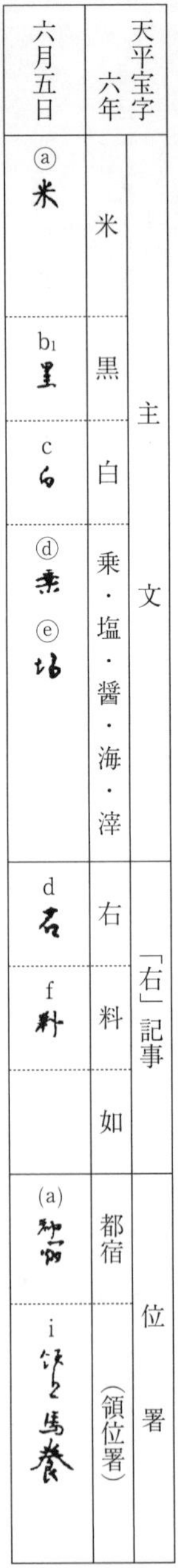

天平宝字六年
六月五日
主文
米
黒
白
乗・塩・醤・海・滓
「右」記事
右
料
如
位署
都宿
(領位署)

六日	又	七日	又	八日	又	九日	十日	1又	2又	十一日	十二日
ⓑ 米	ⓐ 米	ⓐ 米	ⓐ 米	ⓑ 米	ⓐ 米	ⓐ 米 米	ⓐ 米	米	ⓒ 米	米	ⓐ 米
黒		黒	黒	b1 黒		黒	b1 黒	黒	b 黒	b1 黒	黒
白	c 白	白		c 白	c 白	c 白	c 白	c 白		白	c 白
乗 ⓔ 塩	ⓓ 乗	乗 ⓔ 塩	ⓔ 塩	ⓓ 乗		ⓓ 乗 ⓔ 塩	ⓓ 乗 ⓔ 塩			ⓓ 乗 ⓔ 塩	ⓓ 乗 ⓔ 塩
d 右	d 右	d 右	d 右	d 右	d 右	d 右	d 右	d 右	d 右	d 右	d 右
g 料		f 料	f 料			g 料	f 料	f 料	料	f 料	f 料
			h 如								
(a) 勘宿	(a) 勘宿	(b) 勘宿	(b) 勘宿		(b) 勘宿	(a) 勘宿	(a) 勘宿		(b) 勘宿	(b) 勘宿	(a) 勘宿
上馬養	上馬養	上馬養	上馬養		上馬養	上馬養	i 領上馬養		上馬養	上馬養	上馬養

十八日	十七日	又	十六日	又	十五日	3又	2又	1又	十四日	又	十三日
ⓑ 米	米	ⓐ 米	ⓐ 米	ⓐ 米	ⓐ 米	ⓐ 米	米	ⓐ 米	ⓑ [illegible]米	米	ⓐ 米
墨	墨	墨	墨		墨	b_1 墨	b_1 墨			b 墨	
c 白	白		c 白	*				c 白	c 白		c 白
ⓓ 乗 ⓔ 塩	乗 ⓔ 塩	ⓓ 乗	ⓓ 乗 ⓔ 塩	ⓓ 乗 ⓔ 塩			ⓓ 乗	海 ⓔ 塩	ⓓ 乗 ⓔ 塩		ⓓ 乗 ⓔ 塩
e 右	d 右	d 右	d 右	*	d 右	e 右	d 右	d 右	d 右	d 右	d 右
f 料	f 料	f 料	g 料	料	g 料	f 料		f 料	f 料	料	f 料
					ⓘ 如	h 如				h 如	
(b) 御宿	(a) 御宿	(b) 御宿	(b) 御宿	(b) 御宿	(a) 御宿	(b) 御宿	(a) 御宿			(b) 御宿	
上馬養	上馬養	上馬養	上馬養	上馬養	上馬養	上馬養	上馬養			上馬養	

十九日
ⓒ
c
ⓓ
ⓔ
d
f
(a)

図1⒁

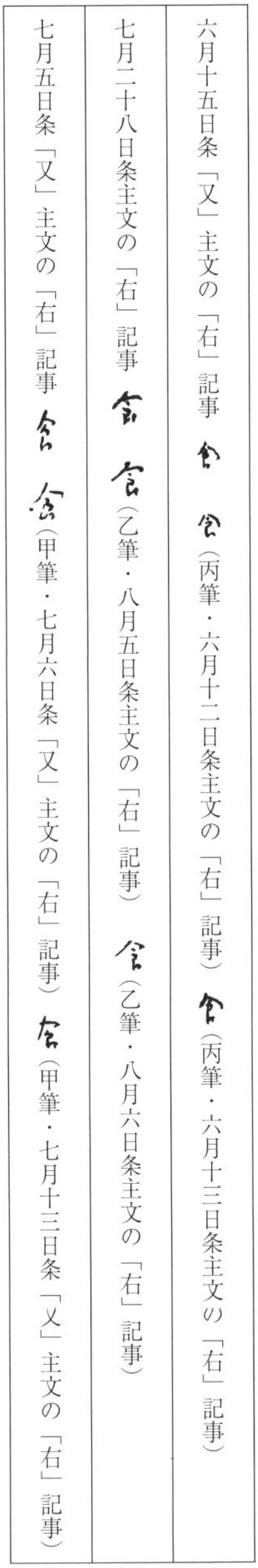
六月十五日条「又」主文の「右」記事
（丙筆・六月十二日条主文の「右」記事）
（丙筆・六月十三日条主文の「右」記事）
七月二十八日条主文の「右」記事
（乙筆・八月五日条主文の「右」記事）
（乙筆・八月六日条主文の「右」記事）
七月五日条「又」主文の「右」記事
（甲筆・七月六日条「又」主文の「右」記事）
（甲筆・七月十三日条「又」主文の「右」記事）

図1⒂　六月二十日～三十日

天平宝字六年
六月二十日
又
二十一日
1又
2又
主文
米
黒
白
乗・塩・醤・海・滓
「右」記事
右
料
如
位署
都宿
（領位署）
ⓑ
ⓐ
B
A1
b
b
Ⓑ
Ⓑ
c
C
ⓗ
ⓔ
ⓓ
ⓔ
H
Ⓒ
d
d
d
J
f
f
f
h
h
P
(a)
(a)
(A)
(B)
(A)
i
i
T
T

二十二日	又	二十三日	二十四日	又	二十五日	二十六日	1又	2又	二十七日	二十八日	又
B 米	A 米	A4 米 A 米	B1 米	B 米 B1 米	B2 米 B1 米	B1 米		A 米	B2 米米	B 米 A 米	A 米
Ⓑ 黒	Ⓐ 黒	Ⓑ 黒		Ⓑ 黒	Ⓑ 黒			Ⓑ 黒	Ⓐ 黒	Ⓑ 黒	
	白	白	E 白	D 白	白			C 白	白	E 白	D 白
Ⓓ 塩	Ⓒ 赤 塩	[illegible] 塩		Ⓒ 赤 塩	Ⓒ 赤 Ⓔ 塩		[illegible] H 醤	Ⓒ 赤	[illegible]	Ⓒ 赤 Ⓔ 塩	
I 右	J 右	I 右	J 右	I 右	Ⓗ 右	K 右	L 右	K 右	K 右	J 右	I 右
O 料	O 料	料	料	料	N 料			料	料	料	
				P1 如		P1 如	如				
(A) [illegible]	(B) [illegible]	(A) [illegible]	(A) [illegible]	(A) [illegible]	(B) [illegible]	(A) [illegible]	(B) [illegible]	(B) [illegible]			
鉄 上 下道主	下道主	下道主	鉄 上 下道主	T 鉄 下道主	T 鉄下道主	T [illegible]	T [illegible]	[illegible]			

図1⒃　七月一日～二十八日
天平宝字六年
主文
米
黒
白
乗・塩・醤・海・滓
「右」記事
右
料
如
位署
都宿
（領位署）
七月一・二日
（図1⑷に掲出）
三日
A
Ⓐ
C
O
P
(A)
T
又
ハ
ワ
ナ
ク
ケ
四日
ト
ワ
ム
ク
五日
A
Ⓐ
D
Ⓒ
J
＊
(B)
T
又
A
A1
Ⓒ
二十九日
A
Ⓐ
C
Ⓒ
I
M
(C)
T
又
A
J
(B)
三十日
Ⓑ
C
J
(C)
又
A6
D
K
R
(A)

六日	1又	2又	3又	七日	1又	2又	3又	4又	八日	又	九日
A 米[illegible]	B1 米	ホ 米 へ 米	チ 米	ト 米	イ 米	チ 米	A 米	A 米	米	A 米	B 米 A 米
Ⓑ 里		リ 里	ル 里	リ 里		リ 里		Ⓑ 里	Ⓐ 里		Ⓑ 里
D 白	E 白			ヲ 白	ヲ 白		E 白		白	白	D 白
Ⓒ 糸 塩	Ⓒ 糸 Ⓔ 塩	桑	桑 ヨ 塩	カ 桑 ヨ 塩	カ 桑 ヨ 塩				Ⓒ 糸 塩	Ⓒ 糸 塩	Ⓒ 糸 Ⓓ 塩
J 右	J 右	ソ 右	ナ 右		ラ 右	タ 右	I 右	J 右	J 右	I 右	J 右
料	料	料	ム 料		ム 料				料	O 料	料
			如		如	如	P1 如				
	(A) 御宿	ク 御宿	ク 御宿		ク 御宿	ク 御宿	(B) 御宿	(A) 御宿		(B) 御宿	
	[illegible]道主	下道主	下道主		下道主	下道主	下道主	下道主		下道主	

1又	A 米		E 白	Ⓒ 乗 Ⓔ 塩	右	M 料		(B) [illegible] 下道主
2又	チ 米		ワ 白		タ 右			ク [illegible] 下道主
十日	米 ロ 米	ル 黒	ヲ 白	カ 乗 ヨ 塩	タ 右	ム 料		
又	ホ 米 イ 米		ヲ 白	乗 ヨ 塩	ナ 右	ム 料		ク [illegible] 下道主
十一日	A 米	Ⓐ 黒	D 白	Ⓒ 乗 Ⓓ 塩	J 右	M 料		
又	A_2 米 A 米		E 白	Ⓒ 乗 塩	J 右	料		[illegible] T 領下道主
十二日	A_1 米 B_1 米	Ⓑ 黒	白	Ⓒ 乗 Ⓓ 塩	右	M 料		
1又	米		E 白	Ⓒ 乗 Ⓕ 塩	J 右	O 料		(A) [illegible] T 領下道主
2又	イ 米		ワ 白		ツ 右			
十三日	A 米 b_1 米	Ⓑ 黒	D 白	Ⓒ 乗 塩				
1又	A 米		E 白	乗	J 右	料		
2又	B_1 米		C 白	Ⓒ 乗 塩	J 右	O 料		(B) [illegible] 下道主

十六日	6又	5又	4又	3又	2又	1又	十五日	2又	1又	十四日	3又
A 米	ト 米	ハ 米	ハ 米 米	ハ 米	ハ 米		ハ 米	米	A 米	A6 米 米	B 米 米
Ⓐ 黒		ル 黒			リ 黒		リ 黒	Ⓐ 黒		Ⓑ 黒	
白	ワ 白	白	ワ 白				白	D 白	C 白	E 白	E 白
Ⓒ 粟 塩		カ 粟 ヨ 塩	カ 粟 ヨ 塩			醤	カ 粟		粟 Ⓓ 塩	粟 塩	Ⓒ 粟
I 右	タ 右	タ 右	タ 右	タ 右	右	ナ 右	タ 右	J 右	J 右	J 右	I 右
O 料		ム 料	ム 料		料	ム 料	ム 料		料	M 料	料
	如			如	如 7.7又			P 如			
	ヤ 都合			都合			ク 都合	(B) 都合			(B) 都合
	下道主			下道主			下道主	下道主			下道主

1又	二十日	3又	2又	1又	十九日	2又	1又	十八日	又	十七日	又
米 B1 米	B 米	米	A 米	A 米	米 A 米	A 米	A 米 B1 米	B 米 A 米	B 米 A 米	A4 米 A 米	米 B1 米
黒	Ⓑ 黒			Ⓑ 黒	Ⓑ 黒		Ⓑ 黒	Ⓑ 黒		Ⓑ 黒	
白	D 白	E 白	D 白	D 白	白	C 白	白	C 白	D 白	白	E 白
索 塩	索 塩		索	索 Ⓓ 塩	索 Ⓓ 塩		索 Ⓕ 塩	索 Ⓓ 塩	索 塩	索 塩	Ⓒ 索 *
右	J 右	J 右	J 右	J 右	J 右	Ⓗ 右	J 右	J 右	K 右	J 右	J 右
料 6.28	料		料	料	料	料	料	M 料	料	O 料	O 料
		如				P1 如					
		(B) [illegible]	(B) [illegible]				(B) [illegible]		(A) [illegible]		(A) [illegible]
		T [illegible]下道主	T [illegible]下道主				T [illegible]下道主		T [illegible]下道主		T [illegible]下道主

	米	里	白	乗・塩	右	料	P	都合	下道主
2又	B2 米 A 米		C 白	乗	J 右	料		(B) 都合	下道主
二十一日	A1 米	Ⓐ 里	D 白	乗 Ⓓ 塩	J 右	O 料			
1又	A5 米米	里	白	乗 Ⓕ 塩	右	M 料		(A) 都合	T 下道主
2又	A5 米		E 白		K 右		P [illegible]		
3又	B 米	里	C 白		Ⓗ 右		P1 [illegible]		
二十二日	A5 米 A 米	Ⓐ 里	白	乗 Ⓕ 塩	J 右	M 料			
1又	A5 米米	Ⓑ 里	白	乗 塩	J 右	料		(B) 都合	T 下道主
2又	ハ 米		ヲ 白		タ 右			ヤ 都合	ケ 下道主
二十三日	ハ 米	ル 里	ヲ 白	カ 乗 ヨ 塩	右	ム 料			
1又	ハ 米	リ 里	白	乗 ヨ 塩	ナ 右	ム 料		ク 都合	マ 下道主
2又	B 米		E 白	乗	K 右	料		(A) 都合	T 下道主
二十四日	米 A 米	Ⓐ 里	D 白	乗 塩	I 右	料			

又	二十五日	又	二十六日	又	二十七日	又	二十八日	1又	2又	3又
A 米	A 米主	B1 米	A5 米 B 米	A 米	A 米	B1 米	ト 米	ト 米 米	イ 米	
里	Ⓑ 里	里	Ⓑ 里	Ⓑ 里	Ⓑ 里	Ⓑ 里	里			ル 里
白	白	C 白	E 白	白	白	C 白	ワ 白	*	ヲ 白	
桒 塩	Ⓒ 桒	桒	桒 Ⓓ 塩	桒 Ⓓ 塩	桒 塩	桒 塩	カ 桒 ヨ 塩	カ 桒		
J 右	右 7.26主	J 右	右	J 右	I 右	I 右	右	右	タ 右	タ 右
料	料	料	O 料	O 料	*	*	料			
								P1 以	以	以
(B) 知而		(A) 知而		(B) 知而		(C) 知而		(A) 知而		ク 知而
T 然下道之		T 然下道之		下道之		T 然下道之		下道之		下道

図1(17)　七月二十九日～閏十二月二十九日

天平宝字六年
七月二十九日～八月六日
八月七日
八日
1又
2又
九日
1又
2又
十日
十一日
主文
米
黒
白
乗・塩・醤・海・滓
「右」記事
右
料
如
位署
都宿
（領位署）
（図1(5)に掲出）
A5
A1
A
B
ヘ
ホ
チ
ハ
Ⓑ
ル
D
E
ヲ
ワ
カ
ヨ
K
J
I
ツ
タ
O
ム
P1
(A)
(B)
ヤ
T
マ
*

閏十二月二十九日	二十三日	十九日	十三日	十二日	2又	1又
A 米	A 米	B1 米	B 米	A1 米	ハ 米	米
	Ⓑ 黒	Ⓑ 黒	Ⓑ 黒	黒		黒
D 白			D 白		ワ 白	ワ 白
						海 ヨ 塩
J 右	J 右	J 右	K 右	K 右	タ 右	タ 右
						ム 料
以	P1 以					以
[illegible]	(B) 都合	(B) 都合	(A) 都合	(A) 都合	都合	ク 都合
(領下道主) *	(領上) *	T 領 下道主 上馬養	T 領 下道主 上馬養	T 領 下道主 上馬養	(領) * 下道主	ケ 領 下 上馬養

表1　帳簿の筆蹟一覧

1　主文（「又」主文も含む）・「右」記事の筆蹟は「主・右」の項（(D)「解移牒符案」の場合は「本文」の項）に、主典・領位署の筆蹟は「位署」の項に順に示した。甲は下道主、乙は阿刀乙万呂、丙は上馬養の筆蹟であることを意味する。

2　主文・「右」記事が何度か繰り返されたあとで位署がくる場合は、2甲、3乙のようにその回数を示した。

3　主典位署に安都雄足が名（雄足）を自署する場合は＊印を付した。領位署では、肩書きの領もしくは案主も含めて姓名とも自署の場合は、Ⓢ（下道主）・Ⓚ（上馬養）、主典位署の筆者によって肩書きと姓が記され名のみが自署の場合は(S)・(K)、自署がない場合は、S・Kのように示した。阿刀乙万呂は位署欄に姓名を記さないが、欄外に「注阿刀乙万呂」と自署する場合は、「位署」の項の下端にⒶと記した。なお、(D)「解移牒符案」の「位署」の項に示した※印は、主典位署の筆者によって下道主・上馬養以外の人物の姓名が記されていることを意味する。

4　過ぎた日の条文（(D)では案文）が追記されている場合は、「主・右」の項にその日付を〔　〕内に示した。日付の欠失する場合は、〕でもって、その位置を推定した。なお、△印は朱筆、□は欠失を示す。月数の丸囲いは閏月を示す。

天平宝字 年・月・日	(A)造寺料銭用帳 主・右	(A)造寺料銭用帳 位署	(B)造寺料雑物収納帳 主・右	(B)造寺料雑物収納帳 位署	(C)食物用帳 主・右	(C)食物用帳 位署	(D)解移牒符案 本文	(D)解移牒符案 位署	(E)雑材幷檜皮及和炭納帳 主・右	(E)雑材幷檜皮及和炭納帳 位署	(F)鉄充幷作上帳 主・右	(F)鉄充幷作上帳 位署
5・12・24	甲甲	甲Ⓢ										
28			甲甲	甲＊Ⓢ								
6・正・1	甲甲 〔12・27〕甲甲 甲甲	甲Ⓢ 甲Ⓢ 甲Ⓢ										
14					甲							
15					甲	甲Ⓢ	甲	甲	乙乙 乙乙	乙(S)△ 乙(S)△		
16	2乙2乙 〔8〕2乙2乙				2甲2甲	甲＊Ⓢ	甲	甲S			甲甲	甲Ⓢ
17					甲甲	甲Ⓢ						
18					2甲2甲	甲Ⓢ	甲	甲				
19					甲甲	甲Ⓢ						
20			甲甲		甲甲	甲Ⓢ	甲 甲	甲Ⓢ 甲				
21					甲甲	甲Ⓢ						

天平宝字 年・月・日	(E′)雑材納帳 主・右	(E′)雑材納帳 位署	(F′)鉄用帳 主・右	(F′)鉄用帳 位署	(G′)雑物用帳 主・右	(G′)雑物用帳 位署
15	甲甲 甲甲	甲＊Ⓢ				
16	甲甲		甲	甲Ⓢ	甲甲	甲＊Ⓢ
17	甲甲					
18	甲甲					
19	甲甲					
20	2甲2甲					
21	甲甲					

10	9	8	7	6	5		4		3	2			6·2·1	30	29			28	27		26	25		24				23	22
												甲 甲	甲 甲								甲 甲								
												甲 * Ⓢ	甲 * Ⓢ								甲 * Ⓢ								
2甲2甲		2甲2甲	2甲2甲	甲 甲		甲 甲	甲 甲	甲 甲	2甲2甲	甲 甲				甲 甲	甲 甲			甲 甲	2甲2甲	甲 甲	甲 甲	甲 甲	甲 甲	甲 甲					甲 甲
		甲 Ⓢ K		甲 Ⓢ		甲 Ⓢ	甲 Ⓢ	甲 Ⓢ	甲 Ⓢ	甲 Ⓢ				甲 Ⓢ	甲 Ⓢ				甲 Ⓢ		甲 Ⓢ	甲 Ⓢ		甲 Ⓢ					甲 Ⓢ
甲	甲	甲	︺甲		甲		甲	甲	甲		甲	甲	甲	甲				甲			甲			甲	甲	甲	甲	甲	
甲	甲 S	甲 Ⓢ			甲 Ⓢ		甲 Ⓢ	甲 Ⓢ	甲 Ⓢ		甲 S	甲		甲				甲			甲 Ⓢ			甲 S	甲 * S	甲 S	甲	甲 S	
	2乙2乙		乙 乙		2乙2乙					乙 乙			乙 乙			乙 乙	乙 乙	乙 乙											
			乙 (S) △		乙 (S) △					乙 (S) △			乙 (S) △				乙 (S) △	乙 (S) △											
	乙 乙		乙 乙		乙 乙					乙 乙			甲 甲	甲 甲							甲 甲								
	乙 (S)		乙 (S)		乙 (S)					乙 (S)			甲 Ⓢ	甲 Ⓢ															
			9乙8乙						2乙2乙					乙 乙										乙 乙	主·右	(G)雑物用帳			
			乙 (S)						乙 (S)					乙 (S)										乙 (S)	位署				
																(以下欠失)		甲	甲 甲		甲 甲	甲 甲		甲 甲				甲 甲	甲 甲
	甲		甲							甲			甲	甲							甲								
													Ⓢ								甲 Ⓢ								
				甲 甲					甲 甲															2甲2甲					
				甲 Ⓢ					甲 Ⓢ															甲 Ⓢ					

天平宝字	(A) 主·右	(A) 位置	(B) 主·右	(B) 位置	(C) 主·右	(C) 位置	(D) 本文	(D) 位置	(E) 主·右	(E) 位置	(F) 主·右	(F) 位置	(G) 主·右	(G) 位置	(F′) 主·右	(F′) 位置	(G′) 主·右	(G′) 位置
6·2·11					甲 甲	甲 Ⓢ K			乙 乙		乙 乙	乙 (S)			甲			
					甲 甲	甲 Ⓢ												
					甲 甲	甲 Ⓢ												
12					甲 甲	甲 Ⓢ												
13					甲 甲	甲 Ⓢ					乙 乙	乙 (S)	乙	乙 (S)	3甲		甲	甲 Ⓢ
14							甲	甲										
							甲	甲										
							甲	甲										
15					甲 甲	甲 Ⓢ												
16					甲 甲		甲	甲										
17					甲 甲	甲 Ⓢ			乙		乙 乙	乙 (S)			甲			
18					甲 甲	甲 Ⓢ	甲	甲 Ⓢ										
					甲	甲 Ⓢ												
19					甲 甲	甲 Ⓢ	甲	甲	乙									
20									乙		乙 乙	乙 (S)			甲			
21					甲 甲	甲 Ⓢ					乙 乙	乙 (S)			甲			
					甲 甲	甲 Ⓢ												
22					甲 甲	甲 Ⓢ			乙									
23					甲 甲				乙		乙							
					(22)甲 甲	甲 Ⓢ												
					甲 甲	甲 Ⓢ												
24									乙				乙 乙	乙 (S)			甲 甲	甲 Ⓢ
25									乙		乙 乙	乙 (S)					甲 甲	甲 Ⓢ
26			甲 甲	甲＊Ⓢ	甲 甲	甲 Ⓢ	甲	甲	乙									
					3甲 3甲	甲 Ⓢ												
27									乙									
28					甲 甲	甲 Ⓢ	甲	甲 S	乙									
					甲 甲	甲 Ⓢ												

(B)：（ここで終わりか）

(F′)：（以下欠失）

(G′)：（以下欠失か）

8	7	6	5	4	3	2	6·3·1	30	29
乙乙								〔16〕乙 / 6乙3乙	
乙(S)△								乙(S)△	

8	7	6	5	4	3	2	6·3·1	30	29
甲甲 / 甲甲	甲甲 / 乙乙 / 乙乙 / 甲甲 / 甲甲	甲甲 / 甲甲 / 甲甲 / 甲甲	甲甲		甲甲 / 甲甲	甲甲 / 甲甲 / 甲甲 / 甲甲	2甲2甲	甲甲 / 甲甲	甲甲 / 甲甲
甲Ⓢ / 甲Ⓢ	甲Ⓢ / 乙(S)△ / 乙S / 甲Ⓢ / 甲Ⓢ	甲Ⓢ / 甲Ⓢ / 甲Ⓢ / 甲Ⓢ	甲Ⓢ		甲Ⓢ / 甲Ⓢ	甲Ⓢ / 甲Ⓢ / 甲Ⓢ / 甲Ⓢ	甲Ⓢ	甲Ⓢ / 甲Ⓢ	甲Ⓢ / 甲Ⓢ
甲	甲	甲 / 乙 / 乙 / 〔4〕乙 / 乙			甲	甲		〔29〕甲 / 甲 / 甲 / 〔27〕乙 / 甲	
甲Ⓢ	甲Ⓢ	甲Ⓢ / 乙 / 乙S / 乙S / 乙S			甲Ⓢ	甲		甲 / S / 甲 / 乙Ⓢカ / 甲	
甲甲	乙乙	2乙乙				乙乙 / 乙乙	乙	乙乙	乙
甲Ⓢ	乙(S)△					乙(S)△ / 乙(S)△		乙(S)△	
				乙乙					
				乙(S)△					
		2乙乙		乙乙 / 2乙2乙					
		乙(S)		乙(S) / 甲Ⓢ					

				甲甲	主·右	(H)雑材并檜皮及和炭用帳
					位署	

天平宝字		6・3・9		10		11		12			13						14			15				16			17		18
(A)	主・右	乙 乙	甲 甲	甲 甲	甲 甲	甲 甲	甲 甲				甲 甲									甲 甲							甲 甲		
(A)	位署	乙 (S)△	甲 Ⓢ	甲 Ⓢ	甲 Ⓢ	甲 Ⓢ	甲 Ⓢ				甲 Ⓢ									甲 Ⓢ							甲 Ⓢ		
(C)	主・右	甲 甲	甲 甲	甲 甲		甲 甲	甲 甲	乙 乙	甲 甲	甲 甲	甲 甲						甲 甲	2甲 2甲	甲 甲	甲 甲	乙 甲	甲 甲	甲 甲	甲 甲	甲 甲		甲 甲		甲 甲
(C)	位署	甲 Ⓢ	甲 Ⓢ	甲 Ⓢ		甲 Ⓢ	甲 Ⓢ	乙 (S)	甲 Ⓢ	甲 Ⓢ	甲 Ⓢ						甲 Ⓢ	甲	甲 Ⓢ	甲 Ⓢ	甲 Ⓢ	甲 Ⓢ	甲 Ⓢ	甲 Ⓢ	甲 Ⓢ		甲 Ⓢ		甲 Ⓢ
(D)	本文	乙				甲	〔10〕甲	乙			乙	乙	乙	乙	甲	乙				乙	甲	甲		乙			甲		甲
(D)	位署	乙 S				甲	甲 S	乙 S			乙 K	乙	乙	乙 S	甲 S	乙 S				乙 S	甲 Ⓢ	甲 S		乙			甲 Ⓢ		甲 S
(E)	主・右	乙 乙		甲 甲		乙 乙		甲 甲												甲 甲	甲 甲			乙 乙	甲 甲	甲 甲	乙 乙	乙 乙	甲 甲
(E)	位署	乙 (S)		甲 Ⓢ		乙 Ⓢ		甲 Ⓢ												甲 Ⓢ	甲 Ⓢ			乙 S	甲 Ⓢ	甲 Ⓢ	乙 S	乙 S	甲 Ⓢ
(F)	主・右			甲 甲													甲 甲												甲 甲
(F)	位署			甲 Ⓢ													甲 Ⓢ												甲 Ⓢ
(G)	主・右			甲 甲				乙 乙	乙 乙		乙 乙																		
(G)	位署			甲 Ⓢ				乙 (S)	乙 (S)		乙 (S)																		
(H)	主・右	乙 乙		甲 甲				乙																			甲 甲		甲 甲
(H)	位署	乙 (S)		甲 Ⓢ				乙 (S)																			甲 Ⓢ		甲 Ⓢ

2		6·4·1			30	29				28		27			26		25			24		23	22	21		20		19	
甲			甲	甲	甲									2甲	甲		2甲		甲	甲	甲	甲	甲			甲		甲	
甲			甲	甲	甲									2甲	甲				甲	甲	甲	甲	甲			甲		甲	
甲			甲	甲	甲									甲	甲		甲		甲	甲	甲	甲	甲			甲		甲	
				*	*															*	*	*							
Ⓢ			Ⓢ	Ⓢ	Ⓢ									Ⓢ	Ⓢ		Ⓢ		Ⓢ	Ⓢ	Ⓢ	Ⓢ	Ⓢ			Ⓢ		Ⓢ	

甲	甲	甲		甲	甲	甲	甲	甲	甲	甲	甲	甲	甲	乙	乙	甲	甲		甲	2甲	乙	甲	乙	甲	甲	甲	甲	甲	甲
甲	甲	甲		甲	甲	甲	甲	甲	甲	甲	甲	甲	甲	乙	乙	甲	甲		甲	2甲	乙	甲	乙	甲	甲	甲	甲	甲	甲
甲	甲	甲		甲	甲	甲	甲	甲	甲	甲	甲	甲	甲	乙	甲	甲	甲		甲	甲	乙	甲	乙	甲	甲	甲	甲	甲	
Ⓢ	Ⓢ	Ⓢ		Ⓢ	Ⓢ	Ⓢ	Ⓢ	Ⓢ	Ⓢ	Ⓢ	Ⓢ	Ⓢ	Ⓢ	(S)	Ⓢ	Ⓢ	Ⓢ		Ⓢ	Ⓢ	(S)	Ⓢ	(S)	Ⓢ	Ⓢ	Ⓢ	Ⓢ	Ⓢ	
		乙		乙	乙	乙				乙				〔25〕乙	乙		乙	乙	乙	甲		甲	乙	甲		乙		甲	
		乙		乙	乙	乙				乙				乙	乙		乙	乙	乙			甲	乙	甲		乙		甲	
		S		S	S	S				S				※	S		S	S	S			Ⓢ	S	S		K		S	
3乙		乙	2甲	2乙	乙	乙			乙	乙		乙		甲	甲		甲	乙	甲	乙		甲	甲	2甲		乙	乙	甲	乙
3乙		乙	2甲	2乙	乙	乙			乙	乙		乙		甲	甲		甲	乙	甲	乙		甲	甲	2甲		乙	乙	甲	乙
乙		乙		乙	乙	乙			乙	乙				甲	甲		甲	乙	甲	乙		甲		甲		乙	乙	甲	乙
S		S		S	S	S			S	S				Ⓢ	Ⓢ		Ⓢ	(S)	Ⓢ	S		Ⓢ		Ⓢ		S	Ⓢ	Ⓢ	S
甲												甲																	
丙												甲																	
Ⓚ												Ⓢ																	
甲		甲	甲	甲	乙				乙	乙				甲	甲	乙	甲		甲	甲									
甲		甲	甲	甲	乙				乙	乙				甲	甲	乙	甲		甲	甲									
甲		甲	甲	甲	乙				乙	乙				甲	甲	乙	甲		甲	甲									
Ⓢ			Ⓢ	Ⓢ	(S)				(S)	(S)				Ⓢ	Ⓢ	S	Ⓢ		Ⓢ	Ⓢ									
乙						甲				乙																甲		甲	
乙						甲				乙																甲		甲	
乙						甲				乙																甲		甲	
S						Ⓢ				S																Ⓢ		Ⓢ	

天平宝字		6・4・2	3	4	5	6	7	8	9	10	11	12	13
(A)	主·右						甲 甲		甲 甲		甲 甲		甲 甲
	位置						甲 (K)△		甲 (K)△		甲 (K)△		甲 (K)△
(A′)下銭帳	主·右								丙		丙 丙 丙		
	位置								丙 Ⓚ		丙 丙 丙 Ⓚ Ⓚ Ⓚ		
(C)	主·右	乙 乙	甲 甲	甲 甲 甲 甲	2丙 甲 丙 2丙	丙 乙 丙 乙 丙	丙 丙 丙 丙 丙 丙	丙 丙	丙 丙	丙 3丙 丙 3丙	丙 丙	2丙	丙 2丙 丙
	位置	乙 S	甲 Ⓢ	甲 甲 Ⓢ Ⓢ	丙 丙 Ⓚ Ⓚ	乙 丙 (K) Ⓚ	丙 丙 丙 Ⓚ Ⓚ Ⓚ	丙 Ⓚ	丙 Ⓚ	丙 丙 Ⓚ Ⓚ	丙 Ⓚ	丙 Ⓚ	丙 丙 Ⓚ Ⓚ
(D)	本文	甲		乙		〔2〕丙 丙	乙 乙 乙		乙	〔8〕乙 〔7〕丙 乙 丙	乙		乙
	位置			乙		丙 丙 K	乙 乙 乙 K		乙	乙 丙 乙 丙 ※ Ⓚ Ⓚ	乙		
(E)	主·右	甲 甲		乙 乙	丙 乙 丙 乙		丙 丙	丙 丙	丙 丙	丙 丙 丙 丙	丙 丙	丙 丙	
	位置	甲 Ⓢ		乙 (S)	丙 乙 Ⓚ (K)		丙 Ⓚ	丙 Ⓚ	丙 Ⓚ	丙 丙 Ⓚ Ⓚ	丙 Ⓚ	丙 Ⓚ	
(F)	主·右					丙				丙	丙 丙		
	位置					Ⓚ				Ⓚ	Ⓚ		
(G)	主·右	2乙 乙 乙 乙	乙 乙		2丙 丙 甲 丙 丙 甲	丙 丙	2丙 丙		2丙 2丙 丙 丙	3丙 2丙 丙 丙 丙		2丙 2丙	3丙
	位置	乙 S	乙 (S)		丙 甲 Ⓚ Ⓢ	Ⓚ	丙 Ⓚ		丙 丙 Ⓚ Ⓚ	丙 丙 Ⓚ Ⓚ		丙 丙 Ⓚ Ⓚ	丙 Ⓚ
(H)	主·右					丙 丙				丙 丙		丙	丙 丙
	位置					丙 Ⓚ				丙 Ⓚ		丙 Ⓚ	丙 Ⓚ

26	25	24	23	22	21	20	19	18	17	16	15	14
乙乙 甲甲	3甲2甲 甲甲	甲				甲			甲甲		〔14〕2甲甲 甲△甲△	
乙(S)	甲ⓈK 甲Ⓢ	甲Ⓢ(K)				甲(K)△					甲(K)△	
					（ここで終わり）	2丙	2丙	丙	3丙	丙	3丙	2丙 2丙
							Ⓚ		Ⓚ	Ⓚ	丙Ⓚ	丙Ⓚ
乙乙 乙乙 甲甲	甲甲 甲甲	2甲2甲	甲甲 甲甲 甲甲	甲甲	甲甲 2甲2甲 丙	2丙丙	2丙丙	丙 丙丙	丙	丙	2丙	丙丙 2丙2丙
乙(S) 乙(S)	甲Ⓢ 甲Ⓢ	甲Ⓢ(K)	甲Ⓢ(K) 甲Ⓢ 甲Ⓢ(K)	甲ⓈK	甲ⓈK 甲Ⓢ(K)	丙Ⓚ		丙Ⓚ Ⓚ	丙Ⓚ	丙Ⓚ	丙Ⓚ	Ⓚ 丙Ⓚ
				甲	丙		丙		丙 丙		丙 乙 丙	
				甲SK			Ⓚ		丙K 丙Ⓚ		丙K	
甲甲	2甲2甲	3甲甲	甲甲 3甲2甲	2甲2甲 甲甲 甲甲	丙		2丙丙 丙丙		丙丙			
甲Ⓢ	甲Ⓢ	甲Ⓢ	甲Ⓢ 甲KⓈ	甲Ⓢ 甲KⓈ 甲Ⓢ					丙Ⓚ			
	甲			甲	甲	2甲 丙	丙					3丙
				甲Ⓢ	甲KⓈ	甲KⓈ Ⓚ	Ⓚ					丙Ⓚ
4甲	3甲	3甲	4甲	甲甲	3甲 丙	2丙	3丙		4丙	4丙	3丙	6丙
				甲Ⓢ	甲KⓈ	Ⓚ	丙Ⓚ		丙Ⓚ	丙Ⓚ	丙Ⓚ	丙Ⓚ
甲	甲	甲	2甲	2甲	2甲 丙	丙	丙				丙丙	
				Ⓢ		Ⓚ	Ⓚ				Ⓚ	

天平宝字		6・4・27	28	29	6・5・1	2	3	4	5	6	7	8	9	10
(A)	主・右	甲/甲 甲/甲 甲△/甲△				甲/甲		□/乙	2乙/2乙		2乙/乙			乙/乙 乙/乙
(A)	位置	甲/Ⓢ 甲/Ⓢ				甲/Ⓢ		乙/(S)	乙/(S)		乙/(S)			乙/(S) 乙/(S)
(C)	主・右	甲/甲	甲/甲	甲/甲 乙/乙	甲/甲	甲/甲 甲/甲 乙/乙	甲/甲	2甲/2甲 乙	甲/甲 甲/甲	甲/甲	甲/甲	甲/甲	2甲/2甲	甲/甲 甲/甲
(C)	位置	甲/Ⓢ	甲/Ⓢ	甲/Ⓢ 乙/(S)	甲/Ⓢ	甲/Ⓢ 甲/Ⓢ 乙/S	甲/Ⓢ	甲/Ⓢ 乙/(S)	甲/Ⓢ 甲/Ⓢ	甲/Ⓢ	甲/Ⓢ	甲/Ⓢ	甲/Ⓢ	甲/Ⓢ 甲/Ⓢ
(D)	本文	乙 乙 乙 〔26〕甲 乙	乙		甲 〔1〕乙 〔1〕甲	甲 甲 甲		乙 乙 〔3〕乙 乙		乙	甲			
(D)	位置	乙/S 乙/S 乙/K 甲/S 乙/S	乙/S		甲 乙/※ 甲	甲/S 甲/S 甲/S		乙/S 乙/S 乙 乙/S		乙/S	甲/S			
(E)	主・右	甲ヵ/甲ヵ	甲/甲 甲△/甲△	乙/乙		乙/乙								乙/乙
(E)	位置		甲/Ⓢ	乙/S		乙/(S)								乙/(S)
(F)	主・右				甲									
(F)	位置				甲/Ⓢ									
(G)	主・右		2甲	2甲/甲	甲/甲 甲/甲 2甲/2甲	2甲/2甲	甲/甲				甲/甲			
(G)	位置			甲/Ⓢ	甲/Ⓢ 甲/Ⓢ									
(H)	主・右				甲	2甲/甲 4乙/4乙								
(H)	位置					乙/S								

	27	26	25		24		23	22	21		20	19	18				17			16	15			14	13		12	11	
甲 甲	甲 甲																甲 甲				2甲 2甲							乙 乙	
甲 Ⓢ	甲 Ⓢ																甲 Ⓢ				甲 Ⓢ							乙 (S)	
	甲	甲 甲	2甲 2甲	甲 甲	甲 甲		甲 甲	甲 甲	甲 甲	甲 甲	甲 甲	甲 甲	甲 甲			甲 甲	甲 甲	乙 乙	2甲 2甲	甲 甲	甲 甲			甲 甲	2甲 2甲	甲	甲 甲	甲 甲	甲 乙
		甲 Ⓢ	甲 Ⓢ	甲 Ⓢ	甲 Ⓢ		甲 Ⓢ	甲 Ⓢ	甲 Ⓢ	甲 Ⓢ	甲 Ⓢ					甲 Ⓢ	甲 Ⓢ	乙 S	甲 Ⓢ	甲 Ⓢ	甲 Ⓢ			甲 Ⓢ	甲 Ⓢ		甲 Ⓢ	甲 Ⓢ	乙 (S)
	甲					乙	甲	甲						甲	甲	〔16〕 乙	乙		乙	乙		乙	乙	乙	甲				
	甲 S					乙 S	甲 S	甲 S						甲 S	甲 S	乙 S	乙 S		乙 S	乙		乙 S	乙 S	乙 S	甲 S				
							乙 乙					甲 甲								乙 乙							甲 甲		
							乙 (S)					甲 Ⓢ								乙 S							甲 Ⓢ		
																				甲									
																	甲 甲				甲 甲							甲 甲	
																	甲 Ⓢ												
																				甲 甲									

天平宝字	(A) 主·右	(A) 位置	(C) 主·右	(C) 位置	(D) 本文	(D) 位置	(E) 主·右	(E) 位置	(F) 主·右	(F) 位置	(G) 主·右	(G) 位置	(H) 主·右	(H) 位置
6·5·28			甲											
29			2甲 甲	甲 Ⓢ										
6·6·1			甲 甲	甲 Ⓢ										
2	甲 甲	甲 Ⓢ	甲 甲	甲 Ⓢ										
3			乙 乙、甲 甲	乙 (S)、甲 Ⓢ	乙、乙	乙 S、乙 S								
4			甲 甲	甲 Ⓢ	乙	乙 S			乙	乙 (K)	乙	乙 (K)		
5	乙 乙、乙 乙	乙 (K)、乙 (K)	丙 丙	丙 Ⓚ					丙	丙 Ⓚ	乙	丙 Ⓚ		
6			丙 丙、丙 丙	丙 Ⓚ、丙 Ⓚ			丙 丙	丙 Ⓚカ			2丙	Ⓚ	丙 丙、丙 丙、2丙 2丙	Ⓚ、Ⓚ
7			丙 丙、丙 丙	丙 Ⓚ、丙 Ⓚ			丙 丙	Ⓚ	乙	乙 (K)	丙 丙、2乙 2乙	Ⓚ、乙 (K)		
8	丙 丙	丙 Ⓚ	2丙 2丙	丙 Ⓚ					3丙	Ⓚ				
9			丙 丙	丙 Ⓚ			丙 丙、丙 丙	Ⓚ、Ⓚ			丙 丙	丙 Ⓚ	丙 丙、3丙 丙	Ⓚ、Ⓚ
10			丙 丙、2丙 2丙	丙 Ⓚ、丙 Ⓚ			丙 丙	丙 Ⓚ			2丙 丙	Ⓚ		
11	丙 丙	丙 Ⓚ	丙 丙	丙 Ⓚ										
12			丙 丙	丙 Ⓚ			丙 丙	Ⓚ			丙 丙	Ⓚ		
13	丙 丙	丙 Ⓚ	2丙 2丙	丙 Ⓚ					丙	丙 Ⓚ				
14			3丙 3丙、丙 丙	丙 Ⓚ、丙 Ⓚ										
15			丙 丙、丙 丙	丙 Ⓚ、丙 Ⓚ										
16			丙 丙、丙 丙	丙 Ⓚ、丙 Ⓚ										

2			6·7·1		30		29	28			27			26	25		24		23		22			21		20	19	18	17
			甲 甲						甲 甲	2甲	甲 甲			甲 甲												丙 丙	3丙 3丙		
			甲 Ⓢ						甲 Ⓢ	甲 Ⓢ	甲 Ⓢ			甲 Ⓢ												丙 Ⓚ	丙 Ⓚ		
乙 乙	乙 乙	2乙 2乙	乙 乙	甲 甲	甲 甲	甲 甲	甲 甲	2甲 2甲			甲 甲	甲 甲	甲 甲	甲 甲	甲 甲	甲 甲	甲 甲		甲 甲	甲 甲	甲 甲	甲 甲	甲 甲	丙 丙	丙 丙	丙 丙	丙 丙	丙 丙	丙 丙
乙 S K	乙 S K	乙 S K	乙 S K	甲 Ⓢ K	甲 Ⓢ	甲 Ⓢ K	甲 Ⓢ					甲 Ⓢ	甲 Ⓢ	甲 Ⓢ	甲 Ⓢ	甲 Ⓢ	甲 Ⓢ K		甲 Ⓢ	甲 Ⓢ	甲 Ⓢ K	甲 Ⓢ	甲 Ⓢ K	甲 Ⓢ K	丙 Ⓚ S	丙 Ⓚ (S)	丙 Ⓚ	丙 Ⓚ	丙 Ⓚ
甲										甲	丙			甲								甲	甲	丙					
甲 S											丙 S K			甲 S K								甲 K	甲 K	丙 S					
																										丙 丙			
																										丙 Ⓚ			
甲			2甲																					甲			丙	丙	
Ⓢ K																											Ⓚ	Ⓚ	
乙 乙														甲 甲	甲 甲			甲 甲	2甲 甲									丙 丙	
乙 S														甲 Ⓢ	甲 Ⓢ			甲 Ⓢ	甲 Ⓢ									丙 Ⓚ	
											甲 甲			丙 丙				甲△	甲 甲								2丙 丙	丙 丙	
											甲 Ⓢ K			丙 S Ⓚ					Ⓢ								Ⓚ	丙 Ⓚ	

天平宝字	(A) 主·右	(A) 位署	(C) 主·右	(C) 位署	(D) 本文	(D) 位署	(E) 主·右	(E) 位署	(F) 主·右	(F) 位署	(G) 主·右	(G) 位署	(H) 主·右	(H) 位署
6·7·3	甲	甲/Ⓢ	甲/甲	甲/Ⓢ			甲/甲	甲/Ⓢ	甲		甲/甲	甲/Ⓢ	甲/甲	甲/Ⓢ
	甲/甲	甲/Ⓢ	乙/乙	乙/(S)										
	甲/甲	甲/Ⓢ												
4			乙/乙	乙/(S)			甲/甲	甲/Ⓢ	甲		2乙/2乙	乙/(S)	甲/甲	甲/Ⓢ
											甲/甲	甲/Ⓢ	甲	
											甲/甲	甲/Ⓢ		
5			甲/甲	甲/Ⓢ					2甲	Ⓢ	乙/乙	乙/(S)		
			甲/甲								▯	乙/S		
											▯	乙/S		
											▯	乙/(S)		
6			2甲/2甲	甲/Ⓢ					甲		2甲	甲/Ⓢ	甲/甲	甲カ/Ⓢカ
			乙/乙	乙/(S)										
			乙/乙	乙/(S)										
7	甲/甲	甲/Ⓢ	2乙/乙	乙/(S)	甲	S					▯	甲/Ⓢ		
	甲/甲	甲/Ⓢ	乙/乙	乙/(S)							▯	乙/(S)		
			甲/甲	甲/Ⓢ										
			甲/甲	甲/Ⓢ										
8			2甲/2甲	甲/Ⓢ					甲	Ⓢ	乙/乙		甲/甲	甲/Ⓢ
9			2甲/2甲	甲/Ⓢ	乙	乙/S			甲	Ⓢ	▯	乙/(S)		
			乙/乙	乙/(S)	乙	乙/S					▯	乙/(S)		
					乙	S					▯	□/(S)		
											▯	□/(S)		
10			2乙/2乙	乙/(S)					甲	Ⓢ	□/甲	甲/Ⓢ		
11			2甲/2甲	甲/Ⓢ			甲/甲	甲/Ⓢ			甲/甲	甲/Ⓢ	甲/甲	甲/Ⓢ
12			2甲/2甲	甲/Ⓢ					甲	甲/Ⓢ	甲	甲/Ⓢ		
			乙/乙						2甲					
13	乙/乙	乙/(S)	3甲/2甲	甲/Ⓢ	乙	乙/S	甲/甲	甲/Ⓢ	甲		乙/乙	乙/(S)		
	甲/甲	甲/Ⓢ	甲/甲	甲/Ⓢ	乙	乙/S					乙/乙	乙/(S)		

14	15	16	17	18	19	20	21	22	23	24	25
		甲甲 2甲2甲		甲甲 乙甲乙		甲甲	甲甲 甲甲	甲甲 甲甲	甲甲 甲		
		甲Ⓢ		甲Ⓢ 乙(S)		甲Ⓢ	甲Ⓢ 甲Ⓢ	甲Ⓢ 甲Ⓢ	甲Ⓢ 甲Ⓢ		
3甲3甲	乙乙 3乙3乙 3乙3乙	2甲2甲	2甲2甲	2甲2甲 甲甲	3甲3甲 甲甲	3甲3甲	2甲2甲 2甲2甲	2甲2甲 乙乙	2乙2乙 甲甲	2甲2甲	2甲2甲
甲Ⓢ	乙(S) 甲Ⓢ 乙(S)	甲Ⓢ	甲Ⓢ	甲Ⓢ	甲Ⓢ 甲Ⓢ	甲Ⓢ	甲Ⓢ	甲Ⓢ 乙(S)	乙(S) 甲Ⓢ	甲Ⓢ	甲Ⓢ
		甲 甲 甲					乙 乙		乙 甲 乙		乙 乙 乙 乙
		甲S 甲S 甲S					乙S 乙S		乙S S S		乙S 乙S 乙S 乙S
								甲 （以下欠失）			
			2甲			甲 甲			甲		
						甲Ⓢ 甲Ⓢ					
甲甲		甲甲 甲甲 乙	乙乙	2甲2甲		甲甲 2甲 甲	甲甲	甲甲 甲甲 甲甲 乙		乙□ 甲甲	3乙 □
甲Ⓢ		甲Ⓢ 甲Ⓢ	乙(S)			甲Ⓢ 甲Ⓢ 甲Ⓢ		甲Ⓢ 甲Ⓢ		乙S 甲Ⓢ	甲Ⓢ
甲甲		甲甲 甲甲			甲	甲	甲	甲	（10・1まで記事なし）		

天平宝字	(A) 主·右	(A) 位置	(C) 主·右	(C) 位置	(D) 本文	(D) 位置	(F) 主·右	(F) 位置	(G) 主·右	(G) 位置	(H) 主·右	(H) 位置
6·7·25					乙	乙 S						
26			2甲 2甲	甲 Ⓢ			3甲		乙 乙			
									□			
27	甲 甲		2甲 2甲	甲 Ⓢ			2甲		2甲 2甲			
	2乙 2乙	乙 (S)										
	甲 甲								（以下欠失）			
28			乙 乙		甲		甲					
			乙 甲	甲 Ⓢ								
			2乙 2乙	乙 (S)								
29			乙 乙	乙 S Ⓐ			甲					
			乙 乙	乙 S Ⓐ								
			乙 乙	乙 S Ⓐ								
6·8·1			乙 乙	乙 S Ⓐ	甲	甲 S	甲					
2			乙 乙	乙 S Ⓐ			甲					
			乙 乙	乙 S Ⓐ								
3			乙 乙	乙 S Ⓐ			甲					
4			乙 乙	乙 S Ⓐ			（ここで終わり）					
5			乙 乙	乙 S Ⓐ								
			2乙 2乙	乙 S Ⓐ								
6			乙 乙	乙 S Ⓐ								
7			甲 甲	甲 Ⓢ								
8	甲 甲		2甲 2甲	甲 Ⓢ								
	甲 甲	甲 Ⓢ	乙 乙									
	甲 甲	甲 Ⓢ										
9	乙 乙	乙 (S)	2甲 2甲	甲 Ⓢ								
	2乙 乙	乙 (S)	乙 乙									
10	甲 甲	甲 (K) Ⓢ	乙 乙	乙 (S)								
	甲 甲	甲 Ⓢ K										

(I)米売価銭用帳	
主·右	甲 甲
位署	甲 (K) Ⓢ

	11	12	13	14	15	16	17	18	19	20	21	22	23	24	25	26	27	28	29
									甲甲				丙ヵ丙						
									甲(K)Ⓢ				丙Ⓚ						
	乙乙 乙乙 乙乙	甲甲	甲甲						甲甲				甲甲	(⑫・29まで記事なし)					
	乙(S) 乙(K)Ⓢ 乙(S)	甲(K)Ⓢ	甲(K)Ⓢ						甲(K)Ⓢ				甲Ⓢヵ						
																		丙	
																		丙Ⓚ	
		乙乙 乙乙			甲甲	甲甲						丙丙		丙丙				丙丙 丙	
		乙(S)(K)			甲(K)Ⓢ	甲(K)Ⓢ						丙Ⓚ		丙Ⓚ				丙Ⓚ	
(J)写経所食物用帳　主・右		乙乙	乙乙	甲甲 甲甲	甲甲	甲甲	甲甲	丙丙 丙丙	甲甲	丙丙 丙丙	丙丙	丙丙	丙丙 丙丙 丙丙	丙丙	丙丙	丙丙 丙丙	丙丙	丙丙 丙	丙丙 丙丙
位署		乙(S)(K)	乙(S)(K)	甲Ⓢ(K) 甲(K)Ⓢ	甲(K)Ⓢ	甲(K)Ⓢ	甲(K)Ⓢ	丙SⓀ 丙(S)Ⓚ	甲(K)Ⓢ	丙SⓀ 丙Ⓚ	丙Ⓚ	丙Ⓚ	丙Ⓚ 丙Ⓚ 丙Ⓚ	丙Ⓚ	丙Ⓚ	丙Ⓚ 丙Ⓚ	丙Ⓚ	丙Ⓚ	丙Ⓚ

天平宝字	(A) 主・右	(A) 位署	(C) 主・右	(C) 位署	(D) 本文	(D) 位署	(H) 主・右	(H) 位署	(I) 主・右	(I) 位署	(J) 主・右	(J) 位署
6・9・1					丙	丙					丙 丙	丙 Ⓚ
											丙 丙	丙 Ⓚ
2					丙	丙					丙 丙	丙 Ⓚ
					丙	丙						
3											乙 乙	乙 (K)Ⓐ
4											丙 丙	丙 Ⓚ
5	丙 丙	丙 Ⓚ							丙 丙	丙 Ⓚ	丙 丙	丙 Ⓚ
	丙 丙	丙 Ⓚ									丙 丙	
6											丙 丙	丙 Ⓚ
7									丙 丙	丙 Ⓚ	丙 丙	丙 Ⓚ
8											丙 丙	丙 Ⓚ
9					丙	Ⓚ			丙 丙	丙 Ⓚ	丙 丙	丙 Ⓚ
											丙 丙	
10											乙 乙	乙 (K)Ⓐ
11											丙 丙	丙 Ⓚ
12											丙 丙	丙 Ⓚ
13											丙 丙	丙 Ⓚ
14					丙	K			丙 丙	丙 Ⓚ	丙 丙	丙 Ⓚ
											丙 丙	
15											丙 丙	丙 Ⓚ
16					乙	(K)			丙 丙	丙 Ⓚ	丙 丙	丙 Ⓚ
17											丙 丙	丙 Ⓚ
											丙	Ⓚ
18											甲 甲	甲 Ⓢ
											甲 甲	甲 Ⓢ
19	甲										甲 甲	甲 Ⓢ
											甲 甲	甲 Ⓢ
22												

	17	16	15	14	13	12	11	10	9	8	7	6		5	4		3	2	6·10·1	30	29	28	27		26	25		24	23
									(7·正·30まで記事なし)			甲 甲																	
												甲 Ⓢ																	
																〔1〕 甲	甲			甲									
																甲 S	甲			甲 S									
																	(ここで終わりか)		甲 甲										
																										(以下欠失)		甲 甲	
																												甲 (K) Ⓢカ	
丙 丙	甲 甲	甲 甲	甲 甲	甲 甲	甲 甲	甲 甲	甲 甲	甲 甲	甲 甲	甲 甲	2甲 2甲	甲 甲	甲	甲 甲	甲 甲		甲 甲	甲 甲	甲 甲	甲 甲	甲 甲	甲 甲	甲 甲	甲 甲	甲 甲	乙 乙	乙 乙	乙 乙	甲 甲
丙 S Ⓚ	甲 K Ⓢ	甲 K Ⓢ	甲 K Ⓢ	甲 K Ⓢ	甲 K Ⓢ	甲 K Ⓢ	甲 K Ⓢカ	甲 K Ⓢ	甲 K Ⓢ	甲 Ⓢ	甲 Ⓢ	甲 Ⓢ		甲 Ⓢ	甲 Ⓢ		甲 Ⓢ	甲 Ⓢ	甲 Ⓢ	甲 Ⓢ	甲 Ⓢ	甲 Ⓢ	甲 Ⓢ	甲 Ⓢ	甲 Ⓢカ	乙 S	乙 (S)	乙 (S)	甲 Ⓢ

天平宝字	(A) 主・右	(A) 位置	(C) 主・右	(C) 位置	(D) 本文	(D) 位置	(J) 主・右	(J) 位置
6・10・18							丙 丙	丙 S Ⓚ
							丙 丙	丙 S Ⓚ
19							丙 丙	丙 Ⓚ
20							丙 丙	丙 Ⓚ
21							丙 丙	丙 Ⓚ
22							丙 丙	丙 Ⓚ
23							丙 丙	丙 Ⓚ
24							丙 丙	丙 Ⓚ
25							乙 乙	乙 (K)
							丙 丙	丙 Ⓚ
26							丙 丙	丙 Ⓚ
27							乙 乙	乙 (K) Ⓐ
							丙 丙	
28					乙	乙 K	丙 丙	丙 Ⓚ
29							乙 乙	乙 (K) Ⓐ
6・11・1							丙 丙	丙 Ⓚ
2							乙 乙	乙 (K)
							丙 丙	
3							丙 丙	丙 Ⓚ
							丙 丙	
							丙 丙	丙 Ⓚ
4							乙 乙	乙 (K) Ⓐ
5							乙 乙	乙 (K) Ⓐ
6							2丙 2丙	丙 Ⓚ
7							丙 丙	丙 Ⓚ
							丙 丙	
8							丙 丙	丙 Ⓚ
9							丙 丙	丙 Ⓚ

天平宝字	(A) 主・右	(A) 位置	(C) 主・右	(C) 位置	(D) 本文	(D) 位置	(J) 主・右	(J) 位置
6・11・10							乙 乙	乙 (K) Ⓐ
11							乙 乙	乙 K Ⓐ
							乙 乙	乙 (K) Ⓐ
12							乙 乙	乙 (K) Ⓐ
13							丙 丙	丙 Ⓚ
14							丙 丙	丙 Ⓚ
							丙 丙	Ⓚ
15							丙 丙	丙 Ⓚ
							丙 丙	丙 Ⓚ
16							乙 乙	乙 K Ⓐ
							丙 丙	丙 Ⓚ
17							丙 丙	丙 Ⓚ
18							丙 丙	丙 Ⓚ
19							乙 乙	乙 K Ⓐ
							丙 丙	
20							丙 丙	丙 Ⓚ
21							丙 丙	丙 Ⓚ
							丙 丙	
22							丙 丙	丙 Ⓚ
							丙 丙	
23							丙 丙	丙 Ⓚ
24							乙 乙	乙 K Ⓐ
							丙 丙	丙 Ⓚ
25							丙 丙	丙 Ⓚ
26							乙 乙	乙 K Ⓐ
27							2甲	甲 Ⓢ K
28							甲	甲 Ⓢ K
							丙	丙 S Ⓚ

天平宝字	(A) 主・右	(A) 位署	(C) 主・右	(C) 位署	(D) 本文	(D) 位署	(J) 主・右	(J) 位署
6・11・29							2甲 2甲	甲 Ⓢ K
30					甲	甲	甲 甲	甲 Ⓢ K
					甲	甲 S K	甲 甲	甲 (K) Ⓢ
6・12・1							甲 甲	甲 (K) Ⓢ
2							甲 甲	甲 K Ⓢ
3							甲 甲	甲 K Ⓢ
4							2甲 甲	甲 Ⓢ K
5					乙	S	甲 甲	甲 Ⓢ
							甲 甲	甲 Ⓢ
6							甲 甲	甲 Ⓢ
7							甲 甲	甲 Ⓢ
8					乙		甲 甲	甲 Ⓢ
9							甲 甲	甲 Ⓢ
10							甲 甲	甲 Ⓢ ｶ
11							甲 甲	
							甲	甲 Ⓢ ｶ
12							甲 甲	甲 Ⓢ
13							甲 甲	甲 □ （ここで終わり）
24					乙	乙		
					乙			
6・⑫・28					乙	乙 S		
29			甲 甲	甲 Ⓢ （ここで終わり）				
7・正・30	甲 甲	甲 □ （ここで終わり）						
7・2・18					甲	甲 S		
					甲	甲 S		
					甲	甲 S		

天平宝字	(D) 本文	(D) 位署
7・3・3	甲	甲 S
	甲	甲 S
7・5・6	乙	乙 S
	乙	乙 S K
21	甲	甲 S
7・6・9	甲	甲 S
15	甲	甲 S
16	甲	甲 S
		〔7・6・12〕甲 ※
		〔4・8〕甲 ※
		〔2・20〕甲 ※
		〔6・⑫・24〕甲 ※
		〔10・23〕甲 ※
		〔16〕甲 ※
		〔17〕甲 ※
		〔15〕甲 ※
		〔9・28〕甲 ※
		〔4・20〕甲 ※
		〔25〕甲 ※
		〔21〕甲 ※
		〔20〕甲 ※
		〔29〕甲 ※
		〔21〕甲 ※
		〔6・4〕甲 ※
		〔7・6〕甲 ※
		〔9〕甲 ※ （ここで終わり）

二　帳簿の作成と書き換え

1　下道主と阿刀乙万呂

造石山寺所の帳簿の中で最も早く始まるのは(A)「造寺料銭用帳」で、冒頭には甲筆によって天平宝字五年十二月二十四日条の記事が書かれている（表1参照）。造石山寺所関係文書の中で最も早い日付を持つのは、長上船木宿奈万呂と木工三人・仕丁三人の雑物充当を伝える同年十二月二十三日付「造寺司牒」（正集五、四ノ五二五～五二六）であるから、(A)の冒頭の記事は最初期のものということになる。しかし、甲筆、すなわち下道主が石山に出向するのは翌年の正月になってからのようであり、同月二十日付「造石山寺所解案」(D)、十五ノ一三九～一四〇）には道主を案主として所請する記事が載せられている。もっとも、造石山寺所の正月（三〇日）の上日報告では、道主のそれは一五とある（表2参照）[38]ので、この時にはすでに造石山寺所に出仕していたはずである。しかし、道主の造石山寺所への出向には造東大寺司が難色を示し、右の二十日付の所請に対して、同月二十三日付「造東大寺司牒」（続修別集七、五ノ六八～六九）では、「一下道主／右人其名雖預司考不知彼身所在／仍不得判充」と述べ、造石山寺所が提出した上日に対しても、二月二日付「造東大寺司牒」（正集五、五ノ八四）は「一下道主玉作子綿二人者司不判充何申上／其上日」として返却の措置をとっている。これ以降、道主の処遇をめぐる記事はなく、上日も造石山寺所によって報告されている（表2参照）ので、二日付「牒」から間もない時期に道主は造石山寺所の政所に判充されたものと思われるが、こうした経緯からしても、長上船木宿奈万呂らと同じころに石山へ赴き帳簿作成に従事していたとは考えにくい。先の上日数より推せば、道主が造石山寺所に出仕しだすのは六年正月十六日ごろからではなかろうか。つまり、道主は、この日以降に前年十二月二十四日の記事を書いていたと見られるのである。同様のことは、(E)「雑材幷檜皮及和炭納帳」の正月十五日条に登場する乙筆についてもいえる。

乙筆、すなわち阿刀乙万呂が造石山寺所に充てられるのは、六年正月十四日付「造寺司牒」（続修別集六、五ノ三〜四）においてで、舎人品治石弓と鉄工物部爾万呂とともに出向させる旨が記されている。正月の上日は道主と同じく一五である（表2参照）から、十六日には造石山寺所に出仕していたらしく、(G')「雑物用帳」の同日条には、山作所に充てる鉄一〇廷・鍬二口が阿刀乙万呂と玉作子綿に付されたことが見えている（十五ノ二九〇）。その後、乙万呂と子綿は田上山作所の領となり、正月三十日付「田上山作所告朔」（続修後集三十二、十五ノ三四四〜三四八、続修別集三十一、五ノ七七〜八三）[39]の作成に従事しているが、子綿らに宛てられた二月四日付「造石山寺所符案」(D)、十五ノ一四九）には阿刀乙万呂に替えて道豊足を領として充遣することが伝えられ、「宜承知状乙万呂掌所雑物件豊足勘遷以今月六日／参向寺家」との指示が出されている。山作所領としての乙万呂は、翌五日付の「造石山寺所符案」（(D)、十五ノ一五〇）に見えるのが最後であるから、乙万呂は予定通り六日には田上山作所から造石山寺所へ配置換えになったようである。従って、(A)「造寺料銭用帳」・(E)「雑材幷檜皮及和炭納帳」(冒頭に「雑材幷檜皮納帳」と題する）・(F)「鉄充幷作上帳」・(G)「雑物用帳」の正月十五日から二月五日にかけての各条に見える乙万呂の筆（乙筆、表1参照）は、二月六日以降のものと思われる[41]。[40]

記帳担当者が着任以前の記事を一括して書き上げるのは往々にしてあることだろうし、下道主と阿刀乙万呂の場合もとりたてて問題にするほどのものではないかもしれない。しかし、右の(E)・(F)・(G)の各帳簿には、内容をほぼ同じくする(E')「雑材納帳」・(F')「鉄用帳」・(G')「雑物用帳」があることを念頭にすると、事はやや複雑になってくる。

表2　造石山寺所構成員の上日〔（　）内は夕の数〕

天平宝字六年	正月	二月	三月	四月	五月	六月	七月	八月	九月	十月
主典安都雄足	三〇(一八)	二〇	三〇(二〇)	一七(一一)	二三(一九)	一四(一三)	一〇(八)	四(三)	五(三)	
長上船木宿奈万呂	三〇(二九)	三〇		二七(二六)	八(七)	二三(二二)	二五(二三)			
領上馬養	七(六)	三〇	二四(二三)	二八(二七)	二二(二一)	三〇(二九)	五(四)	二九(二八)	一七(一六)	二九(二八)
下道主	一五(一四)	二九	三〇(二九)	一九(一八)	二九(二八)	二三(二二)	二九(二八)	二〇(一九)	一五(一四)	二五(二四)
玉作子綿	一六(一五)	三〇	三〇(二九)	二九(二七)	二六(二〇)	五(四)				
三嶋豊羽	一〇	七	三〇(二九)	二九(二八)	二六(二一)	一七(一六)	二九(二八)	二四(二三)		
品治石弓	一六(一五)	二〇	三〇(二九)	二四(二〇)						
秦足人	一二(九)	二五	三〇(二九)	二九(一九)	二七	三〇(二九)	二九(二八・・)			
工広道	五	一三		八(七)	二(一)					
弓削伯万呂	七	三〇	三〇(二九)	二一(一九)	一五(八)	二七(二六)	二九(二六)	二七(二六)	三〇(二九)	二三(一九)
阿刀乙万呂	一五(一四)	三〇	三〇(二九)	二二(二一)	二九(二八)	一五(一四)	二九(二八)	二三(二二)	三〇(二九)	二九(二八)
道豊足		三〇・・	二八(二七)	二九(二八)	二二(二〇)					
装潢能登忍人	七(六)	三〇	二〇(一九)	一七(一六)	二一	二一(二〇)	七(六)	二一(二〇)	三〇(二九)	二一(二〇)
木工穂積河内	三〇	一三	二六	二六(一九)	一五	二四	二九(二八)			
丸部男公	三〇	三〇	二九(二八)	二八(二七)	九	二九	二九(二八)			
甲賀深万呂	二三	二七	二八(二四)	二九(二八)	九	二七	二九(二八)			
県主石敷	三〇									
丈部真犬	三〇	三〇	二六(二五)	二九(二八)	九	二七	二九(二八)			
勾猪万呂		二五	一七(一六)	二八(二七)	七	二九	二九(二八)			
秦九月		三〇	二八(二七)	二六(二五)	九	二八	二六(二五)			

他田小豊		二六	二五(二四)	二七(二六)	九	二九	二三(二二)			
播磨父万呂		一•二•								
秦広津		三〇	二八(二三)	二八(二七)	七	二七	二九(二八)			
紀黒弓				一四(一三)						
他田安得				一三(一二)						
高乙虫				四(三)						
阿刀兄万呂						一二				
鉄工物部根万呂	一五(一四)	三〇	二八(二七)	二九(二八)						
和久真時					八	二九(二八)	二九(二八)			
土工私部在人			二六(二五)	二九(二八)	二八	二七	二九(二八)			
仏工己智帯成						一五(一四)				
志斐公万呂						二〇				
息長常人						一四				
画工上楯万呂						二三(二二)	二九(一九)	二七(二六)	一〇(六)	

＊本表は、(D)「解移牒符案」所載の上日報告（十五ノ一四五～一四六、未収（天平時代文書）、十五ノ一七五～一七六、一九二～一九三、二一二～二一三、二一七～二一八、二三〇～二三一、未収（続修九⑦⑨裏）、十五ノ二四五～二四七。正月～八月は「造石山寺所解案」、九・十月は「石山院奉写大般若所解案」による）より作成。黒丸を付した数字は墨消されていることを示す。

2　旧帳と新帳

(E′)「雑材納帳」は正月十五日～二十八日、(F′)「鉄用帳」は正月十六日～二月二十一日、(G′)「雑物用帳」は正月十六日～二月二十五日の間の記事を書き留める一～二紙の帳簿で、いずれも尾部を欠いた状態にある（後掲の一覧表参照）。岡藤良敬氏は、このⒺ′とⒺ「雑材幷檜皮及和炭納帳」、Ⓕ′とⒻ「鉄充幷作上帳」、Ⓖ′とⒼ「雑物用帳」をそれぞれ案文と正文の関係ととらえられている[42]が、両者の内容を比較すると、これらⒺ′・Ⓕ′・Ⓖ′を案文とするにはいくつかの問題があることが知られる。以下、順にその理由を述べることにする。

まず、Ⓔ′「雑材納帳」とⒺ「雑材幷檜皮及和炭納帳」を見ると、正月十五日～二十八日の限られた期間ではあるが、Ⓔ′に記された雑材（椙榑、黒木、黒木の桁・柱・古麻比・佐須など）の収納数と雇夫・仕丁の採功数はⒺのものと一致しているので、両者は同内容と見てもよさそうである。しかし、書式の方は異なっており、冒頭の正月十五日条はともに主文／「右」記事／位署（Ⓔ′では主典安都雄足が自署を加える）と共通するものの、Ⓔ′では、それに続く十五日～二十七日の各条を主文＋「右」記事もしくは主文／「右」記事の形で書き継ぐのに対し（二十八日条は後半部を欠くため除外）、Ⓔでは、この間の収納雑材を一括集計して十五日条の「又」主文とし、「右自十五日迄廿七日自立石〔山〕令採如件採功百廿九人」（十五ノ二六一）との「右」記事を付けて位署を加えている。これより、Ⓔ′の方がⒺより先に作成されていたこと、Ⓔではそれをもとに収納雑材の集計を行なっていたことが知られるが、こうした一括集計はⒺの正月二十八日条や二月一日条でも見られ、いずれも立石山からの収納雑材と採功を、前者では正月二十八日～三十日、後者は二月一日～三十日の分をまとめて記している。この場合も、現状では当該条を欠失するが、Ⓔ′をもとにした集計と見てよいだろう。Ⓔでの収納雑材の集計記事は二月一日条のものが最後で、三月二日以降雑材は収納の都度記帳されているので、Ⓔ′の記事は二月三十日をもって終わっていたのではないかと思われる。

Ⓔ「雑材幷檜皮及和炭納帳」には、雑材の他に檜皮と和炭の収納も記録されているが、この両者にもⒺ′「雑材納帳」のような帳簿があったらしく、檜皮の場合は、一括集計ではないが、二月九日～三十日の各条に日別の収納数を主文／「右」記事もしくは主文のみで書き上げ、最後の三十日条に位署を加える形式をとっている。一方、和炭

の場合は、三月九日条に「収納和炭卌九石四斗　焼夫卅八人／右自正月廿四日迄（二月）廿二日焼炭惣今日納如件」（合点は省略。十五ノ二六八）と記して一括集計を行なっている。いずれも整理・集計の対象となる先行帳簿があっての措置と考えられる。このように見ると、(E)は、冒頭に「雑材幷檜皮納帳」と題することから推して、三月一日～九日の間に、まず(E′)「雑材納帳」と〝檜皮納帳〟をもとに作成されだし、九日に〝和炭納帳〟の記事を付け加えることによって、「雑材幷檜皮及和炭納帳」としての体裁をとるに至ったということになるだろう。つまり、(E)の作成にともなって先行する三帳簿はその役割を終えたわけで、(E′)は正月十六日～二月三十日、〝檜皮納帳〟では二月九日～三十日、〝和炭納帳〟では正月二十四日～二月二十二日の記事でもって、それぞれ閉じられたのではないかと推測される。

次に、(F′)「鉄用帳」と(F)「鉄充幷作上帳」の正月十六日～二月二十一日の間の記事を見ると、各条の冒頭に記される鉄廷の下充数は一致し、それに続く作上鉄雑物は品目の一部が(F)で削られたり作上日が変更されたりしているが、それ以外のものはほぼ同内容と見られる。書式の方は、(F′)には「右」記事は付けられず位署があるのも一部だけで、その他は主文のみの構成となっているのに対し、(F)では、主文／「右」記事／位署という整った体裁をとっている。そこでの「右」記事は、「右作上鉄物等如件」（十五ノ二九三）と文言が統一されており、興味深いのは、この「右」記事が三月四日条[43]まで続けられたあと、次の十日条では「右作上釘等如件」（十五ノ二九八）と表記の一部が変わり、これを最後に「右」記事は現われなくなる点である。(F)における作上鉄雑物の一部訂正や書式の統一は、(F′)を下敷きにしてのことと見られるが、正月十六日条から始まる画一的な「右」記事が三月四日条まで続くのは、(F)の作成者が手元に置いていた(F′)がこの日で終わっていたことを、換言すれば、(F)の筆者は正月十六日条からこの三月四日条まで連続して書き上げてきたことを示唆するように思われる。[44](G)「雑物用帳」にも記載される鉄廷下充の最初の記事が、「同帳」三月四日条に「又下鉄卅三廷重百十六斤十両／右自正月十六日迄三月四日於院中雑鉄物下作料／用惣今日下如件／但所作色別物者在作上帳」（十五ノ三一八～三一九）とあって、正月十六日～三月四日の下充数を集計しているのも、(F′)の記事がこの三月四日をもって終わっていたからであろう。(F)の先行帳簿は(F′)だけと見られるので、恐らく三月五日ごろから(F′)の記事を改訂し書式を整えて(F)に転記していったものと思われる。

(G′)「雑物用帳」と(G)「雑物用帳」の場合は題目が一致し[45]、書式も主文／「右」記事／位署を基本形としていてほぼ共通するが、正月十六日～二月二十五日の間の記帳内容を比べると次のような相違点が見出だされる。すなわち、①(G′)冒頭の正月十六日条の記事が(G)では二月三日条に載せられているため、(G)は正月二十四日条から始まる体裁をとっている点、②(G′)の正月二十四日条の和炭、二月六日条の租布、二十五日条の墨の各下充記事が(G)には載せられていない点、③(G)には(G′)に認められない正月三十日条の雑器、二月七日条の釘等の各下充記事が載せられている点である。①の(G′)正月十六日条の記事が(G)では二月三日条に記載された理由は明らかでないが、こうした措置がとられたのも、(G)が(G′)をもとに作成されていたからであろう。しかし、②③に明らかなように、(G)の作成時には収載記事の取捨が行なわれたらしく、たとえば②の和炭の場合を見ると、三月四日から始まる(H)「雑材幷檜皮及和炭用帳」の同月九日条において、和炭四〇斛一斗の下充に「右自正月廿四日迄三月十日充用和炭物今日下如件」（十五ノ三六五）と記すように、一括集計されて「同帳」に転載されている[46]。その際、三月十日で区切っているのは、集計の対象とした(G′)の和炭下充が、この日まで書き継がれていたためと思われる。③の雑器は、その下充記事に「已上買内」（十五ノ三一五）と注記されているので、(G′)では記載されなかった購入品の下充を(G)では追加記入していたようである。釘の場合は、二月七日条に主文と八つの「又」主文によって下充が記され、それぞれの「右」記事で写経所用と石山寺用に分類されているが、合計四七一隻もの釘がこの日に下充されたとは考えにくい[47]ので、恐らく二月七日ごろから始まっていた〝鉄雑物用帳〟のようなものから、日付を省略し記事内容のみを転記したのであろう。この他、前記のように、三月四日条には(F′)「鉄用帳」から集計した正月十六日～三月四日の鉄廷下充数が記載されているので、(G)は少なくとも(G′)・(F′)・〝鉄雑物用帳〟といった先行帳簿をもとにして、「雑物用帳」としての体裁を整えていったものと見られる。その作成開始日は、先に推定した(F′)と(G′)の最終記事を念頭にすれば、三月五日～十一日の間に求められそうである。

以上、(E′)「雑材納帳」は(E)「雑材幷檜皮及和炭納帳」の、(F′)「鉄用帳」は(F)「鉄充幷作上帳」の、(G′)「雑物用帳」は(G)「雑物用帳」のそれぞれ先行する帳簿の一つであることを指摘したが、これより(E′)・(F′)・(G′)を案文と見るのは無理であることも知られるであろう。むしろ、(E′)・(F′)・(G′)と(E)・(F)・(G)が旧帳と新帳の関係にあることからすれば、新帳が作りだされる三月一日～十一日の間に帳簿作成上の大きな画期があったことを読み取ることができる。となると、(E)・(F)・(G)と並行して作成されていたことになっている他の帳簿(A)～(D)においても、同様の事態が進んでいたのではないかと思われてくる。それを窺わせるのが、(A)「造寺料銭用帳」と(B)「造寺料雑物収納帳」である。

(A)「造寺料銭用帳」は、前記のように帳簿の中で最も早い日付を持つが、その冒頭部では日次が乱れており、天平宝字五年十二月二十四日条を先頭に六年正月十日、五年十二月二十七日、六年正月十六日、八日、二月三十日、十六日の順に各条の記事が書き継がれている。書式は、最初の三条が主文（「又」主文）／「右」記事／位署の形をとり、他は主文／「右」記事／「又」主文／「右」記事の形式で書き進められ、二月十六日条の最後になって位署が置かれている。次の三月七日条以降になると、日次通りに記帳がなされ、書式も主文／「右」記事／位署を基本とする形になっている点から推すと、五年十二月二十四日～六年二月三十日の記事は一括して記帳されていたこと、つまりⒶにもⒺ´「雑材納帳」・Ⓕ´「鉄用帳」・Ⓖ´「雑物用帳」のような先行する〝銭用帳〟があって、その記事を三月一日～七日の間に一部改訂もしくは集計しⒶに転記していた可能性が高いように思われる。ただ、旧帳から新帳へとなると日次の乱れが問題になるが、最初の二条は甲賀山作所への、六年正月十六日条は田上山作所への下充銭を、残る各条では雑物直や功直の下充銭をそれぞれ記していることからすれば、それは複数の〝銭用帳〟から用銭別に記事をまとめた結果なのかもしれない。

Ⓑ「造寺料雑物収納帳」の場合は、日次順に記帳がなされ、書式も主文（「又」主文）／「右」記事／位署の整った形をとり、位署にはいずれも主典安都雄足が自署を加えるという特徴を持つ。現存するのは、五年十二月二十八日～六年二月二十六日の記事を載せる一紙のみであるが、「写真」によると最後の二月二十六日条の位署の左に余白が二行程度認められるので、Ⓑは尾欠ではなく、この一紙をもって記帳が終わっていた可能性が高い。安定した筆遣いからすれば、これらの記事は、二月二十七日以降に一括して書かれたもののようである。となると、Ⓑは旧帳から書き換えられた新帳ということになるが、それが何故に一紙で終わるのか明らかではない[48]。

残るⒸ「食物用帳」とⒹ「解移牒符案」についても三月上旬までの記事を見ると、そこには一括集計や書式の変化、Ⓐ「造寺料銭用帳」のような大幅な日次の乱れは認められない。また、それぞれ一箇所だけであるが、Ⓒでは正月十六日条の、Ⓓでは正月二十三日付「造石山寺所符案」の各位署に、主典安都雄足が自署を加えているのが注意される。旧帳のⒺ´「雑材納帳」では正月十五日条に、Ⓖ´「雑物用帳」では同月十六日条に主典の自署が見える（**表1**参照）ことからすると、この二帳はいずれも日次順に、Ⓒは正月十四日条から、Ⓓは翌十五日付「案文[49]」からⒺ´・Ⓖ´などの旧帳と並行して書き継がれていたもので、途中で新帳への書き換えなどがなかった帳簿と考えられる。Ⓒ・Ⓓとも、当初から食料雑物の「用帳」として造石山寺所（写経所も含む）発給文書の「案文帳」として、その用途は明確であり、他の帳簿との調整の必要もなかったからであろう[50]。

3　帳簿書き換えの目的

旧帳から新帳への書き換えは、(E)「雑材幷檜皮及和炭納帳」・(F)「鉄充幷作上帳」・(G)「雑物用帳」の他に(A)「造寺料銭用帳」・(B)「造寺料雑物収納帳」でもあったらしく、結局(C)「食物用帳」と(D)「解移牒符案」だけが日次通りに作成されていたと見なせるようである。問題は、三月上旬に行なわれたこうした帳簿の書き換え作業をどう評価するかであるが、これについては、先に見た(E′)「雑材用帳」と(E)、(F′)「鉄用帳」と(F)、(G′)「雑物用帳」と(G)の比較より、①主文／「右」記事／位置を基本形とする書式の統一と、②先行帳簿の統合による収載記事の整理と取捨選択が新帳において果たされていたという点が参考になる。①については、(C)・(G′)の各条でもこの書式がとられているので、他の料物収納・下充に関する帳簿もこの二帳に倣ったことになる。「右」記事の次に位置、すなわち主典と領の自署欄を加えることによって記帳主体を明らかにし、主典安都雄足に記事閲覧の機会を与えて出納実務の正確さを期そうとするのが①の目的なのであろう。もっとも、新帳では安都雄足の自署はわずかしか認められない[51]が、雄足自身、造石山寺所と奉写石山院大般若経所[52]の責任者として繁忙な実務に従事していることを勘案すると、一定の期間ごとに各帳簿を通覧し自署は省略していたのではないかと思われる。②の場合は、(E)が(E′)と〝檜皮納帳〟〝和炭納帳〟(以上二点は推定)を取り込んで作成されるように、あるいは(E)に対応して(H)「雑材幷檜皮及和炭用帳」が作成されるように[53]、料物の収納や下充を少数の帳簿で記帳できるようにし、帳簿題目と記事内容を一致させることで料目別の記帳や検出をより簡便に行なえるようにしたのであろう。これを要するに、三月上旬に行なわれた旧帳から新帳への書き換えは、帳簿利用を前提にしてのものと見

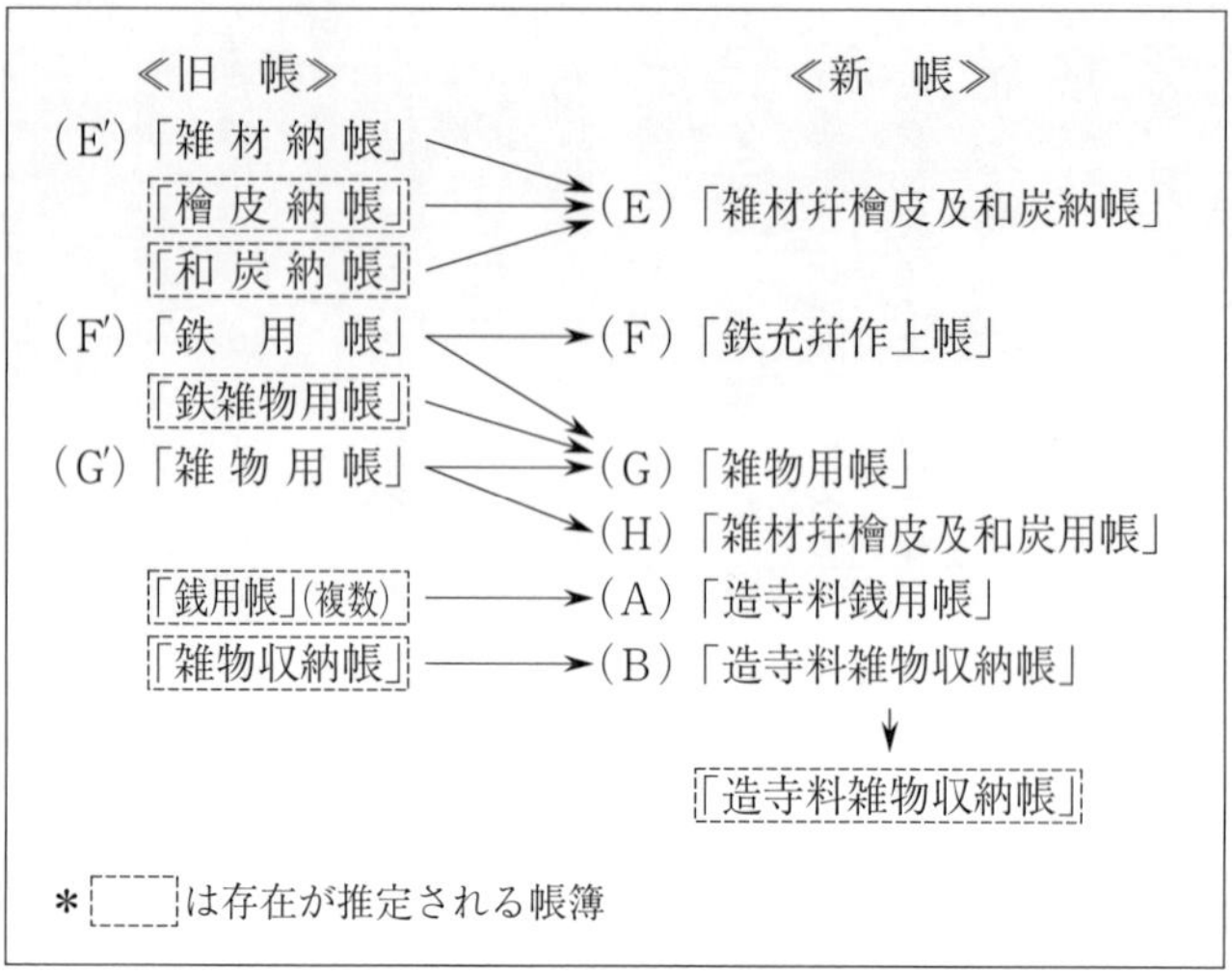

図5　旧帳と新帳の関係

られるが、(H)の三月二十九日条に朱筆で「已上春季告朔申了」（十五ノ三六六）と追記するように、それは近々に迫った「春季告朔」の作成に供するための措置であったと考えられる。

もっとも、「春季告朔」は、造石山寺所にとって既知の事柄であろうから、各帳簿もあらかじめ「告朔」を前提にして形式などを整えることができたはずである。ところが、それがどうもかなわなかったのは、実務上の不手際という問題の他に、帳簿の作成に従事する領の仕事量にそうした配慮を生み出すだけの余裕がなかったからではないかと思われる。

前記のように、下道主が領（案主）として造石山寺所に出仕しだすのは、正月十六日ごろからであった。道主は、この日より(E′)「雑材納帳」・(F′)「鉄用帳」・(G′)「雑物用帳」（以上、旧帳）および(C)「食物用帳」・(D)「解移牒符案」の各帳簿の作成に従事したと見られるが、これらの帳簿の筆蹟は、書き始めから二月末まで甲筆のみである（**表1**参照）から、残る五つの旧帳（いずれも推定、**図5**参照）も含めて、この間の記帳作業は道主一人で進められていたものと思われる。その道主には、料物出納の管理や雑公文の作成という日常的な業務があることを勘案すると、一〇点もの帳簿の記帳に加えて、これら各帳簿を「春季告朔」作成用に編成するだけの手間を見出だすのは、やはり困難というべきであろう。(54)三月上旬に書き換えられた新帳の(A)「造寺料銭用帳」・(E)「雑材幷檜皮及和炭納帳」・(F)「鉄充幷作上帳」・(G)「雑物用帳」の冒頭部から乙筆が認められる（**表1**参照）のは、こうした領下道主の煩瑣な業務を緩和し、来るべき「春季告朔」に向けての実務体制を整えるために、阿刀乙万呂が道主の補佐役として採用されたためと思われる。乙万呂は、二月六日に田上山作所から造石山寺所に配置換えになってから同月末までの間、(C)の二月十八日条に田上山作所への下充黒米三斛を付されたことしか見えないが、三月上旬になって、新帳の作成要員に抜擢されたのは、その能筆ぶりもさることながら、記帳実務の一端を付託するに足る人物として道主から評価を得ていたからであろう。(55)

こうして、三月上旬から造石山寺所の各帳簿には、領位署に姓名を記す下道主の筆の他に、記帳の一部を担当する阿刀乙万呂の筆も散見するようになるのである。

三　記帳状況

前節では、三月上旬に帳簿作成上の大きな画期があったことを指摘したが、各帳簿の筆蹟を追って行くと、四月から上馬養の筆も認められるように、記帳作業にはこの後もいくつかの画期があったことが知られる。それを、三月上旬までの分も含めて結論的に示すと次の九期になる。

Ⅰ期　天平宝字六年正月十六日～二月三十日

Ⅱ期　三月一日〜十一日
Ⅲ期　三月十二日〜四月四日
Ⅳ期　四月五日〜二十一日
Ⅴ期　四月二十二日〜六月三日
Ⅵ期　六月四日〜二十一日
Ⅶ期　六月二十二日〜八月九日
Ⅷ期　八月十日〜十二月下旬
Ⅸ期　十二月下旬〜七年六月

Ⅰ期は、下道主によって一〇点の帳簿（Ⓒ・Ⓓ・Ⓔ'・Ⓕ'・Ⓖ'の各帳簿と存在の推定される五帳簿。**図5**参照）の作成と記帳がなされた時期、Ⅱ期は阿刀乙万呂が記帳の一部を担当し、旧帳から新帳への書き換え（Ⓐ・Ⓑ・Ⓔ・Ⓕ・Ⓖの各帳簿）[56]とともに新たにⒽ「雑材幷檜皮及和炭用帳」が作成され、「春季告朔」用の実務体制が整えられる時期にあたる。この二期については先にとりあげたので、以下では、**表1**をもとにしてⅢ期からⅨ期の記帳作業の状況について検討を加えることにしたい。

1　Ⅲ期（三月十二日〜四月四日）

Ⅱ期から始まった下道主（甲筆）と阿刀乙万呂（乙筆）による記帳作業は、ここでも継続するが、帳簿によっては筆の片寄りが見られる。**表3**は、各帳簿への記帳回数をまとめたものである。これによると、Ⅲ期の場合、Ⓓ「解移牒符案」・Ⓔ「雑材幷檜皮和炭用帳」・Ⓖ「雑物用帳」では乙筆の方が記帳回数が多くなっているが、Ⓒ「食

表3　三筆（甲・乙・丙）の各帳簿への記帳回数（（　）内は百分率）

期	筆	(A)	(C)	(D)	(E)	(F)	(G)	(H)	計
Ⅲ期（3月12日～4月4日）	甲	一八（一〇〇）	四四（八九・八）	一一（三四・四）	一八（四七・四）	五（八三・三）	九（四五）	五（六二・五）	一一〇（六四・三）
	乙	〇	五（一〇・二）	二一（六五・六）	二〇（五二・六）	〇	一一（五五）	三（三七・五）	六〇（三五・一）
	丙	〇	〇	〇	〇	一（一六・七）	〇	〇	一（〇・六）
Ⅳ期（4月5日～4月21日）	甲	〇	四（一〇・二）	〇	〇	三（二五）	四（八）	二（一八・二）	一三（七・九）
	乙	〇	一（二・六）	九（四七・四）	一（七・一）	〇	〇	〇	一一（六・七）
	丙	二〇（一〇〇）	三四（八七・二）	一〇（五二・六）	一三（九二・九）	九（七五）	四六（九二）	九（八一・八）	一四一（八五・四）
Ⅴ期（4月22日～6月3日）	甲	一七（六五・四）	六〇（八八・二）	一四（三八・九）	一九（七九・二）	四（八〇）	三〇（九六・八）	一〇（六六・七）	一五四（七五・一）
	乙	九（三四・六）	八（一一・八）	二二（六一・一）	五（二〇・八）	一（二〇）	一（三・二）	五（三三・三）	五一（二四・九）
Ⅵ期（6月4日～6月21日）	甲	〇	二（六・五）	二（六六・七）	〇	一（一一・一）	〇	〇	五（六・三）
	乙	二（二二・二）	〇	〇	〇	一（一一・一）	三（二七・三）	〇	六（七・五）
	丙	七（七七・八）	二九（九三・五）	一（三三・三）	七（一〇〇）	七（七七・八）	八（七二・七）	一〇（一〇〇）	六九（八六・二）
Ⅶ期（6月22日～8月9日）	甲	二九（八〇・六）	七二（六二・一）	一〇（三七）	五（一〇〇）	二九（一〇〇）	二八（六二・二）	一七（九四・四）	一九〇（六八・九）
	乙	七（一九・四）	四四（三七・九）	一六（五九・三）	〇	〇	一七（三七・八）	〇	八四（三〇・四）
	丙	〇	〇	一（三・七）	〇	〇	〇	一（五・六）	二（〇・七）

＊本表は、**表1**より主文（「又」主文も含む）の記帳回数を集計したものである。同一主文で二筆が交る場合、主文と「右」記事で筆が変わる場合は、それぞれ一回の記帳とした。なお、甲は下道主の、乙は阿刀乙万呂の、丙は上馬養のそれぞれ筆である。

表4　Ⅲ期における甲・乙両筆の記帳項目

記帳項目		甲筆		乙筆	
		3月	4月	3月	4月
（C）	常食料	17	3		2
	田上山作所料	9	1		1
	作材漕運料	3		1	
	檜皮採運料	4		1	
	半食料（雑工・仕丁）	1		1	
	仏殿檜皮可葺様料		1	1	
	借上寺奉充	1			
	渤海大使奉充	1			
（D）	解案	1		5	1
	牒案			3	
	符案（山作所領宛）	5		7	1
	符案（甲賀運材領宛）	2		1	
	符案（その他宛）	1			
	啓案			1	
	東大寺鋳工召文案		1		
	大般若経所請文案			1	
	大般若経所解案			1	
（E）	自立石山	2		4	
	自田上山作所	6		7	3
	自大石山	7			1
	自猪名部枚虫所			1	
	自勝屋主所		1		
	額田部馬万呂焼和炭	2		1	1
	買検納			1	
（G）	固仏殿料	6	2	1	2
	葺金堂檜皮料				1
	木工料	1		1	
	雑工料			1	
	作雑鉄物料			1	
	借充上寺	1			
	遣山作所木工料			1	
	山作所領料			1	
（H）	雑釘作料	5		2	1

＊（A）「造寺料銭用帳」・（F）「鉄充幷作上帳」では乙筆はなく、甲筆のみ。（D）「解移牒符案」の解・牒・符・啓案は、造石山寺所のものである（**表5**、**表6**も同じ）。

物用帳」・(H)「雑材幷檜皮及和炭用帳」では甲筆が大半を占め、(A)「造寺料銭用帳」・(F)「鉄充幷作上帳」では乙筆は認められなくなる。

表4に示した帳簿別の記帳内容を見ると、(C)・(H)では乙筆は甲筆の補助的な役割を果たすに過ぎないが、(D)・(E)によれば、乙筆は造営現場に木材を提供する山作所との交渉に責務を負っていたようである。この点は、(G)において甲筆が仏殿造営の料物下充を記すのに対し、乙筆が山作所領や雑工の料物下充を記すという対照的な記帳傾向か

らも窺うことができる。それは乙筆、すなわち阿刀乙万呂が、石山に出向して政所に赴くまでの間、田上山作所領を勤めていた関係で作材現場の事情に通じていたからであろう。その乙万呂の筆が(A)・(F)で見られないのは、一部の記帳にとどまる(C)とともに、下道主の管理下に置かれていたためと思われる。旧帳から新帳への書き換えはともかく、実際の銭・鉄・鉄製品・食料雑物の出納記帳には乙万呂の関与を避けるというのが、この期の方針のようである。換言すれば、乙筆が多いほど道主にとっては重要度の低い帳簿ということになるだろう。

2　Ⅳ期（四月五日～二十一日）

この期の特徴は、上馬養（丙筆）が記帳に加わることである。(F)「鉄充并作上帳」では四月二日条に丙筆が見えるが、記帳が本格化するのは五日からであるので、この日をもってⅣ期の開始とした。表1からすれば、(A)「造寺料銭用帳」は甲筆が、(A′)「下銭帳」・(C)「食物用帳」・(E)「雑材并檜皮及和炭納帳」・(F)・(G)「雑物用帳」・(H)「雑材并檜皮及和炭用帳」は丙筆がそれぞれ担当し、(D)「解移牒符案」は乙筆・丙筆の共同記帳ということになるだろう[57]。しかし、甲筆の担当する(A)の場合は、丙筆の(A′)と内容が類似し、四月七日～二十日の各条の領位署には、丙筆の上馬養が朱で名のみを自署する特異な形をとっている。

(A′)「下銭帳」は、冒頭に「自奈良請来〈銭〉収納六年四月／九日収納銭壱拾貫使甲賀深万呂物部礪万呂」（十五ノ四五七）と記し、四月九日～二十日の下銭を書き留める帳簿で、十五日条までは「右」記事を持たない主文（「又」主文）／位署（主典・領）の書式をとり、十六日条以降は位署は領のみで、十八日と二十日の各条ではその位署も省略されている。(A)「造寺料銭用帳」の四月七日～二十日の各条と比較すると、七日条と後筆と見られる朱での書き込み記事を除けば、(A)の記事はいずれも(A′)に認められるが、(A′)の十五日～十九日の各条には、(A)に見られない雇工・雇夫らの人別功銭や借銭の下充が記されている。記事内容は(A′)の方が豊富であるが、雇工・雇夫らの功銭については、(A)の五月七日条で、「四月中雇役工并夫等功」（十五ノ四五二）として七貫七八九文が一括して下充されたことになっている。(A)では、この四月に限らず雇工・雇夫らの功銭は一カ月単位で一括して記されており、三月と五月の場合は「但夾名在別巻」（三月三十日、五月二十七日各条。十五ノ四四二、四四七）とあって、人別の功直を記した巻物（帳簿）をもとに集計されていたことを伝えている。この四月分には「別巻」の注記はないが、(A′)の方に人別の功直銭が書き上げられていることからすると、当月分に関しては、(A′)を参照し集計されていたのではないかと思われる。もちろん、その場合、四月七日～二十日の間に書き手を異にする同内容の「用銭帳」が二点作成されていたとは考えがたいので、その記事の豊富さから推して、(A′)の方が先に作成され、それをもとに(A)の当該各条の記帳および功直銭の集計がなされたものと見られる。三月七日条から主文（「又」主文）／「右」記事／位署の書式をとる(A)が、四月七日～二十四日の間に限って(A′)のように「右」記事をほとんど記さなくなるのも、右の見方を支持するであろう。(A)の当該期間の記事が甲筆によって記入されるのは二十一日から二十四日にかけてと見られ、記帳後、(A′)の作成者上馬養が各条を検校し、位署部分に朱で自署を加えたものと思われる(58)。従って、この期の記帳作業には、五日と二十一日を除けば甲筆は加わっておらず、(D)「解移牒符案」を除く六帳簿は丙筆によって記帳がなされていたわけである。となると、丙筆が何故に直接(A)に記帳しなかったのかが問題になるが、再び丙筆が登場するⅥ期では別帳は作成されず(A)に記帳を行なっているので、とりたてて丙筆を遠ざけていたのでもなさそうである。恐らく、このとき記帳作業から離れていた下道主（甲筆）の手元に、何らかの理由で(A)が保管されていたからであろう。

上馬養が造石山寺所へ出向を求められたのは、「経所他田上案主等」宛てに出された正月二十三日付「造石山寺所告文案」(D)、十五ノ一四二～一四三）においてで、経師八人の召集に付して「右件経(師脱カ)所奉始二月八日宣承知状上件人等手階類／経師七八人許率引参上可告知但上馬甘者司許／者二月三日以前参上」との指示が記されている。このとき馬養は、他田水主とともに造東大寺司の経所（写経所）にあって案主を勤めており、二月八日から開始予定の写経（『大般若経』一部六〇〇巻書写）のために同月三日以前の出向を要請されたわけである。しかし、造石山寺所の正月の上日報告では、馬養の項に領としての上日七が記されており（**表2**参照）、右の「告文」が出された正月二十三日にはすでに造石山寺所に出仕していたようである。[59] 造石山寺所での馬養は、正月二十八日付「造石山寺所解案」（D十五ノ一四五～一四六）で奈良への上日報告を付託されるなど、写経以外の実務にも従事しているが、正月二十五日から二月五日にかけて経堂・経師房・盛殿料[60]の雑材が収納され（E・E'）、二月七日に釘が下充されて（G）、写経施設の建築が始まると、奉写石山院大般若経所の案主[61]として写経準備に専従したものと見られる。書写作業は十一日から開始されたらしく、馬養の筆と思われる「石山院大般若経充本帳」（続々修十八ノ二、五ノ一〇七～一一〇、四五七～四五八）は、この日から記帳が始められている。[62]

では、このような馬養に、造営関係の帳簿が何故に委ねられたのであろうか。造石山寺所の上日報告によると、この四月の下道主の上日は一九で、全日上日して二九であるから一〇日間の欠、阿刀乙万呂の場合は二二の上日で七日間の欠となっている（以上、**表2**参照）。記帳状況から推して道主は六日～十九日の間、乙万呂は十六日～二十五日の間、順次その欠日分、造石山寺所を離れていたのであろう（**表1**参照）。それは、石山に赴任以来、皆勤状態にあった道主と乙万呂が、四月に入って相次いで休暇を申請し承認されたためなのかもしれない。しかし、後述（Ⅵ期）のように、六月においてもこの四月とほぼ同じ日程（四日～二十一日）で上馬養が記帳を担当し、道主と乙万呂も七日・十五日と造石山寺所を離れていること、道主の場合は八月・九月、乙万呂は八月にも上日が大幅に減少している（以上、**表2**参照）ことを勘案すると、それは休暇ではなく公務による出張、すなわち彼らが所属する奈良の造東大寺司で、何らかの職務に従事するためのものではなかったかと推測される。その職務とは、道主の場合は、三月三十日付「造石山寺所解（案）（春季告朔）」（続修後集三十四、五ノ一六三～一八七）の持参と記事内容の問対への参加[63]、乙万呂の場合は、三月二十五日の因八麻中村宣による御鏡四面鋳造の料物が、四月十五日付「造石山寺所解案」(D)、十五ノ一八九）で造東大寺司鋳物所に送付されたことにともなう出向の可能性があるが、いずれも詳細は不明とせざるをえない。

先の「充本帳」によると、三月二十八日までに『大般若経』の二二帙分（いずれも一帙に一〇巻入り）の本経（底本）が充てられ、翌二十九日に二人の経師に二帙分の本経が充てられたあとは、八月五日まで充本記事は見えなくなる。従って、上馬養に造営関係の帳簿が委ねられたころには、写経の方は一段落に向かい、馬養の職務にもやや余裕が生じていたようである[64]。馬養は、天平宝字元年（七五七）～五年の写経事業で案主を勤める[65]など記帳実務に習熟していたので、下道主には信を置くに値する人物であったと思われる。

3　Ⅴ期（四月二十二日～六月三日）

四月二十日、二十一日に上馬養（丙筆）から下道主（甲筆）に引き継ぎが行なわれたあと、二十二日から六月三日にかけて、記帳は再び道主と阿刀乙万呂（乙筆）によって進められている。ただし、乙万呂は造石山寺所をⅣ期の後半に離れた関係で記帳への復帰はやや遅れ、二十六日になってからのようである（以上、**表1**参照）。この期の各帳簿への記帳状況を見ると（**表3**参照）、Ⅲ期に比して乙筆の占める割合が低下していることが知られる。帳簿別に見ると、(C)「食物用帳」・(D)「解移牒符案」・(H)「雑材幷檜皮及和炭用帳」では多少の増減があるものの記帳機会はほぼ同じ傾向にあり、(A)「造寺料銭用帳」・(F)「鉄充幷作上帳」でも記帳が認められるようになるが、(E)「雑材幷檜皮及和炭納帳」では甲筆に比重が移り、(G)「雑物用帳」では乙筆がわずか一例だけという結果になっている。つまり、(D)以外の六帳の記帳は甲筆すなわち道主が中心となり、**表5**に示した記帳内容から見ても、乙万呂は補助的な役割を果たすにすぎなくなるのである。ただ、このV期の場合、五月になると(E)・(F)・(G)・(H)の記事そのもの

表5　V期における甲・乙両筆の記帳項目

	記帳項目	甲筆			乙筆		
		4月	5月	6月	4月	5月	6月
（A）	木工・夫等料（粉酒）	2	1		1	2	
	様工料	2					
	月中雇役人功料		2			1	
	田上山作所料		1			1	
	租米使道路間料					1	
	優婆夷頓給料		1				
	五月五日料					1	
	鎮祭料			1			
	食料雑物・雑器料	3				3	
	檜皮料	1					
	小船一隻料		1				
（C）	常食料	6	28	4	1		
	田上山作所料	1	3		1	1	
	半食料（木工・仕丁）	1	3		1		
	仕丁月料	1	4			1	
	様工料	1					
	木工等頓給料		1				
	芹漬料		2				
	写書食料借下充	1					
	主典所借請米報納		1				
	別当家奉充		1				
	借充主典田作岡田						1
	借充上寺	1	2	1			
（D）	解案		5		1	4	
	牒案					4	2
	符案（山作所宛）	1	3			1	
	返抄案	1	2		2		
	上日案				1		
	大般若経所解案		2				
	大般若経所牒案				1	1	
	大般若経所請文案					1	
	造東大寺司牒案					1	
	造東大寺司請文案	1					
（E）	自田上山作所	4	2			3	
	自甲賀山作所				1		
	自大石山	4					
	自高嶋勝屋主所					1	
	額田部馬万呂焼和炭	3					
	雇夫令採	4					
（H）	作釘料	1					
	作高坐肱金物料	2					
	作長押釘料	1					
	作庄廐料					1	
	葺仏堂料					1	
	葺僧房料					3	
	付物部根万呂	4	2				

＊（F）「鉄充幷作上帳」・（G）「雑物用帳」では、乙筆はそれぞれ1件だけであるので表示しなかった。

が少なくなる（**表1**参照）という事情も考慮しておく必要がある。

それは、五月一日付「造石山院所符案」（D、十五ノ一九八）で山作所の作物停止が命じられたことと関連する。この停止命令の理由は明らかではないが[66]、造営現場にもそれが出されたらしく、奈良に消息を伝える五月四日付「石山院解案」（D、十五ノ一九九〜二〇一）では、「依作物蹔停止」として長上船木宿奈万呂と木工六人に上日を副えて向かわせる旨が記され、さらに益田木工、禅意師所と木屋坊の銅工、鍛冶司と造兵司の人々、木工・土工らの動向も載せられている。五月の上日報告によると、長上は八、木工は穂積河内だけが一五と多いが、他の七人は七〜九となっており、停止命令が遵守されていたことを伝えている。しかし、造営現場の作物は六月に入ると再開され、この月の上日は長上が二三、木工の方は、阿刀兄万呂の一二を除けば残る八人は二四〜二九の上日となっている（以上、**表2**参照）。こうした作物の一時停止の結果、阿刀乙万呂はⅢ期でのような特徴的な役割を果たせなくなり、(E)・(G)での記帳回数が減少したものと思われる。ただその中で、五月五日〜十一日の限られた期間とはいえ、(A)に記帳を行なっている（**表1**、**表5**参照）のは、政所業務の遂行を通して道主からの信任が厚くなってきた証左といえるだろう。

4　Ⅵ期（六月四日〜二十一日）

造営現場の作物が再開されて間もないころの六月四日から、記帳は再び上馬養に委ねられることになる。前記のように、今回もⅣ期と同じく二十一日までである。このⅥ期の馬養は、(A)「造寺料銭用帳」にも記帳を行なっているが、(D)「解移牒符案」の場合は、五日から二十日にかけて雑公文が作られなかった関係からか案文はなく、馬養一人に託されたのかどうか定かではない。六月の上日と記帳状況から推して、下道主は六月五日〜二十一日の間に七日間、阿刀乙万呂の場合は六月八日〜三十日の間に一五日間、それぞれ石山を離れていたものと思われる（表1、表2参照）。

上馬養の方は、四月に『大般若経』の書写が一段落したあと『観世音経』一〇〇巻の書写に従事していたらしく、(C)「食物用帳」の六月二十一日条に見える米一斛・末醤一升の下充について「右奉写観世音経々師料借用幷奉造井画師及仏工料充経所付伯万呂」（十五ノ四一七）とあり、経所（奉写大般若経所）から借用された観世音経料が返済されている。また、このとき経所に充てられた「奉造井画師及仏工料」とは、観世音菩薩一軀・神王二柱の料と考えられるので、馬養のもとでは造仏も行なわれていたようである。といっても、それは六月に入ってからのことで、造石山寺所の上日報告では、同月になってはじめて仏工と画工の姓名が記されるようになり（表2参照）、同月二十一日付「造石山院所解案」(D)、十五ノ二一五）では「以工（仏カ）画師幷木工等常食料」が請求されている。八月二十七日付「造石山院所労劇文案」（続修三十七、十五ノ二三五〜二四〇、続修二十九裏、十五ノ二四一）によれば、観世音菩薩一軀と神王二柱の造捻は五年十一月十七日から始まり六年七月五日に終了している。従って、上日報告に見える仏工・画工は、六月になって造石山寺所の管下に入ったわけで、それ以前は石山院にあった造仏機関に所属していたものと思われる。[68]恐らく、五月初の作物停止命令にともなって造仏機関が解消された関係で、作物再開後は仏工・画工らが奉写大般若経所に配されたのであろう。写経と造仏に加え、造営関係の帳簿を託されたこのⅥ期の上馬養は、相当繁忙になっていたと見られる。[67]

5　Ⅶ期（六月二十二日〜八月九日）

六月二十一日ごろに上馬養（丙筆）から下道主（甲筆）に引き継ぎが行なわれ、記帳は再び道主と阿刀乙万呂

表6　Ⅶ期における甲・乙両筆の記帳項目

	記帳項目	甲筆			乙筆		
		6月	7月	8月	6月	7月	8月
(A)	雑工・仕丁等料		3			2	
	様工料	1					
	月中雇役人功料		1				2
	租米使等道路間料		2				
	雑材漕運料		2	1			
	食料雑物・雑器料	3	2	1		2	
	漆・墨・墨縄料		5				
	藁料		4				
	檜皮料	1					
	和炭料		1				
	神祭料			1			
	蘭瓮供養料					1	
	返済		1				
(C)	常食料	9	20	3		10	8
	常食料（彩色所・仏工）	3	19			4	
	半食料（木工・絵師）	1	1				
	仕丁月料					2	
	様工料	1					
	雑工・仕丁料		5			2	1
	頓給料	1				1	
	雑材漕運料		1			1	
	仏堂塗料	1					
	白土能理汁料					2	
	別当進上料		3				
	借充上寺	1	3	1		6	2
	給下道主		1				
(D)	解案		1	2		8	
	牒案		2			1	
	返抄案		1			2	
	上日案	1					
	勘注文案					1	
	注記	1					
	造東大寺司牒案					1	
(G)	仏堂料	1	10			3	
	鐘楼料	2	4				
	板殿料		2			1	
	経蔵料		1			2	
	板倉料					1	
	椎屯倉料					1	
	雑鉄料	1					
	塗雑釘料					1	
	木工墨縄料					2	
	公文作料					1	
	為結仏御供養		1				
	経所仕丁料		1				
	不明	1	2			2	

＊（E）「雑材幷檜皮及和炭納帳」・（F）「鉄充幷作上帳」・（H）「雑材幷檜皮及和炭用帳」では甲筆のみ。

（乙筆）に担当されることになるが、今回も乙万呂が記帳に加わるのはやや遅れ、七月一日からのようである（**表1**参照）。この期の記帳状況を見ると（**表3**参照）、Ⅴ期に比べて乙筆の割合が高くなっている。これは、(E)「雑材幷檜皮及和炭納帳」・(F)「鉄充幷作上帳」・(H)「雑材幷檜皮及和炭用帳」では見られなくなるものの、(C)「食物用帳」・(G)「雑物用帳」での記帳機会が大幅に増えていることによる。[69] 記帳内容には、この期もこれといった特徴は見出だせない（表6参照）が、(D)「解移牒符案」において乙筆が相変わらず高い記帳率を保っているのは、当初からこの帳簿の作成に中心的役割を果たすよう求められていたからであろう。料物の出納をともなわず発給文書案の記入に終始する(D)の場合は、下道主にとって他者に託しやすい帳簿であったわけである。

(H)では七月二十二日条以降十月一日条（この日で終了）まで記事が見えなくなり、(F)では八月三日条を最後に閉じられるのは、前年の十二月十四日から開始された石山寺の増改築工事が八月五日をもって終了するためであろう。[70] 七月二十三日、二十八日以降の記事をそれぞれ欠失する(E)と(G)の場合も、八月五日までに主要な記帳を終えるか、帳簿そのものが閉じられるかしていたものと思われる。この期では、六月三十日付で「夏季告朔」が作成され奈良へ送られていたはずだが、[71] 道主・乙万呂とも七月の上日は全日の二九となっている。それは、上日が五と記されている上馬養（以上、表2参照）に託されたのかもしれない。

6　Ⅷ期（八月十日〜十二月下旬）

増改築工事（造営）が終了する八月五日以降も、(A)「造寺料銭用帳」・(C)「食物用帳」・(D)「解移牒符案」・(H)「雑材并檜皮及和炭用帳」の記帳は継続されるが、十日になると(I)「米売価銭用帳」（第二枇）」、十二日からは(J)「写経所食物用帳」の記帳が新たに開始される。

(I)「米売価銭用帳」（第二枇）」は、石山院写経所（奉写大般若経所）の白米等を米価等の季節変動を利用した売買操作で得た銭の下充を記録したものとされている。[72] (A)「造寺料銭用帳」を見ると、六月十九日条以降、料銭が不足してきた関係で他の用途銭からの借用が始まり、下銭額の下に「経所仕丁等功銭内」「穂積河内之銭内」「銅工功内」「雑用内」（十五ノ四四八～四五〇）などと注記されるようになる。そして、七月二十日条からは、写経所の白米を売った価直銭をさす「経料白米売価内」「経所白米価内」「経所米売価内」（五ノ三六五～三六七）からの借用が目立つようになるが、それが八月十日条をもって終わっている[73]のは、この日から(I)の記帳が始まるからであろう。つまり、(I)は、これまで(A)に記されていた写経所白米の売価銭からの借用下充を独立して記録するために作成された帳簿と見ることができる。(I)の冒頭の題目（「米売価銭用帳」）の下に「第二杷」（五ノ二六六）とあるのは、(A)を第一帳とした上での記述と理解できるだろう[74]。

この(I)に二日遅れで記帳の始まる(J)「写経所食物用帳」も、(C)「食物用帳」と密接な関係を持つ。(C)の記事を追って行くと、八月十一日条まで各条に記されていた常食料の下充が十二日条から見えなくなり、借米の返済等の記事のみとなるのに対し、十二日から始まる(J)では、各条に常食料の下充が記録されているからである。この場合は、(C)の中心記事が(J)に受け継がれたことになる。その(J)の題目「経所食口始八月」（十五ノ四七一）に「経所」が冠され、阿刀乙万呂の筆で記帳が始まる（**表1**参照）のは、八月五日をもって石山寺の造営が終了し、八日もしくは九日に雑材（残材）一三一五物の奈良への漕運契約が桴工らとかわされると[75]、下道主と阿刀乙万呂の主要な任務が終わり、当時なお活動を続けていた写経所の業務に参加したからであろう。写経所の米売価銭の下充を記録する(I)「米売価銭用帳」が下道主の筆で始まる（**表1**参照）のも、こうした事情によるものと思われる。その意味で(I)の始まる八月十日は、これまで執務内容を異にしていた道主・乙万呂と上馬養が共同で写経所の業務を開始しだした日と見なせるわけで、記帳実務面においても一つの画期を迎えることになる。Ⅷ期の開始をこの日に求めた所以でもある。

写経所では、四月～七月の間に『観世音経』一〇〇巻の書写が行なわれたあと、八月五日からは『大般若経』の充本が始まり、休止状態にあった『大般若経』一部六〇〇巻の書写が再開されることになる。また、石山務所宛ての八月十一日付「安都雄足雑物進下状」(C)背、十五ノ四七〇～四七一）では、画師二人・経師一人料として画絁一副・画帳一条・浄衣三具が進下され、「早速欲令奉始但所用供養物者／彼司用代後日随用依員服納」との指示が出されて新たな造仏と写経も開始されている。九月十六日付「石山院造仏幷写経用物文案」(D)、十五ノ二四四～二四五）によれば、それは阿弥陀仏像（絵仏）の造作と『法華経』一部八巻の書写のようであり、奈良に消息を伝える同月十四日付「石山院奉写経所解案」(D)、十五ノ二四三～二四四）では、仏像を納める櫃と経師の布施のことが記されているので、この十四日以前には造仏・写経とも終了していたものと見られる。写経所に移った下道主と阿刀乙万呂が、(I)・(J)以外の写経・造仏関係の帳簿の作成に関与したのかどうか定かではないが、九月になって上馬養が石山を一三日ばかり離れるようなときには、当月を全日上日する乙万呂（以上、**表2**参照）が馬養に代わって記帳を担当していたのであろう。

Ⅷ期の記帳状況を見ると、(C)「食物用帳」は八月二十三日条、(A)「造寺料銭用帳」は十月六日条で主要な記事が終わり、(I)「米売価銭用帳」は九月二十四日条を最後に記事が欠失し、(D)「解移牒符案」も記帳機会が減少する。それ故、日ごとの記事を書き継ぐ(J)「写経所食物用帳」を中心とした考察になるが、執務内容を同じくしていた下道主・阿刀乙万呂・上馬養は記帳の分担を行なっていたらしく、八月十日～十九日、九月十八日～十月十七日、十一月二十六日～十二月十一日は道主が、八月二十日～九月十七日、十月十八日～十一月二十五日は馬養がそれぞれ記帳の中心になり、乙万呂はその補助的な役割を果たしていたようである[76]（**表1**参照）。上日報告によれば、八月は道主が九日、乙万呂は六日、九月は馬養が一三日、道主は一五日、十月は道主が四日それぞれ石山を離れている（**表2**参照）ので、こうした彼らの勤務状態が右のような役割分担を生み出したのであろう。

「石山院大般若経充本帳」によると、本経の充当は十一月十九日が最後になっており、書写作業は同月下旬には終盤に入ったものと見られる。そして、十二月初には、書写済み経巻の仕上げの装潢作業も終了し、十二月五日付「石山院請経文案」(D)、十五ノ二五〇）では完成した『大般若経』六〇〇巻と『理趣分』一巻が奉請され、同月八日付「石山院経櫃経机等進送文案」(D)、十五ノ二五〇〜二五一）では『大般若経』の本経並びに残紙・経机などが、同日付「石山院解」(D)背、五ノ二八八）では仕丁・領舎人らがそれぞれ進上されている。(J)「写経所食物用帳」は、十二月十二日ごろの記事で終わっているので、写経所の活動もこの日をもって停止したのであろう。上馬養は、五日に行なわれた『大般若経』・『理趣分』の奉請に同行して石山を離れたらしく、奈良の写経所で行なわれた『灌頂経』一二部一四四巻書写の関係帳簿の位置に、六日からその姓名が見えている。[77] 下道主の方は、残務整理に従事し、十二月十五日付「石山院解」（続々修四ノ二十一裏、五ノ二八九〜二九〇）では「但道主板写公文未了／加以雑散殿〳〵物等一殿収置十日以来将参上」「為板写公文読合并経所食口抜出二箇日／阿刀乙万呂所請如件」とあって、阿刀乙万呂とともに今しばらく石山に留まるが、右の『灌頂経』書写関係帳簿では二十四日条から位署に道主の名が見えだすので、[78] この日以前に奈良に戻ったものと思われる。公文の読み合わせや食口の抜き出しに関与した乙万呂も、道主と行動をともにしたのであろう。

こうして、正月十六日ごろから始まった石山での記帳実務は終了し、(A)〜(H)の造営関係の帳簿と(I)・(J)の写経所用の帳簿は、最後まで公文類の整理に従事していた下道主によって奈良に持参されたものと思われる。

7　Ⅸ期（十二月下旬〜七年六月）

(C)「食物用帳」は閏十二月二十九日条を、(A)「造寺料銭用帳」は七年正月三十日条をそれぞれ下道主（甲筆）によって記され終了する（**表1**参照）が、(D)「解移牒符案」の方は七年六月まで書き継がれている。記事内容は、信楽殿の壊漕費用に関する精算、残物の進返に関する勘注、近江国愛智郡の天平宝字四年料租米徴収の報告などで、造石山寺所の残務整理が、奈良に戻ってからも、『灌頂経』や『大般若経』などの書写実務に従事する道主によって継続されていたことが知られる。[79] その(D)も七年六月十六日付「造石山院所解案」（(D)、五ノ四四五〜四四六）をもって終了するが、[80] この(D)と右の(A)・(C)、それに(F)「鉄充并作上帳」・(H)「雑材并檜皮及和炭用帳」・(J)「写経所食物下帳」の最後の記事が、いずれも下道主の筆である（**表1**参照）ので、記帳を終えたあとは道主の手元に置かれていたものと思われる。尾欠となっている他の三帳簿も同様に見なせるとすれば、これら造石山寺所関係帳簿の伝来には、下道主の動向が大きな影響を与えていたことになる。[81]

8　小　結

以上に見たⅢ〜Ⅸ期の記帳状況の検討より確認される点をまとめると、次のようになる。

㈠旧帳から新帳への書換えにともなって記帳実務に採用された阿刀乙万呂に、下道主が当初期待したのは、田上山作所領という職務経験を生かした山作所との交渉およびそれにともなう料物出納の記帳（(E)・(G)）であった。

㈡乙万呂は、(D)「解移牒符案」の記帳でも中心的役割を果たしている。これは、(D)では発給文書案の記入に終始するためで、銭・食料雑物・鉄・鉄製品の出納に関する記帳（(A)・(C)・(F)）は道主が行なうという方針があったようである。道主には、帳簿を重要度に応じて序列化していた節がある。

㈢五月初に山作所の作材が停止されると、乙万呂の記帳量も減少するが、反面、銭・食料雑物などの出納記帳（(A)・(C)）の機会が増えてくる。これは、政所業務を遂行する中で、道主からの信任が厚くなってきたためと思われる。

㈣Ⅳ期とⅥ期には、道主と乙万呂が石山を離れた関係で、記帳のほとんどは上馬養に委ねられている。馬養は、奉写石山院大般若経所（写経所）の案主として写経に従事していたが、記帳の実務に関しては練達の士であるため、道主の信を得て代役を果たすに至ったものと見られる。

㈤写経所では、二月十一日ごろから『大般若経』一部六〇〇巻の書写が開始されたが、充本は三月末で一旦終わり八月初まで見られなくなる。馬養に帳簿が委ねられたのは、この写経の休止期間に当たる。しかし、この間の写経所では、四月から七月にかけて『観世音経』一〇〇巻の書写が行なわれ、六月になると仏工と画工が造石山寺所の管下に入った関係で、造仏作業も進められることになった（七月上旬まで）。Ⅳ期の馬養は繁忙であったと思われる。

㈥八月五日に造営工事が終わると、作材や造営料関係の帳簿（E）・（F）・（G）・（H）の記帳もほぼ終了する。主要な任務を終えた道主と乙万呂は、『大般若経』書写を再開した写経所の業務に参加し、馬養と執務を共にして、(A)「造寺料銭用帳」・(C)「食物用帳」の機能を受け継ぐ(I)「米売価銭用帳」・(J)「写経所食物用帳」を作成することになる。Ⅷ期の記帳は、道主・乙万呂・馬養の三者で分担しながら進められて行った。

㈦　十二月初に『大般若経』の書写が終了すると馬養は奈良に戻るが、道主と乙万呂は同月下旬まで石山に残り残務整理に従事した。造石山寺所の関係帳簿は、道主によって奈良に持参され、なお必要事項の記入が行なわれたあとは、道主の手元に保管されたものと思われる。

このような記帳状況の中で注意されるのは、阿刀乙万呂の存在である。前記のように乙万呂は、記帳実務に従事しながら領位署にはその姓名を記さず、あえて必要なときには(C)「食物用帳」で見たように「注」を冠して書き入れるという措置がとられていた。それは、記帳責任者が下道主であり、乙万呂はその補佐役にすぎなかったからであろう。しかし、領位署には、道主とその代役を勤めた上馬養の姓名が加えられている例もあるので、道主と乙万呂の両者がそこに並記されてもおかしくはないわけである。ところが、そうした箇所が全く認められないのは、記帳に従事する人物があらかじめ指定されていたこと、つまり造営関係は道主が、写経関係は馬養が記帳を行ない、相互に代役を果たすことがあっても第三者には記帳を委ねないという原則があったためと思われる。恐らく、それが両者の案主たる所以であり[82]、帳簿や上日報告で領と称されても、他の領には付与されていない造東大寺司からの料物出納の記帳や造石山寺所発給文書の作成という権限を有していたのであろう。その意味で、乙万呂は記帳に関しては表に出せない存在[83]であり、道主の裁量によって非公式に採用された、いわば私設の記帳要員と見ることができるのである。

案主や領という実務を担当する官人の間で、こうした内々の雇用関係もしくは業務協力が一般にあったのかどうか簡単には判断できないが、造石山寺所という造東大寺司の出先機関でこうした現実が存在したということは、官司機構の運営を考える上で留意すべき問題といわねばならない。

おわりに

本稿では、帳簿作成過程の一つである③記帳作業をとりあげ、筆蹟の観察を通して記帳担当者の判定と記帳状況について検討を加えた。加筆・追筆といった記帳後の修正には言及できなかったものの、当時の造石山寺所における記帳の様子については、ある程度見通せたのではないかと思う。次の課題は、①帳簿記事の素材の収集と整理、

②帳簿用料物の入手と帳簿本体の作成という問題の解明になるが、①については史料的な制約があるため現状での考察は困難である[84]。これに対し②の点、とりわけ帳簿用紙の入手については、造石山寺所の帳簿が多量の反故文書を使用している関係で先学の研究が蓄積されており、考察が可能な分野となっている。本稿で得られた知見をもとに、これらの反故文書の入手経路を検討すれば、先学とは異なる理解が得られるのではないかと思うが、その作業は稿を改めて果たすことにしたい[85]。

註

（1）本稿では、宮内庁書陵部頒布の正倉院文書マイクロフィルム紙焼写真（A４版）、および宮内庁正倉院事務所編『正倉院古文書影印集成』（正集・続修・続修後集・続修別集・塵芥、八木書店、一九八八～二〇〇七年）所載の影印を「写真」と称する。

（2）福山敏男「奈良時代に於ける石山寺の造営」（同『日本建築史の研究（訂正版）』所収、綜芸舎、一九八〇年復刻。初版は一九四三年、初出は一九三三～三五年）、岡藤良敬『日本古代造営史料の復原研究――造石山寺所関係文書――』（法政大学出版局、一九八五年）「造石山寺所関係文書・史料篇」（『福岡大学総合研究所報』一〇〇〈別冊〉、一九八七年）「造石山寺所公文案帳の復原案・補遺」（『日本歴史』五二九、一九九二年）、東京大学史料編纂所編『正倉院文書目録』一～七（一九八七～二〇一五年、東京大学出版会）、熊谷公男「古文書の調査」（『正倉院年報』五、一九八三年）、杉本一樹「古文書の調査」（『正倉院年報』九、一〇、一九八七・八八年）。この他に、西洋子「造石山寺所解移牒符案の復原について――近江国愛智郡司東大寺封租米進上解案をめぐって――」（関晃先生古稀記念会編『律令国家の構造』所収、吉川弘文館、一九八九年）。

（3）岡藤前掲註(2)著書の「結・Ⅰまとめ」に整理されている表1（四六四～四七五頁）の数値による。

（4）詳細は、栄原永遠男「正倉院文書関係文献目録(1)～(4)」（正倉院文書研究会編『正倉院文書研究』一～三、一一、吉川弘文館、一九九三～九五、二〇〇五年）のCの項（北倉文書・石山寺関係文書・流出文書など）を参照。

（5）本稿では記帳状況をとりあげるため、「造石山寺所雑様手実」や屋壊運に関する「継文」、数値の記入が中心となる「石山院大般若経充本帳」は考察の対象から除いた。なお、文書名の表記は、『大日本古文書』『正倉院文書目録』に従った。
（6）以下、帳簿名は、「造石山寺所」「造石山寺」を除いて表記する。
（7）一覧表に掲出した帳簿の文面を引用する場合は、『大日本古文書』の巻・頁数のみを記し、反故文書の場合は、それを使用する帳簿の記号と紙数（例・(D)第23紙背）を付記する。それ以外の文書の場合は、巻・頁数の他に正集以下の種別と巻次を示すことにする。
（8）(C)「食物用帳」では、冒頭の正月十五日条の位置に案主とある以外は、肩書きを付す場合はすべて領と記している。(D)「解移牒符案」を除く各帳簿でも同様の傾向が認められるので、以下では領位置と称しておく。造石山寺所の関係文書では、案主と領が混用されている（具体的には下道主と上馬養の場合）が、案主の独自の役割については三の(8)を参照されたい。
（9）各帳簿の位署のあり方については、**表1**を参照。
（10）最終は閏十二月二十九日条であるが、主要記事は八月二十三日条で終わっている。
（11）帳簿の日付と記帳の日時は必ずしも一致しないが、以下では数日程度の誤差を念頭にした上で、帳簿の日付に従って考察を進めることにする。甚だしい誤差が認められる場合は、その都度本文や註で言及する。
（12）筆遣いからして一筆で、日下などに姓名を記す本人自筆の文書と認められるものである。もっとも、その判断も、観察者の眼に依拠するため主観的にならざるをえないが、内容が個人の行動にかかわるもの、つまり署名者自身が書いた可能性の高い文書を選ぶことで、少しでも客観性を加えようと試みた。なお、筆蹟は年の経過とともに変化する傾向にあるので、書状は天平宝字年間（七五七〜七六五）のものに限っている。
（13）**図1**に掲出する「写真」からの敷き写しは、それぞれの筆蹟の特徴をほぼとらえているにしても、微妙な筆捌きなどは正確に表現できていない。詳細は「写真」に拠られたい。なお、記帳状況を見る場合、訂正による加筆（誤字を擦消した上に、あるいは誤字に重ね書きをして正しい文字を書き加える）や追筆（記入漏れなどのために後に余白へ追加書きをする）にも留意しなければならないが、「写真」からは訂正箇所（とりわけ擦消による加筆）の検出は困難であり（『正倉院古文書影印集成』では解説で言及されているが、現状では正集・続修・続修後集・続修別集・塵芥にとどまる）、追筆も見極めにくいところがある。それ故、本稿では、加筆や追筆についての判別は特に行なっていない。ただ、後述のように、主文や「右」記事の場合はそれぞれ一筆と見なせるものがほとんどで（一部の例外については後述）、訂正による加筆があったとしても、それは本文を記した筆と同一のものと判断することができる。

(14) 日ごとに記事を書き継ぐ帳簿では、その日の筆者の心持ちなどで筆勢は変化しがちであり、書状等のものと合致する字形は少数のものにしか見出だせない。それ故、偏や旁の崩し方、縦画の末尾の撥ねや横画の傾き具合といった筆遣いと、筆蹟全体から受ける印象をもとに、字形が類似することを指摘し、これをもって同筆判定の根拠とした。なお、判定の確度を高めるために、**図1**に示した筆蹟の敷き写しを通して各人の筆の特徴に通暁できるよう努めた。

(15) 「写真」を見る限り、各条の主文や「右」記事はそれぞれ一筆である。従って、表示した五点の文字（「黒」「乗」「塩」「滓」は除く）のうち、一点でも書状等のものと字形が類似すれば、その主文もしくは「右」記事は道主の筆と判定することができる。この点は以下でも同じである。

(16) 類似記号を持つ文字のある主文なり「右」記事との比較によって、新たに同筆の箇所を検出する方法を以下でも使用する（主典・領位署の場合も同じ）。

(17) 正月十七日条主文の「領」には記号を付さなかったが、「令」の崩し方は十六日条や十八日～二十日の各条のものと同じであり、道主の筆であることが知られる。

(18) **図1**(1)、**図2**に示した甲筆の特徴を略記しておく。主文の「米」の場合は、第五・六画の筆遣いをもとに一〇の字形に分類したが、比較的多く現われる七点について見ると次のようになる。まず、第五画をやや右に撥ねた状態で示し第六画を点（、）でとめるA型と第五画の撥ねを右に少し伸ばすB_1型、第五画を第三画と第四画の交点から短く左下へ降ろし、第六画を第四画の末尾の撥ねの上あたりから右下へ降ろすB型と第四画を突き抜けて第六画が右下へ降ろされるA_6型、第三画と第四画の交点付近から第五画は左下に短く、第六画は右下に太く長く降ろすA_1型、同じく第三画と第四画の交点から第五・六画が傘のように左右に開くA_5型と、その開きがやや平たくなるB_2型などである。全体としては、やや骨太の安定感のある字体といえるだろう。「黒」は字形が安定しており、「灬」をやや右上がりの横棒で引くのが書き癖と見ることができる。Ⓐ・Ⓑ型は横棒の長さと傾き具合いに応じた分類である。「白」の場合は、帳簿での字体が小さく判別しにくいところがあるが、第二画が少し左に開いて降ろされる関係で第三画との接点を持たない傾向にある点（D・E型）、第三画がやや右上がりに引かれたあと第四画を第二画よりも長く下へ降ろす点（C・E型）などが筆遣いの特徴と見られる。「乗」は崩し書きで字形が安定している（Ⓒ型）が、五月十六日条以降になると字画を略さずに書く字体が現われてくる（**図1⑿⒂⒃**などを参照）。「塩」の場合は、「土」をやや大きく記し、第二画が「皿」の第五画と同じ位置かそれよりも下に降ろされ、第三画を右上に撥ねる傾向にある。図ではⒹ～Ⓕ型に分類したが、これらは主に「㿻」の字形にもとづいている。「海」では、「氵」を縦棒でもって降ろし、その末端を右上に撥ねて「毎」の第一画に続けるのが書き癖といえそうである。図では、「毎」の字形に従い三つに分類している。「醤」は字形が安定しており、「酉」の第一画を左斜め下に伸ばして書くのが特徴といえる（H型）が、「滓」の場合は事例が少なく、特徴がつかみにくい。次に、「右」記事の「右」の場合は、「ナ」と「口」が離れた状態にあるI型、「ナ」の第二画が長く伸ばされているJ型、「ナ」と「口」が比較的均衡がとれているK型、「ナ」の第二画が第一画を突き抜けていないL型などに分けられるが、全体として「口」の第二・三画が続け書きにされ、第三画が第一画にきっちりと着けられずに空きを作る点が特徴的な筆遣いと見ることができる。「如」では「女」を「七」に崩し書きするP型、全体を「め」のように書くP_1型が多く現われる。いずれも「口」は「ゝ」のように崩されている。「料」の場合は、「米」の第六画と「斗」の第一・二画を続け書きにする傾向があり、「斗」は「斗」（M型）「斗」（O型）のように書かれている。全体の字形が安定しないので、図ではM～O型の抽出に限った。主典位置の「都」は本文に述べた通りであるが、図では「者」の字形に応じてⒶ～Ⓒ型に分類している。「宿」の場合は、「宀」と「佰」の「イ」を続け書きにする例が多く見受けられる。領位置の「案主」については事例が少なく特徴をつかみにくいが、「領」は比較的字形が安定しており、「令」を「ケ」「イ」のように崩し書きするのが特徴といえそうである。このように、甲筆の筆跡を観察していくと字形の安定しない文字が多くあることが知られるが、それは日ごとの気分の揺れが大きいということであろうか。下道主の性格を伝えるものとして興味深いところがある。

(19) 下道主が朱筆で名のみを書き込むのは(C)「食物用帳」ではここだけであるが、同様の例は、(A)「造寺料銭用帳」・(E)「雑材幷檜皮及和炭納帳」・(F)「鉄充幷作上帳」でも認められる。**表1**および註(58)を参照。

(20) 天平宝字六年の文書と推定される「阿刀乙万呂啓」（(D)第76紙背、二十五ノ三三七）があるが、本文には乙万呂としかなく姓を記さないため、ここでは除外した。

(21) **図1**(5)と**図3**に示した乙筆の特徴を略記しておく。まず、主文の「米」の場合は、甲筆と同じく第五・六画の筆遣いより八つの型に分けたが、基本的には第五画のみを第三画と第四画の交点に接して記すイ・ロ型、両画とも交点付近に接して書くハ・ニ・ホ・ヘ・ト型、両画とも点で表わすチ型の三類型にまとめることができる。軸となる第四画の縦棒がやや右に傾いて降ろされるのが、これらの字形の特徴といえるだろう。「黒」は、「灬」を四つの点で表現しようとするもの（リ型）と横棒で示すもの（ヌ・ル型）に分けることができる。全体としては、甲筆よりも角ばった字体となっている。「白」の場合は、第一画と第二画をはなすもの（ヲ型）と続け書きにするもの（ワ型）とがあるが、字形はいずれも横長で、第四画は第二・三画の縦棒に接することなく書かれる傾向にある。「乗」は画数を略すことなく書かれ、第八・九画が点で示されるのが特徴といえる。「塩」は「土」の第三画をさほど大きく撥ねず、「皿」はやや右上がりに書かれている。「右」記事の「右」の場合は、「ナ」と「口」の位置関係、「口」の筆遣いより七つの型に分けたが、全体的にやや右上がりに書かれている。「料」では、「斗」の画数を略さずに書く（ウ型）場合以外は、「」（ム型）「」（ヰ型）のように崩すのが書き癖のようである。「如」では、画数を略さずに書くもの（ノ型）と崩し書きのもの（オ型）がある。後者の特徴は**図1**(5)からはつかみにくいが、**図1**(4)や**図1**(7)(12)(16)(17)に散見する乙筆からすれば、「女」をさほど崩さずに右上がりに書き、「口」を「」のように崩すのが特徴といえそうである。主典位署の「都」については本文に記しておいたが、図では全体の字形に応じてク・ヤ型に分類している。「宿」は、「宀」を崩さずにやや左側に長く伸ばすのが特徴である。領位署の「領」は、「令」の字形で二つの型に分けたが、甲筆のように大きく崩さず、第一・二画と第三・四画を続けずに分けて書いている。乙筆の場合、甲筆のような字形の揺れは余りなく、全体的に筆はやや細身といえそうである。

(22) (J)「写経所食物用帳」でも同様の例が認められる。**表1**および註(76)を参照。

(23) この主文の「右」記事と主典位署、領位署の「領」は後述のように乙筆であるので、主文に見える甲筆は追筆と思われる。(C)「食物用帳」では、主文で両筆が交るのはここだけのようである。

(24) 下道主が名の「道主」を「道」としか記さない例は、(C)「食物用帳」では四月四日条「又」主文、七月二十八日条第三「又」主文（以上、図1(7)(16)参照）、(D)「解移牒符案」では二月五日付、二月三日付、三月十七日付の「造石山寺所符案」でも認められる。対外的な文書の場合はともかく、こうした帳簿などの内部文書では、名の一部の表記でも通用する慣行があったようである。天平宝字二年に行なわれた『金剛般若経』一二〇〇巻書写の「料紙納帳」や「料銭下充帳」などの文面に、佐伯里足と上馬養が朱筆で封を記すに際し、「封里」「封足」「封馬」のように名を略すのも同様の傾向と見られる。本書第四章参照。

(25) 三月二十六日条第一「又」主文の領位署「領」には記号を付さなかったが、「頁」の崩しが図1(5)に示した八月三日条主文のものに通じることから乙筆と推定しておきたい。以下、全体の字形が類似しなくても「令」「頁」の崩し方より乙筆と見なす場合がある（この点は甲筆の場合も同じ）。

(26) 甲筆は位署の名のみで他は乙筆という場合は、記事内容によって乙筆が記帳を分担していた結果と見ることができる（この点については後述）。主文のみが乙筆の場合は、記帳の途中で甲筆に交替したからであろうか。

(27) 図1(5)と図3の「如」からは類似点を見出だしにくいが、同じく乙筆と判断される図1(16)の七月七日条第一「又」主文、十五日条第六「又」主文、二十八日条第三「又」主文のものと比較すると、いずれも字形が類似することが知られる。

(28) 後述のように、(D)「解移牒符案」・(E)「雑材幷檜皮及和炭納帳」・(F)「鉄充幷作上帳」・(G)「雑物用帳」・(H)「雑材幷檜皮及和炭用帳」の各帳簿でも四月五日条から上馬養の筆が見えだすが、(F)・(G)・(H)の三帳では、四月六日条より馬養一人に記帳が委ねられている。馬養の他の帳簿への記帳状況については、表1および三を参照。

(29) 図1(9)と表4に示した丙筆の特徴を略記しておく。主文の「米」の場合は、第五・六画を第三画と第四画の交点もしくはそのやや下から左右にほぼ同じ長さに引くⓐ型と、第五画を短かく第六画を長く引くa・ⓑ型が多く現われる。「黒」では、「灬」を横棒で示し、その右端を左下へ少し返す筆遣いが認められるが、図では「里」の第五画がこの横棒に接するかどうかでb型とb_1型に分類している。「白」の場合は、そのほとんどが第一〜三画を続け書きにし、第四・五画を一つの点で示している。「乗」の字形は乙筆のものと似ているが、丙筆では全体的に縦長になっている。「塩」は、「𥁕」の崩しが丸味を帯びるのが特徴で、図ではその字形に従って二つの型に分類している。「海」「醤」「滓」の場合は、画数をさほど略さずに書かれており、「海」では「毎」の第一・二画が前に突き出るように書かれる点、「醤」では「酉」の崩しが「白」に通じる点、「滓」では「辛」の第七画が下へ長く伸ばされている点が特徴的な筆遣いと見ることができる。「右」記事の「右」の場合は、「ナ」と「口」が離されて書かれる傾向にある点、「口」が右上に引き上げられるように書かれる点がその特徴といえる。「料」は全体の字形より二つの型に分類したが、「斗」の第四画が下に長く伸ばされるのが共通する筆遣いである。「如」の場合は、画数を略さずに書くh型が多く現われる。この字形は乙筆のノ型に似るが、丙筆では「女」の第一画が左側に折り曲げられず右下にそのまま降ろして書かれている。主典位署については本文で言及した通りである。図では、「都」を「者」の字形に応じて(a)・(b)型に分類している。領位署の「領」は、「令」と「頁」を続け書きにする傾向があり、「頁」の第一画を「令」の第一画よりも上の位置から書き始めるのが特徴的な筆遣いといえる。全体的に見て、丙筆の筆蹟は安定しており、字体は甲・乙両筆よりも小振りで、繊細な印象を受ける。

(30) 五月四日条第二「又」主文の場合は「都」の判定が難しいが、ヤ型のように「阝」を崩していないことから、これも乙筆と見なしておきたい。

(31) 四月二十八日・五月一日各条主文の主典位署は、「宿」の字形より甲筆と判断した。

(32) 七月十五日条第三「又」主文の場合は、「宿」の字形による。

(33) 八月十一日条第二「又」主文の「領」は、左半分に白い継紙がかかっている関係で敷き写していないが、「頁」の崩しより乙筆と見なすことができる。

(34) 八月二十三日条の領位署「領上」は、写真が暗く敷き写せなかったが、「令」の崩しより甲筆と見ることができる。この点は、次の閏十二月二十九日条領位署「領下道主」の場合も同じである。

(35) 図には示さなかったが、末尾に（天平宝字七年ヵ）八月十三日付で記された造寺料の「海藻滑海藻用残注文」（朱筆）は、日下に姓名を加える下道主の筆によるものと思われる。

(36) 各帳簿の筆蹟判定には、本節でとりあげた(C)「食物用帳」の観察結果を用いたが、この他に各帳簿に頻出する文字も判定の基準としている。順にあげると、(A)「造寺料銭用帳」・(A′)「下銭帳」・(I)「米売価銭用帳」は「銭」、(B)

「造寺料雑物収納帳」・(E)「雑材幷檜皮及和炭納帳」・(E)「雑材納帳」は「納」、(D)「解移牒符案」は「石山院」、(F)「鉄充幷作上帳」・(F)「鉄用帳」は「鉄」「作」などである（他の四帳簿では特になし）。

(37) 同日条で甲・乙・丙の三筆が重なる例は、(I)「米売価銭用帳」の八月十二日条、(J)「写経所食物用帳」の八月十二日、十三日条でも認められる。これは、造営の終了にともない下道主と阿刀乙万呂が八月十日ごろから写経所の実務に関与するためと考えられる。この点については三の(6)を参照。

(38) 正月の上日を報告する「造石山寺所解案」(D)、十五ノ一四五～一四六）は正月二十八日付で出されているが、主典安都宿禰雄足・長上船木宿奈万呂らの上日は三〇となっている。つまり、二十九日と三十日は上日と見なした上での報告であるが、この見なし上日が満たされない場合には、翌月の上日から差し引かれたものと思われる。その意味で、報告書に記される上日数は必ずしも実態に即していないわけである。造石山寺所の上日報告のほとんどが、月末の二～四日前の日付を持つので、いずれもこのような見なしの上日を含んでいることになる。従って、**表2**に示した上日数は、数日程度の誤差の可能性があることを念頭にした上で使用することにする。

(39) 復原は『正倉院文書目録』、岡藤前掲註(2)著書による。以下も同じ。

(40) 阿刀乙万呂が二月四日付「造石山寺所符案」で参向を求められた「寺家」とは、石山寺、具体的にはその造営機関である造石山寺所をさすものと思われる。

(41) 阿刀乙万呂の名は、二月十六日付「造石山寺所牒案」(D)、十五ノ一五三～一五四）に造物所に返上する木工として見えている。しかし、(C)「食物用帳」の同日条には、木工阿刀兄万呂と勝広国への下米が記されている（五ノ一三）ので、この乙万呂は兄万呂の書き誤りであることがわかる（この点は福山前掲註(2)論文でも指摘されている）。もう一点、三月二十九日付「造石山院所解案」(D)、十五ノ一七八）には、「同解」が仕丁阿刀乙万呂に付されたことが朱筆で記されているが、これは同姓同名の別人と思われる。

(42) 岡藤前掲註(2)著書二四〇～二四四、二五八～二六三、三二一～三二五頁。『大日本古文書』は、この三帳を案文とは見なしていない。

(43) (F)「鉄充幷作上帳」の二月二十五日条と三月十日条の間には、日付の部分を欠損する条文があるが、冒頭の正月十六日条からこの某日条までに記された鉄の下充数は、(G)「雑物用帳」の三月四日条に見える正月十六日から三月四日までの鉄下充数三三廷に一致するので、この某日とは三月四日のことと考えられる。

(44) 筆蹟よりすれば、正月十六日〜二月一日の各条は下道主（甲筆）が記し、それを受けて二月二日から三月四日までの各条を阿刀乙万呂（乙筆）が記したことになる（**表1**参照）。

(45) (G)の題目は「雑材用帳」（十五ノ二九〇）とあって「材」に「物」を重ね書きしているが、これは書き誤りによるものと思われる。

(46) (G)「雑物用帳」の正月二十四日条に「和炭参斛柒㪷／右作斧四口手斧四口料上寺鉄工沸真時充如件」（十五ノ二九一）とある和炭は、(H)「雑材并檜皮及和炭用帳」の三月九日条に和炭下充の内訳として記される「四石七斗充上院」（十五ノ三六五）の中に含まれているものと見られる。なお、租布と墨の下充記事がどう処理されたのかは明らかでない。

(47) (F)「鉄充并作上帳」によれば、二月七日までに作上された釘の総数は三三八隻である。

(48) 造寺料物は、三月十七日付、二十四日付、七月九日付の「造東大寺司牒」「造東大寺司政所牒」（正集五、五ノ一四四、二四〇〜二四一、二四三〜二四四）などによって奈良から石山へ送られているので、「雑物収納帳」は三月以降も存在していたはずである。(B)「造寺料雑物収納帳」が二月二十七日条で終わるのは、旧帳からの書き換えを行なったものの、三月に入って別途に新たな「雑物収納帳」（現存せず）が作成されることになり、二月までの分はこの一紙で閉じられ、主典安都雄足が収納記事の確認を行なって自署を加えたということであろうか。

(49) 実際に(C)「食物用帳」・(D)「解移牒符案」の記帳が始まるのは、下道主が造石山寺所に出仕しだす正月十六日ごろと思われる。これは、冒頭に正月十五日条を記す(E)「雑材納帳」の場合も同じである。

(50) この他、(C)「食物用帳」の二月三十日条には「半食給帳」（五ノ一八）が記されているが、その内実は明らかではない。

(51) (B)「造寺料雑物収納帳」を除けば、新帳で安都雄足が自署を加えるのは、(A)「造寺料銭用帳」での五例（三月二十三日、二十四日、三十日の各条）だけである。**表1**参照。

(52) 石山での写経機関は、(D)「解移牒符案」によると「奉写石山院大般若所」と書く例が多いが、以下では経を補なって奉写石山院大般若経所あるいは写経所と呼ぶことにする。

(53) (H)では、題籤に「雑材幷檜皮及和炭用帳」とあるのに対し、冒頭には「雑材用帳」と記されている。これは、三月四日に「雑材用帳」と題して本帳の記帳が始まったものの、(E)が「雑材幷檜皮及和炭納帳」としての体裁をとるに至り、料物の収納と支出を対応させるため題目に「檜皮及和炭」を加えたからであろう。その際、見出しとなる題籤のみが訂正されたものと思われる。

(54) 旧帳での書式の不揃いは、形式よりも内容にもとづく実務の迅速化を図ったためと思われる。同一文言の繰り返しになる「右」記事の省略や、主典が日ごとの閲覧を行なわないことにともなう位署の省略などがそれに当たるであろう。

(55) 天平宝字四年十月二十日付「作金堂所解（案）」（続修三十七裏、十六ノ三一〇～三一一*l*3、中間欠、三一一*l*12～三一五、続々修四十二ノ一、四ノ四四四～四四五）では、下道主は案主、阿刀乙万呂は領として見えているので、道主は法華寺の阿弥陀浄土院金堂の造営を通して乙万呂の実務能力を周知していたものと思われる。

(56) ただし、(B)「造寺料雑物収納帳」は前記のように二月二十七日条で閉じられ、三月以降の造寺料物の収納は別の帳簿（現存せず）に記されたようである。

(57) (D)「解移牒符案」での共同記帳は、阿刀乙万呂（乙筆）が石山を離れるまでの期間である。

(58) (A)「造寺料銭用帳」・(E)「雑材幷檜皮及和炭納帳」・(F)「鉄充幷作上帳」の正月～三月の記事の中で、乙筆の主文・「右」記事に対する領位署に下道主（甲筆）が朱で名のみを記す例が散見する（**表1**参照）が、これらの場合も別途に作成されていた帳簿（旧帳）からの転記を、必要があって道主が検校したことを示すためのものであろう。なお、(C)「食物用帳」の三月七日条の例は、(E)での自署で手にした朱筆をそのまま使用したことによるものか。

(59) 石山寺から来た銭一一貫の用残を記す（天平宝字）六年正月十六日付「買漆銭用注文」（続修四十一、五ノ五九～六〇）の日下には、上馬養が猪名部枚虫とともに自署を加え、その左には「主典安都宿禰」と記されているが、鷺森浩幸「天平宝字六年石山寺造営における人事システム――律令制官司の一側面――」（『日本史研究』三五四、一九九二年）は、この「注文」より、馬養は正月十六日の段階ですでに奈良の写経所を離れ石山寺の造営に従事していたと指摘する。

(60)「盛殿」とは経師らの食事の調理場をさすのであろうか。

(61)(D)「解移牒符案」所載の三月十三日付「奉写石山院大般若所請大舎人文案」(十五ノ一六三〜一六四)、同月二十日付「奉写石山大般若所解案」(十五ノ一七〇〜一七一)などに、上馬養は案主として見える。

(62)(C)「食物用帳」の二月八日、十一日条の領位署には馬養の姓「上」が記されているが、これは十日条に若滑海藻・醤・末醤・酢・黒米を経所に充てる記事があるように、書写作業の開始にともない食料雑物の一部を造石山寺所に仰ぐ必要があったためと思われる。なお、写経所と造石山寺所の料物は区別されていた。『大般若経』の書写については、横田拓実「奈良時代における石山寺の造営と大般若経書写」(石山寺文化財綜合調査団『石山寺の研究』一切経篇、所収、法藏館、一九七八年)で検討が加えられているが、以下本稿でも必要に応じて書写の経過や写経所の動向に言及する。

(63)古瀬奈津子「告朔についての一試論」(同『日本古代王権と儀式』所収、吉川弘文館、一九九八年。初出は一九八〇年)によると、「告朔」には月別と季別があり、造石山寺所の季別の「告朔」は所管官司の造東大寺司に向けて出されていたこと、季別の「告朔」には雑物出納の項目が設けられ決算報告の形式をとっていたことが指摘されている。決算報告であれば、内容に関する質疑応答があったものと推測される。

(64)造石山寺所の政所の存在については、六年五月二日付「石山政所符案」(D)、十五ノ一九八)より知ることができるが、写経所のものについては明らかでない。岡藤氏は、下道主と上馬養は造石山寺所の政所で作業に従事していたと想定されている(前掲註(2)著書五一二頁)。

(65)この間の写経事業については、山本幸男『写経所文書の基礎的研究』第一章「天平宝字二年の御願経書写」・第二章「天平宝字四年〜五年の一切経書写」(吉川弘文館、二〇〇二年)を参照。

(66)福山前掲註(2)論文では、作物停止の理由を雨季に入ったためであろうかとする。

(67)後掲の八月二十七日付「造石山院所労劇文案」による。

(68)福山前掲註(2)論文では、造営事業の総決算書とされる天平宝字六年閏十二月二十九日付「造石山寺所解(案)(秋季告朔)」(続々修四十五ノ七裏、十六ノ二一九〜二三二*l*10、続々修四十五ノ七、十六ノ二二二〜二二五、続修後集四十二、十五ノ一二七、続々修四十五ノ五裏、十六ノ二二九〜二三二、二三二〜二五〇、二五一〜二五二、続修三十五裏、十六ノ一九一l13～一九五l8、一九九l5～二〇一、一九五l9～一九七l6、一八六～一九一l12、続修三十六裏、十六ノ二〇一～二〇八l3、続修三十五裏、十六ノ一九七l7～一九九l4、続々修四十五ノ六、十六ノ二二七～二二九、続修三十六裏、十六ノ二〇八l4～二一一、続修後集三十四裏、五ノ三三五～三五四。復原の一部は、福山前掲註(2)論文、岡藤前掲註(2)著書一三八～一五四頁による）の中で、「仏工伍拾捌人院三綱所遷受以来役単」（五ノ三四一）と記されていることから、これまで石山寺の三綱所の下で行なわれていた造像は六月から造石山寺所に引き継がれたと推定する。実際に造像を担当したのは、本文で述べたように写経所であった。

(69) (C)「食物用帳」の七月二十九日～八月六日の各条で、阿刀乙万呂が位署に「注阿刀乙万呂」と姓名を加えるのは前記の通りである。恐らくこの間、造営事業の終了をひかえた下道主の仕事が繁忙になっていったのであろう。(F)「鉄充幷作上帳」の七月二十三日～八月三日の各条が主文のみであるのもこうした事情によるもので、こちらの方は、造営事業の終了後に道主が一括して書き上げたようである。

(70)「秋季告朔」では、五年十二月十四日から六年八月五日までの「請用雑物幷作物及散役等」（五ノ三五三～三五四）が報告されている。

(71)「夏季告朔」の進上は遅れたらしく、(D)「解移牒符案」所載の七月二日付「造石山院所解案」（十五ノ二一九～二二〇）には、「告朔者依未畢不得進上然以月三〔四〕日持将参上」と記されている。

(72) 吉田孝「律令時代の交易」（同『律令国家と古代の社会』所収、岩波書店、一九八三年。初出は一九六五年）。

(73) (A)「造寺料銭用帳」九月十九日条には、奈良への残材漕運料として下充された銭一二貫二六〇文のうち四貫二六〇文は「経所米売直内」（十五ノ四四五）と記されているが、同帳の八月八日条には同額の料銭が「経所米売内」「経所米売価内」（五ノ三六八～三六九）から下充されており、九月十九日条のものは重出記事であることがわかる。

(74)「第二枇」の「枇」を、東野治之「奈良平安時代の文献に現われた木簡」（同『正倉院文書と木簡の研究』所収、塙書房、一九七七年。初出は一九七四年）、「「枇」と「札」」（同『日本古代木簡の研究』所収、塙書房、一九八三年。初出は一九七八年）は木簡もしくは木簡の記録を一旦紙に写しとったものをさす語とし、角林文雄「木簡を意味する文字」（同『日本古代の政治と経済』所収、吉川弘文館、一九八九年。初出は一九七七年）は帳と同義語とするが、本文で述べた(A)「造寺料銭用帳」と(I)「米売価銭用帳」の関係を念頭にすれば、この場合の「枇」は帳の意と見た方がよいように思われる。

(75) (A)「造寺料銭用帳」の八月八日条では、奈良への雑材漕運料四貫二〇〇文と津神祭料六〇文が下充され（五ノ三六八～三六九）、八月九日付で漕運を請け負う「曰佐真月土師石国等解」（「造石山寺所雑様手実」内、正集六、五ノ二六一）と雑材の内訳を記した「高嶋山作所漕材注文」（「同上」内、続々修四十五ノ六、五ノ二六二～二六五）が作成されている。

(76) (J)「写経所食物用帳」の九月から十一月にかけての各条の中で、主文・「右」記事とも乙筆にかかるものの領位署に「注阿刀乙万呂」との書き込みがなされている（**表1**参照）。同様の例は(C)「食物用帳」の七月二十九日～八月六日の各条でも認められるが、恐らくこれを契機として、乙筆が主文・「右」記事を書く場合には領位署に乙万呂の名を注記するようになったのであろう。もっともそれは、「食物用帳」に限ってのことかもしれない。

(77)「奉写灌頂経料銭用帳」（続々修十ノ六、十六ノ一七～二一）、「奉写灌頂経料雑物下帳」（続々修十ノ五、十六ノ二一～二四）を参照。

(78)「奉写灌頂経料銭用帳」、「奉写灌頂経所食口案」（続々修十ノ七、十六ノ二五～三三、続修三十一裏、十六ノ三三～三五、続々修四十ノ五、十六ノ三五～四〇、続修四十七裏、十六ノ四一～四二、続修別集八裏、十六ノ四三～四四、続々修四十ノ五、十六ノ四四～四八、中間欠、続々修四十三ノ十六裏、十六ノ四八～五〇。復原の一部は『大日本古文書』による）を参照。

(79)『灌頂経』一二部一四四巻書写に続いて行なわれた『大般若経』二部一二〇〇巻書写でも、下道主と上馬養は案主として従事している。「奉写二部大般若経雑物納帳」（続々修四ノ八、五ノ三〇〇～三〇二、続修四十一、五ノ三〇二～三〇六、続々修四十三ノ二十、十六ノ一二一～一二九。復原の一部は『大日本古文書』による）を参照。

(80) 西前掲註(2)論文を参照。

(81) 石山写経所の帳簿の中で伝来したのは、「石山院大般若経充本帳」・(I)「米売価銭用帳」・(J)「写経所食物用帳」の三点である。このうち(I)・(J)は、本文で言及したように(A)「造寺料銭用帳」・(C)「食物用帳」の機能を受け継ぐ帳簿であるので、下道主の管理下に置かれていたようであるが、「充本帳」は上馬養が保管していたものであろう。写経や造仏にかかわる写経所の帳簿は馬養の手元に置かれていたはずであるが、その大半が失われ、道主の保管する造営関係の帳簿が残ったのは、奈良の写経所における両者の帳簿管理のあり方を反映するものとして興味深いところがある。

(82) 八月二十七日付の「造石山院所労劇文案」によると、造石山寺所の案主は下道主だけであり、他の九人の領とは区別して記されている。案主は、この下道主と写経所の上馬養の二人だけのようである。

(83) 前記のように、七月末以降阿刀乙万呂の姓名も帳簿に現われるが、それは領位署の枠外に注記するという体裁をとる(図1(5)参照)。乙万呂は正式の記帳担当者でないことを示すためであろう。

(84) 東野前掲註(74)論文では、帳簿記事の素材として木簡の存在が指摘されているが、木簡と帳簿を繋ぐ研究は今後の大きな課題である。

(85) この作業は、本書第七章で行なった。

造石山寺所関係帳簿一覧表

1　本表は、本稿でとりあげた(A)〜(J)の14帳簿の用紙と背面の関係を一覧化したものである。各帳簿の復原は、本文の註（2）に示した論文・目録・原本調査報告にもとづいている。背面に見える反故文書の比較のために、参考として「造石山寺所雑様手実」も掲出しておいた。

2　表示にあたっては、当該文書の紙数、種別と巻次（続々修の場合は帙・巻次）、写真番号（紙焼写真に見える用紙番号）および『正倉院文書目録』に示された断簡番号を示し、接続の推定・推測の箇所には破線を、欠失部分にはその旨を記入した。紙背（帳簿の背面）の文書が2紙以上にわたるときは紙数（途中で欠失があっても現存の用紙数で示した。たとえば(C)「造石山寺所食物用帳」第27紙背と第28紙背の間など）を示し、何も記されていない場合は「空」、写真のないものも同様の状態と判断し、この場合は「(空)」と表記した。紙背の文書名は原則として『大日本古文書』『正倉院文書目録』に従ったが、一部内容に即して改めたものがある。

3　紙背の分類の項に示したのは、伝来の契機と反故紙に還元された場所に注目して行なわれた反故文書の分類数字で、ここでは岡藤良敬氏の分類（同『日本古代造営史料の復原研究――造石山寺所関係文書――』法政大学出版局、1985年）に一部修正を加えたものを示した。その内容は次の通りである。

㈠造石山寺所で反故にされた文書（造石山寺所関係文書〈石山写経所関係文書を含む〉のうち、表文書として残存せず、裏面を利用された文書）
㈡「近江国志何郡古市郷計帳手実」（神亀元年〜天平14年）
㈢奈良から造石山寺所に持参された文書
　(1)天平末〜天平勝宝4年文書
　(2)越前関係文書（天平勝宝6年〜天平宝字4年）
　(3)彩色関係文書（天平勝宝9歳〜天平宝字3年）
　(4)写経関係文書（天平宝字2年）
　(5)東塔所関係文書（天平宝字3年）
　(6)法華寺阿弥陀浄土院金堂関係文書（天平宝字4年〜5年）
　(7)「造東大寺司告朔案」（天平宝字6年）
　(8)その他（天平宝字2年〜5年）
㈣石山から奈良に持ち帰った文書（㈠と㈢(3)の一部）
㈤奈良に移った造石山寺所及び奈良の写経所で反故にされた文書
㈥不明

岡藤氏の分類との相違点は、(D)「造石山寺所解移牒符案」の復原研究の進展（西洋子「造石山寺所解移牒符案の復原について――近江国愛智郡司東大寺封租米進上解案をめぐって――」関晃先生古稀記念会編『律令国家の構造』所収、吉川弘文館、1989年）を受けて㈣㈤の項を設けたこと、その関係で不明の項を㈥としたこと、㈢に分類される文書の年代を(4)は天平宝字2年（ここに分類される文書の大半が同年の写経関係文書であるため、吉田孝「律令時代の交易」〈同『律令国家と古代の社会』所収、岩波書店、1983年。初出は1965年〉の分類に従う）、(5)は天平宝字3年

（(D)第53紙背の文書は(5)に分類できないため）としたことである。その結果、各文書の分類にもいくつかの相違が生じた。以下、順に示すと、次のようになる。

・新たに設けた㈣類には(D)第84、94～100紙背、㈤類には(D)第85～93紙背（12月24日ごろに下道主が奈良の写経所に還ることによる）の各文書。
・㈢(4)類を天平宝字２年に限定したため(A)第６・７紙背・(D)第44紙背・(F)第２紙背の４文書は反故にされた時点が明らかでないので㈥類。
・(D)第55～57紙背と(G)第10紙背は日付と内容より㈢(8)類。
・(G)第14紙背は石山写経所の上馬養のもとに届けられた文書と思われるので㈠類。
・(H)第１・２紙背は石山写経所で行なわれた『大般若経』１部600巻書写の見積り書と思われる（ここに記された見写料紙および橡汁・帙の数値が、天平宝字６年12月16日付「奉写二部大般若経用度解案」〈続々修４ノ７、16ノ59～68〉のものと近似もしくは一致することから推定）ので㈠類。
・(J)第20紙背も『同経』の書写関係と見られるので㈠類。
・(D)第53紙背は東塔所関係の文書とは考えにくいので㈢(8)類。
・(D)第36紙背は反故にされた時点が明らかでないので㈥類。
・(D)第76紙背は東京大学史料編纂所編『正倉院文書目録』２（東京大学出版会、1988年）に従い天平宝字６年の文書と推定して㈠類。
・(F)第１紙背は天平宝字２年の写経関係文書と考えられる（山本幸男『写経所文書の基礎的研究』第１章、吉川弘文館、2002年）ので㈢(4)類。
・(G)第18紙背は法華寺阿弥陀浄土院金堂造営との関係が明らかでないので㈢(8)類。

（A）　造石山寺所造寺料銭用帳（５年12月24日～７年正月30日）
（題籤に「造寺料／銭用帳」〈４ノ532〉と記す往来軸に第１紙は貼り付けられる）

正倉院文書	当該文書		紙　背			
（紙数・種別・写真番号・断簡番号）	天平宝字６年	『大日本古文書』	分類	年月日	文書名	『大日本古文書』
1　続々修43ノ13①	5年12月24日～6年正月8日	4ノ532～534 *l* 2			空	
2　②	正月８日～２月30日	4ノ534 *l* 3～536			空	
3　続　修38①（1）	２月30日～３月15日	5ノ355～357 *l* 4			空	
4　②（2）	３月15日～３月26日	5ノ357 *l* 5～359 *l* 7	㈠	天平宝字６年３月７日	造石山寺所解（案）（首欠）(2)	5ノ138～139
5　③（2）	３月26日～３月30日	5ノ359 *l* 8～360			造石山寺所解（案）（首欠）(1)	5ノ137
6　続　修48⑦裏⑦裏	３月30日～４月13日	15ノ442～443 *l* 8	㈥	４月20日	秦家主啓	25ノ344
7　⑥裏⑥裏	４月13日～４月17日	15ノ443 *l* 9～444	㈥	４月14日	僧誠愁状（首欠）	25ノ333

正倉院文書 (紙数・種別・写真番号・断簡番号)	当該文書 天平宝字6年	当該文書 『大日本古文書』	紙背 分類	紙背 年月日	紙背 文書名	紙背 『大日本古文書』
8　続 修 別 集48②裏①裏	4月20日～4月26日	5ノ360～361 *l* 9	(一)	(天平宝字6年4月ヵ)	鏡紐様*	未収
9　①裏①裏	4月26日～5月2日	5ノ361 *l* 10～362	(一)	(天平宝字6年4月ヵ)	銅鏡背面下絵	5ノ204・205
	(コノ間欠失アリ)					
10　続　修25⑥裏⑥裏	5月5日～5月10日	15ノ450～451	(三)(8)	天平宝字5年8月29日	月借銭解	4ノ508
11　続々修43ノ9⑧　⑤	5月10日～5月17日	15ノ451～452 *l* 12	(三)(6)	(天平宝字4年12月ヵ)	造金堂所解(案)(首尾欠)**	16ノ274～275
12　③	5月某日～5月27日	15ノ446～447 *l* 4	(三)(8)	(天平宝字ヵ)5年11月9日	額田部筑紫状(首欠ヵ)	15ノ129
13　④	5月27日～6月5日	15ノ447 *l* 5～ *l* 13	(六)		供養料雑物進上啓(?)(尾欠)	15ノ376
14　⑤	6月8日～6月13日	15ノ448 *l* 1～ *l* 8	(六)		染料黄蘗注文(?)(首欠ヵ)	25ノ372
	(コノ間欠失アリ)					
15　⑥	6月某日～6月26日	15ノ448 *l* 9～449 *l* 9	(一)	(天平宝字)6年4月3日	山作所解	15ノ454～455
16　⑦	6月27日～7月1日	15ノ449 *l* 10～450	(三)(8)	(天平宝字ヵ)4年8月11日	臺和麻呂銭進上文(首欠)	14ノ442
17　続 修 別 集32③裏	7月3日～7月16日	5ノ362～364 *l* 12	(三)(7)	(天平宝字6年5月ヵ)	造東大寺司解(案)(尾欠)(3)	5ノ199 *l* 4～201
18　②裏	7月16日～7月22日	5ノ364 *l* 13～366 *l* 13			造東大寺司解(案)(尾欠)(2)	5ノ197 *l* 6～199 *l* 3
19　①裏	7月22日～8月8日	5ノ367 *l* 1～369			造東大寺司解(案)(尾欠)(1)	5ノ195～197 *l* 5
20　続　修29⑤裏⑤裏	8月8日～8月23日	5ノ369～371(1行未収)	(三)(3)	天平宝字2年3月19日	画師行事功銭注進文	4ノ266～268
21　続々修43ノ9②　②	8月23日～7年正月30日	15ノ444～446	(三)(3)	天平宝字2年3月17日	画師行事功銭注進文	4ノ265～266

*文書名は『正倉院古文書目録』(奈良帝室博物館正倉院掛印行、1929年)による。
**『大日本古文書』は「造石山院所用度帳」とするが、福山敏男氏の指摘に従い「造金堂所解(案)」の一部と見なした。

(A′)造石山寺所下銭帳（6年4月9日～20日、本帳は未使用紙で作成される）

1　続々修38ノ8⑫裏	4月9日～4月17日	15ノ457～459 *l* 8		天平宝字6年11月10日～17日	(J) 造石山寺写経所食物用帳(17)	15ノ493 *l* 8～495
2　⑪裏	4月17日～4月20日	15ノ459 *l* 8～460		11月4日～10日	(J) 造石山寺写経所食物用帳(16)	15ノ492 *l* 1～493 *l* 8

(B) 造寺料雑物収納帳（5年12月28日～6年2月26日）

（往来軸に貼り付けられる。岡藤良敬氏によれば、「謄写本」〈東京大学史料編纂所蔵〉には題籤を「造寺料／雑物納」〈表裏同文〉と記す）

1	続々修43ノ14①	5年12月28日～6年2月26日	4ノ537～539			空	

(C) 造石山寺所食物用帳（6年正月14日～閏12月29日）

1	続修別集42①	正月14日～正月20日	5ノ5～7 l6			(空)	
2	②	正月20日～正月30日	5ノ7 l7～9 l9			(空)	
3	③	正月30日～2月7日	5ノ9 l10～11 l11			(空)	
4	④	2月8日～2月16日	5ノ11 l12～13 l13			(空)	
5	⑤	2月17日～2月26日	5ノ14 l1～16 l4			(空)	
6	⑥	2月26日～3月1日	5ノ16 l5～18			(空)	
7	続修後集10③　(3)	3月1日～3月6日	5ノ18～20 l11			空	
8	④　(3)	3月6日～3月8日	5ノ20 l12～22			空	
9	続修別集20⑥裏	3月8日～3月12日	15ノ378～380 l9	㊂(4)	天平宝字2年9月5日	東寺写経所解案(6)	4ノ310 l6～311
10	⑤裏	3月12日～3月15日	15ノ380 l10～382 l9			東寺写経所解案(5)	4ノ308 l7～310 l5
11	④裏	3月15日～3月20日	15ノ382 l10～384 l13			東寺写経所解案(4)	4ノ306 l10～308 l6
12	③裏	3月21日～3月26日	15ノ385 l1～387 l1			東寺写経所解案(3)	4ノ304 l12～306 l9
13	②裏	3月26日～3月29日	15ノ387 l2～388 l14			東寺写経所解案(2)	4ノ303 l1～304 l11
14	①裏	3月29日～4月4日	15ノ389 l1～390			東寺写経所解案(1)	4ノ301～302 l13
15	続々修38ノ9①	4月4日～4月6日	15ノ391 l2～l13	㊂(7)	天平宝字6年3月1日	造東大寺司告朔解(案)(首欠)(5)	5ノ131 l11～l13
16	②	4月6日～4月11日	15ノ392 l1～394 l4			造東大寺司告朔解(案)(首欠)(4)	5ノ130 l1～131 l10
17	③	4月12日～4月19日	15ノ394 l5～396 l11			造東大寺司告朔解(案)(首欠)(3)	5ノ128 l3～129 l13
18	④	4月19日～4月23日	15ノ396 l12～398 l10			造東大寺司告朔解(案)(首欠)(2)	5ノ126 l5～128 l2
19	⑤	4月24日～4月26日	15ノ398 l11～399 l12			造東大寺司告朔解(案)(首欠)(1)	5ノ125～126 l4
20	⑥	4月26日～4月28日	15ノ399 l13～400 l12	㊂(6)	(天平宝字4年ヵ)	造金堂所解(案)(首尾欠)(14)	16ノ273 l13～274
21	⑦	4月29日～5月4日	15ノ400 l13～402 l11			造金堂所解(案)(首尾欠)(13)	16ノ272 l2～273 l12

正倉院文書（紙数・種別・写真番号・断簡番号）	当該文書		紙背			
	天平宝字6年	『大日本古文書』	分類	年月日	文書名	『大日本古文書』
22　続々修38ノ9⑧	5月4日～5月10日	15ノ402 l12～405 l2			造金堂所解(案)(首尾欠)(12)	16ノ270 l5～272 l1
23　⑨	5月10日～5月17日	15ノ405 l2～407 l5			造金堂所解(案)(首尾欠)(11)	16ノ268 l8～270 l4
24　⑩	5月17日～5月25日	15ノ407 l6～409 l8			造金堂所解(案)(首尾欠)(10)	16ノ266 l11～268 l7
25　⑪	5月25日～5月29日	15ノ409 l9～410 l5			造金堂所解(案)(首尾欠)(9)	16ノ266 l2～l10
26　⑫	6月1日～6月6日	15ノ410 l6～412 l1			造金堂所解(案)(首尾欠)(8)	16ノ264 l10～266 l1
27　⑬	6月6日～6月10日	15ノ412 l1～413 l9			造金堂所解(案)(首尾欠)(7)	16ノ263 l7～264 l9
28　⑭	6月10日～6月15日	15ノ413 l9～415 l12			造金堂所解(案)(首尾欠)(6)	16ノ261 l10～263 l6
29　⑮	6月15日～6月21日	15ノ415 l13～417 l13			造金堂所解(案)(首尾欠)(5)	16ノ259 l13～261 l9
30　⑯	6月21日～6月26日	15ノ418 l1～420 l3			造金堂所解(案)(首尾欠)(4)	16ノ258 l3～259 l12
31　⑰	6月26日～7月3日	15ノ420 l3～422 l6			造金堂所解(案)(首尾欠)(3)	16ノ256 l8～258 l2
32　⑱	7月3日～7月7日	15ノ422 l6～424 l9			造金堂所解(案)(首尾欠)(2)	16ノ254 l12～256 l7
33　⑲	7月7日～7月10日	15ノ424 l10～426			造金堂所解(案)(首尾欠)(1)	16ノ253～254 l11
34　続々修43ノ3⑤裏	7月11日～7月14日	15ノ426～428 l9	(三)(2)	天平勝宝6年閏(10月)	検米使解案	4ノ29～30
35　④裏	7月14日～7月16日	15ノ428 l10～430 l10	(三)(2)	(天平勝宝6年ヵ)3月21日	加賀郡司解*	4ノ79～80
36　③裏	7月17日～7月19日	15ノ430 l11～432 l2	(三)(2)	(天平勝宝7歳)	公廨米注文	4ノ78～79
37　②裏	7月19日～7月23日	15ノ432 l3～434 l3	(三)(2)	(天平勝宝7歳)	公廨米注文	4ノ77～78
38　①裏(1)裏	7月23日～7月28日	15ノ434 l4～436	(三)(2)	天平勝宝7歳9月26日	村部豊嶋解	4ノ76～77
39　続　修9⑧裏⑦裏	7月28日～7月29日	5ノ29～30	(二)	天平5年	近江国志何郡古市郷計帳(首尾欠)	1ノ504～505
40　③裏③裏	7月29日～8月7日	5ノ25～27 l7	(二)	(天平6年)	近江国志何郡古市郷計帳(首尾欠)	1ノ621～622
41　④裏④裏	8月7日～8月11日	5ノ27 l8～29	(二)	(天平14年)	近江国志何郡古市郷計帳(首尾欠)	2ノ327～329
42　②裏②裏	8月12日～8月19日	5ノ24～25	(二)	(天平14年)	近江国志何郡古市郷計帳(首尾欠)	2ノ326～327
43　続々修43ノ19⑦　③	8月23日～閏12月29日	16ノ177～178	(一)	天平宝字6年8月11日	安都雄足雑物進下状(尾欠)	15ノ470～471

*『大日本古文書』は、続々修43ノ3の巻尾に貼り付けられた往来軸の題籤に「雑物収納」と記されることから、以下の4通の文書を「越前国雑物収納帳」と題しているが、『正倉院文書目録』1（正集）は、この往来軸は本来、正集45③裏の雑物収納帳（8ノ216～217 l9）の右に付せられていたと推定するので、4通の文書には、それぞれの内容に従い文書名を付けた。

（D）造石山寺所解移牒符案（6年正月15日～7年6月16日）
（題籤に「解移牒符案」〈表・裏〉〈15ノ137〉と記す往来軸に第1紙は貼り付けられる）

1	続々修18ノ3①	正月15日～正月20日	15ノ137～139 l 8		（空）		
2	②	正月20日	15ノ139 l 9～140	(一)	（天平宝字6年ヵ）正月11日	安都雄足牒	15ノ310
		（コノ間欠失アルカ）					
3	続修別集5⑥裏⑥裏	正月23日	15ノ140～141	(一)	天平宝字6年正月22日	上院牒	5ノ67～68
4	続　修44⑫裏⑫裏	正月23日	15ノ141～142 l 9	(一)	（天平宝字6年ヵ）正月19日	上院請借斧文	15ノ307
5	⑬裏⑬裏	正月23日	15ノ142 l 10～143	(一)	（天平宝字6年ヵ）正月22日	上院請借斧文	15ノ309
6	続　修22⑨裏⑨裏	正月23日	15ノ311	(一)	天平宝字6年正月16日	造石山寺所解案	15ノ290
7	続修後集28⑥裏⑤裏	正月24日～正月28日	15ノ143～146	(一)	天平宝字6年正月16日	石山寺奉写大般若所雑物注文	5ノ58～59
8	続修別集48⑨裏⑦裏	正月30日～2月1日	15ノ146～147	(六)		仮名文	未収
9	続々修18ノ3③	2月1日～2月3日	15ノ147～148 l 9	(一)	天平宝字6年2月1日	僧綱牒案	15ノ348～349
10	④　②(2)	2月3日～2月14日	15ノ148 l 10～153			（空）	
11	続　修43⑭裏⑫裏	2月14日～2月19日	15ノ153～154	(一)	天平宝字6年2月10日	大尼公所牒（奥に安都雄足告）	5ノ106
12	続　修28④裏④裏	2月26日～2月30日	15ノ154～156	(一)	（天平宝字6年2月ヵ）	造東大寺司解（案）	15ノ256～257
13	天平時代文書(5)	2月27日～2月30日	未収			（不明）	
14	続々修18ノ3⑤	2月30日	15ノ156～157	(一)	天平宝字6年2月30日	勢多庄領解案	15ノ356
		（コノ間欠失アルカ）					
15	続修別集1⑧　⑥	2月29日～3月6日	5ノ113～114、15ノ157～158			空	
		（コノ間欠失アリ）					
16	続　修48⑤裏⑤裏	3月4日	15ノ158～159	(一)	（天平宝字6年ヵ）2月28日	猪名部枚虫啓（奥裏に封墨痕あり）	15ノ355
17	続々修18ノ3⑥　④(1)	3月6日	15ノ159～160 l 5			空	
18	⑦	3月7日～3月8日	15ノ160 l 6～161 l 3	(一)	（天平宝字6年2月ヵ）	石山院牒（案）（尾欠）（習書あり）	15ノ254
19	⑧	3月8日～3月12日	15ノ161 l 4～163 l 8	(一)	（天平宝字6年）正月15日～28日	（E′）造石山寺所雑材納帳（尾欠）	15ノ258～260
20	⑨	3月13日	15ノ163 l 9～164 l 4	(三)(4)	天平宝字2年9月5日	東寺写経所解案（首欠）(10)	14ノ45 l 5～l 9
21	⑩	3月13日	15ノ164 l 5～166 l 9			東寺写経所解案（首欠）(9)	14ノ43 l 10～45 l 4

正倉院文書（紙数・種別・写真番号・断簡番号）	当該文書 天平宝字6年	当該文書『大日本古文書』	紙背 分類	紙背 年月日	紙背 文書名	紙背『大日本古文書』
22　続々修18ノ3⑪	3月15日～3月17日	15ノ166 *l*10～169 *l*4			東寺写経所解案(首欠)(8)	14ノ42 *l*2～43 *l*9
23　⑫	3月18日～3月21日	15ノ169 *l*5～171 *l*9			東寺写経所解案(首欠)(7)	14ノ40 *l*5～42 *l*1
24　⑬	3月21日～3月	15ノ171 *l*9～173 *l*12			東寺写経所解案(首欠)(6)	14ノ38 *l*8～40 *l*4
25　⑭	3月～3月26日	15ノ173 *l*12～176 *l*3			東寺写経所解案(首欠)(5)	14ノ36 *l*10～38 *l*7
26　⑮	3月26日～3月30日	15ノ176 *l*4～178 *l*11			東寺写経所解案(首欠)(4)	14ノ34 *l*13～36 *l*9
27　⑯	3月30日～4月4日	15ノ178 *l*12～181 *l*4			東寺写経所解案(首欠)(3)	14ノ33 *l*4～34 *l*12
28　⑰	4月4日～4月2日	15ノ181 *l*4～183 *l*6			東寺写経所解案(首欠)(2)*	14ノ31～33 *l*3
29　⑱　④(5)	4月2日～4月7日	15ノ183 *l*6～185	㈢(4)	天平宝字2年8月28日	造東大寺司解(案)(首欠)(1)**	4ノ397～398
30　続修後集33⑤裏(2)裏	4月7日～4月10日	15ノ185～187	㈢(7)	天平宝字6年4月1日	造東大寺司解(案)(首欠)(6)	5ノ194 *l*11～195
31　続々修18ノ3⑲　⑤	4月10日	15ノ187			造東大寺司解(案)(首欠)(5)	5ノ465
32　続修後集33④裏(1)裏	4月7日～4月15日	15ノ187～189 *l*7			造東大寺司解(案)(首欠)(4)	5ノ193 *l*6～194 *l*10
33　③裏(1)裏	4月15日～4月21日	15ノ189 *l*8～191 *l*8			造東大寺司解(案)(首欠)(3)	5ノ191 *l*9～193 *l*5
34　②裏(1)裏	4月21日～4月27日	15ノ191 *l*8～193 *l*8			造東大寺司解(案)(首欠)(2)	5ノ189 *l*12～191 *l*8
35　①裏(1)裏	4月27日	15ノ193 *l*8～195			造東大寺司解(案)(首欠)(1)	5ノ188～189 *l*11
36　続修別集48⑪裏⑨裏	4月28日～5月2日	15ノ196～197	㈥		戯書啓	25ノ367
37　続々修18ノ3⑳	5月1日	15ノ197 *l*3～*l*6	㈠	(天平宝字6年)	石山院牒(案)(尾欠)	15ノ254～255
38　㉑	5月1日	15ノ197 *l*7～198 *l*2	㈠	天平宝字6年3月1日	東大寺造物所送進文	5ノ132
39　㉒	5月1日～5月2日	15ノ198 *l*3～199 *l*2	㈥		他田水主(?)啓(尾欠ヵ)	16ノ276～277
40　㉓	5月2日～5月4日	15ノ199 *l*3～200 *l*3	㈢(6)	(天平宝字5年)6月12日	檜皮葺倉収納雑物注文	4ノ505～506
41　㉔	5月4日	15ノ200 *l*4～201 *l*3	㈢(8)	天平宝字5年9月25日	大石阿古麻呂雑物買進注文	4ノ509
42　㉕	5月4日～5月6日	15ノ201 *l*4～203 *l*5	㈢(8)	(天平宝字)5年8月27日	賀茂馬養啓	15ノ124～125
43　㉖	5月6日～5月13日	15ノ203 *l*6～204 *l*4	㈥	5月9日・12日	安都雄足夏衣服料幷収納銭注文	15ノ462～463
44　㉗	5月13日～5月14日	15ノ204 *l*4～205 *l*7	㈥		随求壇所銭用注文(?)(尾欠ヵ)	25ノ301～302
45　㉘　⑥(9)	5月14日～5月16日	15ノ205 *l*8～207	㈢(8)	(天平宝字5年ヵ)12月14日	安都雄足用銭注文(紙面に「不用」とあり)	16ノ57～58

46	正	集6②裏(2)裏	5月16日～5月17日	15ノ207～210	(三)(2)	天平宝字3年4月8日	生江息嶋解(紙面に押印55、「不用」とあり)	4ノ359～360
47	続	修17②裏②裏	5月22日～5月23日	15ノ210～211	(三)(2)	天平宝字3年5月9日	越前国坂井郡司解(紙面に「不用」とあり)	4ノ364
48	続々	修18ノ3㉙　⑦	5月23日～5月27日	15ノ211～212	(三)(2)	天平宝字3年5月28日	知太諸上宿置米注文(紙面に「不用了」とあり)	4ノ367
49	続	修46⑦裏⑦裏	5月27日～6月3日	15ノ212～214	(三)(2)	(天平)宝字3年5月10日	道守徳太理啓(紙面に「不用了」とあり)	4ノ365
50	続	修17③裏③裏	6月3日～6月21日	15ノ214～215	(三)(2)	天平宝字3年5月13日	越前国足羽郡少領生江臣国立解(紙面に「不用」とあり)	4ノ366
51	正	集6③裏(3)裏	6月21日	15ノ215～216	(三)(2)	(天平)宝字3年5月21日	足羽郡書生解(紙面に押印22、「不用」とあり)	4ノ366～367
52	続々	修18ノ3㉚　⑧(1)	6月21日～6月27日	15ノ216～218 *l* 5	(三)(5)	天平宝字3年4月16日	坂田池主請銭所用注文	4ノ360～361
53		㉛	6月27日～7月2日	15ノ218 *l* 5～219 *l* 3	(三)(8)	天平宝字5年正月14日	造物所返抄	4ノ485～486
54		㉜　⑧(3)	7月2日～7月7日	15ノ219 *l* 3～220	(三)(5)	(天平宝字3年)2月16日	坂田池主請銭米所用注文	4ノ362～363
55	正	集5⑭裏⑤裏	7月7日～7月9日	15ノ220～222 *l* 6	(三)(8)	天平宝字4年6月25日	奉造丈六観世音菩薩料雑物等請来注文(3)	4ノ423 *l* 12～425
56		⑬裏⑤裏	7月9日～7月16日	15ノ222 *l* 6～224 *l* 1			奉造丈六観世音菩薩料雑物等請来注文(2)	4ノ422 *l* 1～423 *l* 11
57		⑫裏⑤裏	7月16日～7月21日	15ノ224 *l* 1～225			奉造丈六観世音菩薩料雑物等請来注文(1)***	4ノ420～421 *l* 13
58	続	修30⑩裏⑩裏	7月21日	15ノ226～227	(一)	天平宝字6年7月19日	宇治麻呂解(端裏に封墨痕あり)	5ノ252～253
59	続	修別集8③裏③裏	7月21日	15ノ227	(一)	天平宝字6年7月18日	石山院牒(案)	5ノ251～252
60	続	修49②裏②裏	7月21日	15ノ228	(一)	(天平宝字6年ヵ)7月17日	麻柄全万呂状	5ノ242～243
61	続々	修18ノ3㉝　⑨	7月23日	15ノ229	(一)	天平宝字6年7月23日	造石山院所解案	15ノ229～230
62	続々	修18ノ4⑤　④	7月23日	5ノ256			空	
63	続	修47③裏③裏	7月25日	15ノ230～231	(一)	天平宝字6年7月5日	麻柄全万呂啓	5ノ242
64	続々	修18ノ3㉞　⑩	7月25日	15ノ232～234	(一)	天平宝字6年7月25日	造石山院所解案(紙面に「不用」とあり)	5ノ257～258
65	続	修別集8①裏①裏	7月25日	15ノ234	(一)	天平宝字6年3月17日	造石山寺所牒(案)	5ノ143～144
66	続	修9⑩裏⑨裏	7月25日	未収	(二)	(神亀元年)	近江国志何郡古市郷計帳	1ノ329～330
67	続々	修47ノ4②　②	7月25日	25ノ246 *l* 9	(二)		空(古市郷計帳の一部)	
68	続	修9①裏①裏	7月25日	未収	(二)	(神亀2年)	近江国志何郡古市郷計帳	1ノ331～332

正倉院文書（紙数・種別・写真番号・断簡番号）	当該文書 天平宝字6年	『大日本古文書』	紙背 分類	年月日	文書名	『大日本古文書』
69　⑥裏⑤(2)裏	7月25日	未収	(二)	（天平元年）	近江国志何郡古市郷計帳（端裏書「志何郡手実」あり）	1ノ387～389
70　⑤裏⑤(1)裏	7月25日	未収	(二)	天平2年	近江国志何郡古市郷計帳	1ノ391～392
71　続々修46ノ7⑤裏⑤裏	7月25日	15ノ85	(二)	天平3年	近江国志何郡古市郷計帳(2)	1ノ441
72　続　修9⑦裏⑥裏	7月25日～8月28日	未収			近江国志何郡古市郷計帳(1)	1ノ440～441
73　⑨裏⑧裏	8月28日～9月1日	未収	(二)	（天平4年）	近江国志何郡古市郷計帳	1ノ450
74　続　修26⑨裏⑨裏	9月1日～9月2日	16ノ1～2	(一)	（天平宝字6年ヵ）8月20日	阿刀乙万呂解（端裏に封墨痕あり）	15ノ502
75　続　修19⑤裏⑤裏	9月2日	16ノ2～3	(一)	天平宝字6年8月11日	請暇不参解	5ノ270
76　続　修49⑪裏⑨裏	9月2日	16ノ3	(一)	（天平宝字6年ヵ）	阿刀乙万呂啓（尾欠）（端裏に結封等墨痕あり）	25ノ337
77　続々修18ノ3㉟　⑪	9月9日	15ノ243			（空）	
	（コノ間欠失アルカ）					
78　㊱　⑫	9月14日～9月16日	15ノ243～245 *l* 2			（空）	
79　㊲　⑫	9月16日～10月1日	15ノ245 *l* 3～247			（空）	
	（コノ間欠失アリ）					
80　続　修26⑧裏⑧裏	10月28日	15ノ247	(一)	（天平宝字）6年10月11日	高嶋使進銭文（奥裏に封墨痕あり）	5ノ284
	（コノ間欠失アリ）					
81　続　修44④裏④裏	11月30日	15ノ248～249	(一)	天平宝字6年5月14日	石山院奉写大般若所請仕丁文（案）	5ノ230～231
	（コノ間1行分欠失）					
82　続　修20⑧裏⑧裏	11月30日	15ノ249～250	(一)	天平宝字6年7月9日	請暇不参解	5ノ244～245
83　⑨裏⑨裏	12月5日～12月24日	15ノ250～251	(一)	天平宝字6年7月12日	請暇不参解	15ノ469
84　続々修18ノ3㊳　⑬(1)	12月24日～12月	15ノ251～252 *l* 13	(四)[(一)]	（天平宝字）6年3月21日	安都雄足啓（端裏に封墨痕あり）	5ノ147
85　㊴　⑬(2)	12月	15ノ253 *l* 1～254	(五)	（天平宝字）6年12月8日	石山院解（端裏に封墨痕あり）	5ノ288
86　続　修49⑩裏⑧(2)裏	12月～閏12月28日	16ノ118～119 *l* 6	(五)	（天平宝字6年ヵ）12月8日	下道主啓（奥裏書「借用銭幷消息文進上道守所」と封墨痕あり）	16ノ24～25

87　⑨裏⑧(1)裏	閏12月28日～7年2月18日	16ノ119 *l* 7～120	伍	(天平宝字6年ヵ)12月10日	安都雄足牒	25ノ267～268
88　続々修18ノ4①　①	7年2月18日	5ノ385～386 *l* 9(1行未収)	伍	天平宝字6年12月24日	石山院奉写大般若経所解案	5ノ327
	(コノ間欠失アルカ)					
89　続修別集8⑥　⑥	7年3月3日	5ノ400～402	伍	(天平宝字7年正月～2月ヵ)	写経銭用注文(紙面に朱筆で「不用」とあり)	16ノ104～105
90　続修後集42③　③	7年3月3日～5月6日	5ノ439(2行未収)	伍	(天平宝字)7年3月2日	僧慶宝状	5ノ400
91　⑧裏⑥(1)裏	7年5月6日	5ノ439～440	伍	天平宝字7年4月15日	請暇不参解	5ノ435～436
92　続々修18ノ4③　③1	5月6日～6月9日	5ノ438、441～442、444 *l* 3～*l* 4	伍	(天平宝字7年)	奉写仁王経疏経師等解文(案)(2)	16ノ430 *l* 7～431
93　④　③2	6月9日～6月16日	5ノ444 *l* 5～446			奉写仁王経疏経師等解文(案)(1)	16ノ429～430 *l* 7
94　続　修40③裏	7年6月16日～2月20日	16ノ390～391 *l* 3	四[一]	天平宝字6年4月2日	東大寺鋳鏡用度注文(3)	5ノ204 *l* 7～*l* 13
95　②裏	7年2月20日～6年10月17日	16ノ391 *l* 3～393 *l* 3			東大寺鋳鏡用度注文(2)	5ノ202 *l* 9～204 *l* 6
96　①裏	6年10月17日～9月28日	16ノ393 *l* 4～395			東大寺鋳鏡用度注文(1)	5ノ201～202 *l* 8
97　続　修17④　④	4月20日～4月25日	16ノ395～397	四[三(3)]	(天平宝字2年ヵ)	画所解(尾欠)	23ノ621～622
98　続　修43②裏②裏	4月29日～6月4日	16ノ397～398	四[三(3)]	天平宝字2年3月3日	造東大寺司政所符	4ノ263
99　①裏①裏	7月6日～7月9日	16ノ398～399	四[三(3)]	天平宝字2年2月20(日ヵ)	造東大寺司召文(案)(継目裏書「封印□」半存)	4ノ260～261
100　続　修16⑩裏⑤裏	空		四[三(3)]	天平宝字2年2月24日	画工司移(継目裏書「封印□」半存)	4ノ259～260

*(G) 造石山寺所雑物用帳の第9紙背に接続か。

**1行程度の欠失をはさんで (E) 造石山寺所雑材幷檜皮及和炭納帳の第14紙背に続く。

***第1、2紙に押印20あり。

(E) 造石山寺所雑材幷檜皮及和炭納帳（6年正月15日～7月22日）

（題籤に「雑材幷檜皮及和炭納帳／又藁等六年」〈表・裏〉〈15ノ260〉と記す往来軸に第1紙は貼り付けられる）

正倉院文書	当該文書		紙背			
（紙数・種別・写真番号・断簡番号）	天平宝字6年	『大日本古文書』	分類	年月日	文書名	『大日本古文書』
1　続々修45ノ3①	正月15日～正月28日	15ノ260～261 *l* 8	(三)(4)	天平宝字2年11月3日	東寺写経所解案(6)	14ノ234 *l* 5～*l* 11
2　②	正月28日～2月5日	15ノ261 *l* 9～263 *l* 2			東寺写経所解案(5)	14ノ232 *l* 8～234 *l* 5
3　③	2月5日～2月20日	15ノ263 *l* 3～264 *l* 9			東寺写経所解案(4)	14ノ231 *l* 1～232 *l* 7
4　④	2月21日～3月2日	15ノ264 *l* 10～266 *l* 3			東寺写経所解案(3)	14ノ229 *l* 7～230 *l* 13
5　⑤	3月2日～3月8日	15ノ266 *l* 4～267 *l* 12			東寺写経所解案(2)	14ノ227 *l* 11～229 *l* 6
6　⑥	3月8日～3月16日	15ノ267 *l* 13～269 *l* 12			東寺写経所解案(1)	14ノ226～227 *l* 10
7　⑦	3月16日	15ノ269 *l* 13～270 *l* 2			空	
8　⑧	3月16日～3月18日	15ノ270 *l* 3～*l* 12	(三)(4)	（天平宝字2年7月5日）	東大寺写経所解（案）（尾欠）	14ノ252
9　⑨	3月18日～3月23日	15ノ270 *l* 13～272 *l* 12	(三)(4)	（天平宝字2年9月19日～10月7日）	後金剛般若経経師等参仕歴名（尾欠ヵ）(2)	14ノ115 *l* 3～117
10　⑩	3月23日～3月24日	15ノ272 *l* 13～273 *l* 10			後金剛般若経経師等参仕歴名（尾欠ヵ）(1)	14ノ114～115 *l* 2
11　⑪	3月24日	15ノ273 *l* 11	(一)		(G′) 造石山寺所雑物用帳（尾欠ヵ）(2)空	
12　⑫	3月24日～3月30日	15ノ273 *l* 12～275		（天平宝字6年）正月16日～2月25日	(G′) 造石山寺所雑物用帳（尾欠ヵ）(1)	15ノ290～292
13　続 修 別 集47⑨裏	3月30日～4月4日	15ノ275～277 *l* 10	(三)(4)	天平宝字2年8月28日	造東大寺司解（案）（首欠）(3)	4ノ295 *l* 7～296
14　⑧裏	4月4日～4月17日	15ノ277 *l* 11～280			造東大寺司解（案）（首欠）(2)*	4ノ293～295 *l* 6
15　続々修45ノ3⑬	4月17日～4月21日	15ノ280	(六)		（書込1行あり）	未収
16　⑭	4月12(22ヵ)日	15ノ280～281	(一)	（天平宝字）6年3月27日	鳥取国万呂状	15ノ441
17　⑮　③	4月22日～4月23日	15ノ281～282	(三)(4)	（天平宝字2年ヵ）	見参経師等歴名	23ノ173～174
18　続　修28③裏③裏	4月23日～4月27日	15ノ282～284	(三)(4)	（天平宝字2年9月22日）	造東寺司移（案）（尾欠）	14ノ172～173
19　続々修45ノ3⑯　④(1)	4月28日～5月2日	15ノ284～285 *l* 7	(三)(6)	（天平宝字）5年6月26日	檜皮葺蔵収納雑物検注文	25ノ304～305
20　⑰　④(2)	5月2日～6月6日	15ノ285 *l* 8～287	(一)	（天平宝字6年ヵ）3月6日	下道主雑物進上啓案（尾欠）	15ノ374～376
21　続　修47⑩裏⑩裏	6月6日～6月10日	15ノ287～288	(三)(8)	（天平宝字）5年12月1日	下道主啓	4ノ523

22	続々修45ノ3⑱　⑤(1)	6月12日～7月4日	15ノ288～289 *l*4	(一)	(天平宝字6年ヵ)	甲可田上等木工仕丁注文	15ノ356
23	⑲	7月11日～7月22日	15ノ289 *l*5～*l*11	(一)	天平宝字6年3月23日	造石山寺所牒(首欠)	15ノ440～441
		(以下欠失)					

*(D) 造石山寺所解移牒符案の第29紙背に、1行程度の欠失をはさんで続く。

(E′) 造石山寺所雑材納帳（6年正月15日～28日、本帳は未使用紙で作成される）

1	続々修18ノ3⑧裏	正月15日～正月28日	15ノ258～260		天平宝字8年3月8日～12日	(D)造石山寺所解移牒符案⒆	15ノ161 *l*4～163 *l*8
		(以下欠失)					

(F) 造石山寺所鉄充并作上帳（6年正月16日～8月3日）
（題籤に「鉄充并作上」〈表・裏〉〈15ノ292〉と記す往来軸に第1紙は貼り付けられる）

1	続々修45ノ2①	正月16日～正月26日	15ノ292～293 *l*5	(三)(4)	(天平宝字2年11月ヵ)	写経料食物注文	14ノ245～246
2	②	正月26日～正月30日	15ノ293 *l*6～*l*12	(六)	9月21日	高笠麻呂状	25ノ347～348
3	③	2月1日～2月5日	15ノ293 *l*13～294 *l*10	(一)	(天平宝字6年ヵ) 3月7日	山作所解	15ノ378
4	④	2月5日～2月9日	15ノ294 *l*11～295	(三)(4)	天平宝字2年9月25日	経師粟田君足解	14ノ178
5	続修別集16⑦裏	2月9日～2月13日	15ノ295～296	(三)(4)	天平宝字2年9月23日	東寺写経所解	未収
6	⑧裏	2月17日～2月21日	15ノ296～297	(三)(4)	天平宝字2年10月3日	東寺写経所解	4ノ339
7	続々修45ノ2⑤	2月23日	15ノ297	(三)(4)	天平宝字2年10月3日	東寺写経所牒(2)	25ノ255
8	続修別集7⑨裏	2月25日～3月10日	15ノ297～298			東寺写経所牒(1)	25ノ244
9	続々修45ノ2⑥　③	3月10日～3月18日	15ノ298～299 *l*7	(一)	天平宝字6年2月13日～2月21日	(F′)造石山寺所鉄用帳(尾欠)(2)	未収
10	⑦　③	3月18日～4月20日	15ノ299 *l*7～301		正月16日～2月11日	(F′)造石山寺所鉄用帳(尾欠)(1)	5ノ60～62
11	続　修26①裏①裏	4月20日～5月16日	15ノ301～302	(三)(4)	天平宝字2年8月4日	東市庄解	4ノ286
12	続々修45ノ2⑧　④	6月4日～6月8日	15ノ303	(六)		判官以下人数注文*	16ノ275～276
		(コノ間欠失アルカ)					
13	⑨　⑤	6月18日～7月5日	15ノ303～304 *l*8	(一)	天平宝字6年6月1日	安都雄足牒(尾欠)(2)	15ノ466 *l*2～*l*7
14	⑩　⑤	7月5日～7月12日	15ノ304 *l*9～305			安都雄足牒(尾欠)(1)	15ノ465～466 *l*1

正倉院文書 (紙数・種別・写真番号・断簡番号)	当該文書		紙背			
	天平宝字6年	『大日本古文書』	分類	年月日	文書名	『大日本古文書』
15　続　修46⑨裏⑨裏	7月12日～8月3日	15ノ305～306	㈢(2)	天平宝字4年3月21日	道守徳太理啓(尾欠)	4ノ415～416

*『大日本古文書』は「造石山院散役注文」と題するが、岡藤氏の標記に従い改めた。

(F′)造石山寺所鉄用帳（6年正月16日～2月21日、本帳は未使用紙で作成される）

1　続々修45ノ2⑦裏③裏	正月16日～2月11日	5ノ60～62		天平宝字6年3月18日～4月20日	(F)造石山寺所鉄充并作上帳(10)	15ノ299 l8～301
2　⑥裏③裏	2月13日～2月21日	未収		3月10日～3月18日	(F)造石山寺所鉄充并作上帳(9)	15ノ298～299 l7
	(以下欠失)					

(G)造石山寺所雑物用帳（6年正月24日～7月27日）
（題籤に「雑物用帳／六年」〈表・裏〉〈15ノ314〉と記す往来軸に貼り付けられる表裏空の紙に第1紙は繋がる）

1　続々修44ノ6①	正月24日～正月30日	15ノ314～315 l6	㈢(4)	(天平宝字2年9月ヵ)	氏名闕状(尾欠)	25ノ233
2　②	正月30日～2月7日	15ノ316 l7～316 l12	㈢(4)	(天平宝字2年)9月14日	坤宮下官葛木戸主状	14ノ63
3　③	2月7日～2月13日	15ノ316 l13～318 l5	㈢(4)	(天平宝字2年)9月10日	知識写大般若経料紙進送文	25ノ236～237
4　④	2月13日～3月12日	15ノ318 l6～320 l4	㈢(4)	(天平宝字2年)9月23日	造大殿所解	25ノ239～240
5　⑤	3月12日～3月25日	15ノ320 l5～321 l5	㈢(4)	(天平宝字2年)9月23日	唐僧恵雲状	25ノ242
6　⑥	3月25日～3月30日	15ノ321 l5～322 l10	㈢(4)	(天平宝字2年)9月4日	為奈豊人啓	25ノ235
7　⑦	3月30日～4月1日	15ノ322 l11～323 l5	㈢(4)	(天平宝字2年ヵ)10月5日	高麗大山状	25ノ349
8　⑧	4月2日～4月5日	15ノ323 l6～324 l6	㈢(4)	(天平宝字2年)9月18日	弓削秋麻呂榎井祖足連署啓	25ノ238～239
9　⑨	4月5日～4月14日	15ノ324 l7～326	㈢(4)	天平宝字2年9月5日	東寺写経所解案(首欠)(1)*	14ノ29～31
10　⑩	4月14日～4月25日	15ノ327～329 l5	㈢(8)	天平宝字4年6月15日	土師男成銭用文	14ノ348～349
11　⑪	4月25日～5月17日	15ノ329 l5～331 l5	㈢(4)	(天平宝字2年11月)	奉写後金剛般若経料銭注文案	14ノ237 l12～238
				(天平宝字)2年11月7日	奉写先経料銭用并所残注文(案)	14ノ237 l1～l11
				(天平宝字)2年11月7日	司并人々大般若経料銭用并所残注文(案)(2)	14ノ236 l4～l13

12	⑫	6月4日～6月6日	15ノ331 l6～l11			司幷人々大般若経料銭用幷所残注文(案)(1)	14ノ235～236 l3
13	⑬	6月7日～6月18日	15ノ331 l12～333	(三)(4)	(天平宝字)2年11月7日	上馬養大般若経布施注文(案)	14ノ238
14	⑭	6月18日～7月4日	15ノ333～335 l2	(一)	(天平宝)字6年4月16日	大工益田縄手経師貢進啓	15ノ461
15	⑮	7月4日～7月6日	15ノ335 l3～335 l13	(六)		車持果安解(尾欠)	25ノ350～351
16	⑯	7月6日～7月10日	15ノ336 l1～337 l7	(六)	月9日	安都継万呂状(欠損多シ)	25ノ349～350
17	⑰	7月10日～7月20日	15ノ337 l7～339	(六)	2月4日	雑用銭幷丹直銭等注文(首欠ヵ)	15ノ350～351
18	⑱	7月20日～7月24日	15ノ339～340	(三)(8)	天平宝字4年7月25日	丸部足人解(紙面に押印22あり)	14ノ360～361
19	⑲	7月24日～7月27日	15ノ340～342	(六)		悔過所(?)雑物注文	16ノ482～483
		(以下欠失)					

*(D) 造石山寺所解移牒符案の第28紙背に接続か。

(G′)造石山寺所雑物用帳(6年正月16日～2月25日、本帳は未使用紙で作成される)

1	続々修45ノ3⑫裏	正月10日～2月25日	15ノ290～292		天平宝字6年3月24日～3月30日	(E)造石山寺所雑材幷檜皮及和炭納帳⑿	15ノ273 l12～275
2	⑪裏	空			3月24日	(E)造石山寺所雑材幷檜皮及和炭納帳⑾	15ノ273 l11
		(以下欠失ヵ)					

(H)造石山寺所雑材幷檜皮及和炭用帳（6年3月4日～10月1日）
（題籤に「雑材幷檜皮及和炭用帳／六年」〈表〉「雑材幷檜皮及和炭用／六年」〈裏〉(15ノ365) と記す往来軸に第1紙は貼り付けられる）

1	続々修45ノ4①	3月4日～3月20日	15ノ365～366 l7	(一)	(天平宝字6年ヵ)	写経料注文(首尾欠)(2)*	18ノ588 l1～589
2	②	3月20日～4月12日	15ノ366 l8～367 l8			写経料注文(首尾欠)(1)	18ノ587 l2～l13
3	③　②	4月13日～5月1日	15ノ367 l9～369	(一)	(天平宝字6年ヵ)4月9日	上毛野真人啓	15ノ455
4	続　修47②裏②裏	5月2日	15ノ369	(一)	天平宝字6年3月9日	六人部荒角啓(首欠)(奥裏に封墨痕あり)	5ノ139
5	続修後集20②裏②裏	5月2日～6月6日	15ノ369～370	(三)(8)	天平宝字2年2月	月借銭解	4ノ261
6	続　修25④裏④裏	6月6日～6月18日	15ノ370～371	(三)(2)	天平宝字2年7月15日	越前国田使解	4ノ275
7	⑤裏⑤裏	6月18日～7月6日	15ノ371～373	(三)(8)	天平宝字3年6月10日	松原王解	4ノ368
8	続　修46①裏①裏	7月8日～10月1日	15ノ373～374	(三)(8)	天平宝字2年6月27日	月借銭解	4ノ273
		(以下欠失)					

*『大日本古文書』は「奉写一切経所解」と題するが、内容により上記のように改めた。

(I) 米売価銭用帳（第二枇）（6年8月10日～9月24日）
（題籤に「米売銭用／倉枇」〈表・裏〉〈未収〉と記す往来軸に第1紙は貼り付けられる）

1	続修後集11① (1)	8月10日～8月28日	5ノ266～268 l8	(三)(3)	天平勝宝9歳4月7日	画師等歴名(案)(1)*	4ノ227～228
2**	② (2)	9月5日～9月24日	5ノ268 l9～270	(三)(3)		(画師等)歴名(首欠)	13ノ220
		(以下欠失)					

*(J) 造石山寺所食物用帳の第4紙背に接続か。

**岡藤氏は、続々修43ノ9⑨（15ノ452l13～453）を第3紙とされるが、これは東大寺写経所間銭下帳（続々修43ノ11、14ノ201～202、続修43裏、14ノ203～204）の第4紙と見られるので、ここでは除いた。

(J) 造石山寺写経所食物用帳（6年8月12日～12月13日ヵ）

1	続々修38ノ8①	8月12日～8月18日	15ノ471～474 l1	(三)(3)	天平宝字3年3月	大仏殿廂絵画師作物功銭帳(尾欠)(3)	4ノ356 l9～358
2	②	8月18日～8月23日	15ノ474 l1～476 l1			大仏殿廂絵画師作物功銭帳(尾欠)(2)	4ノ354 l12～356 l8
3	③	8月24日～9月1日	15ノ476 l2～478 l3			大仏殿廂絵画師作物功銭帳(尾欠)(1)	4ノ353～354 l11
4	④ ①(2)	9月1日～9月8日	15ノ478 l4～479	(三)(3)	天平勝宝9歳4月7日	画師等歴名(案)(2)*	13ノ219
5	続　修25③裏③裏	9月9日～9月13日	15ノ480～481	(三)(1)	天平勝宝2年5月26日	出挙銭解	3ノ405
6	①裏①裏	9月14日～9月17日	15ノ481～482	(三)(1)	天平勝宝2年5月6日	出挙銭解	3ノ391
7	続修後集20①裏①裏	9月17日～9月19日	5ノ33	(三)(1)	天平勝宝2年6月5日	月借銭解	3ノ406
8	続　集25②裏②裏	9月(22日ヵ)～9月26日	15ノ482～483	(三)(1)	天平勝宝2年5月15日	出挙銭解	3ノ395
9	続々修38ノ8⑤ ②	9月26日～10月5日	15ノ483～486	(三)(1)	天平勝宝4年6月7日	高椅連乙麻呂・三千代連黒麻呂解	12ノ311～312
10	正　集44②裏②裏	10月6日～10月11日	5ノ23～24	(三)(1)	(天平20年)	他田日奉部神護解	3ノ150
11	続々修38ノ8⑥ ③(1)	10月11日～10月18日	15ノ486～488 l5	(三)(1)	(天平勝宝8歳ヵ)6月9日	僧慧常請彩色状	25ノ198～199
12	⑦	10月19日～10月23日	15ノ488 l6～489 l4	(三)(1)	(天平19年ヵ)	伊勢内宮餝金物用度注文(尾欠)(4)**	25ノ371 l2～l11
13	⑧	10月23日～10月25日	15ノ489 l5～l11			伊勢内宮餝金物用度注文(尾欠)(3)	25ノ370 l7～371 l1
14	⑨	10月25日～10月29日	15ノ489 l12～490 l10			伊勢内宮餝金物用度注文(尾欠)(2)	25ノ369 l7～370 l6
15	⑩	10月29日～11月4日	15ノ490 l11～492 l1			伊勢内宮餝金物用度注文(尾欠)(1)	25ノ368～369 l6
16	⑪	11月4日～11月10日	15ノ492 l1～493 l8	(一)	天平宝字6年4月17日～20日	(A′)造石山寺所下銭帳(2)	15ノ459 l8～460

17	⑫	11月10日～11月17日	15ノ493 *l* 8～495		4月9日～17日	(A′)造石山寺所下銭帳(1)	15ノ457～459 *l* 8
18	続修別集48⑩裏⑧裏	11月17日～11月24日	5ノ30～32	㈥		仮名文	未収
19	続　修22⑩裏⑩裏	11月24日～11月28日	15ノ496～497	㈠	天平宝字6年7月23日	安都雄足解	5ノ255～256
20	続々修38ノ8⑬　④(1)	11月28日～12月6日	15ノ497～499 *l* 7	㈠	(天平宝字6年)4月4日・5日	経師等充紙帳(首欠ヵ)	25ノ260～261
21	⑭	12月6日～12月(13日ヵ)	15ノ499 *l* 7～500	㈥		(書込1行あり)	未収ヵ

*(I) 米売価銭用帳の第1紙背に接続か。

**『大日本古文書』は「造大神宮用度帳案」と題するが、岡藤氏の標記に従い改めた。

〈参考〉造石山寺所雑様手実(天平宝字6年3月3日～8月9日)

(題籤に「雑様手実」〈表・裏〉〈15ノ357〉と記す往来軸に第1紙は貼り付けられる)

1	続修別集34①	3月3日	15ノ357	㈠	(天平宝字6年ヵ)3月10日	安都雄足牒	15ノ438
2	②	3月10日、11日	15ノ358～359 *l* 2			空	
3	③	3月15日～25日	15ノ359 *l* 3～*l* 11	㈥		仏像彩色料注文	12ノ256～257
4	④	3月26日、4月3日～13日	15ノ360～361			空	
5	⑤	4月2日、6日、13日、17日	15ノ361～362	㈥		写経注文(首尾欠)(2)*	21ノ526 *l* 7～527(1行未収)
6	⑥	4月18日	15ノ363 *l* 1～*l* 9	㈠	(天平宝字)6年4月15日	造石山寺政所符案(紙面に「不用」とあり)	5ノ215
7	⑦	4月18日	15ノ363 *l* 10～*l* 11	㈥		写経注文(首尾欠)(1)*	21ノ526 *l* 5～*l* 6
8	⑧ (8)	4月18日	15ノ364 *l* 1～*l* 3			空	
9	⑨ (9)	4月18日、26日	15ノ364 *l* 4～*l* 10	㈠	(天平宝字6年ヵ)	銭用帳(首尾欠)	5ノ369
10	⑩	空		㈢(8)	(天平宝字)5年11月21日	安都雄足啓(首欠)	未収
		(コノ間僅欠)					
11	続修後集6⑥ (3)	4月24日	5ノ220 *l* 2～*l* 5	㈠	(天平宝字5年ヵ)	某状礼紙?(ウハ書「申上石山寺務所」及び封墨痕あり)	25ノ338
12	⑦ (4)	4月24日	5ノ220 *l* 6～*l* 8	㈥		雑物用度帳(首尾欠)	24ノ41～42
13	⑧ (5)	6月21日、27日	5ノ239～240			空	
		(コノ間僅欠ヵ)					

正倉院文書（紙数・種別・写真番号・断簡番号）	当該文書 天平宝字6年	当該文書『大日本古文書』	紙背 分類	紙背 年月日	紙背 文書名	紙背『大日本古文書』
14 正　集6⑤ (5)	8月9日	5ノ261	㊂(3)	天平宝字2年4月9日	画師行事功銭注進文	13ノ234～236
15 続々修45ノ6④ ④(1)	8月9日	5ノ262～264 *l* 1			空	
16 ⑤	8月9日	5ノ264 *l* 2～265	㊂(3)	天平宝字2年4月10日	画師行事功銭注進文	4ノ271～272

*『大日本古文書』は「奉写一切経所解（？）」と題するが、内容により上記のように改めた。なお、第5紙背と第7紙背は接続か。

〔付記〕

造石山寺所の関係文書については、矢越葉子氏によって総括的な整理と検討がなされ（「正倉院文書写経機関関係文書編年目録――天平宝字六年――」〈『東京大学日本史学研究室紀要』一一、二〇〇七年〉、「造石山寺所の文書行政――文書の署名と宛先――」〈正倉院文書研究会編『正倉院文書研究』一一、吉川弘文館、二〇〇九年〉）、文書一点一点のより正確な状況把握が可能になった。一方、国語・国文学の分野では「解移牒符案」収載文書の訓読・注釈作業が進められ（『正倉院文書の訓読と注釈――造石山寺所解移牒符案（一）（二）――』〈二〇一〇、一四年〉、『正倉院文書注釈――造石山寺所解移牒符案（三）――』〈二〇一七年〉。いずれも学術振興会科学研究費補助金基盤研究（C）の研究成果報告書で、担当者は桑原祐子氏）、より正確な内容理解の重要性が認識されるようになった。造石山寺所関係文書の研究環境は大きく進展しているといえるが、本稿でとりあげた帳簿の作成過程をめぐる問題については、さほど関心が払われていないようである。正倉院文書を作り上げた案主らの動向は、国家機構を底辺で支える下級官人の活動と繋がるだけに、これからも、この分野の研鑽を重ねて行かねばならないと思っている。

第七章　造石山寺所の帳簿に使用された反故文書

はじめに

近江国石山寺の増改築工事（以下、造営と称す）を担当した造石山寺所の天平宝字五年（七六一）十二月から七年六月にかけての帳簿（石山院奉写大般若経所の帳簿も含む）や公文案などの背には、多数の反故文書が認められる。造石山寺所で使用されたこれら反故文書を、⑴造石山寺所で反故にされた文書と、⑵奈良から造石山寺所に持参された文書に分類された吉田孝氏は、記載内容の検討より、⑵は造東大寺司主典で造石山寺所別当の安都雄足および案主の下道主と密接な関連を持つ特異な文書群であることを指摘され、それらは下道主によって石山に持参されたものであろうと推定された。[1] その後、岡藤良敬氏は⑵の反故文書が石山に持参された時期を検討され、[2] 黒田洋子氏は反故文書の選択と持参には上馬養が大きな役割を果たしていたことを指摘されたが、[3] 背面に記される帳簿や公文案などの作成過程に対しては、さほど関心が払われてこなかった。しかし、反故文書を手にしたのは、各種文書の作成に従事する案主であるから、それらが石山にもたらされた事情を知るには、彼らの動向や帳簿・公文案等の作成の経緯についても眼を向ける必要があるだろう。

筆者は、別稿（本書第六章）において案主の下道主・上馬養と領の阿刀乙万呂の筆に成る一四点の帳簿の作成経過と記帳状況を検討し、いくつかの知見を得ることができた。本稿では、それらをもとに各帳簿での反故文書の使用状況を考察することにしたい（公文案等については必要に応じて言及する）が、これを通して先学とは異なる視点から案主らの反故文書入手の様相が提示できるものと思う。

以下では、まず帳簿の背に見える反故文書の分類とそれらの使用時期を整理し、本題への導入としたい。

一　反故文書の分類

反故文書を用いて作成された帳簿は次の九点である(4)（年号はいずれも天平宝字）。

(A)「造石山寺所造寺料銭用帳」（五年十二月二十四日～七年正月三十日(5)）
(C)「造石山寺所食物用帳」（六年正月十四日～閏十二月二十九日）
(D)「造石山寺所解移牒符案」（六年正月十五日～七年六月十六日）
(E)「造石山寺所雑材幷檜皮及和炭納帳」（六年正月十五日～七月二十二日）
(F)「造石山寺所鉄充幷作上帳」（六年正月十六日～八月三日）
(G)「造石山寺所雑物用帳」（六年正月二十四日～七月二十七日）
(H)「造石山寺所雑材幷檜皮及和炭用帳」（六年三月四日～十月一日）
(I)「米売価銭用帳（第二枇）」（六年八月十日～九月二十四日）
(J)「造石山寺写経所食物用帳」（六年八月十二日～十二月十三日ヵ）

右の帳簿作成に使用された反故文書は一六五点（二三一紙）で、総用紙数（二五二紙）の九割に及んでいる(6)。吉田孝氏は、伝来の契機と反故紙に還元された場所に注目してこれらの反故文書を分類され、岡藤良敬氏は、それに一部修正を加えて全ての反故文書を検証された。本稿では、基本的に岡藤氏の分類に従って考察を進めるが、(D)の復原研究が進展し、七年六月に奈良の写経所でこの(D)が閉じられることが明らかにされている(7)ので、石山から持ち帰った反故文書等の使用にも留意する必要があるだろう。それ故、岡藤氏の分類に私見を加えたものを次に示しておく(8)。

(一)造石山寺所で反故にされた文書（造石山寺所関係文書〈石山写経所関係文書を含む〉のうち、表文書として残存せず、裏面を利用された文書）

(二)「近江国志何郡古市郷計帳手実」（神亀元年～天平十四年）

(三)奈良から造石山寺所に持参された文書

(1)天平末～天平勝宝四年文書

(2)越前関係文書（天平勝宝六年～天平宝字四年）

(3)彩色関係文書（天平勝宝九歳～天平宝字三年）

(4)写経関係文書（天平宝字二年）

(5)東塔所関係文書（天平宝字三年）

(6)法華寺阿弥陀浄土院金堂関係文書（天平宝字四年～五年）

(7)「造東大寺司告朔解案」（天平宝字六年）

(8)その他（天平宝字二年～五年）

(四)石山から奈良に持ち帰った文書（(一)と(三)(3)の一部）

㈤奈良に移った造石山寺所および奈良の写経所で反故にされた文書

㈥不明

二　帳簿の作成と記帳状況

別稿（本書第六章）では、前節にあげた九つの帳簿と反故文書を使用しない(A')「下銭帳」（六年四月九日～二十日）・(B)「造寺料雑物収納帳」（五年十二月二十八日～六年二月二十六日）・(E')「雑材納帳」（六年正月十五日～二十八日）・(F')「鉄用帳」（六年正月十六日～二月二十一日）・(G')「雑物用帳」（六年正月十六日～二月二十五日）の筆蹟を観察し、その作成経過と記帳状況を検討した。そこでの確認点をまとめると次のようになる。

㈠造営の初期段階から、正月十六日ごろに出仕する案主下道主によってほぼ日付順に作成されていたのは、(C)・(D)・(E')・(F')・(G')の五帳簿で、(E)・(F)・(G)は(E')・(F')・(G')をもとに後に作成された帳簿であった。この点は、先行帳簿が伝わらないものの(A)・(B)の場合も同様である。

㈡(E')・(F')・(G')などの旧帳をもとに(A)・(B)・(E)・(F)・(G)の新帳が作成されたのは、三月一日～十一日の間と見られる。これは、目前に迫った「春季告朔」のため、書式の統一や帳簿相互間の記事内容の調整を通して帳簿利用の簡便化をはかるためであった。(H)はその過程で作られた帳簿である。なお、新帳の作成に際し、道主は領の阿刀乙万呂を記帳の補佐役として採用した。

㈢三月十二日以降の記帳は道主と乙万呂によって行なわれるが、この両者は、四月五日～二十一日と六月四日～二十一日の間、順次石山を離れた。その間の記帳は、石山院奉写大般若経所（写経所）の案主上馬養に委ねられた。しかし、四月五日～二十一日の間は(A)を託されなかったため、馬養は別途に(A′)を作成し、道主は帰還後これをもとに(A)を記帳した。

(四)六月になると、『大般若経』一部六〇〇巻の書写を休止していた写経所に、石山院にあったと思われる造仏機関が移された。また、八月五日に石山寺の造営が終わると、十日ごろから道主と乙万呂は書写作業を再開した写経所の業務に参加した。(I)・(J)は、こうした中で道主と乙万呂によって作成されだす帳簿で、馬養も記帳に関与した。

(五)馬養は十二月初めに、道主と乙万呂は同月下旬（二十四日ごろ）に奈良に戻った。造石山寺所の各帳簿は道主が持ち帰り、いずれも道主の筆によって閉じられたようである。その最後は、七年六月で記帳が終わる(D)であった。

これより各帳簿の作成および記帳には次の九つの画期があったことが知られる。すなわち、下道主によって五つの帳簿（(C)・(D)・(E)・(F)・(G)）の作成と記帳が行なわれるI期（六年正月十六日～二月三十日）、道主と阿刀乙万呂によって旧帳から新帳への書き換えが行なわれるII期（三月一日～十一日）、道主と乙万呂によって七つの帳簿（(A)・(C)・(D)・(E)・(F)・(G)・(H)）の記帳が進められるIII期（三月十二日～四月四日）・V期（四月二十二日～六月三日）・VII期（六月二十二日～八月九日）、上馬養に記帳が委ねられるIV期（四月五日～二十一日）・VI期（六月四日～二十一日）、石山寺の造営終了後、道主・馬養・乙万呂によって記帳が行なわれるVIII期（八月十日～十二月下旬）、奈良に帰還後、道主によって記帳がなされ各帳簿が閉じられるIX期（十二月下旬～七年六月）である。

図1は、各帳簿を作成順に提示し、右の画期に即して紙背の様子が対比できるようにしたものである。ここには、別稿（第六章）で判定した帳簿各紙の記帳担当者（甲は下道主、乙は阿刀乙万呂、丙は上馬養）と、前節で示した反故文書の分類およびそれらが貼り継がれた時期（I～IX期）を推定し併記しておいた。(9)

図1　帳簿の作成と反故文書の使用

Ⅰ　期（天平宝字６年正月16日～２月30日）

＊１　上段は帳簿面。日付は用紙の始まりと終わり、紙継目ごとに示し、後筆とわかる場合は ◯ を付した。（　）のものは推定である。
＊２　下段は、帳簿の背面。反故文書の分類は次のように示した。
(一)類　(二)類　(三)類〔(1)～(8)の別を記入〕
(四)類　(五)類　(六)類
＊３　各帳簿の途中で欠失がある場合は、当該部分を区切って示した。背面を〔空〕と記すのは、作成時の状態を示す。
＊４　時間の流れを尺度としたため、長期にわたって同一紙が使用された場合、比較の対象となる帳簿の使用紙数が多い場合、一紙は長く示されることになる。

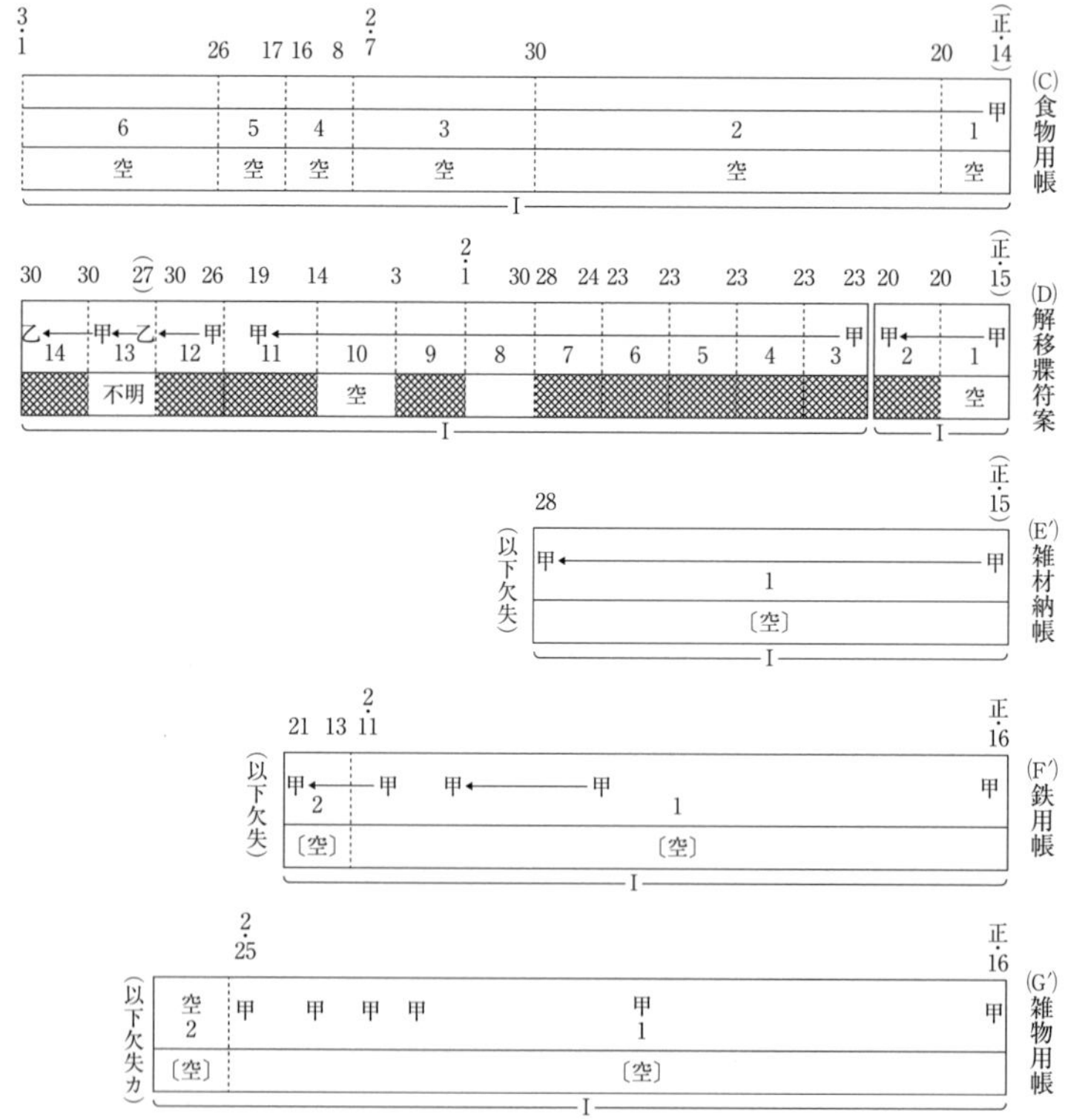
(C)食物用帳
(D)解移牒符案
(E′)雑材納帳
(F′)鉄用帳
(G′)雑物用帳
(以下欠失)
(以下欠失カ)
甲
乙
不明
空
〔空〕
Ⅰ

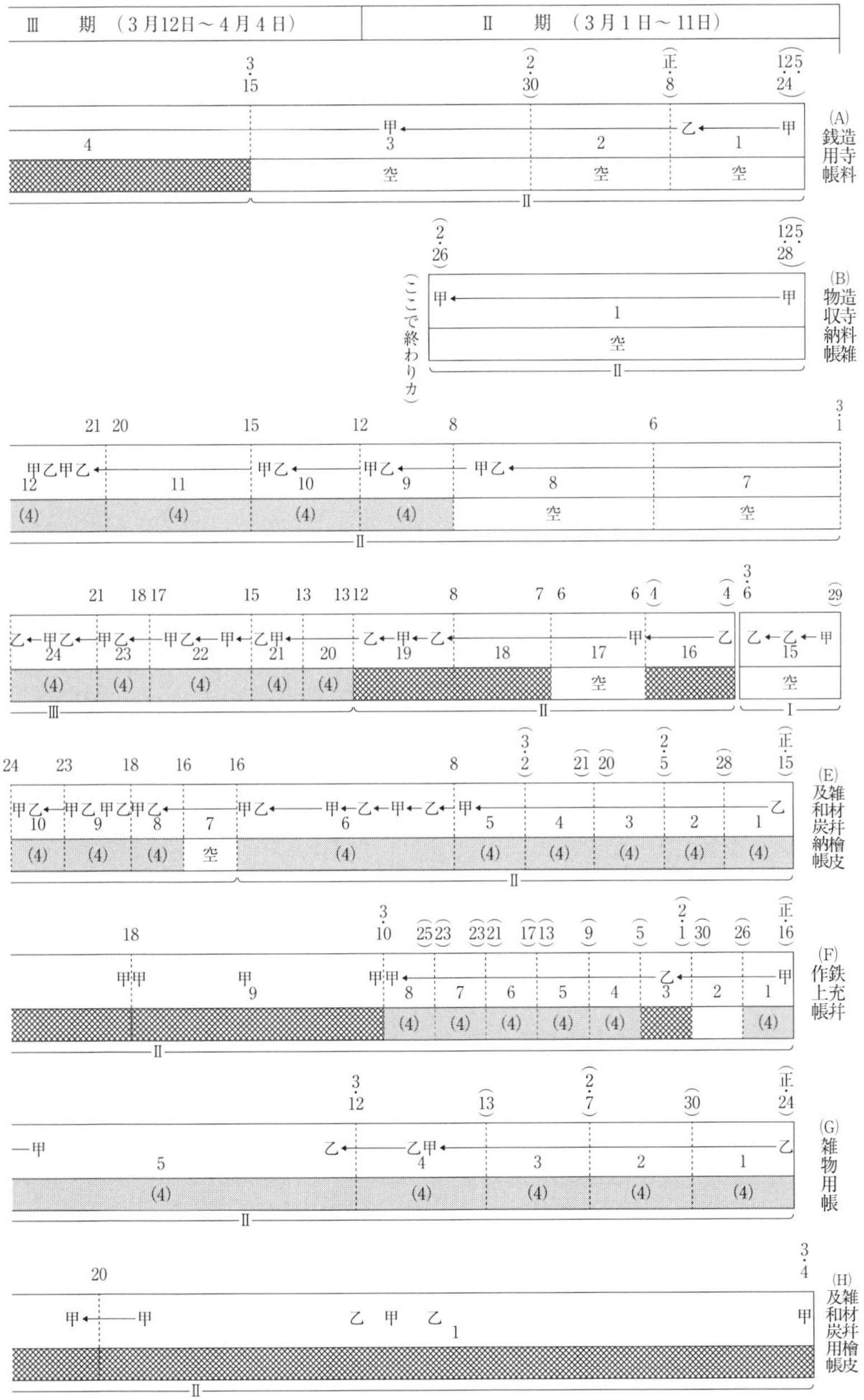
Ⅲ　期（３月12日～４月４日）
Ⅱ　期（３月１日～11日）
(A) 造寺料銭用帳
(B) 造寺料雑物収納帳
（ここで終わりカ）
(E) 雑材并檜皮及和炭納帳
(F) 鉄并作上充帳
(G) 雑物用帳
(H) 雑材并檜皮及和炭用帳

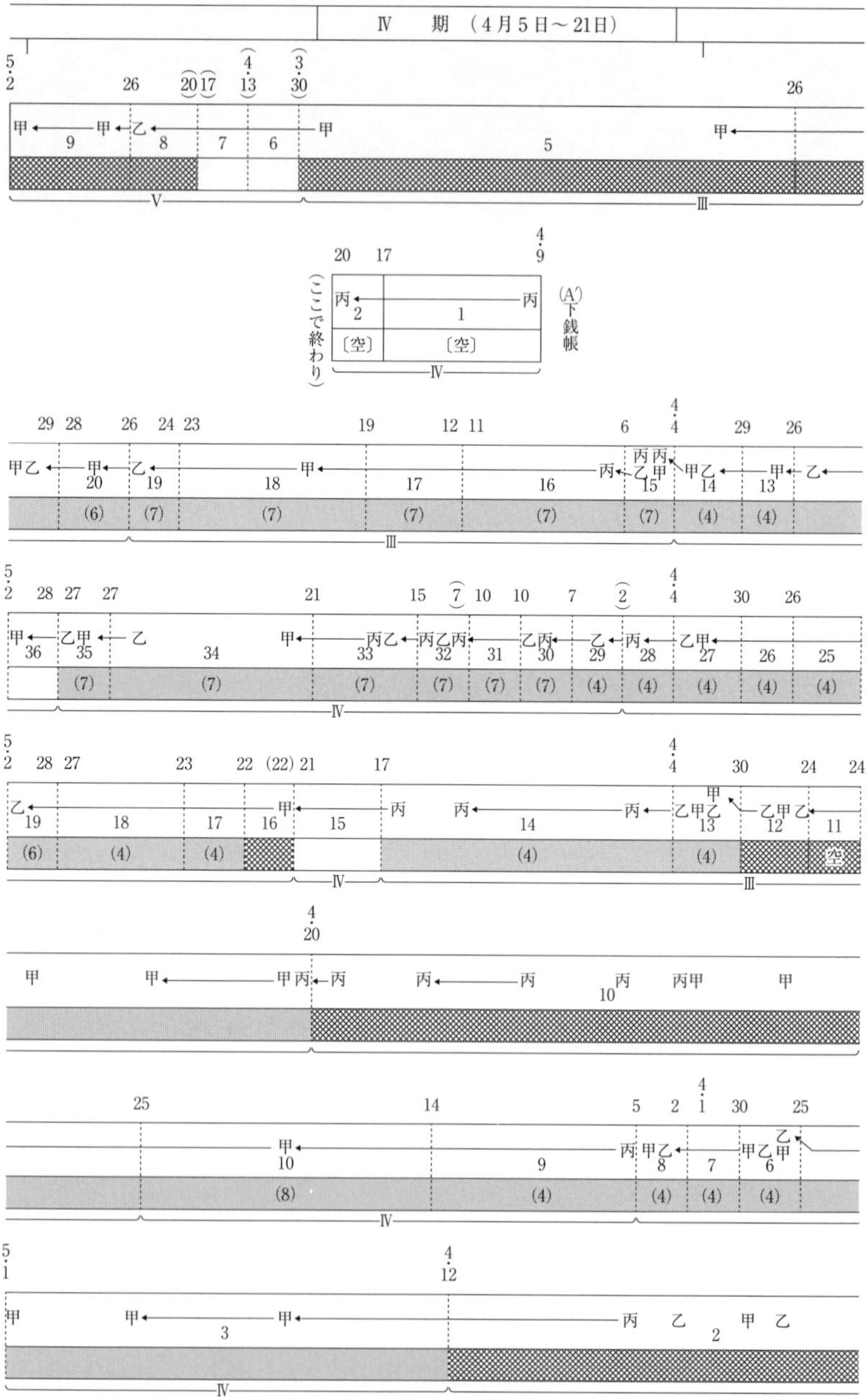

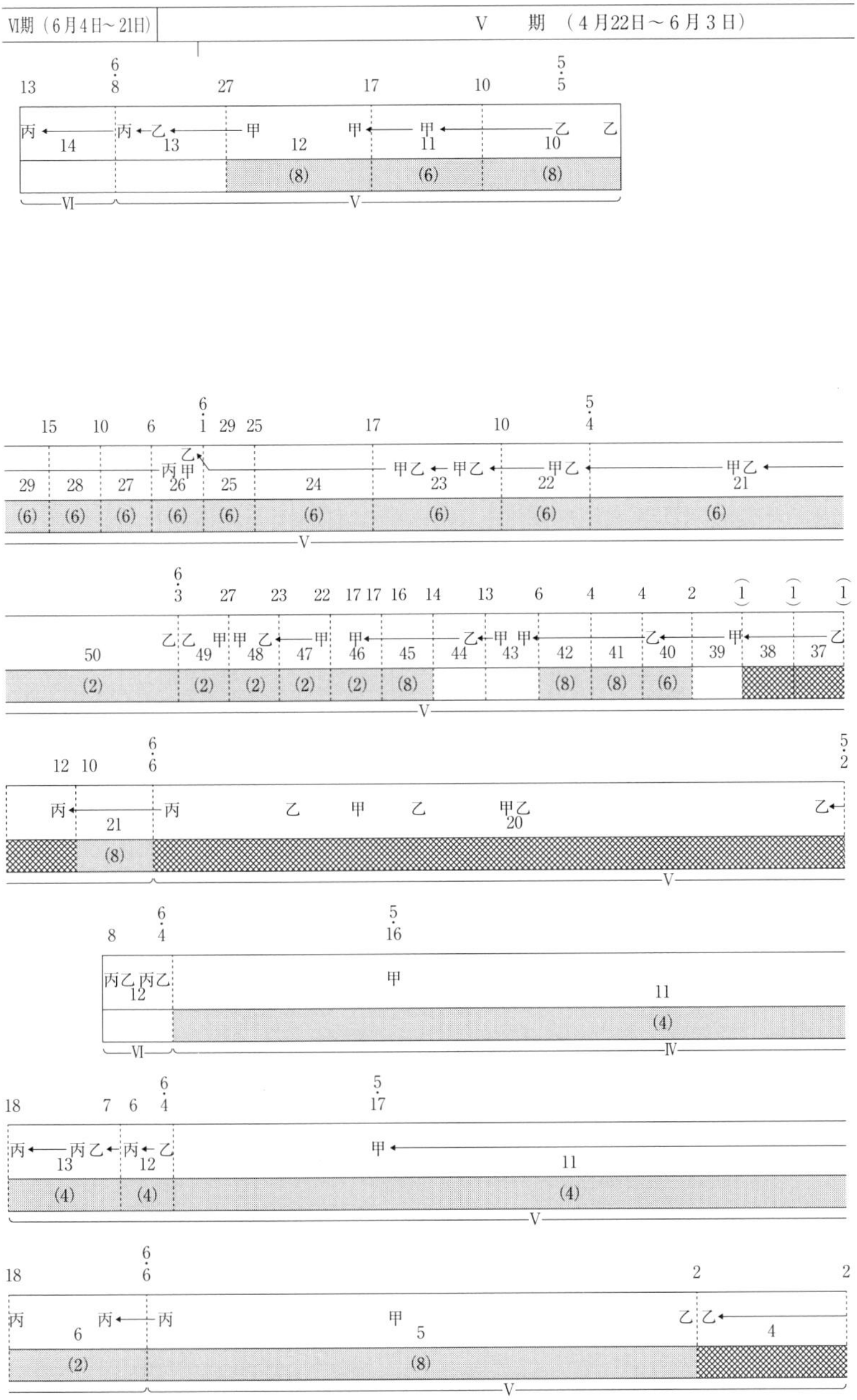
Ⅵ期（6月4日～21日）
Ⅴ　期（4月22日～6月3日）

Ⅶ　期（6月22日～8月9日）

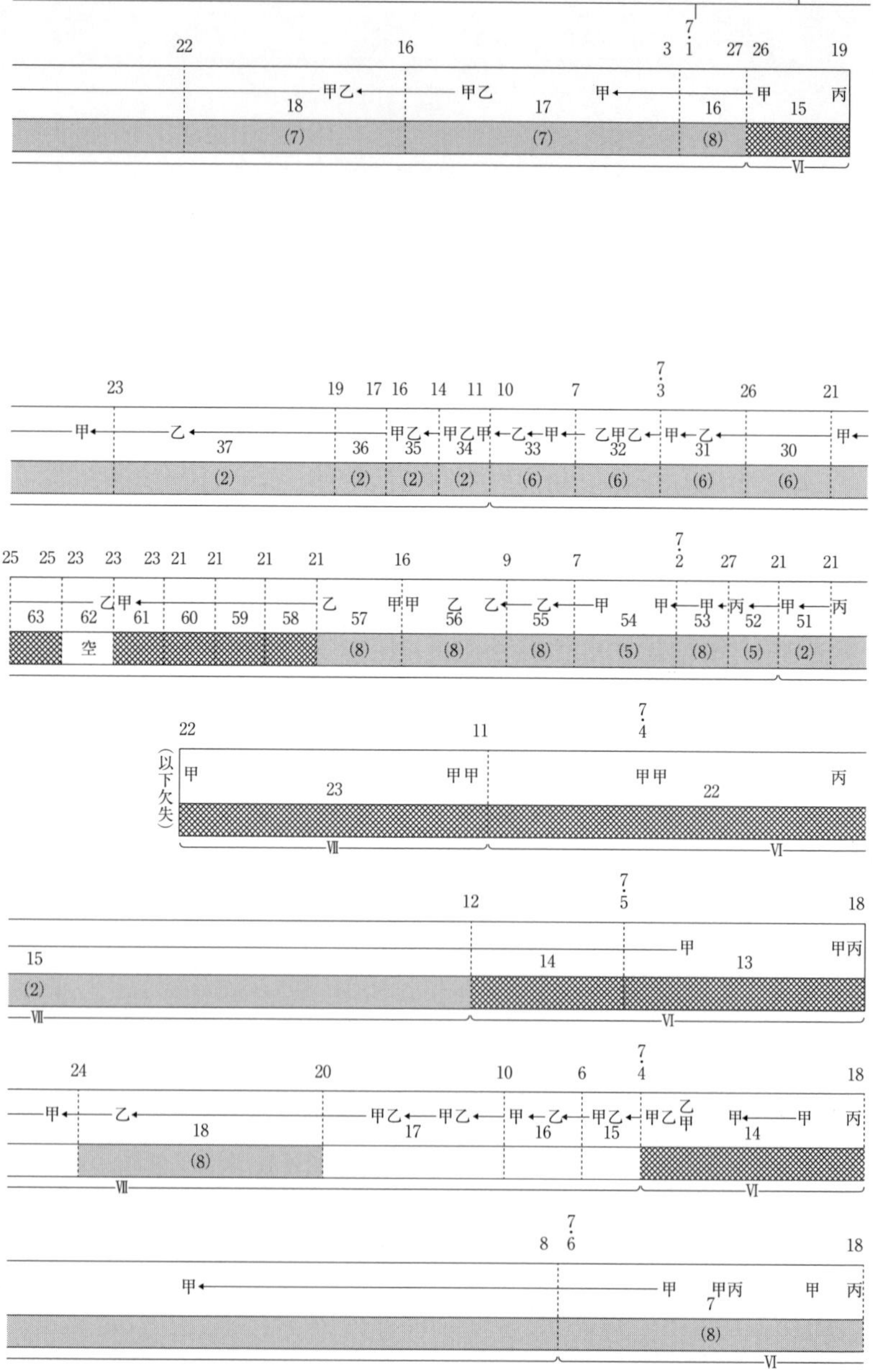

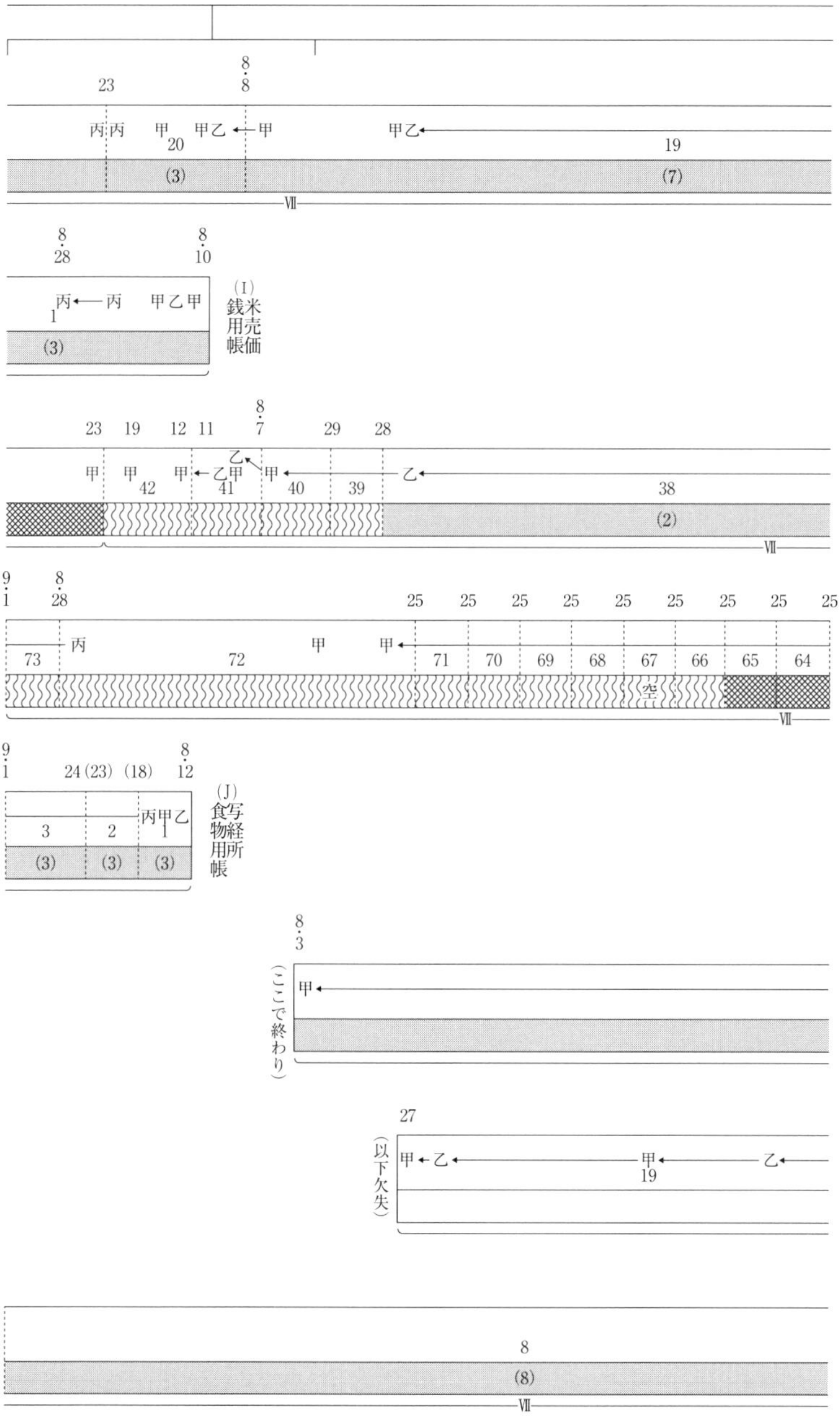
(I) 米売価銭用帳
(J) 写経所食物用帳
空
(ここで終わり)
(以下欠失)

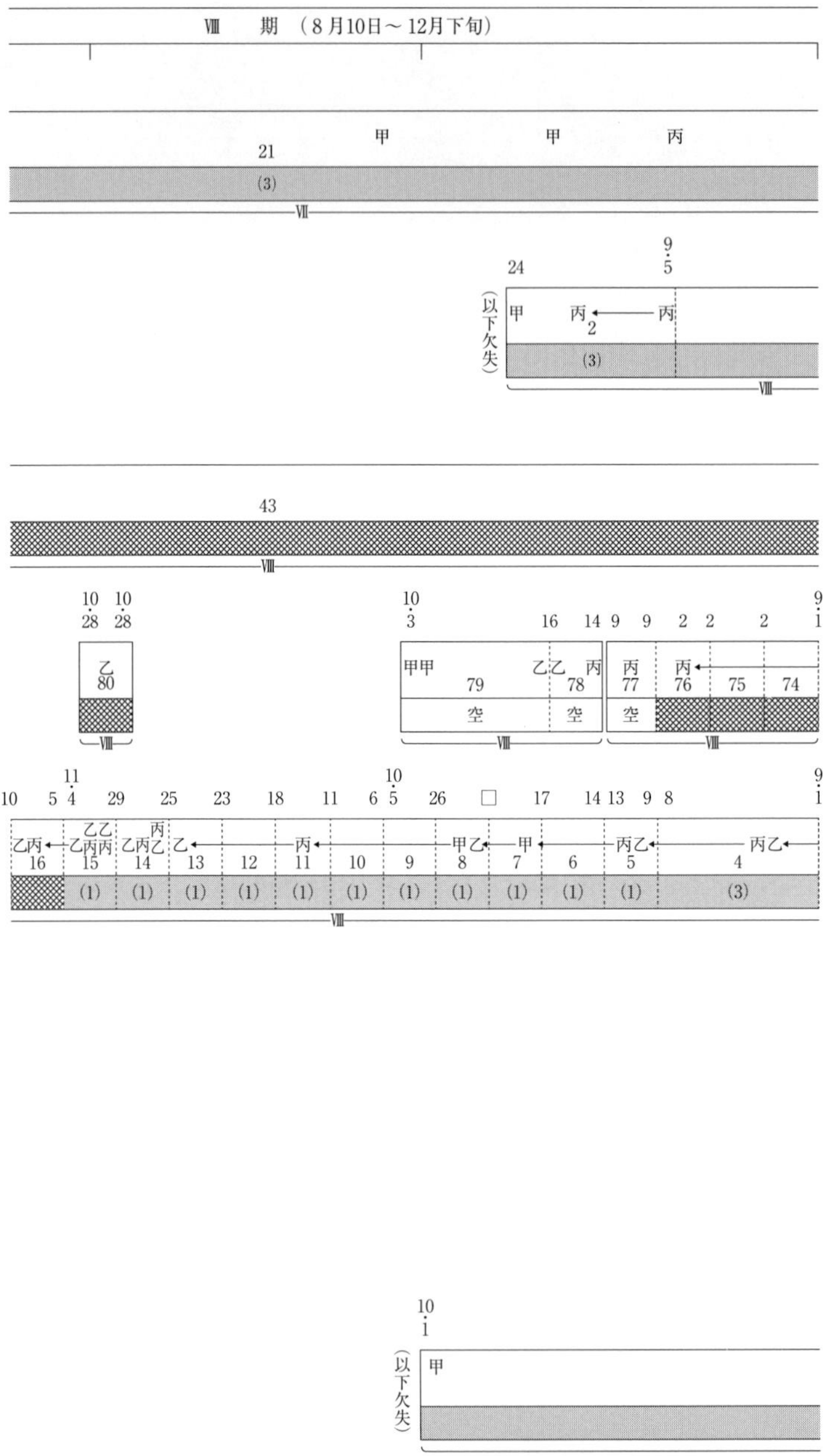
Ⅷ　期（8月10日～12月下旬）
（以下欠失）
空
（以下欠失）

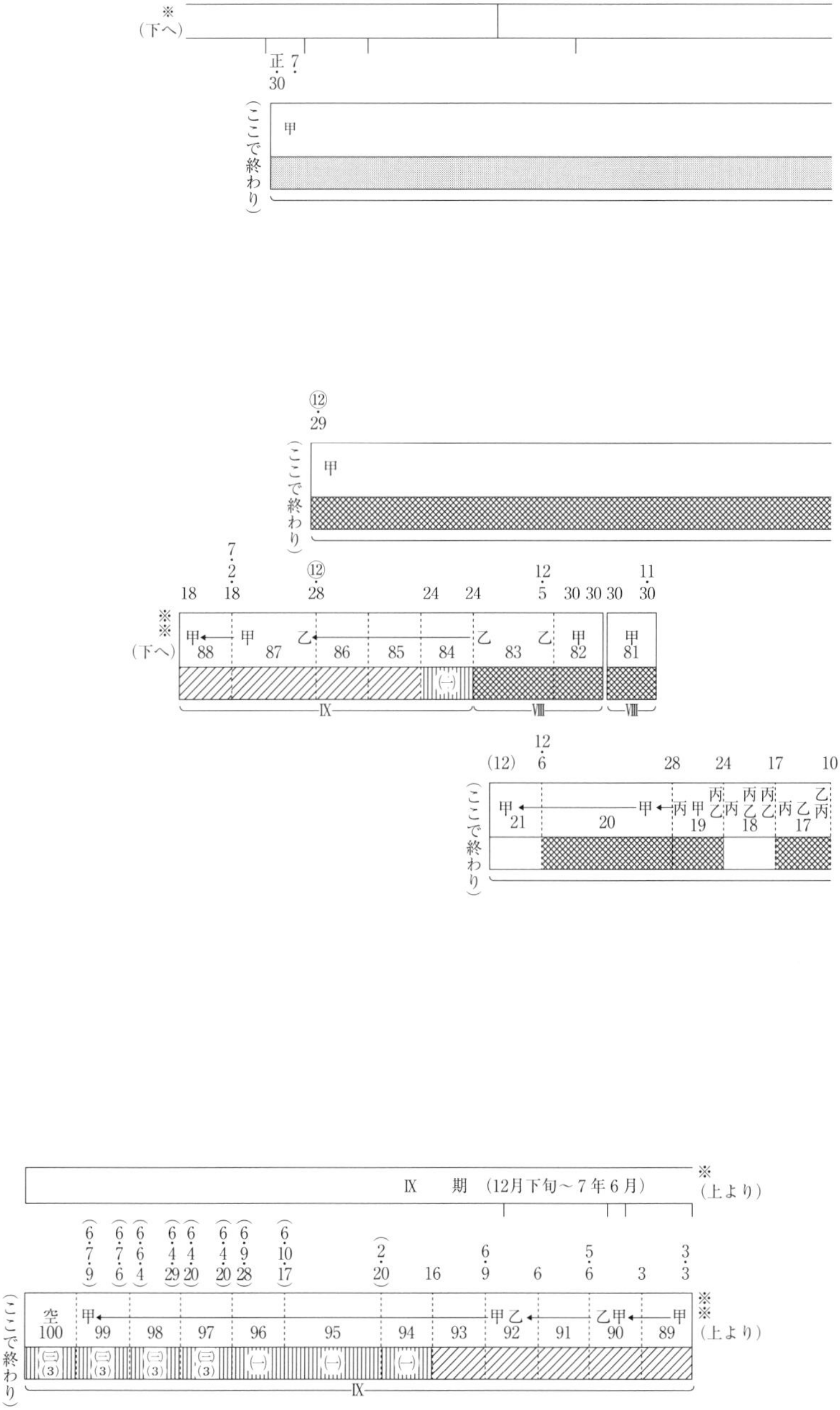

※
（下へ）
正
30
7
（ここで終わり）
甲
⑫
29
（ここで終わり）
甲
7
2
18
18
⑫
28
24
24
12
5
30 30 30
11
30
※
※
（下へ）
甲
88
甲
87
乙
86
85
84
乙
83
乙
甲
82
甲
81
IX
VIII
VIII
12
6
(12)
28
24
17
10
（ここで終わり）
甲
21
20
甲
丙
甲
19
丙
乙
丙
丙
乙
18
丙
乙
丙
乙
17
乙
丙
IX　期（12月下旬～7年6月）
※
（上より）
※
※
（上より）
（ここで終わり）
空
100
甲
99
98
97
96
95
94
93
甲
乙
92
91
乙
甲
90
甲
89
IX

これによると、㈠類は各期において使用されているが、㈢類の方は各文書（1）～（8）ごとに使用時期の片寄りが認められる。これは㈡類の場合も同じである。このことは、㈡・㈢類の文書を案主らは幾度かにわたって入手していたことを意味するが、次節では、各期の反故文書使用の状況を検討し、それらが案主の手元に入った事情を考えることにしたい。

三　反故文書の入手と使用

1　Ⅰ・Ⅱ期（六年正月十六日～三月十一日）

Ⅰ期（正月十六日～二月三十日）の各帳簿を見ると（**図1**参照）、(C)「食物用帳」・(E′)「雑材納帳」・(F′)「鉄用帳」・(G′)「雑物用帳」では、裏が白い紙（空）、つまり未使用の紙を使って作成され記帳が進められている。(D)「解移牒符案」でも第1紙と第10紙に未使用紙が見えるが、他の帳簿に比して記帳量が多いため、用紙の節約もあって反故文書の背面が主に使用されている。その多くは、この期間内に造石山寺所で反故にされたものであるが、中には第11紙背や第16紙背（貼り継ぎはⅡ期か）のように、個人に宛てられた文書も認められる。

その一つ、播磨国の租米を問い合わせる六年二月十日付「大尼公所牒」[10]（第11紙背、五ノ一〇六）は、「阿刀主典所」に宛てられたあと、余白に安都雄足が報告書の作成を指示する「吉足」宛ての「告文」を書き添えたもので、最終的には「吉足」の手元に残ったと見られる文書である。もう一点、二月二十八日付「猪名部枚虫啓」（第16紙背、十五ノ三五五）は「吉成」に宛てられたもので、「吾仏公／可子細告状申給佐官大夫」と記し、枚虫の「上日」への「佐官」の連署を求めている。「吉成」宛ての文書は、この(D)の第60紙背（五ノ二四二～二四三）と(A)「造寺料銭用帳」第12紙背（五年十一月九日付「額田部筑紫状」、十五ノ一二九）にも見え、前者の七月十七日付「麻柄全万呂状」(11)でも「好佐官尊申給」とあって「佐官」への取り成しが求められており、「吉成」も「佐官」すなわち安都雄足の近くにいた人物であることを伝えている。その「吉成」は、Ⅲ期のころ石山にいたらしく、六年三月二十七日付「鳥取国万呂状」（(E)第16紙背、十五ノ四四一）では、月借銭未報のまま石山寺に仕える人々の確認が求められている。

「吉足」「吉成」と同じような立場にいた人物に「道守」がいる。「道守」宛ての文書は、(A)に二通（第6・7紙背、後述）、(D)に二通使用されている。このうち、(D)の十二月八日付「下道主啓」（第86紙背、十六ノ二四～二五）には、「経師等借用銭杙一紙」「葛井判官大夫米事文一紙」「別当佐官岡田米春得員文一紙」の進上と三件の消息が記されており、「道守」が下道主にとって事務処理上の上位者であったことを窺わせる。この右に貼り継がれる同じく「道守」宛ての十二月十日付「安都雄足牒」（第87紙背、二十五ノ二六七～二六八）では、「昨日告買残紙」の送申が伝えられているが、「道守」が雄足の身近かな人物であったことは、経所宛ての二月十六日付「安都雄足牒」（続々修十六ノ四、十四ノ三〇九）で、一切経目録借用のため法華寺西南角に「道守」が参向する旨が記されていることからも知られる。恐らく、「道守」も雄足に従って石山に赴き、その関係で政所を預る下道主との間で事務処理上の繋がりができ、こうした「道守」宛ての文書も反故紙として融通されるに至ったのであろう。雄足の周辺にいる「吉足」「吉成」の場合も、道主との間に同様の関係があったものと考えられる。(12)

旧帳から新帳への書き換えが行なわれるⅡ期（三月一日～十一日）になると、紙の使用状況は大きく変化する。すなわち、新帳の(E)「雑材幷檜皮及和炭納帳」・(F)「鉄充幷作上帳」・(G)「雑物用帳」は、天平宝字二年に造東大寺司の写経所で行なわれた御願経三六〇〇巻と知識経の書写に関する反故文書を使って作成されだし、Ⅰ期から継続する(C)においても三月八日ごろから、(D)の場合は十三日ごろの記帳から（貼り継ぎはⅢ期）、それぞれ同種の反故文書の背面が使用されるようになるからである（**図1**参照）。しかし、(A)・(B)「造寺料雑物収納帳」・(H)「雑材幷檜皮及和炭用帳」では、この反故文書は使用されておらず、(A)・(B)は未使用紙を、(H)は石山写経所の反故文書を使って記帳が開始されている。(A)・(B)・(H)は、(E)・(F)・(G)とほぼ同時期に作られているだけに右の点は不審であるが[13]、Ⅲ～Ⅴ期においても同種の文書が(D)・(E)・(F)・(G)に使用されている（後述）ので、それを用尽した結果ということではなさそうである。といって使用が控えられたとも考えにくいので、それは結局、(A)・(B)・(H)の作成時には、下道主の手元にこの反故文書がまだなかったからではないかと思われる。となると、このⅡ期から記帳が始まる(H)冒頭の日付に信を置けば、その入手は三月五日以降と見ることができる。

天平宝字二年の写経関係文書は、その内容からすれば上馬養によって石山へもたらされたものと見てよいだろう。馬養は、同年の九月十三日ごろに写経所の案主となり、御願経・知識経の書写や布施支給およびその後の残務整理に従事しているが、右の反故文書のいずれもが、こうした馬養の仕事内容と関連するからである[14]。馬養の造石山寺所への出仕は六年正月二十三日ごろからで、二月になると『大般若経』の書写事業に従事している[15]。従って、出仕時にこれらの反故文書が持ち込まれていたとすれば、写経の帳簿などにも使用されたはずであるが、唯一現存する「石山院大般若経充本帳」（続々修十八ノ二、五ノ一〇七～一一〇）は未使用紙で作成されており、造営関係の帳簿への充当もこのⅡ期まで認められない。また、下道主や阿刀乙万呂が不在のときには、造営関係帳簿の記帳を馬養が担当しているので、馬養と道主との間で帳簿用紙のやりとりがなかったとは考えにくい。それ故、馬養が石山へ出向したときには、これらの反故文書は持参していなかったものと思われる。それは恐らく、その後の奈良に戻る機会を利用して持ち込んでいたのであろう。これについて参考になるのは、六年三月二日付「造石山寺所解案」(D)、十五ノ一五七）で「作雑公文幷雑役夫等食料」として凡紙一〇〇張と末醤六斟の所請が馬養に便付されていることである。六年閏十二月二十九日付「造石山院所解（案）（秋季告朔）」[16]によると、正月十五日と三月四日に造東大寺司からそれぞれ「用作雑公文料」の紙が一〇〇帳ずつ充当されている（続々修四十五ノ五裏、十六ノ二四一）ので、右の所請雑物は二日後には石山にもたらされていたことになる[17]。この時期に凡紙が所請されたのは、正月の供給分を用尽したためと見られるが、こうした用紙不足を受けて馬養は奈良の写経所に保管していた写経関係の文書を反故にし、凡紙と共に石山へ持ち帰ったのではなかろうか。石山に戻った翌日あたりに、その反故文書の一部を道主に提供したと見なせば、先の新帳の作成状況と辻褄が合うように思われる。Ⅱ期になって、天平宝字二年の写経関係の反故文書が使用される理由を右のように考えておきたい。

Ⅱ期においてもう一点注意されるのは、旧帳の一部が早くも帳簿用紙に充てられていることである。(D)では第19紙背に(E)、(F)では第9・10紙背に(F)、(E)の場合はⅢ期になるが、第11・12紙背に(G)がそれぞれ認められる。(F)の例から推せば、新帳への書き換えが終わると直ちに反故とされたようである。

2　Ⅲ・Ⅳ期（三月十二日～四月二十一日）

Ⅲ期（三月十二日～四月四日）においても、天平宝字二年の写経関係文書が(D)・(E)で使用されている。(D)の第20～28紙背（天平宝字二年九月五日付「東寺写経所解案」、十四ノ三一～四五）、(E)の第8～10紙背（「東大寺写経所解（案）」、十四ノ二五二、「後金剛般若経経師等参仕歴名」、十四ノ一一四～一一七）と第13・14紙背（天平宝字二年八月二十八日付「造東大寺司解（案）」、四ノ二九三～二九六）がそれに当たる。(E)の場合、紙数が少なくなっているのは、上馬養から提供されたこれらの文書が他の用途にも使われ、この時期になると断簡のようなものになっていたからであろう。

(C)では、Ⅲ期の終わりごろに六年三月一日付「造東大寺司解（案）（告朔）」（第15～19紙背、五ノ一二五～一三一）が貼り継がれ、その背面が使用されている。同種の文書は(D)の第30～35紙背（天平宝字六年四月一日付「造東大寺司解（案）」、五ノ一八八～一九四、四六五、一九四～一九五）にも認められるが、こちらの方はⅣ期の貼り継ぎと見られる。三月の上日報告では、下道主と阿刀乙万呂は全日の三〇であるのに対し、上馬養は二四になっていること（(D)、天平宝字六年三月二十六日付「造石山院所解案」、十五ノ一七五～一七六）、奈良政所宛てに孝謙太上天皇勅願鏡の鋳工を求める六年三月二十五日付「石山院牒」（現存は案文。(D)、十五ノ一七七）が馬養に付されていることからすれば、これらの反故文書も二十五日以降に奈良へ出向した馬養が持ち帰ったものの一部ではないかと思われる。馬養の四月の上日は二八（全日で二九。(D)、天平宝字六年四月二十七日付「造石山院所解案」、十五ノ一九二～一九三）であるから、遅くとも四月二日には石山に戻り、道主に提供されていたことになる。造東大寺司の「告朔案」であれば長大であったはずだが、使用紙数は(C)では五紙、(D)では六紙と多くない。それは、四〇紙を超える法華寺の「造金堂所解案」（四年十二月三十日付カ）が「秋季告朔案」に使用される[18]ように、大半が長大な案文の作成用に割り当てられたからであろう。なお、(A)では、六年三月七日付「造石山寺所解（案）（告朔）」（第4・5紙背、五ノ一三七～一三九）が貼り継がれているが、これは造石山寺所で反故にされたものであろう。

(F)・(G)・(H)は、用紙の残り具合から見てⅢ期には新たな貼り継ぎはなかったと思われる（**図1**参照）。

Ⅳ期（四月五日～二十一日）になると、下道主が石山を離れる関係で、(C)・(D)・(E)・(F)・(G)・(H)の各帳簿の記帳が上馬養に委ねられている。用紙の貼り継ぎがあったのは(C)を除く五帳[19]であるが、このうち(D)・(E)・(G)に使用された天平宝字二年の写経関係文書には相互に繋がりが認められる。というのは、(D)第29紙背（天平宝字二年八月二十八日付「造東大寺司解」、四ノ三九七～三九八）は一行程度の欠失を挟んで(E)第13・14紙背の文書（四ノ二九三～二九六）の右に続き、(G)第9紙背（天平宝字二年九月五日付「東寺写経所解案」、十四ノ二九～三一）は(D)第20～28紙背の文書（十四ノ三一～四五）の右に接続が推定されるからである。[20] 現状よりすれば、(D)第28紙背の右にあった一紙を剥ぎ取って(G)第8紙背（九月十八日付「弓削秋麻呂榎井祖足連署啓」二十五ノ二三八～二三九）に貼り継ぎ、次いで(E)第14紙背の右の一紙を剥ぎ取り左端を切り取って(D)第28紙背に貼り継いだということになるだろう。これら(D)第29紙・(G)第9紙は上馬養の筆で始まっている（図1参照）ので、その剥ぎ取りと切り取りは馬養によるものと思われる。それは、(G)の用紙を補うため(D)の余白を利用したものの、(D)の用紙も貼り継ぎが必要になり(E)の余白から補ったというもので、記帳を引き継いだ馬養には用紙の付託がなかったため、とりあえず道主が貼り継いだ紙の余白を利用したということではなかろうか。(D)第29紙背（天平宝字二年八月二十八日付「造東大寺司解」）に続く第30～35紙背の六年四月一日付「造東大寺司解（案）（告朔）」は、先の(C)第15～19紙背の「告朔案」と共に上馬養が奈良から持参したものと見られること、[21] (E)第15紙背の「覚書」（未収）、(G)第10紙背の天平宝字四年六月十五日付「土師男成銭用文」（十四ノ三四八～三四九）、(H)第3紙背の四月九日付「上毛野真人啓」（十五ノ四五五）には、それぞれ関連する文書が前後に認められないことからすれば、それらは馬養が手元に置いていた反故文書、つまり写経所の帳簿等のために保管していた用紙の一部ではないかと思われる。(F)第11紙背の天平宝字二年八月四日付「東市庄解」（四ノ二八六）の貼り継ぎ時期は微妙であるが、同じ天平宝字二年の写経関係文書であっても、Ⅱ・Ⅲ期に使用された分は、知識『大般若経』書写の依頼文（(G)第1～8紙背、「氏名闕状」、二十五ノ二三三、九月十四日付「坤宮下官葛木戸主状」、十四ノ六三、九月十日付「知識写大般若経料紙進送文」、二十五ノ二三六～二三七、九月二十三日付「造大殿所解」、二十五ノ二三九～二四〇、九月二十三日付「唐僧恵雲状」、二十五ノ二四二、九月四日付「為奈豊人啓」、二十五ノ二

三五、十月五日付「高麗大山状」、二十五ノ三四九、九月十八日付「弓削秋麻呂榎井祖足連署啓」、二十五ノ二三八～二三九）を除けば、いずれも奈良の写経所もしくは造東大寺司で作成されたものであること、次のⅤ期で貼り継がれる同種の文書（E）第17・18紙背、「見参経師等歴名」、二十三ノ一七三～一七四、「造東寺司移（案）」、十四ノ一七二～一七三、（G）第11～13紙背、「奉写後金剛般若経料銭注文案」、二年十一月七日付「奉写先経料銭用并所残注文（案）」、二年十一月七日付「司并人々大般若経料銭用并所残注文（案）」、二年十一月七日付「上馬養大般若経布施注文（案）」、十四ノ二三五～二三八）も同様に見なせることからすれば、（F）の文書は異質といわねばならない。これも馬養によって、Ⅳ期の終わりごろに貼り継がれたものと見なしておきたい。

馬養は、（A）を託されなかった関係で（A′）「下銭帳」を作成しているが、これに未使用紙を充てたのは、道主への提出を意識してのことであろう。

3　Ⅴ・Ⅵ期（四月二十二日～六月三日、六月二十一日）

下道主が記帳を再開するⅤ期（四月二十二日～六月三日）では、（F）を除く六つの帳簿で多様な反故文書が使用されている。**表1**は、それらを内容別に分類し、各帳簿の日付をもとにおおよその貼り継ぎの時期を、八日もしくは一〇日ごとに区切って示したものである。これによると、最も多く使用されているのは、このⅤ期に現われる㈡法華寺阿弥陀浄土院金堂関係文書で[22]、大半はa期に貼り継がれている。下道主は、天平宝字四年十月二十日付「作金堂所解（案）」（続修三十七裏、十六ノ三一〇～三一五、続々修四十二ノ一、四ノ四四四～四四五）で、法華寺阿弥陀浄土院金堂の造営を担当する作金堂所の案主として絁を受けており、㈡とのかかわりが深い。恐らく先のⅣ期に石山を離れ奈良に戻った折[23]に、上馬養の例に倣って以前作金堂所案主として作成に従事したこれらの文書を反故にし、石山へ持ち帰ったものと思われる。同種の反故文書は、六年八月二十七日付「造石山院所労劇文案」（右の「作金堂所解（案）」の背に記される。十五ノ二三五〜二四二）に五紙、「秋季告朔案」に三五紙使用されているので、道主の持ち帰ったものの多くは、こうした長大な案文作成用に充てられ、帳簿には、記帳量の多いⒸを中心に、**表1**に示した一七紙の使用にとどまったようである。

ａ期で㊁に次いで多く用いられるのは、㋩天平宝字二年の写経関係文書（いずれも既出）であるが、これはⅡ期に上馬養から提供されたものの残りと思われる。Ⅳ期には、下道主の櫃にでも保管されていたのであろう。

㋑個人文書[24]の場合は、日付と内容それに貼り継ぎ状況から推して三つのまとまりを持つようである。その第一が、(A′)の記事などを転記するためにⒶに貼り継がれた第6・7紙背の二通の文書[25]（四月二十日付「秦家主啓」、二十五ノ三四四、四月十四日付「僧誠慜状」、二十五ノ三三三）で、宛て先は共に「道守」、日付も無年紀ながら四月二十日、四月十四日と近接する。Ⓔの第16紙背（六年三月二十七日付「鳥取国万呂状」、十五ノ四四一）もほぼ同じころの貼り継ぎであるから、この三通は下道主の手元にまとめて置かれていた文書と見ることができる。その出所は、Ⓐの二通は「道守」、Ⓔの場合は宛て先を記さないが、これも「道守」からの提供文書であった可能性が高い。第二は、五年の年紀を持つｂ期のⒹ第41紙背（九月二十五日付「大石阿古麻呂雑物買進注文」、四ノ五〇九）・第42紙背（八月二十七日付「賀茂馬養啓」、十五ノ一二四〜一二五）とｃ期のⒶ第12紙背（十一月九日付「額田部筑紫状」、「吉成」宛て、十五ノ一二九）の三通である。買物、稲の苅り取り、和炭の購入を伝えており、いずれも実務に従事する人々からの報告書と見なせるものである。右の文書の前後に続く日付欠失のⒹ第39紙背（「他田水主（?）啓」、十六ノ二七六〜二七七）は米の未進調査、Ⓐ第13紙背（「供養料雑物進上啓（?）」、十五ノ三七六）は雑物の進上と、これも実務報告の体裁をとっているので同類といえそうである。Ⓐ第12紙背の宛て先から推せば、これら五通は「吉成」からの提供文書ではないかと思われる。第三は、b期の(E)第20紙背（三月六日付「下道主雑物進上啓案」、十五ノ三七四～三七六）と(H)第4紙背（天平宝字六年三月九日付「六人部荒角啓」、五ノ一三九）の二通である。(E)のものは、下道主が下書きにした「啓案」、(H)は仕丁の月粮を問う「啓」であるが、(C)によれば仕丁の月粮は下道主の管理下にあるので、(H)の文書は、直接もしくは第三者を介して道主のもとに届けられたものと思われる。この二通は、道主によって反故にされたのであろう。残る(D)第36紙背の「戯書啓」（二十五ノ三六七）の出所は難しいが、戯れに書いた恋文のようなものを「道守」や「吉成」が提供していたとは考えにくいので、下道主が下書きにした「啓案」を使用している点、**表1**ではa期とb期に区分されるものの貼り継ぎの時期が近接している点を考慮して、第三のもの、つまり道主によって反故にされた文書と見なしておきたい[26]。

表1　V期に使用された反故文書

内容による分類	a期（4月22～29日）	b期（5月1～10日）	c期（5月11～20日）
㋑個人文書㈠・㈢(8)・㈥	(A)6・7背　(E)16背　(D)36背	(D)39・41・42背　(E)20背　(H)4背	(A)12・13背
㋺造石山寺所関係文書㈠	(A)8・9背	(D)37・38背	
㋩天平宝字二年写経関係文書㈢(4)	(E)17・18背　(G)11～13背		
㋥法華寺金堂関係文書㈢(6)	(C)20～33背　(E)19背	(D)40背　(A)11背	
㋭「月借銭解」㈢(8)		(A)10背　(H)5背	
㋬「用銭注文」㈢(8)		(D)43～45背	
㋣越前関係文書㈢(2)			(D)46～51背

＊5月21日以降、貼り継ぎはなし。

b期に現われる㋭「月借銭解」は、(A)第10紙背の「月借銭解」（四ノ五〇八）が五年八月二十九日付、(H)第5紙背の「月借銭解」（四ノ二六一）が二年二月付と年紀が開くが、前記のように下道主が「道守」宛てに「経師等借用銭枇一紙」を進上していることを勘案すると、「道守」のもとにはこうした「借銭解」が寄せられていた可能性が高い。恐らく、㋑の第一の文書三通と共に「道守」から提供されていたのであろう。

㋬「用銭注文」の場合は、いずれも覚書のようなもので、(D)第43紙背（五月九日・十二日付「安都雄足夏衣服料幷収納銭注文」、十五ノ四六二～四六三）と第45紙背（十二月十四日付「安都雄足用銭注文」、十六ノ五七～五八）は安都雄足の自筆文書、第44紙背（「随求壇所銭用注文（?）」、二十五ノ三〇一～三〇二）では雄足との関係が推定される「画師宅」[27]からの借銭が記されている。c期に見える㋣越前関係文書[28]は、天平勝宝六年（七五四）閏十月から天平宝字二年（七五八）正月ごろにかけて、越前国史生として活動した安都雄足のもとに寄せられたものとされている[29]。この㋬・㋣は、雄足もしくはその周辺の人々からの提供文書であろう。雄足自身、四月下旬に奈良へ出向しているので、その折に執務所などに保管していた文書の一部を反故にし、石山に持ち帰ったものと思われる[30]。

このように、Ⅴ期では多様な反故文書が使用されている。その中で、㋺造石山寺所関係文書[31]が四紙にとどまるのは、五月に入ると造営作業が一旦停止し（六月になると再開）、雑公文案の作成量が減少するからであろう。

Ⅵ期（六月四日～二十一日）になると、再び上馬養が記帳を担当することになる。用紙の貼り継ぎがあったのは、(C)・(D)を除く六つの帳簿である（図1参照）が、このうち(G)第14紙背の天平宝字六年四月十六日付「大工益田縄手経師貢進啓」（「小黒」宛て、十五ノ四六一）は経師の貢進を伝えるもので、「小黒」に宛てられたあとは石山写経所案主の馬養のもとへ送られたのであろう。(A)第14紙背（「染料黄蘗注文（?）」、二十五ノ三七二）と(F)第12紙背（「判官以下人数注文」、十六ノ二七五～二七六）は覚書風の数量や人数の注文、(A)第15紙背（六年四月三日付「山作所解」、十五ノ四五四～四五五）と(E)第22紙背（「甲可田上等木工仕丁注文」、十五ノ三五六）は山作所関係、(H)第7紙背（天平宝字三年六月十日付「松原王解」、四ノ三六八）は売田（賃租）に関するもので、いずれもこれまでとは傾向を異にする文書である。Ⅳ期に馬養が記帳を担当したとき、用紙の付託がなかったため自らの保管する反故文書を使用していたことを指摘したが、右の六点の文書を見ると今回も同様のことがいえそうである。(H)第6紙背（天平宝字二年七月十五日付「越前国田使解」、四ノ二七五）は、Ⅴ期に使用された㋣と同種であるが、馬養のもとにも安都雄足から反故文書の提供があったものと思われる。残る(E)第21紙背（五年十二月一日付「下道主啓」、四ノ五二三）、(F)第13・14紙背（天平宝字六年六月一日付「安都雄足牒」、十五ノ四六五～四六六）の二通の文書も含めて、このⅥ期に貼り継がれた反故文書は、上馬養が写経所用に保管していたものと見なしておきたい。[32]

4　Ⅶ期（六月二十二日～八月九日）

下道主が記帳に復帰するⅦ期では、先のⅤ期以上に多様な反故文書が使用されている。**表1**に倣ってそれらを内容別に分類し、おおよその貼り継ぎ時期を九～一〇日ごとに区切って示すと**表2**のようになる。

このうち、㋭「月借銭解」[33]と㋣越前関係文書[34]は、Ⅴ期に使用されたものと同種でその残りと思われるが、㋑個人文書の中にも同様に見なせるものが存在する。まず、a期の(A)第16紙背（四年八月十一日付「臺和麻呂銭進上文」、十四ノ四四二）では、銭の進上を伝える本文の左端に、宛て先で記された「一貫可遣村屋宅附馬長　又米八俵以十四日已上物進下村屋付馬長」との文言が見えている。「村屋宅」は安都雄足と特別な関係が想定されている宅[35]であるから、これは雄足もしくはその周辺の人々の手元にあった文書と思われる。b期の(G)第15～19紙背の各文書では、順に用銭（「車持果安解」、二十五ノ三五〇～三五一）、倉の秣の用残（九日付「安都継万呂状」、二十五ノ三四九～三五〇）、用銭と丹綿直の請銭（二月四日付「雑用銭幷丹直銭等注文」、十五ノ三五〇～三五一）、米の進上（天平宝字四年七月二十五日付「丸部足人解」、十四ノ三六〇～三六一）、種々の買物（「悔過所（?）雑物注文」、十六ノ四八二～四八三）が伝えられている。(A)と(G)に使用された六通の文書には、実務に従事する人々からの報告書という点で共通項が認められる。(G)の五通が直続していることからすると、これらは一連の文書と見なせそうであり、体裁からすれば(A)の文書もこの中に含めてよいように思われる。この六通と同系統の文書群が、前記のようにV期においても使用されていた。先にその出所を「吉成」に求めたが、今回も雄足に関連する文書が含まれているので、両者は無関係とはいえないであろう。右の㋭・㋣と同じく、これらの文書もV期に使用されたものの残りであった可能性が高い。となると、「吉成」のもと

表2　Ⅶ期に使用された反故文書

内容による分類	a期（6月22～30日）	b期（7月1～10日）	c期（7月11～20日）	d期（7月21～29日）	e期（8月1～9日）
㋑個人文書㈠・㈢(8)	(A)16背	(G)15～19背		(D)58・60・63背	
㋺造石山寺所関係文書㈠			(E)23背	(D)59・61・64・65背	
㋭月借銭解㈢(8)		(H)8背			
㋣越前関係文書㈢(2)			(C)34～38背 (F)15背		
㋠東塔所関係文書㈢(5)	(D)52背	(D)54背			
㋷造物所返抄㈢(8)	(D)53背				
㋦造仏注文㈢(8)		(D)55～57背			
㋸造東大寺司告朔案㈢(7)		(A)17～19背			
㋾近江国計帳手実㈡				(C)39～42背 (D)66～73背	
㋻彩色関係文書㈢(3)					(A)20・21背

から実務報告を行なう一一通の個人文書が寄せられていたことになるが、(G)第19紙背は「弓万呂」に宛てられているので、「吉成」の他に「弓万呂」なる人物の存在にも留意しておく必要がある。

a・b期に貼り継がれる㋠東塔所関係文書は、二年十一月末から三年四月にかけて安都雄足は東塔所（東大寺東塔の造営機関）に出向していること[36]、㋠の二通の文書(D)第52紙背、天平宝字三年四月十六日付「坂田池主請銭所用注文」、四ノ三六〇〜三六一、第54紙背、二月十六日付「坂田池主請銭米所用注文」、四ノ三六二〜三六三）に自署を加える坂田池主（東塔所領[37]）の筆と見られる四年三月一日付「坂田池主・品部豊島解」（続修二十九、四ノ四一〇〜四一一）の末尾には「収安都雄足」と記されていることより、本来は雄足の手元にあった文書と思われる。このⅦ期には、先の㋬・㋣のように雄足との関係が窺える新たな反故文書は㋠以外に使用されておらず、その紙数もわずかであるので、これも㋬・㋣と共にⅤ期に提供された文書の一部のように思われる。

このように、㋑の(A)・(G)に使用された文書および㋭・㋣・㋠は、Ⅴ期に下道主のもとに提供された反故文書の残りと考えられる。Ⅵ期に記帳を担当した上馬養が道主の保有する帳簿用紙（反故文書）に手を付けていなかったことが、Ⅶ期の反故文書使用の状況より改めて知られるであろう。

(D)に使用されている㋷造物所返抄（第53紙背、天平宝字五年正月十四日付「造物所返抄」、四ノ四八五〜四八六）と㋦造仏注文（第55〜57紙背、天平宝字四年六月二十五日付「奉造丈六観世音菩薩料雑物等請来注文」、四ノ四二〇〜四二五）は、貼り継ぎの時期がa期とb期に分かれるが、㋦に自署を加える今来人成の所属より、この文書の差し出しも㋷と同じく造物所と推定される[38]。日付が開くものの、同一帳簿に近接した時期に貼り継がれているので、両者は一連のようである。㋦に「経所」印が捺されていることからすれば、本来は奈良の写経所に保管されていた文書であろう[39]。となると上馬養との関係が想定されるが、その馬養は五月に七日間石山を離れている（D)、第48・49紙、天平宝字六年五月二十七日付「造石山院所解案」、十五ノ二一二～二一三）。出向先は奈良の造東大寺司と思われるが、今回も三月上旬や四月初めの場合と同様に、石山で使用する反故文書をいくらか持ち帰っていたものと見られる。b期にⒶに貼り継がれるㇽ造東大寺司告朔案（第17～19紙背、〈六年五月ヵ〉「造東大寺司解（案）」、五ノ一九五～二〇一）も、Ⅲ・Ⅳ期の同種の文書の例より推せば、ⓡ・ⓝと共にもたらされていた可能性が高い。この三種の反故文書は、先のⅥ期に馬養が帳簿用紙として使用したものの残りではないかと思われる。

c・d期に使用されるⓇ造石山寺所関係文書の場合は、Ⓔ第23紙背（天平宝字六年三月二十三日付「造石山寺所牒」、十五ノ四四〇～四四一）とⒹ第65紙背（天平宝字六年三月十七日付「造石山寺所牒（案）」、五ノ一四三～一四四）を除く三通の日付（Ⓓ第59紙背、天平宝字六年七月十八日付「石山院牒（案）」、五ノ二五一～二五二、第61紙背、同六年七月二十三日付「造石山院所解案」、十五ノ二二九～二三〇、第64紙背、同六年七月二十五日付「造石山院所解案」、五ノ二五七～二五八）が、帳簿面のものと近接している（**図1**参照）。この点は、d期にⒹに貼り継がれるⓘ個人文書の三通（第58紙背、天平宝字六年七月十九日付「宇治麻呂解」、五ノ二五二～二五三、第60紙背、〈同六年ヵ〉七月十七日付「麻柄全万呂状」、五ノ二四二～二四三、第63紙背、天平宝字六年七月五日付「麻柄全万呂啓」、五ノ二四二）も同様である。d期になると、ⓗ・ⓣ・ⓒ・ⓡ・ⓝ・ⓡのような石山に持参された帳簿用の反故文書がほぼ用尽され、作成後あるいは届いて間もない案文や個人文書が直ちに反故に付されていたからであろう。その中で、Ⓓ第60紙背に「吉成」宛ての文書が見えるのは、「吉成」が主要な反故文書提供者の一人であったことを伝えるものとして興味深い。

ⓦ近江国計帳手実（「近江国志何郡古市郷計帳手実」）は、d期になってⒸとⒹに貼り継がれている（Ⓒ第39～42紙背、一ノ五〇四～五〇五、六二一～六二二、二ノ三二六～三二九、Ⓓ第66～73紙背、一ノ三二九～三三一、三八七～三八九、三九一～三九二、四四〇～四四一、四五〇）。これは、帳簿用紙の不足を補うため、とりわけ記帳量の多い右の二帳に

充当された反故文書と見ることができる。㋾は、造石山寺所と関係を持つ大友但波史族吉備麻呂のものであることが指摘されているが、(40)それが下道主の手元に入った事情については明らかになっていない。これまで帳簿に使用された反故文書は、造石山寺所（写経所も含む）で作成された案文や同所に来た文書、記帳を担当する下道主や上馬養、彼らの上司である安都雄足とその周辺の人々（「吉成」「道守」など）に関係する文書から成り立っていた。その意味で㋾は異質といわねばならず、その入手経路もこれまでのものとは異なっていたと思われる。憶測に及ぶが、この点について注意されるのは、六月以降の造石山寺所には仏工と画師が所属し、彼らが写経所において造仏や彩色の作業に従事していたことである。(41)その結果、写経所には、二月末ごろに石山院が上院政所宛てに「依今間无紙止留物造所以仏師並御童子等所用／无」(D)第18紙背、「石山院牒（案）」十五ノ二五四）として請求したような「本久紙」、つまり造仏に必要な反故紙が持ち込まれていたものと見られる。造仏の方は、「造石山寺所労劇文案」によれば七月五日に終了し、八日から八月十二日にかけて彩色が行なわれている。しかし、写経所案主の上馬養は、造仏終了後石山を離れており、七月の上日は五となっている（(D)第63紙、天平宝字六年七月二十五日付「造石山院所解案」、十五ノ二三〇～二三二）。彩色作業の続く写経所の実務は、下道主と阿刀乙万呂によって代行されていたと思われるが、その写経所には不用となった造仏用の反故紙がいくらか残っていたはずである。帳簿用紙の不足を承知していた道主らは、その中から長く貼り継がれたものを選んで政所に持ち込んだ。それが㋾の文書ではなかったであろうか。造石山寺所に入った理由はともかく、それが(C)・(D)に使用されるに至ったのは、造仏用として写経所に充当されていたからではないかと思われる。

ｅ期に使用される㋻彩色関係文書の場合も、写経所との関係が想定される。従来この文書は、(A)第20・21紙背の二通の「画師行事功銭注進文」（天平宝字二年三月十九日付、四ノ二六六～二六八、同二年三月十七日付、四ノ二六五～

二六六）に功銭を勘した下道主の自署が見えることから、道主によって石山へ持参されたものとされてきた。[42] 記帳担当者が、自らの職務にかかわる文書を反故にし石山に持ち帰るというこれまでの経緯からすれば、首肯すべき見解かもしれない。しかし、道主がⅥ期に石山を離れたときに、これを反故にして持ち込んだとするには、その貼継ぎはⅦ期の終わりのｅ期と遅く、用紙不足が認められるｅ・ｄ期に何故使用されなかったのかという疑問が残る。むしろ、次のⅧ期の初めに(I)「米売価銭用帳」の第２紙に使用される同種の文書（「（画師等）歴名」、十三ノ二一〇）が、背面に「緑青十斤／定十斤一両」（未収）と記される緑青の裏紙であったこと[43]からすれば、この文書も本来は顔料の裏紙であったと見た方がよいように思われる。前記のように、写経所では七月八日から八月十二日にかけて仏像の彩色が行なわれていたが、当然のことながら写経所には、奈良から持参された顔料が置かれていたはずである。その彩色作業も八月に入ると終盤を迎え、用尽した顔料の裏紙が帳簿用紙に転用されていたと見ても不自然ではないからである。八月五日に石山寺の造営事業が終了すると、下道主と阿刀乙万呂は写経所の業務に参加し、八月十日からは上馬養を加えた記帳体制が始まる（Ⅷ期）が、恐らくそれに先立ち、馬養の方から不用となった顔料の裏紙、すなわち㋻が道主に提供されたものと思われる。

5　Ⅷ・Ⅸ期（八月十日～七年六月）

Ⅷ期（八月十日～十二月下旬）になると造営事業が終了し、帳簿の記帳量も減少するが、その中で(A)と(C)の機能を受け継ぐ(I)と(J)「写経所食物用帳」が、Ⅶ期の終わりに現われる彩色関係文書を使って作成されだす。当時の写経所には、顔料の裏紙と見られるこれら反故文書がまとめて置かれており、新帳の作成にまず供されたのであろう。(I)は二紙（第１紙背、天平勝宝九歳四月七日付「画師等歴名（案）」、四ノ二二七～二二八、第２紙背、前掲）のみであるが、(J)では右の彩色関係文書（第1～3紙背、天平宝字三年三月付「大仏殿廂絵画師作物功銭帳」、四ノ三五三～三五八、第4紙背、天平勝宝九歳四月七日付「画師等歴名（案）」、十三ノ二二九）に続いて天平末～天平勝宝四年文書と一括される一一紙（第5～15紙背）が貼り継がれている。このうち、第9紙背の天平勝宝四年（七五二）六月七日付「高橋連乙麻呂・三千代連黒麻呂解」（十二ノ三一一～三一二）の左端には「村屋家蒭五十束」との別筆があって、安都雄足との関係を伝えている。第5・6・8紙背の「出挙銭解」（天平勝宝二年五月二十六日付、同年同月十五日付、三ノ四〇五、三九一、三九五）と第7紙背の「月借銭解」（天平勝宝二年六月五日付、三ノ四〇六）の場合は、天平勝宝二年の日付であるためV期に使用された「月借銭解」（天平宝字二、五年）と年代が離れるが、右の「解」の前に貼り継がれていることから推して、これも雄足に関係する文書、つまり「道守」からの提供文書ではないかと思われる。しかし、第10～15紙背の文書は異質であり[44]、Ⅶ期の後半から使用される計帳手実や彩色関係文書と同じく、造仏・彩色作業にかかわる反故文書の一部と見た方がよいだろう。第16紙以降では、(A′)をはじめとする造石山寺所関係の文書が使用されているが[45]、これは写経所に置かれていた帳簿用の反故文書が十一月ごろになるとほぼ使い果たされたためと思われる。

右の(I)・(J)の他に(C)では一紙（第43紙背、天平宝字六年八月十一日付「安都雄足雑物進下状」、十五ノ四七〇～四七一）、(D)では一〇紙（うち三紙は未使用紙）の貼り継ぎがあったが、いずれも造石山寺所に来た文書あるいは同所作成の案文で、日付も帳簿のそれに近いものが多い[46]（**図1**参照）。これは、Ⅷ期になると両帳とも記帳量が減少し、用紙も必要に応じて一紙ごと貼り継いでいたためと思われる。まとまりのある「道守」からの提供文書や造仏・彩色作業にかかわる反故文書は、(J)のような記帳量の多い帳簿に充当されたのであろう。

Ⅸ期（十二月下旬～七年六月）において、用紙の貼り継ぎがあったのは(D)だけである。下道主が奈良の写経所に戻る十二月二十四日ごろから閏十二月末にかけての貼り継ぎと見られる第84～87紙背の四通の文書[47]（日付は順に六年三月二十一日・十二月八日、〈六年ヵ〉十二月八日・十日）は、安都雄足と下道主の筆に成るもので、第84紙背を除けば、日付から推して奈良の写経所で入手した文書と思われる。宛て先からすれば、第86・87紙背は「道守」から提供された文書であろう。(D)での日次に従った記帳は、第94紙冒頭の七年六月十六日付「造石山院所解案」（五ノ四四五～四四六、十六ノ三九〇）で終了するが、その間の第88～93紙は、当時の写経所に来た文書および同所で作成された案文を順次反故にし貼り継がれたものである。[48]これに対し、七年六月十二日から六年四月二十日にかけての「近江国愛智郡司解案」（十六ノ三九〇～三九九）を書き留める第94～100紙（第100紙は空）には、天平宝字六年四月二日付の「東大寺鋳鏡用度注文」（三紙。五ノ二〇一～二〇四）と、(A)・(I)・(J)にも見える彩色関係文書（四紙。順に、「画所解」、二十三ノ六二一～六二二、天平宝字二年三月三日付「造東大寺司政所符」、四ノ二六三、同二年二月二十日付「造東大寺司召文（案）」、四ノ二六〇～二六一、同二年二月二十四日付「画工司移」、四ノ二五九～二六〇）が使用されている。この両者は、石山から持ち帰った反故文書の一部と思われるが、造石山寺所の決算報告書である六年閏十二月二十九日付「造石山寺所解（秋季告朔）」が七年六月中旬に完成し、[49]案文の方も仕上がった関係で、こうした長文の案文用に保管されていた反故文書の残りが、(D)の最終部分の作成に転用されたのではないかと考えられる。

四　案主と反故文書――むすびにかえて

以上、Ⅰ～Ⅸ期における反故文書使用の状況を検討してきたが、(二)と(三)に分類される各文書が、下道主の手元に入った経緯をまとめると**図2**のようになる。多くの推測を重ねた結果とはいえ、造石山寺所に充当された凡紙や同

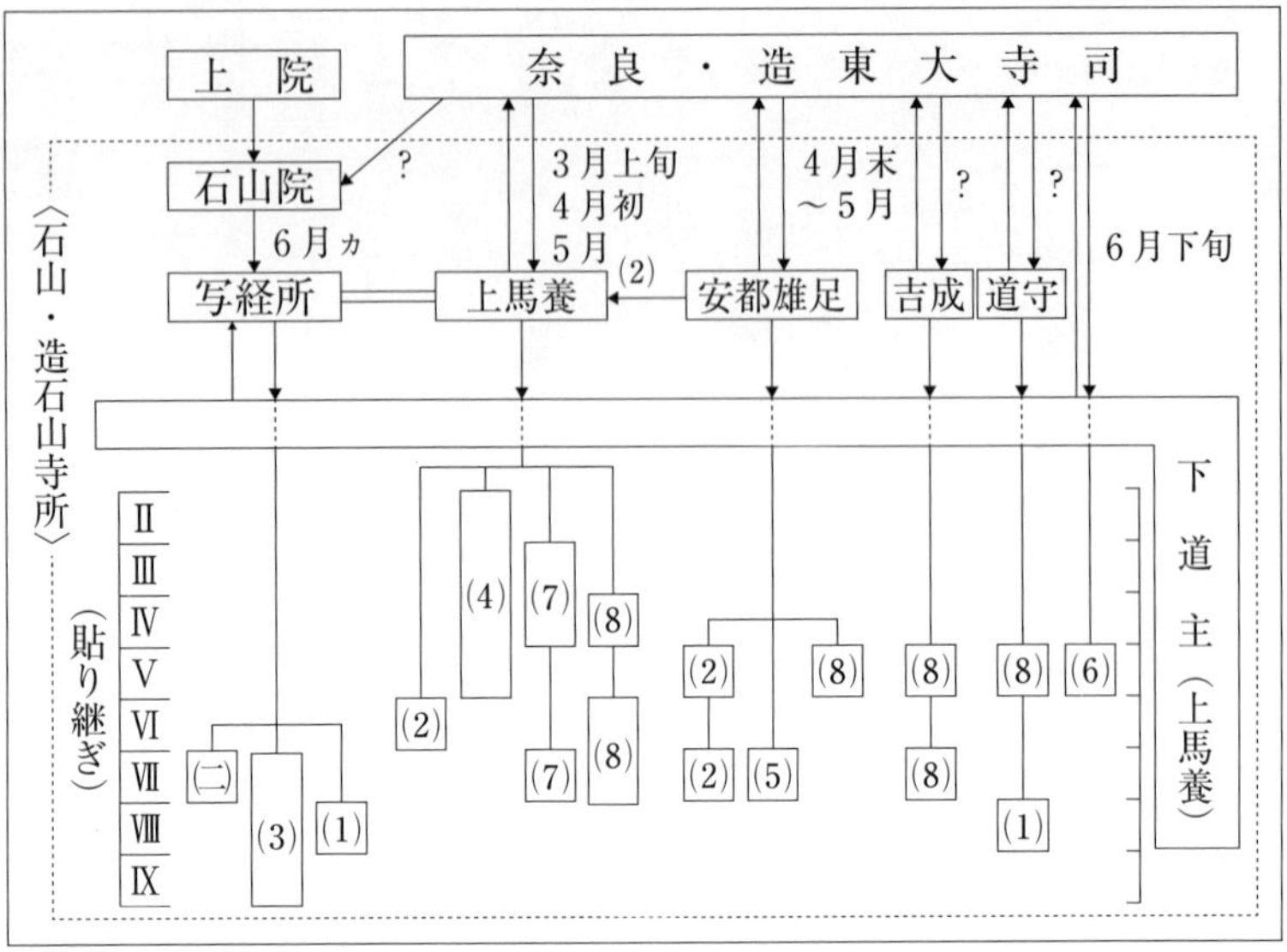

図2　㈡・㈢類反故文書の入手と貼り継ぎ

＊㈢奈良から造石山寺所に持参された文書は、⑴～⑻で表示。Ⅳ・Ⅵ期の貼り継ぎは上馬養による。

所の反故紙では賄えなかった帳簿用紙を、道主は自らの裁量と共に、上馬養・安都雄足・「吉成」・「道守」といった同僚や上司およびその関係者の協力のもとに確保していた様子が、この図から読み取ることができるであろう。[50] 帳簿用紙に充てられたこれら反故文書は、特定の人物によって石山にもたらされていたのではなく、記帳を担当する下道主が職務上の人的関係やその時々の機会をとらえて入手していたのである。なかでも重要なのは、石山写経所案主の上馬養との関係であり、帳簿に使用された反故文書の四割近くは、この馬養に負っている。石山に赴くまで馬養は奈良の写経所の案主を勤め、造営機関での勤務が多かったと見られる道主に比して反故紙を得やすい環境にあったこと、馬養が道主の記帳を代行するように両者の執務場所が接近していたことが、[51] こうした結果を生み出したものと思われる。Ⅳ・Ⅵ期に馬養が帳簿用紙を付託されず、また馬養も道主の保管分に手を付けなかったのは、馬養の方が反故紙を潤沢に保有していたからであろう。しかし、馬養自身、写経事業を担当し造仏・彩色作業に関与するように、諸帳簿の作成用に相当数の反故紙を必要としていたはずである。恐らく馬養も、自ら持ち込んだものの他に、道主と同様、安都雄足らからも反故文書の提供を受けていたものと思われる。

このように見ると、案主にとって反故紙（反故文書）の入手は、帳簿作成のために不可欠な手続きであったということになるだろう。帳簿用紙には、本来「作雑公文料」として供給される凡紙が充てられていたはずであり、事実、Ⅰ期においては未使用紙、つまり凡紙が多く使用されていた。ところが、Ⅱ期以降になると大量の反故文書が使用されだし、道主らはその入手に腐心することになるが、それはひとえに凡紙そのものが不足し、帳簿に充当できなくなってきたからであろう。(A)には、紙・凡紙の購入料の支出が記されているが、それは造石山寺所の公文や告朔文に使用するためのものであったと思われる。つまり、帳簿には、購入した凡紙を使ってまで体裁を整える必要性がなかったので、結局、凡紙が不足したときには、記帳担当の案主が用紙の工面を行なうというのが当時の実情であったようである。その意味で、Ⅱ期以降の反故文書使用のあり方は、道主なり馬養なりが、どのような力量を持って職務に臨んでいたかを具体的に伝えるものとして興味深いところがある。機会のあるごとに反故文書の提供を受けていた「吉成」「道守」との関係も含めて、こうした案主らの活動内容の解明は、正倉院文書の構成を考える上でも重要な作業になるものと思う。

註

（1）吉田孝「律令時代の交易」（同『律令国家と古代の社会』所収、岩波書店、一九八三年。初出は一九六五年）。本文で言及する吉田氏の見解は同論文による。

（2）岡藤良敬『日本古代造営史料の復原研究——造石山寺所関係文書——』（法政大学出版局、一九八五年）の結・Ⅱ。本文で言及する岡藤氏の見解は同著書による。後掲註（17）参照。

（3）黒田洋子「正倉院文書の一研究——天平宝字年間の表裏関係から見た伝来の契機——」（『お茶の水史学』三六、一九九二年）。

（4）(D)を日ごとの記事を書き継ぐ帳簿と同一視してよいかどうか問題であるが、後述のように他の帳簿と同様の反故文書使用が認められるので、本稿では帳簿として扱っておくことにする。

（5）各帳簿の復原は、『正倉院文書目録』、岡藤前掲註（2）著書による。詳細は出典も含めて本書第六章の「造石山寺所関係帳簿一覧表」（以下、一覧表と略記）に示しておいたので、ここでは省略に従う。

（6）岡藤前掲註（2）著書によると、造石山寺所で使用された反故文書の総紙数は二八四紙である（四八六～五〇三頁）から、これら九つの帳簿で全体の八割余りが使用されていたことになる。

（7）西洋子「造石山寺所解移牒符案の復原について——近江国愛智郡司東大寺封租米進上解案をめぐって——」（関晃先生古稀記念会編『律令国家の構造』所収、吉川弘文館、一九八九年）。

（8）岡藤氏の分類との相違点は、㈣・㈤を加え不明の項を㈥とした他は、㈢に分類される文書の年代を⑷は天平宝字二年、⑸は同三年としたことである。また、各文書の分類も一部改めたものがある。詳細は本書第六章の一覧表を参照されたい。なお、各帳簿に使用された反故文書の分類は後掲の**図1**に示したが、文書名・出典についても本書第六章の一覧表に譲ることにし、本文で言及する文書に関してのみ『大日本古文書』所載の巻・頁数を提示する。

（9）時期区分は、書き換えや追記が確認できる場合を除いて原則として帳簿の日付にもとづいているが、記帳は必ずしも日付通りではなく、実際には後日になってなされたものも少なからず存在するはずである。それ故、**図1**に示した時間の流れはおおよそのものであって、数日程度の誤差の可能性を含んでいるといわねばならない。貼り継ぎの時期は、各反故文書の内容的な繋がりや背面（帳簿面）の日付および筆蹟などをもとに推定しているが、これもおおよそのものである。なお、帳簿各紙の筆蹟の詳細は本書第六章の「帳簿の筆蹟一覧（図1⑴～⒄、図2～図4）」を参照されたい。

（10）読みは、『正倉院古文書影印集成』六の「解説」（六一頁）による。

(11) 吉田前掲註(1)論文。
(12) 小口雅史「安都雄足の私田経営――八世紀における農業経営の一形態――」(『史学雑誌』九六―六、一九八七年)では、「吉成」「道守」を安都雄足の側近としている。
(13) (H)第1・2紙背の「写経料注文」(十八ノ五八七~五八九)は、二月から始まる石山院『大般若経』書写の予算書の一部と考えられる。本書第六章の表を参照。
(14) 山本幸男『写経所文書の基礎的研究』第一章第二節「御願経三六〇〇巻書写の全体像」(吉川弘文館、二〇〇二年)を参照。
(15) (D)所載の天平宝字六年正月二十三日付「造石山寺所告文案」、同年同月二十八日付「造石山寺所解案」(十五ノ一四二~一四三、一四五~一四六)。
(16) 「秋季告朔案」の復原は、岡藤前掲註(2)著書一三〇~一七四頁を参照。
(17) 岡藤氏は、「秋季告朔案」に見えるこの「用作雑公文料」の紙二〇〇張を帳簿等に使用された反故紙と解し、正月中旬および三月初めの時点を中心に造東大寺司から送られたこと、四月以降および造営終了のころにも持参されたものがあるらしいことを指摘されている(前掲註(2)著書五二六~五三五頁)。しかし、本文に示した三月二日付「解案」にあるように、作雑公文料には凡紙(未使用紙。上紙、中紙の次に位置づけられる。「奉写二部大般若経銭用帳」の天平宝字六年閏十二月六日条〈続修後集六、十六ノ九四〉を参照)が充てられており、このとき所請した凡紙一〇〇張が「秋季告朔案」に見える三月四日の充当分に相当と見られるので、「用作雑公文料」の紙を反故紙と解する必要はないように思われる。
(18) 前掲註(16)参照。
(19) 用紙の貼り継ぎは、帳簿面の余白の残り具合からも推定している。以下も同じ。
(20) 山本前掲註(14)著書一三四~一三五頁を参照。
(21) 次掲の(G)第10紙背も馬養が持参した文書の一つと思われるが、それが三月上旬か四月初めであるかは定かでない。
(22) (C)第20~33紙背「造金堂所解(案)」、十六ノ二五三~二七四、(E)第19紙背、五年六月二十六日付「檜皮葺蔵収納雑物検注文」、二十五ノ三〇四~三〇五。

(23) 馬養の例より推定。
(24) 肩書きを記さない個人名の書状（一部推定を含む）で、㋺以下に分類されないものを便宜的に個人文書と呼ぶ。
(25) この二紙の貼り継ぎはⅢ期であった可能性もあるが、「写真」によれば、第6・7紙の筆は整っており一時に書き上げた印象を受けるので本文のように解した。
(26) ただし、筆は下道主ではない。道主の身近かにいた人物の戯書であろうか。
(27) 吉田前掲註(1)論文。
(28) (D)第46紙背、天平宝字三年四月八日付「生江息嶋解」、四ノ三五九～三六〇、第47紙背、同三年五月九日付「越前国坂井郡司解」、四ノ三六四、第48紙背、同三年五月二十八日付「知太諸上宿置米注文」、四ノ三六七、第49紙背、同三年五月十日付「道守徳太理啓」、四ノ三六五、第50紙背、同三年五月十三日付「越前国足羽郡少領生江臣国立解」、四ノ三六六、第51紙背、同三年五月二十一日付「足羽郡書生解」、四ノ三六六～三六七。
(29) 岸俊男「越前国東大寺領庄園をめぐる政治的動向」（同『日本古代政治史研究』所収、塙書房、一九六六年。初出は一九五二年）。
(30) 安都雄足の四月の上日は一七で、天平宝字六年四月二十二日付・二十七日付「東大寺作石山院司返抄案」の位署欄には「向奈良」と記されている（D、十五ノ一九一～一九二、一九五）。岸前掲註(29)論文でも、奈良からの帰途、雄足が㋣を持ち帰った可能性が指摘されている。
(31) (A)第8紙背、「鏡紐様」、未収、第7紙背、「銅鏡背面下絵」、五ノ二〇四・二〇五、(D)第37紙背、「石山院牒（案）」、十五ノ二五四～二五五、第38紙背、天平宝字六年三月一日付「東大寺造物所送進文」、五ノ一三二。
(32) 馬養も写経所の帳簿作成に反故紙を必要としたはずなので、奈良からの持参分に加えて他者からの提供も受けていたと思われる。(H)第6・7紙背、(E)第21紙背などはその一例であろう。
(33) (H)第8紙背、天平宝字二年六月二十七日付「月借銭解」四ノ二七三。
(34) (C)第34紙背、天平勝宝六年閏十月付「検米使解案」、四ノ二九～三〇、第35紙背、三月二十一日付「加賀郡司解」、四ノ七九～八〇、第36紙背、「公廨米注文」、四ノ七八～七九、第37紙背、「同」、四ノ七七～七八、第38紙背、天平勝宝七歳九月二十六日付「村部豊嶋解」、四ノ七六～七七、(F)第15紙背、天平宝字四年三月二十一日付「道守徳太理啓」、四ノ四一五～四一六。

(35) 吉田前掲註(1)論文。

(36) 本書第一章を参照。

(37) 天平宝字四年四月二十九日付「東塔所解案」(続々修十八ノ六、十四ノ三八六)からの推定。

(38) ㋦に史生として記される賀陽田主・六人部荒角・今来人成のうち、田主は㋷の天平宝字五年正月十四日付「造物所返抄」に、荒角は天平宝字六年正月二十九日付「造物所漆検納文」(続々修四十四ノ十、十五ノ三四三)に自署を加えるので人成も造物所の所属と推定した。

(39) 本文書は造東大寺司関係の印形を集めた正集五に収められているので、「経所」印は写経所で捺されたものと見なしておく。正集および流出文書の印形については、皆川完一「正倉院文書の整理とその写本――穂井田忠友と正集――」(日本古文書学会編『日本古文書学論集』3に再録、吉川弘文館、一九八八年。初出は一九七二年)、同「正倉院文書「写千巻経所食物用帳」について」(『東京大学史料編纂所報』八、一九七四年)を参照。

(40) 岸俊男「但波吉備麻呂の計帳手実をめぐって」(同『日本古代籍帳の研究』所収、塙書房、一九七三年。初出は一九六五年)。

(41) 天平宝字六年六月二十七日付「造石山院所解案」(D)、十五ノ二一七～二一八)、(C)「食物用帳」六月二十一日条(十五ノ四一七)。

(42) 吉田前掲註(3)論文は、馬養によって廃棄され石山へ行くよう選択されたとする。ただし、黒田前掲註(1)論文。

(43) 『正倉院文書目録』三、五七頁。

(44) (J)第10紙背、「他田日奉部神護解」、三ノ一五〇、第11紙背、六月九日付「僧慧常請彩色状」、二十五ノ一九八～一九九、第12～15紙背、「伊勢内宮餝金物用度注文」、二十五ノ三六八～三七二。岡藤氏は、これらの文書を安都雄足と関連付けるには無理があると指摘される(前掲註(2)著書五〇八頁)。

(45) (J)第16・17紙背、(A)、第18紙背、「仮名文」、未収、第19紙背、天平宝字六年七月二十三日付「安都雄足解」、五ノ二五五～二五六、四月四日・五日付「経師等充紙帳」、二十五ノ二六〇～二六一)。

(46) (D)第74紙背、八月二十日付「阿刀乙麻呂解」、十五ノ五〇二、第75紙背、天平宝字六年八月十一日付「請暇不参解」、五ノ二七〇、第76紙背、「阿刀乙万呂啓」、二十五ノ三三七、第80紙背、六年十月十一日付「高嶋使進銭文」、五ノ二八四、第81紙背、天平宝字六年五月十四日付「石山院奉写大般若所請仕丁文（案）」、五ノ二三〇〜二三一、第82紙背、天平宝字六年七月九日付「請暇不参解」、五ノ二四四〜二四五、第83紙背、天平宝字六年七月十二日付「請暇不参解」、十五ノ四六九。

(47) (D)第84紙背、六年三月二十一日付「安都雄足啓」、五ノ一四七、第85紙背、六年十二月八日付「石山院解」、五ノ二八八、第86紙背、十二月八日付「下道主啓」、十六ノ二四〜二五、第87紙背、十二月十日付「安都雄足牒」、二十五ノ二六七〜二六八。

(48) (D)第88紙背、天平宝字六年十二月二十四日付「石山院奉写大般若経所解案」、五ノ三三七、第89紙背、「写経銭用注文」、十六ノ一〇四〜一〇五、第90紙背、七年三月二日付「僧慶宝状」、五ノ四〇〇、第91紙背、天平宝字七年四月十五日付「請暇不参解」、五ノ四三五〜四三六、第92・93紙背、「奉写仁王経疏経師等解文（案）」、十六ノ四二九〜四三一。

(49) 吉田前掲註(1)論文。

(50) 前記のように「労劇文案」と「秋季告朔案」でも帳簿と同種の反故文書が使用されているので、**図2**は公文案作成にも適用できる。反故文書を一〇点使用する「雑様手実」（一六紙。復原は『正倉院文書目録』による）の場合は、作成過程が異なるため一概に論じにくいが、八月分の第15・16紙に彩色関係文書（天平宝字二年四月九日付・同年同月十日付「画師行事功銭注進文」、十三ノ二三四〜二三六、四ノ二七一〜二七二）が使用されるなど帳簿との共通点が認められる。

(51) 岡藤氏は、両者は造石山寺所の政所で作業を行なっていたと想定されている（前掲註(2)著書五一二頁）。

〔付記〕

「吉成」とともに下道主への反故文書の提供者と想定した「道守」を、上馬養と同一人物と解する見方が出されている（田中大介「写経所文書に現れる「道守」について――古代人名論への視座として――」〈『続日本紀研究』三三九、二〇〇二年〉）が、本稿では、「道守」を安都雄足の側近と見なし考察を進めている。本文に示したように（三七六頁）、

「吉成」に宛てられた「猪名部枚虫啓」（十五ノ三五五）では、「吉成」のことを「吾仏公」と称して依頼するので、「吉成」とは法名と見られるが、「道守」の場合も同様に解せるのではなかろうか。「吉成」「道守」とも、沙弥もしくは僧の身分で実務に従事していた人物と見るのも一案であろう。

付論2　反故にされた万葉仮名文書

天平宝字五年（七六一）十二月から同六年八月にかけて近江国石山寺の増改築工事を行なった造石山寺所と、同六年二月から十二月にかけて『大般若経』等の書写事業を進めた奉写石山院大般若経所（石山写経所）の帳簿には、多数の反故文書が使用されているが、その中に無年紀で差出人も宛名も記さない万葉仮名で書かれた文書が二点存在している。

Ａ（続修別集四十八、⑦、『大日本古文書』未収）

布多止己呂乃己乃己呂美乃美
毛止乃加多知支〻多末部尔多
天万都利阿久　之加毛与祢波
夜末多波多万波須阿良牟
伊比祢与久加蘇部天多末不部之
止乎知宇知良波伊知比尔恵
比天美奈不之天阿利奈利支気波加之古之

一久呂都加乃伊祢波〻古非天伎
一田宇利万多己祢波加須

B（続修別集四十八、⑧、同未収）

▨和可夜之奈比乃可波
利尓波於保末之末須▨
美奈美乃末知奈流奴
乎宇気与止於保止己
□（可カ）都可佐乃比止伊布之可流
□（可カ）由恵尓序礼宇気牟比
止良久流末毛太之米
弖末都利伊礼之米太末
布日与祢良毛伊太佐
牟之可毛己乃波古美
於可牟毛阿夜布可流可
由恵尓波夜久末可利太
末布日之於保己可川可佐奈
比気奈波比止乃太気太可比止
□己止波宇気都流

個人間で交わされたというこの「仮名文」は難解をもって知られるが[1]、帳簿に使用された反故文書という観点から捉えてみると、いくつかの興味深い事柄が浮き彫りになってくる。その第一が、この「仮名文」の背面を誰がいつごろ使用したのかという問題である。

Aの「仮名文」は、「造石山寺所解移牒符案」（全一〇〇紙）の第8紙に使用され、背面には天平宝字六年正月三十日付と同年二月一日付の案文が記されている[2]。「解移牒符案」では、六年正月十五日～三月十二日の案文を書き留める第1～19紙での反故文書の利用は一四紙に及んでおり、「仮名文」を除けば、それらは宛て先の造石山寺所で、あるいは同所で作成されたあと不用になって反故にされたもので、六年正月～二月の日付を持っている。これは、「解移牒符案」では紙の消費量が多いため、造石山寺所の反故文書を順次料紙に充当していたことによる。「仮名文」もこのような中で反故にされたもので、前後の文書から推せば、それは造石山寺所に宛てられたか、同所内で作成されたかした文書ではないかと思われる。当該期の帳簿の記帳の大半は、造石山寺所案主の下道主によってなされているので、Aはこの道主の手によって六年正月末～二月初に背面が使用されたものと見られる。

Bの「仮名文」は、「造石山寺写経所食物用帳」（全二一紙）の第18紙に使用され、背面には天平宝字六年十一月十七日～二十四日の下米記事が書かれている。この「食物用帳」では全紙にわたって反故文書が使用されており、第1～4紙には彩色関係文書（天平勝宝九歳〈七五七〉～天平宝字三年）、第5～15紙には天平末～天平勝宝四年文書といった奈良から造石山寺所に持参された文書の背面が使用され、天平宝字六年八月十二日～十一月四日の記事が書き留められている。奈良から持参された文書は第15紙で用尽したらしく、Bを前後に挟む第16・17紙、第19・20紙では、造石山寺所で反故にされた文書の背面が使用されている。この場合も、「仮名文」の用いられ方は先の「解移牒符案」の例に似ており、造石山寺所との関係で捉えてもよいのではないかと思われる。「食物用帳」は、石山写経所案主の上馬養の責任下で作成されているので、Ｂはこの馬養の手によって六年十一月中頃に背面が使用されたものと見られる。

このように二つの「仮名文」は、帳簿を作成する案主によって背面が使用されているが、その案主が手にする反故文書の中で、これらは特異な書式をとっているのが注意される。これが第二の点である。試みに、差出人が官職などを記さない個人名の文書（連署は除く）を抽出してみると[3]、その書式は、啓が一六例、解が一五例、状が一二例、牒が四例、進上文と進注文が各一例となる。差出人は、僧が四例認められる以外は下級官人が大半と見られる。宛て先がわかるのは、道守が四例、吉成が三例、石山務所と案主が各二例で、その他では明記されていない。個人的な事情を伝えるもの、業務上の連絡を行なうものなど内容は様々であるが、共通するのは、差出人が宛て先に対し当時の慣例に従って啓・解・状などの書式を用い、定型的な漢文表現で簡潔に要件を述べていることである。一定の書式に従うことが、相手方への礼儀と認識されていたようである。

ところが「仮名文」では、文体はもちろん、これらの個人文書とはまったく異なる様相を呈している。「仮名文」が戯書ではなく実際に交わされた文書とすれば、その差出人と受取人の関係は、啓・解・状などを介して作られるものとは異質であったと見なければならない。それは、改まった書式を必要としない関係ということになるだろう。では「仮名文」が作り出す関係とはいかなるものか。断案を持たないが、少なくとも差出人と受取人は日常的に交流する親しい間柄にあったことは認めてもよいだろう。その意味で「仮名文」は私的な文書であり、一定の距離を置いて交わされる啓・解・状のように、用済み後に当事者以外の手にわたる機会の少なかった文書と評価できるように思われる。ではなぜ「仮名文」は反故にされ帳簿に使用されたのであろうか。それは、受取人が記帳を担当する案主の下道主や上馬養であったからではなかろうか。「仮名文」は、官司機構を底辺で支える実務官人間の私的な交渉の中で捉えられそうである。

註

（1）奥村悦三「暮しのことば、手紙のことば」（岸俊男編『ことばと文字』〈日本の古代一四〉所収、中央公論社、一九八八年）。

（2）造石山寺所と石山写経所の帳簿については、岡藤良敬『日本古代造営史料の復原研究――造石山寺所関係文書――』第七～一五・一八章（法政大学出版局、一九八五年）および、本書第六章の「造石山寺所関係帳簿一覧表」を、各帳簿の記帳担当者については本書第六章の**表1**を参照。

（3）本書第六章に提示した「造石山寺所関係帳簿一覧表」からの抽出による。

第八章　奉写御執経所・奉写一切経司関係文書の検討

——伝来の経緯をめぐって——

はじめに

正倉院文書には、天平宝字六年（七六二）十二月から神護景雲三年（七六九）七月にかけて、奉写御執経所・奉写一切経司と造東大寺司との間で交わされた一一〇数点の文書（正文・案文）が、主に継文の状態で存在している。それらは、奉写御執経所・奉写一切経司が経巻奉請のために造東大寺司に宛てた請経文・移・牒、それに応じた造東大寺司の請経文・移・牒（いずれも案文）などから成っているが、写経関係文書が大半を占める正倉院文書の中にあっては、特異な位置を占める文書群といえるだろう。

この造東大寺司に経巻の奉請を求めた奉写御執経所・奉写一切経司については、それらの関係文書を分析した栄原永遠男氏の総括的な研究があり、次のような点が明らかにされている。(1)

(一)奉写御執経所は、天平宝字六年十二月ごろに写御書所から発展した内裏系統の写経機関で、同六年六月ごろから内裏で始められた孝謙太上天皇の景雲一切経の勘経作業の事務を担当し、造東大寺司から勘経に用いる経巻の奉請を行なった。

(二)天平神護元年（七六五）三月〜六月ごろになると奉写御執経所は勘経作業も行なうことになり、同三年（神護景雲元年）には一切経の中心部分（経律論賢聖集）の勘経を終了するが、神護景雲元年八月ごろに一切経の全体的完成をめざすため、奉写御執経所は奉写一切経司へと名称が改められた。

㈢奉写一切経司は、神護景雲二年のはじめから疏の勘経にとりかかり、同三年七月末ごろに終了した。

つまり、経巻奉請文書の大半は、景雲一切経の勘経のために取り交わされたものであったわけである。[2]となると、何故にこのような文書が写経関係文書に混じって残ったのかが問題になる。これについては、経巻奉請に写経所がかかわっていたためと解せなくもないが、後述のように当該期の写経所の動向を見るとそれは成り立ちにくいように思われる。

本稿では、経巻奉請関係文書の整理と検討をまず行ない、次いで経巻奉請[3]の内容を考察して、これらの文書が写経関係文書とともに伝来するに至った経緯を推考することにしたい。

一　関係文書の整理と検討

経巻奉請関係文書は、その伝来の形態からすれば、A．継文の状態にある文書、B．単独の文書、C．反故にされた文書、の三つに分類することができる。ここでは、この分類に従って各文書を整理し、「正倉院古文書マイクロフィルム紙焼写真」（以下、「写真」と称す）、『正倉院古文書影印集成』、『正倉院古文書目録』、『正倉院文書目録』などから得られる知見をもとに、古文書学的な検討を加えておく。各文書の背面の状況や接続関係については、本節末尾の「伝来形態にもとづく関係文書一覧表」（以下、**一覧表**と称す）に示しておいたので参照されたい。

経巻奉請関係文書の整理と検討は、栄原永遠男氏も行なっているが、そこでは内容は省かれ結果だけが示されている。[4] それ故、これについては本節での整理検討作業のあとでとりあげ、検証を試みることにしたい。

A．継文の状態にある文書

(1)「奉写御執経所奉請文」（一七紙、種別と『大日本古文書』の巻・頁数は以下に分載[5]）

1天平宝字八年三月四日付「造東大寺司写本検注文案」（第1紙、続々修三十七ノ九、十六ノ四八三～四八四）

2天平宝字八年三月四日付「奉写御執経所請経文」（第2紙、続修別集三、五ノ四七八）

3天平宝字八年二月二日付「奉写御執経所請経文」（第3紙、続々修十七ノ四、十六ノ四七二～四七三）

4天平宝字八年正月十六日付「奉写御執経所請経文」（第4紙、続修別集四、五ノ四六八、一行未収）

5天平宝字七年十一月二十四日付「奉写御執経所請経文」（第5紙、続修別集四、五ノ四六二）

6天平宝字七年十月五日付「奉写御執経所請経文」（第6紙、続修別集四、五ノ四五九）

7天平宝字七年八月十二日付「奉写御執経所請経文」（第7紙、続修別集四、五ノ四五六）

8天平宝字七年七月二十日付「奉写御執経所請経文」（第8紙、続修別集四、五ノ四五三）

9天平宝字七年七月十二日付「奉写御執経所請経文」（第9紙、続修別集四、五ノ四五一～四五二）

10天平宝字七年六月二十四日付「奉写御執経所請経文」（第10紙、続修別集四、五ノ四四六）

11天平宝字七年五月二十五日付「奉写御執経所請経文」（第11紙、続修別集四、五ノ四四二～四四三）

12天平宝字七年五月十六日付「奉写御執経所請経文」（第12紙、続修別集四、五ノ四四一）

13天平宝字七年四月十四日付「奉写御執経所請経文」（第13紙、続修別集四、五ノ四三四～四三五）

14天平宝字七年四月十三日付「奉写御執経所請経文」（第14紙、続修別集四、五ノ四三三～四三四）

15天平宝字七年四月十三日付「僧綱牒」（第15紙、続修別集四、五ノ四三一～四三二）
16天平宝字六年閏十二月八日付「奉写御執経所牒」（第16紙、続修別集四、五ノ三三一～三三二）
17天平宝字六年十二月二十一日付「奉写御執経所請経文」（第17紙、続修別集三、五ノ三〇八～三〇九）
(2)「奉写御執経所等奉請経継文」（四四紙、続々修十七ノ四、『大日本古文書』の巻・頁数は以下に分載）
1天平神護三年正月二十四日付「奉写御執経所移」（第1紙、十六ノ四三五～四三六）
2天平神護三年正月二十七日付「奉写御執経所移」（第2紙、十六ノ四三六）
3天平神護二年十二月三十日付「奉写御執経所移」（第3紙、十六ノ四三七）
4天平神護二年十月四日付「奉写御執経所移」（第4紙、十六ノ四三七～四三八）
5天平神護二年八月二十二日付「奉写御執経所移」（第5紙、十六ノ四三八～四三九）
6天平神護二年九月十七日付「奉写御執経所請経文」（第6紙、十六ノ四三九）
7天平神護二年五月三十日付「奉写御執経所移」（第7紙、十六ノ四四〇）
8天平神護二年四月六日付「奉写御執経所請経文」（第8紙、十六ノ四四〇～四四一）
9天平神護二年四月六日付「造東大寺司請経文案」（第9紙、十六ノ四四一～四四二）
10天平神護二年三月二十日付「奉写御執経所移」（第10紙、十六ノ四四二）
11天平神護元年十二月九日付「奉写御執経所移」（第11紙、十六ノ四四三～四四四）
12天平神護元年九月二十八日付「奉写御執経所請経文」（第12紙、十六ノ四四四～四四五）
13天平神護元年八月四日付「造東大寺司移案」（第13紙、十六ノ四四五）
14天平神護元年三月四日付「奉写御執経所移」（第14紙、十六ノ四四五～四四六）

15天平神護元年三月十日付「奉写御執経所移」（第15紙、十六ノ四四六～四四七）
16天平神護元年六月八日付「奉写御執経所請経文」（第16紙、十六ノ四四七～四四八）
17天平神護元年六月七日付「奉写御執経所請経文」（第17紙、十六ノ四四八）
18天平神護元年五月二十五日付「奉写御執経所移」（第18紙、十六ノ四四九）
19天平神護元年五月二十四日付「奉写御執経所移」（第19紙、十六ノ四四九～四五〇）
20天平神護元年五月二十三日付「奉写御執経所移」（第20紙、十六ノ四五〇～四五一）
21天平神護元年三月十九日付「奉写御執経所請経文」（第21紙、十六ノ四五一～四五二）
22天平神護元年正月二十九日付「奉写御執経所請経文」（第22紙、十六ノ四五二～四五三）
23天平宝字八年十二月一日付「奉写御執経所請経文」（第23・24紙、十六ノ四五三～四五四）
24天平宝字八年十月十七日付「奉写御執経所請経文」（第25紙、十六ノ四五五）
25宝字八年九月十六日付「大隅公足最勝王経検納文」（第26紙、十六ノ四五五～四五六）
26天平宝字八年七月二十四日付「奉写御執経所請経文」（第27紙、十六ノ四五六）
27天平宝字八年九月十六日付「賀陽田主請経状」（第28紙、十六ノ四五六～四五七）
28天平宝字八年九月四日付「造東寺司奉写経検注文案」（第29紙、十六ノ四五七～四五九）
29天平宝字八年九月十日付「奉写御執経所請経文」（第30紙、十六ノ四五九）
30天平宝字八年九月八日付「奉写御執経所請経文」（第31紙、十六ノ四六〇）
31天平宝字八年八月二十八日付「奉写御執経所請経文」（第32紙、十六ノ四六〇～四六一）
32天平宝字八年八月二十九日付「造東寺司請経文案」（第33紙、十六ノ四六一～四六二）

33天平宝字八年九月一日付「造東寺司請経文案」（第33紙、十六ノ四六二）
34天平宝字八年九月四日付「奉写御執経所請経文」（第34紙、十六ノ四六三）
35天平宝字八年八月二十四日付「奉写御執経所請経文」（第35紙、十六ノ四六三～四六四）
36宝字八年八月二十五日付「奉写経所請経文案」（第36紙、十六ノ四六五）
37宝字八年八月二十七日付「奉写経所目録奉請文案」（第36紙、十六ノ四六五）
38天平宝字八年八月二十六日付「奉写御執経所請経文」（第37紙、十六ノ四六六～四六七）
39天平宝字八年八月二十三日付「奉写御執経所請経文」（第38紙、十六ノ四六七）
40天平宝字八年八月二十二日付「奉写御執経所請経文」（第39紙、十六ノ四六八）
41天平宝字八年八月二十二日付「造東寺司請経文案」（第40紙、十六ノ四六八～四六九）
42天平宝字八年五月三日付「御執経所請経文」（第41紙、十六ノ四六九）
43天平宝字八年四月十八日付「御執経所請経文」（第42紙、十六ノ四七〇）
44天平宝字八年四月四日付「御執経所請経文」（第43紙、十六ノ四七〇～四七一）
45天平宝字八年三月三十日付「御執経所請経文」（第44紙、十六ノ四七一～四七二）

(3)「奉写御執経所奉請文」（六紙、種別と『大日本古文書』の巻・頁数は以下に分載）
1天平神護三年七月十三日付「奉写御執経所牒」（第1紙、続修別集三、五ノ六六八、三行未収）
2天平神護三年六月十八日付「造東大寺司移案」（第2紙、続々修十七ノ五、十七ノ七四～七五）
3天平神護三年五月二十日付「奉写御執経所移」（第3紙、続修別集三、五ノ六六六～六六七）
4天平神護三年四月二十四日付「造東大寺司牒案」（第4紙、続修別集六、五ノ六六〇～六六一）

5天平神護三年四月二十四日付「奉写御執経所移」（第5紙、続修別集三、五ノ六五九～六六〇）
6天平神護三年四月十五日付「造東大寺司移案」（第6紙、続々修十七ノ五、十七ノ七二～七四）

(4)「造東寺司移案」（一七紙、続々修十七ノ六、『大日本古文書』の巻・頁数は以下に分載）
1天平神護三年二月二十二日付「造東寺司移案」（第1～10紙、十七ノ三四～四八）
2天平神護三年二月八日付「造東寺司移案」（第11～17紙、十七ノ二四～三四）

(5)「奉写一切経司奉請文」（三八紙、種別と『大日本古文書』の巻・頁数は以下に分載）
1神護景雲二年九月十八日付「奉写一切経司移」（第1・2紙、続々修十七ノ七、十七ノ八二～八六）
2神護景雲二年九月十九日付「造東大寺司移案」（第3紙、続々修十七ノ七、十七ノ八一～八二）
3神護景雲二年九月二日付「奉写一切経司移」（第4紙、続修別集二、五ノ六九八～六九九）
4神護景雲二年八月二十日付「奉写一切経司移」（第5紙、続修別集二、五ノ六九七～六九八）
5神護景雲二年八月二十一日付「造東大寺司移案」（第6・7紙、続々修十七ノ七、十七ノ八六～八八）
6神護景雲二年閏六月二日付「奉写一切経司移」（第8紙、続修別集二、五ノ六九七）
7景雲二年閏六月三日付「造東大寺司移案」（第9紙、続々修十七ノ七、十七ノ八八～九〇）
8神護景雲二年六月九日付「奉写一切経司牒」（第10紙、続修別集二、五ノ六九六～六九七）
9景雲二年六月四日付「造東大寺司牒案」（第11紙、続々修十七ノ七、十七ノ九〇～九一）
10神護景雲二年六月四日付「奉写一切経司移」（第12紙、続修別集二、五ノ六九五～六九六）
11神護景雲二年五月二十九日付「奉写一切経司牒」（第13紙、続々修十七ノ七、十七ノ九二～九四）
12神護景雲二年四月二十九日付「奉写一切経司移」（第14・15紙、続修別集二、五ノ六九四～六九五）

13神護景雲二年三月三十日付「造東大寺司移案」（第16・17紙、続々修十七ノ七、十七ノ九四～九六）
14神護景雲二年三月二十八日付「奉写一切経司移」（第18紙、続修別集二、五ノ六九四）
15神護景雲二年三月二十八日付「造東大寺司移案」（第19・20紙、続々修十七ノ七、十七ノ九六～九七）
16神護景雲二年三月二十六日付「奉写一切経司移」（第21紙、続々修十七ノ七、十七ノ一〇〇～一〇二）
17神護景雲二年三月二十七日付「造東大寺司移案」（第22・23紙、続々修十七ノ七、十七ノ九八～一〇〇）
18神護景雲二年二月十九日付「奉写一切経司牒」（第24紙、続修別集二、五ノ六九三～六九四）
19神護景雲二年二月二十日付「造東大寺司牒案」（第25紙、続々修四十三ノ二十二裏、十七ノ一一〇、第26～28紙、続修別集一裏、十七ノ一四三～一四四、第29紙、続々修十七ノ七、十七ノ一〇二）
20神護景雲二年二月十二日付「奉写一切経司牒」（第30紙、続々修十七ノ七、十七ノ一〇二～一〇三）
21景雲二年二月十二日付「造東大寺司移案」（第31紙、続々修十七ノ七、十七ノ一〇三～一〇四）
22神護景雲二年正月三十日付「奉写一切経司移」（第32紙、続々修十七ノ七、十七ノ一〇四～一〇五）
23神護景雲二年二月三日付「造東大寺司請疏文案」（第33～37紙、続々修十七ノ七、十七ノ一〇五～一〇九）
24景雲元年九月二十六日付「造東大寺司請経文案」（第38紙、続々修十七ノ七、十七ノ一〇九～一一〇）

(6)「一切経奉請文書継文」（一九紙、続々修十七ノ八、『大日本古文書』の巻・頁数は以下に分載）
1神護景雲三年七月二十日付「造東大寺司移案」（第1紙、十七ノ一一七～一一八）
2神護景雲三年六月二十八日付「奉写一切経司移」（第2・3紙、十七ノ一一九～一二〇）
3神護景雲三年七月一日付「造東寺司移案」（第4紙、十七ノ一二一）
4神護景三年四月三日付「造東大寺司移案」（第5・6紙、十七ノ一二二～一二三）（ママ）

5神護景雲三年三月三十日付「奉写一切経司移」（第7紙、十七ノ一二四～一二五）
6景雲二年十二月二十日付「造東大寺司牒案」（第8・9紙、十七ノ一二五～一二八）
7景雲二年十二月四日付「造東大寺司牒案」（第10紙、十七ノ一二九～一三〇）
8神護景雲二年十二月二日付「奉写一切経司牒」（第11～13紙、十七ノ一三〇～一三五）
9神護景雲二年十一月十二日付「造東大寺司牒案」（第14～17紙、十七ノ一三五～一三八）
10神護景雲二年十一月二十五日付「造東大寺司牒案」（第17紙、十七ノ一三八）
11神護景雲二年十一月十日付「奉写一切経所牒」（第18・19紙、十七ノ一三九～一四二）

(1)「奉写御執経所奉請文」は、天平宝字六年（七六二）十二月二十一日から同八年三月四日にかけての「検注文」「請経文」「牒」など一七点の文書（正文・案文）を貼り継いだものである。続修別集の成巻時に大半の文書が剝がされているが、続修別集四に収められた第5～16紙の一二点の文書（5～16）は、日付順に左から右へと再び貼り継がれている。(6)『正倉院文書目録』は、第4紙の右に欠失部分を挟んで第3紙が続くことを指摘し、さらにその右に第2紙、第1紙が、また第16紙の左に第17紙がそれぞれ接続することを推定する。第1～5紙、第16・17紙の状況より推して、各文書は日付順に左から右へと貼り継がれていたと見られる。『正倉院文書目録』は、第17紙の左端に「ハガシトリ痕アリ」と指摘するので、ここに貼り継ぎがあったことになる。第1紙右端の様子は不明だが、内容と日付からすれば後掲の(2)「奉写御執経所等奉請経継文」の第44紙に続いていた可能性がある（後述）。

本「継文」は、1と15以外は奉写御執経所の文書で、(7)そのうちの2を除く一四点では、指定した経巻を東大寺から内裏へ奉請するように求める宣を受けて出されている。宣者には、奈良女王（3・17）、定戒（海）尼師（4・6）、錦部命婦（5）、少僧都（7）、弓削禅（義）師（道鏡、7・9・10・12～14）、法教沙弥尼（8）、勝延尼師（11・16）らの名が見える。宛て先は記さないが、各文書の余白には、造東大寺司の長官・判官・主典らによる「行」「司判」「判許」といった奉請の許可を与える文言を加えた造東大寺司判と「大僧都法師」と記した東大寺三綱判、多くの場合はそれを受けての「奉請文」「送経文」が書かれているので、造東大寺司に直接送られたか、東大寺（三綱所）に宛てられたあと造東大寺司に付託されたかのいずれかであろう。奉請の目的は、「御覧」が二例（16・17）、「転読」が一例（13）で他は何も記さないが、その多くは勘経に供するためであったと解されている。(8)

2は少僧都宣を受けて一切経一部の書写に必要な用紙数及び紙別の行界を検注し、あわせて目録を内裏へ進送するように求めるもので、1はそれに応じた造東大寺司の「検注文案」である。残る15は、「有　内裏可奉披読」として『法華経』四部・『最勝王経』四部の奉請を東大寺三綱宛に求める「僧綱牒」で、他の一六点の文書とは異質であるが、同日付の14とともに造東大寺司側で奉請実務が進められた関係で、このような貼り継ぎになったのであろう。

(2)「奉写御執経所等奉請経継文」は、天平宝字八年三月三十日から天平神護三年（七六七）正月二十七日にかけての「移」「請経文」「検納文」「検注文」「奉請文」など四五点の文書（正文・案文）を貼り継いだものである。『大日本古文書』は、現状では続々修十七ノ七に収められる題籤に「奉請一切経」（表）「御執経所下巻」（裏）（十六ノ四三五）と記す往来軸を本「継文」のものとする。(9)

「写真」では続々修成巻時の付箋は認められず、『正倉院古文書目録』も「奉請経文書」として一括して提示する。しかし、第10紙と第11紙の間には白い紙が挿まれているようであり、現状では第44紙の左に繋がる文書は、前掲(1)「奉写御執経所奉請文」の第3紙に相当することが『正倉院文書目録』で指摘されているので、本「継文」では続々修の成巻時に貼り継ぎがあったことになる。恐らくそれは、続修別集の成巻時に整理の対象となった「継文」

が何箇所かで分離されたり、文書が抜き取られたりしたためで、B．単独文書に分類した後掲の(7)天平宝字八年八月二十五日付「奉写御執経所奉請文」と(11)天平神護二年七月十四日付「奉写御執経所移」は、本「継文」の一部であった可能性がある。成巻時に一部で貼り継ぎがあったとしても、各文書はほぼ日付順に左から右へと続いているので、(7)は38（第37紙）の、(11)は6（第6紙）のそれぞれ左にあったものかもしれない。[10][11]

題籤付往来軸は、各文書の貼り継ぎ状況からすれば45（第44紙）の左端に来ることになるが、日付や文書の内容に留意すると、45は(1)の1（第1紙）の右に続く可能性がある。往来軸の位置は、(1)の末尾（第17紙の左端）に求めた方がよいだろう。[12]

各文書（右記の(7)・(11)も含む）の構成を見ると、造東大寺司の文書（案文）が八点（9・13・28・32・33・36・37・41[13]）認められる以外は、奉写御執経所もしくは同所の関係者の文書から成っている。奉写御執経所の文書には「請経文」が二四点、「移」が一四点あるが、その内容は先の(1)に収められたものとほぼ同じで、経巻奉請の宣者には、基完師（1）、右大臣（藤原朝臣豊成、2）、大僧都（良弁、6）、少律師（7・22）、少僧都・大臣禅師・太政大臣禅師（道鏡、8・10・21・27・29・34・39・40・42・43・(7)）、証演尼師（11・23・26）、吉備命婦（24）、証宝尼師（30・31・35・38・44）、勝延尼師（45）らの名が見える。しかし、(1)でのように各文書に宣が記されているわけではなく、天平神護元年五月二十三日付の20以降、奉写御執経所の文書が移式をとる例が増えてくると、一九点中の七点（1・2・6〜8・10・11）にしか見られなくなる。宛て先は、「移」では造東大寺司と明記されるが、「請経文」でも同様に見てよいだろう。「移」と「請経文」が併用されるのは、右の20と同二年九月十七日付の6との間で、それ以降になると奉写御執経所の文書は「移」に統一される。[14]これは、同元年五月ごろに奉写御執経所が景雲一切経の勘経を担当することになり、[15]官制組織も整備されたためと思われる。奉請の目的も、22・23の「転読内裏」、40

の「為施納左土国々分寺」、⑺の「御覧」以外は⑴と同じく勘経のためと見られ、4・5・12・14〜17・19・20では「為本経」「為写本」「為証本」などと記している。

25は、27で求めた『最勝王経』二〇〇巻の検納を大隅公足[16]が伝えるものであるが、何故にこの「検納文」（返抄）だけが「継文」に収められたのか明らかではない。奉写御執経所の「返抄」には、後掲Bの⑻天平宝字八年九月一日付「奉写御執経所返抄」、⑼天平宝字八年十二月二十九日付「奉写御執経所返抄」、⑽（天平神護元年ヵ）八月二十二日付「奉写御執経所返抄」がある。このうちの⑻は33に対応するので本「継文」から抜き取られたものかもしれないが、⑼・⑽のように関連が明らかでないものも存在するため、「返抄」については本「継文」とは別に考えた方がよいだろう（後掲⑻〜⑽の項を参照）。

奉写御執経所の「請経文」「移」の余白には、多くの場合、奉請を許可する造東大寺司判や、実務担当者による「奉請文」「送経文」（経巻の名称・巻数・仕様・所属、担当者名など）が書き加えられているが、必要があってか奉写御執経所に宛てられた造東大寺司の「請経文」「移」「検注文」の案文も、前記のように八点収められている。そのうち、9は8に、28は34に、33は31に、36は35に、37は38に、41は40にそれぞれ応じたものであるが、32は31の他に先の⑺にも対応しており、13の場合は関連する「請経文」の存在は明らかではない（各文書の対応関係は後掲の**表1**を参照）。これは、⑺が本「継文」の一部であったことを、また整理の過程で失われた文書があることを示すものであろう。

⑶「奉写御執経所奉請文」は、天平神護三年四月十五日から同年七月十三日にかけての「牒」「移」六点（正文・案文）を貼り継いだものである。続修別集の成巻時に各紙は分離されてしまったが、『正倉院文書目録』は第1紙と第2紙、第5紙と第6紙の接続を指摘し、第2〜5紙各紙の接続を推定する。また第1紙の右端について、

「本断簡ノ右端ハ、ハジメ、続々修十七ノ七⑫⑽（後掲⑸「奉写一切経司奉請文」の第38紙、引用者注）ニ貼リ継ガレタルヲ、ノチ、奉写一切経司奉請文ノ編成ノ際ニハガシトラレ、ツイデ、僅カニ切除セラレタルナラン」と指摘する。これよりすれば、第1紙は本「継文」の冒頭部分に相当するだろう。

各文書の構成は、三点が造東大寺司・東大寺三綱所に宛てられた奉写御執経所の「牒」「移」で、1・5の経巻奉請は勘経のためと明記し、3では「為瑩御執金字経」として瑩板二枚を求める。宣が見えるのは5（内裏宣）だけである。残る三点は、奉写御執経所宛の造東大寺司の「移案」「牒案」であるが、5に応じた4を含めて、いずれも「二月六日牒旨」による経巻奉請であると記している。この二月六日の牒旨とは、後掲Bの⑿天平神護三年二月六日付「奉写御執経所移」のことで、ここでは証本に用いるため一切経一部の奉請が求められている。この⑿は、本来6（第6紙）の左に来るものであろう。

⑷「造東寺司移案」は、一〇紙と七紙から成る二つの「造東寺司移案」を貼り継いだものである。いずれも右の⑿を受けて、1では大小乗経律論集伝等一八一七巻、2では大乗経六七八巻の奉請を伝えるので、この二点は⑶「奉写御執経所奉請文」の6と⑿の間に入るのではないかと思われる。[17]恐らく、⑶と⑷は同一の「継文」にあったもので、正倉院中倉に残る題籤に「奉請一切経／御執経所」（表・裏）と記す往来軸（中倉、二二一、第七号）[18]の存在に留意すると、それは一切経の奉請を求める⑿を起点に始められた「継文」のようであり、右の題籤付往来軸は⑿の左端に貼り付けられていた可能性がある。

以上、奉写御執経所関係の「継文」を概観したが、内容と日付の繋がりからすれば、それらは本来二つの「継文」を構成するものではなかったかと推測される。各項での検討結果をもとにまとめると次のようになる。第一は、⑺と⑾をその一部に含む⑴と⑵から成るもので、⑵の1が首部、⑵の45の左に⑴の1が続き、尾部の⑴の17の左に題籖に「奉請一切経」（表）「御執経所下巻」（裏）と記す往来軸が来る「継文」。第二は、⑶・⑷・⑿から成るもので、⑶の1が首部、⑶の6の左に⑷と⑿が続き、尾部の⑿の左に題籖に「奉請一切経／御執経所」（表・裏）と記す往来軸が来る「継文」。以下では、この二つを奉写御執経所関係の「第一の継文」「第二の継文」と称す。[19]

⑸「奉写一切経司奉請文」は、神護景雲元年（七六七）九月二十六日から同二年九月十九日にかけての「移」「牒」「請疏文」「請経文」など二四点（正文・案文）を貼り継いだもので、ほとんどの継目裏には「養」の文字が書き込まれている。ここでも続修別集の成巻時に分離と抜き取りがあったが、『正倉院文書目録』は第3～6紙、第7～11紙の各紙、第13紙と第14紙、第15紙と第16紙、第17～19紙の各紙、第23紙と第24紙、第25紙と第26紙、第28紙と第29紙の接続を指摘し、第24紙と第25紙の接続を推定する。また、第11紙と第12紙、第12紙と第13紙は、それぞれ中間を欠失して続くとする。この他に、第1・2紙の1は第3紙の2に、第21紙の16は第19・20紙の15と第22・23紙の17に、内容の繋がりや日付の連続、継目裏の「養」の残存状況より、それぞれ接続するものと思われる。

本「継文」では、経巻の奉請を求める奉写一切経司の「移」「牒」の右にそれに応じた造東大寺司の「移」「牒」「請疏文」「請経文」の案文が付されるという体裁をとり、[20]日付順に左から右へ貼り継がれている。これは、奉写御執経所から名称が改められた奉写一切経司への奉請経巻が多種に及び、巻数も増えているためで、奉請経巻の少ない3・8・10・12の奉写一切経司の「移」「牒」の場合は、余白に造東大寺司判や「奉請文」を書き加えることで済まされている。[21]24の「造東大寺司請経文案」に対応する奉写一切経司の文書は認められないが、これは本「継文」を成巻するときに当該文書が成巻者の手元になかったためらしく、24（第38紙）の左端裏には「養」の文字が半存していない。

前記のように『正倉院文書目録』は、この24の左にもともと⑶の第1紙（前記の「第二の継文」の首部に相当）が貼り継がれていたのを、「奉写一切経司奉請文」（本「継文」）の成巻時に剝がし取ったと指摘するので、24は本「継文」の尾部にあたる文書ということになる。これに対して、冒頭にある1の左端裏（第1紙）には「養」の文字が半存しており、この右に続く文書があったことを示している。日付からすれば、Bに分類した後掲の(13)景雲二年九月二十一日付「造東大寺司移案」、(14)景雲二年九月二十六日付「造東大寺司移案」が続くようであるが、それぞれの経巻奉請を求める奉写一切経司の文書は欠失したのか認められない。

ここに収められる一三点の奉写一切経司の文書のうち、6と22では内宣を受けての奉請と記すが、他の文書では宣は見えず、「為須勘経証本」（1）「為須本経」（3）「為証本用」（18）のように勘経のための奉請であると明記している。本「継文」の24（第38紙）が(3)の1（第1・2紙）から分離されたのは、奉写御執経所の名称が神護景雲元年八月ごろに奉写一切経司に改められたためと思われるが、それとともに勘経に奉請される経巻数が増大し、右に見たような継文の体裁になったのであろう。

(6)「一切経奉請文書継文」は、神護景雲二年十一月十日から同三年七月二十日にかけての「移」「牒」を一一点（正文・案文）貼り継いだものである。続々修成巻時の付箋が第1紙と第19紙に見えるが、各継目の裏に記された「養」の文字には、ずれが認められないので、各紙は本来の繋がりを維持しているものと思われる。[22] 第1紙の右端裏には「閏三月□日封馬」（十七ノ一一七）とあって、宝亀二年[23]（七七一）閏三月某日に「封馬」、すなわち上馬養が[24]封を加えたと記されている。ここにいう封とは、継目裏ごとに書かれた「養」の文字の意と解されるので、これら一一点（一九紙）の文書は馬養の手によってそれぞれの貼り継ぎが確認され、その分離が禁じられたものと見られる。[25] 従って、第1紙の1が本「継文」の首部になるが、末尾の第19紙（11の後半）の左端裏には「養」の文が半存するので、この左に続く文書が欠失する。

ここに収められる奉写一切経司の「移」「牒」は四点にすぎないが、いずれも「為用勘経所証本」（2・8・11）あるいは「今為勘正」（5）として大量の経巻の奉請を求めるもので、残る七点の造東大寺司の「移案」と「牒案」では、これを受けて奉写一切経司に経巻の奉請を順次伝えている（各文書の対応関係は後掲の**表5**を参照）。奉写一切経司の文書の右にそれに応じた造東大寺司の文書（案文）を貼り継ぐという形式は先の(5)と同じであり、また継目裏の「養」の文字も共通するので、この(6)と(5)は本来同一の「継文」であったと見られる。ただし、(5)の1（第1紙）と(6)の11（第18・19紙）の日付が二カ月近く離れるのは欠失があるためで、前記の(13)と(14)はこの間にあった文書の一部であろう。

以上に見た(6)の1を首部に(5)の24を尾部に持つ「継文」は、前記の奉写御執経所関係の二つの「継文」とは別に成巻されたもので、最終的には宝亀二年閏三月に上馬養の手で各継目の裏に「養」の文字の封が加えられ、「継文」の保管がはかられたと解される。以下では、この奉写一切経司関係の「継文」を「第三の継文」と称す。[26]

B．単独の文書

(7)天平宝字八年八月二十五日付「奉写御執経所奉請文」（一紙、続々修十七ノ五、十六ノ五五二〜五五三）
(8)天平宝字八年九月一日付「奉写御執経所返抄」（一紙、続々修十七ノ五、十六ノ五五九）
(9)天平宝字八年十二月二十九日付「奉写御執経所返抄」（一紙、続々修十七ノ五、十六ノ五六三〜五六四）
(10)（天平神護元年カ）八月二十二日付「奉写御執経所返抄」（一紙、続々修十七ノ五、十七ノ一二）
(11)天平神護二年七月十四日付「奉写御執経所移」（一紙、続修別集三、五ノ五四二）
(12)天平神護三年二月六日付「奉写御執経所移」（一紙、続々修十七ノ五、十七ノ二三）

⒀景雲二年九月二十一日付「造東大寺司移案」（一紙、続々修十七ノ七、十七ノ八〇～八一）

⒁景雲二年九月二十六日付「造東大寺司移案」（二紙、続々修十七ノ七、十七ノ七八～八〇）

⑺の「奉写御執経所奉請文」は少僧都宣により『開元釈教録』一部を、⑾の「奉写御執経所移」は造東大寺司宛に「一切経目録案」をそれぞれ求めるもので、いずれも余白に造東大寺司判と「奉請文」が書き加えられている。この⑺と[27]⑾は、前記の「第一の継文」の一部と見られる。⑵の項を参照。

⑻は『集神州三宝感通録』三巻、⑼は書机三〇前等、⑽は『大灌頂経』第二巻の受け取り[28]をそれぞれ伝える奉写御執経所の「返抄」である。⑻が「第一の継文」の⑵-33天平宝字八年九月一日付「造東寺司請経文案」に対応するように（⑵の項を参照）、経巻を送られた奉写御執経所では、そのつど、造東大寺司に対し「返抄」を出したものと思われる。現存するのはこの三点にすぎないが、本来は「返抄」だけの「継文」も造東大寺司側で作成されていたはずである。ただ、経巻奉請の「継文」に比して重要性が低いことから、比較的早い段階で反故にされ、背面の二次利用が進められた関係で現状のような残り方になったのであろう。

⑿の「奉写御執経所移」は、造東大寺司宛に一切経一部の奉請を求めるもので、余白には造東大寺司の判が加えられている。本文書は、前記の「第二の継文」の一部と見られる。⑶の項を参照。

⒀と⒁の「造東大寺司移案」は、奉写一切経司宛にそれぞれ論疏一三二巻、疏一四〇巻の奉請を伝えるもので、いずれも前記の「第三の継文」の一部と見られる。⑹の項を参照。

C．反故にされた文書

⒂天平宝字六年閏十二月十四日付「御執経所請経文」（一紙、続々修四十一ノ七裏、「雇人功給歴名帳」〈十六ノ一七

九～一八五〉第6紙背、十六ノ一七一）
⒃神護景雲元年九月二十六日付「造東大寺司牒案」（一紙、続々修十七ノ七裏、⑸第37紙背、十七ノ七七～七八）
⒄「造東大寺司移案（?）」（一紙、続々修十七ノ七裏、⑸第34紙背、十七ノ一四五）
⒅「経論疏本目録」（一紙、続々修十七ノ七裏、⒁第2紙背、十七ノ一一五）
⒆「経論疏本注文案」（一紙、続々修十七ノ七裏、⒁第1紙背、十七ノ一一六）
⒇神護景雲二年十月九日付「造東大寺司牒案」（一紙、続々修十七ノ八裏、⑹第14紙背、十七ノ一一六～一一七）
(21)「上馬養請経注文」（一紙、続々修十七ノ八裏、⑹第15紙背、十七ノ一四二）

⒂の「御執経所請経文」では、勝延尼師宣により『一字仏頂輪王経』四巻の奉請を求めるが、余白には造東大寺司の判が加えられていない。これは当該経巻が造東大寺司側になかったか、奉請そのものが取り消されたためで、本文書の日付からさほど下らないころに反故とされたものと思われる。背面は、天平宝字六年十二月から七年四月にかけての「雇人功給歴名帳」の第6紙に使用されている。奉写御執経所・奉写一切経司の文書の中で、背面の二次利用が認められるのは、この⒂だけである。

⒃の「造東大寺司牒案」は、『注維摩詰経』など一四巻の奉請を奉写一切経司に伝えるもので、主典正六位上建部広足と判官外従五位上美努連奥麻呂とが自署を加える。「第三の継文」の⑸-24景雲元年九月二十六日付「造東大寺司請経文案」は、本文書とほぼ同内容であるが、奉請経巻の仕様と所属が明記され署名部分には上馬養が加わるなど、こちらの方が整った体裁になっている。恐らく本文書は、判官・主典が自署を行なったものの内容に不備があり、改めて正文が作成された関係で反故とされたのであろう。

⒄の「造東大寺司移案（?）」は首尾を欠く断簡で、今日の牒により『注大品般若経』など一五一巻の経巻を廻

使六人部嶋継に付して奉請せしむと記す。「牒」を受けて経巻を奉請するという体裁から推して、本文書は造東大寺司の「移案」もしくは「牒案」の一部と見られる。

⒃と⒄は、「第三の継文」を構成する⑸「奉写一切経司奉請文」にそれぞれ背面を使用されている。⒄の年紀は不明であるが、⒃とともに⑸-23神護景雲二年二月三日付「造東大寺司請疏文案」の作成に供されている（一覧表を参照）ので、同二年ごろの文書と推測される。

⒅の「経論疏本目録」は、『倶舎論疏』など合わせて一〇九巻の経巻を記したもので、その内容は⑸-2神護景雲二年九月十九日付「造東大寺司移案」と一致する。これは、奉写一切経司に奉請可能な経巻を書き上げた覚えのようなものであろう。

⒆の「経論疏本注文案」は、経論疏一四〇巻の内訳を二行ほど記したものである。内容から推せば、⒁景雲二年九月二十六日付「造東大寺司移案」の書き損じではないかと思われる。この⒆と先の⒅の背面には、「第三の継文」の一部と見られる右の⒁が記されている。

⒇の「造東大寺司牒案」は、目録九巻の奉請を奉写一切経司宛に伝えるもので、主典正六位上建部広足と少判官正六位上志斐連麻呂が自署を加える。先の⒃と同じく正文の体裁をとるものの、これも記述内容の不備などから反故となり、背面を⑹に使用されたのであろう。⒃のように本文書に対応する案文が、日付より推して「第三の継文」の⑸-1神護景雲二年九月十八日付「奉写一切経司移」と、⑹-11神護景雲二年十一月十日付「奉写一切経所牒」の間にあったはずであるが、欠失したのか認められない。

㉑の「上馬養請経注文」は、「判許三十巻経令請已訖／上馬養」とのみ書かれた首部を欠く断簡である。無年紀であるが、右の⒇と同時期に⑹-9神護景雲二年十一月十二日付「造東大寺司牒案」の作成に背面が使用されてい

るので、同二年の文書と推測される。

以上に見た⒃〜㉑は、いずれも「第三の継文」を構成する⑸・⑹・⒁に背面を使用されている。この「継文」では、この他にも他年の日付を持つ反故文書の背面が使用されており、「第一の継文」「第二の継文」とは様相を異にしている（一覧表を参照）。

本節では、奉写御執経所・奉写一切経司と造東大寺司との間で交わされた経巻奉請関係文書の整理と検討を行なったが、そこで得られた知見をまとめると次の八点になる。

㈠経巻奉請関係文書の大半は、造東大寺司で成巻された次の三つの「継文」に収められていたと見られる。順に示すと、⑴「奉写御執経所奉請文」と⑵「奉写御執経所等奉請経継文」（⑺天平宝字八年八月二十五日付「奉写御執経所奉請文」・⑾天平神護二年七月十四日付「奉写御執経所移」を含む）からなる「第一の継文」（天平宝字六年十二月二十一日〜天平神護三年正月二十七日）、⑶「奉写御執経所奉請文」・⑷「造東寺司移案」・⑿天平神護三年二月六日付「奉写御執経所移」からなる「第二の継文」（天平神護三年二月六日〜同三年七月十三日）、⑸「奉写一切経司奉請文」・⑹「一切経奉請文書継文」・⒀景雲二年九月二十一日付「造東大寺司移案」・⒁景雲二年九月二十六日付「造東大寺司移案」からなる「第三の継文」（神護景雲元年九月二十六日〜同三年七月二十日）の三点である。このうちの「第一の継文」「第二の継文」に奉写御執経所関係の文書が、「第三の継文」に奉写一切経司関係の文書がそれぞれ収められていた。

㈡これらの「継文」は、続修別集の成巻時に分離されたり一部の文書が抜き取られたりしたため、いずれにも欠失部分が認められるが、原本調査や内容からの復原結果によれば、各「継文」とも関係文書がほぼ日付順に左から右へと貼り継がれており、左端の尾部には題籤付の往来軸が付されていた。

㈢「第一の継文」には題籤に「奉請一切経」（表）「御執経所下巻」（裏）と記す往来軸（続々修十七ノ七）が、「第二の継文」には題籤に「奉請一切経／御執経所」（表・裏）と記す往来軸（中倉、二二、第七号）がそれぞれ付されていたと推測される。「第三の継文」の場合は、題籤付往来軸は欠失したらしく認められない。

㈣「第三の継文」の尾部に近い文書は、当初「第二の継文」の一部として貼り継がれていたが、「第三の継文」が成巻されるときにそれらは「第二の継文」から分離されたらしい（(3)-1天平神護三年七月十三日付「奉写御執経所牒」の右に繋がっていた(5)-24景雲元年九月二十六日付「造東大寺司請経文案」を剝ぎ取る）。

㈤「第三の継文」の継目裏には、宝亀二年閏三月に上馬養が封として記した「養」の文字が見える。これは、各文書の分離を禁じ「継文」の保管をはかるためと思われるが、「第一の継文」「第二の継文」ではこのような措置はとられていない。

㈥造東大寺司では、奉写御執経所・奉写一切経司から送られてきた奉請経巻の「返抄」も「継文」にして保管していたはずであるが、早い時期にそれらは反故にされたらしく、「返抄」は単独で三点残るにすぎない。

㈦奉写御執経所・奉写一切経司から造東大寺司に宛てられた経巻奉請文書の中で、一点だけ反故にされ背面を帳簿（「雇人功給歴名帳」）に使用されたものがある（⒂天平宝字六年閏十二月十四日付「御執経所請経文」）。これは、奉請を求められた経巻が造東大寺司側になかったか、奉請そのものが取り消されたためと見られる。

㈧奉写御執経所・奉写一切経司宛に出された「造東大寺司牒」の案文や奉請経巻の覚えなどが反故にされ、「第三の継文」に収められた造東大寺司の「牒案」「移案」の作成にその背面が使用されている。「第三の継文」では、この他に他年の反故文書の背面が使用されており、「第一の継文」「第二の継文」とは様相を異にしている。

以上が本節での確認点である。

冒頭で述べたように栄原永遠男氏もこれらの文書を整理検討され、その結果を次のように提示されている。(29)

①「奉写御執経所」関係史料は、奈良時代には三巻の巻物に整理され、それ以外に、「返抄」や目録請求を内容とする文書が別に存在していた。

②この整理を行なったのは、上馬養の可能性が高く、その時期は「奉写御執経所」から「奉写一切経司」に改称になった神護景雲元年八月以降ほどなくのころであろう。

③続々修十七ノ七の末尾に付けられている題籤は、もとは続々修十七ノ六を中心とする巻物の左端についていた可能性が高い。

④他の二巻のいずれかに、正倉院に残る題籤の一つ（中倉、二二一、第七号）がついていたと考えられる。

⑤「奉写一切経司」関係史料は、宝亀二年閏三月に上馬養が長大な一巻の巻物に整理し、その際にほとんどすべての継目裏に「養」の文字を書き込んだ。この時点ですでに失われていた文書もあったと考えられる。

右の栄原氏の見解には、本節での確認点と相違するところがいくつかある。

まず①について見ると、本節では㈠に示したように奉写御執経所関係の文書は二つの「継文」にまとめられていたと想定したが、栄原氏はそれを三巻の巻物とされている。その根拠は示されていないので憶測に及ぶが、当初、景雲一切経の勘経作業の事務を担当していた奉写御執経所が、天平神護元年三月～六月ごろから勘経作業も行なうことになったと指摘されている点を念頭にすれば、奉写御執経所の勘経作業の開始にともなって「継文」も作りかえられたと解されているようである。③の指摘と合わせて考えると、栄原氏のいう三つの巻物とは、a．天平宝字六年十二月～天平神護元年正月（⑴＋⑵－45～22）、b．天平神護元年三月～同三年正月（⑵－21～1）、c．天平神護三年二月~同年七月（(4)+(3)）の各文書で構成されるものであったと推測される。このうちのcは、本節でいう「第二の継文」に相当するので問題はないが、aとbについては、「写真」を見る限り(2)の22（aの尾部）と21（bの首部）は貼り継がれた状態にあり、続々修成巻時の貼り継ぎであることを示す付箋等も認められないので、両者を別個の巻物と見なすのは困難なようである。また、「第二の継文」が一切経一部の奉請を求める(12)を起点とし、「第三の継文」が奉写御執経所から奉写一切経司への改称を機に始まるように、奉請の形態あるいは奉請を求める側の組織のあり方に即して「継文」が成巻されている点に留意すると、aとbではいずれも折々の要請にもとづく奉請を扱った文書が貼り継がれており、両者の間に明確な差異は認めにくい。それ故、aとb、すなわち本節でいう「第一の継文」を二つの巻物として解する必要はないと思われる。ただ、このように見ると、「第一の継文」は六三紙にわたる長大な巻物になるが、天平宝字四年~五年の写経所では六〇紙を超える「雑文案」や「解移牒案」が作られ、同六年正月から始まる造石山寺所の「解移牒符案」は一〇〇紙に及ぶなど前例がいくつか認められるので、「継文」の長さはさほど問題にはならないであろう。

次に③④を見ると、栄原氏は、本節で「第一の継文」に付されていたと推定した題籤に「奉請一切経」（表）「御執経所下巻」（裏）と記される往来軸（続々修十七ノ七）を、(4)（続々修十七ノ六）を中心とする巻物、すなわち「第二の継文」のものと考えておられるが、中倉に残るもう一つの題籤もほぼ同内容の記事を持つので、これについては決め手に欠ける。ここでは続々修十七ノ七の題籤付往来軸を『大日本古文書』の指摘に従って(2)のもの、つまり「第一の継文」の左端に、中倉のものを「第二の継文」の左端にそれぞれ求めておきたい。

②と⑤の、奉写御執経所関係文書（「第一の継文」「第二の継文」）・奉写一切経司関係文書（「第三の継文」）の整理を行なったのは上馬養かどうかという問題については、第三節でとりあげることにする。

伝来形態にもとづく関係文書一覧表

1．本表は、一で取り上げた奉写御執経所・奉写一切経司経巻奉請関係文書を、その伝来形態に即して、A継文の状態にある文書、B単独の文書、C反故にされた文書、に分類し、それぞれの背面の状況が一覧できるように整理したものである。各文書の復原は、『正倉院文書目録』に提示された情報にもとづくが、「正倉院古文書マイクロフィルム紙焼写真」や『正倉院古文書影印集成』から得られた知見をもとに私案を示した箇所が一部にある。また、当該文書の先行研究である栄原永遠男「内裏における勘経事業——景雲経と奉写御執経所・奉写一切経司——」(同『奈良時代の写経と内裏』所収、塙書房、2000年。初出は1995年）に示された「奉写御執経所・奉写一切経司の関係文書（日付順)」、史料探訪「正倉院文書調査」(『東京大学史料編纂所報』30、1996年）に示された「「奉写御執経所奉請文継文」接続復原第一次試案」(石上英一記）を参照した。Aの文書は、『大日本古文書』の文書名（『正倉院文書目録』により改めたものが一部にある）に従って提示し、それぞれの繋がりについては、各項に＊や番号（1)、2)、…）を付し欄外に表記した。〈第1の継文〉〈第2の継文〉〈第3の継文〉は、本文での検討結果による区分である。

2．表示にあたっては、当該文書の紙数、種別と巻次（続々修の場合は帙・巻次)、写真番号（紙焼写真に見える用紙番号）および『正倉院文書目録』に示された断簡番号を記し、接続の推定・推測の箇所には破線を、欠失部分や貼り継ぎの部分にはその旨を注記した。

3．文書名は、『大日本古文書』『正倉院文書目録』に従ったが、余白部分に判や別筆記事がある場合は、その旨を〔　〕内に表記し、2紙以上にわたる場合は紙数を示した。また、題籤のある場合は別記した。

4．当該文書の背面に何も記されていない場合は「空」、続々修収載文書のうち、紙焼写真のないものも同様の状態と見なし「(空)」と記した。また、紙継目に「養」の文字が半存するものには△▽と示した。◇は両者が接続することを表わす。

A　継文の状態にある文書

(1)　奉写御執経所奉請文（天平宝字6年12月21日～8年3月4日）〈第1の継文〉
（題籤に「奉請一切経」(表)「御執経所下巻」(裏)(続々修17ノ7、16ノ435）と記す往来軸は、第17紙の左に付されていたか)

正倉院文書（紙数・種別・写真番号・断簡番号）	当該文書 文書番号　日付(天平宝字)　文書名(紙数)〔余白記事〕	当該文書 『大日本古文書』	紙背
1＊続々修37ノ9　㉜	1　8年3月4日　造東大寺司写本検注文案	16ノ483～484	空
2　続修別集3　②②	2　8年3月4日　奉写御執経所請経文	5ノ478	空
3　続々修17ノ4　㊺㊹	3　8年2月2日　奉写御執経所請経文〔造東大寺司判・三綱判・奉請文〕	16ノ472 *l* 6～473	空
	（続ク、中間欠）		

4	続修別集 4	①(1)	4	8年正月16日	奉写御執経所請経文〔造東大寺司判〕	5ノ468、1行未収	空
5		②(2)	5	7年11月24日	奉写御執経所請経文〔造東大寺司判・奉請文〕	5ノ462	空
					（貼リ継ガル）		
6		③(3)	6	7年10月5日	奉写御執経所請経文〔造東大寺司判・送経文・収納文〕	5ノ459	空
					（貼リ継ガル）		
7		④(4)	7	7年8月12日	奉写御執経所請経文〔造東大寺司判・送経文・収納文〕	5ノ456	空
					（貼リ継ガル）		
8		⑤(5)	8	7年7月20日	奉写御執経所請経文〔造東大寺司判・奉請注文〕	5ノ453	空
					（貼リ継ガル）		
9		⑥(6)	9	7年7月12日	奉写御執経所請経文〔造東大寺司判・奉請注文〕	5ノ451～452	空
					（貼リ継ガル）		
10		⑦(7)	10	7年6月24日	奉写御執経所請経文〔奉請文〕	5ノ446	空
					（貼リ継ガル）		
11		⑧(8)	11	7年5月25日	奉写御執経所請経文〔造東大寺司判・三綱判・送経文〕	5ノ442～443	空
					（貼リ継ガル）		
12		⑨(9)	12	7年5月16日	奉写御執経所請経文〔造東大寺司判・奉請文〕	5ノ441	空
					（貼リ継ガル）		
13		⑩(10)	13	7年4月14日	奉写御執経所請経文〔造東大寺司判・奉請文〕	5ノ434～435	空
					（貼リ継ガル）		
14		⑪(11)	14	7年4月13日	奉写御執経所請経文〔造東大寺司判・奉請文〕	5ノ433～434	空
					（貼リ継ガル）		
15		⑫(12)	15	7年4月13日	僧綱牒〔造東大寺司判・奉請文・収納文〕	5ノ432～433	空
					（貼リ継ガル）		
16		⑬(13)	16	6年閏12月8日	奉写御執経所牒〔造東大寺司判〕	5ノ331～332	空
17	続修別集 3	①①	17	6年12月21日	奉写御執経所請経文〔造東大寺司判〕	5ノ308～309	空

＊第1紙は、(2)奉写御執経所等奉請経継文の第44紙の左に続くか。

(2)　奉写御執経所等奉請経継文（天平宝字８年３月30日～天平神護３年正月27日）〈第１の継文〉
（『大日本古文書』は、題籤に「奉請一切経」(表)「御執経所下巻」(裏)（続々修17ノ７、16ノ435）と記す往来軸は本継文のものとするが、本来は(1)奉写御執経所奉請文の第17紙の左に付されていたか）

			（天平神護）			
1＊続々修17ノ４	①	1	３年正月24日	奉写御執経所移〔造東大寺司判・奉請文〕	16ノ435～436 *l* 1	（空）
2	②	2	３年正月27日	奉写御執経所移〔造東大寺司判・送経文〕	16ノ436 *l* 2～*l* 12	（空）
3	③	3	２年12月30日	奉写御執経所移	16ノ437 *l* 1～*l* 5	（空）
4	④	4	２年10月４日	奉写御執経所移〔造東大寺司判・送経文〕	16ノ437 *l* 6～438 *l* 5	（空）
5	⑤	5	２年８月22日	奉写御執経所移〔造東大寺司判・送経文〕	16ノ438 *l* 6～439 *l* 4	（空）
6	⑥	6	２年９月17日	奉写御執経所請経文〔造東大寺司判・送経文〕	16ノ439 *l* 5～*l* 10	（空）
7	⑦	7	２年５月30日	奉写御執経所移〔造東大寺司判・送経文〕	16ノ440 *l* 1～*l* 9	（空）
8	⑧	8	２年４月６日	奉写御執経所請経文〔造東大寺司判〕	16ノ440 *l* 10～441 *l* 5	（空）
9	⑨	9	２年４月６日	造東大寺司請経文案	16ノ441 *l* 6～442 *l* 3	（空）
10	⑩	10	２年３月20日	奉写御執経所移〔造東大寺司判・送経文〕	16ノ442 *l* 4～*l* 12	（空）
				（この間に欠失あるか）		
11	⑪	11	元年12月９日	奉写御執経所移〔造東大寺司判・奉請文〕	16ノ443 *l* 1～444 *l* 5	（空）
12	⑫	12	元年９月28日	奉写御執経所請経文〔造東大寺司判・奉請文〕	16ノ444 *l* 6～445 *l* 3	（空）
13	⑬	13	元年８月４日	造東大寺司移案	16ノ445 *l* 4～*l* 8	（空）
14	⑭	14	元年３月４日	奉写御執経所移〔送経文・収納文〕	16ノ445 *l* 9～446 *l* 5	（空）
15	⑮	15	元年３月10日	奉写御執経所移〔造東大寺司判・送経文〕	16ノ446 *l* 6～447 *l* 2	（空）
16	⑯	16	元年６月８日	奉写御執経所請経文〔造東大寺司判・奉請文〕	16ノ447 *l* 2～448 *l* 1	（空）
17	⑰	17	元年６月７日	奉写御執経所請経文〔造東大寺司判・奉請文〕	16ノ448 *l* 2～*l* 11	（空）
18	⑱	18	元年５月25日	奉写御執経所移〔造東大寺司判・奉請文〕	16ノ449 *l* 1～*l* 9	（空）
19	⑲	19	元年５月24日	奉写御執経所移〔造東大寺司判・送経文〕	16ノ449 *l* 10～450 *l* 6	（空）
20	⑳	20	元年５月23日	奉写御執経所移〔造東大寺司判・奉請文〕	16ノ450 *l* 7～451 *l* 3	（空）
21	㉑	21	元年３月19日	奉写御執経所請経文〔造東大寺司判・奉請文〕	16ノ451 *l* 4～452 *l* 1	（空）
22	㉒	22	元年正月29日	奉写御執経所請経文〔造東大寺司判・奉請文〕	16ノ452 *l* 2～453 *l* 2	（空）

			（天平宝字）			
23	㉓	23	8年12月1日	奉写御執経所請経文〔造東大寺司判・送経文・収納文〕(1)	16ノ453 l 3～454 l 5	（空）
24	㉔			奉写御執経所請経文〔造東大寺司判・送経文・収納文〕(2)	16ノ454 l 5～ l 12	（空）
25	㉕	24	8年10月17日	奉写御執経所請経文〔造東大寺司判・奉請文〕	16ノ455 l 1～ l 10	（空）
26	㉖	25	8年9月16日	大隅公足最勝王経検納文	16ノ455 l 11～456 l 2	（空）
27	㉗	26	8年7月24日	奉写御執経所請経文〔造東大寺司判・三綱判・奉請文〕	16ノ456 l 3～ l 10	（空）
28	㉘	27	8年9月16日	賀陽田主請経状〔造東大寺司判・奉請文〕	16ノ456 l 11～457 l 9	（空）
29	㉙	28	8年9月4日	造東寺司奉写経検注文案	16ノ457 l 10～459 l 1	（空）
30	㉚	29	8年9月10日	奉写御執経所請経文〔造東大寺司判・奉請文・収納文〕	16ノ459 l 2～ l 11	（空）
31	㉛	30	8年9月8日	奉写御執経所請経文〔造東大寺司判・送経文〕	16ノ460 l 1～ l 7	（空）
32	㉜	31	8年8月28日	奉写御執経所請経文〔造東大寺司判〕	16ノ460 l 8～461 l 7	（空）
33	㉝	32	8年8月29日	造東寺司請経文案	16ノ461 l 8～462 l 7	（空）
		33	8年9月1日	造東寺司請経文案	16ノ462 l 8～ l 13	（空）
34	㉞	34	8年9月4日	奉写御執経所請経文	16ノ463 l 1～ l 6	（空）
35	㉟	35	8年8月24日	奉写御執経所請経文〔造東大寺司判〕	16ノ463 l 7～464 l 12	（空）
36	㊱	36	8年8月25日	奉写経所請経文案	16ノ465 l 1～ l 8	（空）
		37	8年8月27日	奉写経所目録奉請文案〔収納文〕	16ノ465 l 9～ l 11	（空）
37	㊲	38	8年8月26日	奉写御執経所請経文〔造東大寺司判・奉請文〕	16ノ466 l 1～467 l 1	（空）
38	㊳	39	8年8月23日	奉写御執経所請経文〔造東大寺司判・奉請文・収納文〕	16ノ467 l 2～ l 11	（空）
39	㊴	40	8年8月22日	奉写御執経所請経文〔造東大寺司判〕	16ノ468 l 1～ l 8	（空）
40	㊵	41	8年8月22日	造東寺司請経文案〔収納文〕	16ノ468 l 9～469 l 4	（空）
41	㊶	42	8年5月3日	御執経所請経文〔造東大寺司判・奉請文〕	16ノ469 l 5～ l 12	（空）
42	㊷	43	8年4月18日	御執経所請経文〔造東大寺司判・送経文〕	16ノ470 l 1～ l 10	（空）
43	㊸	44	8年4月4日	御執経所請経文	16ノ470 l 11～471 l 3	（空）
44＊＊	㊹	45	8年3月30日	御執経所請経文〔造東大寺司判・奉請文・収納文〕	16ノ471 l 4～472 l 5	（空）

＊第1紙は、〈第1の継文〉の首部か。
＊＊第44紙の左に、(1)奉写御執経所奉請文の第1紙が続くか。
後掲Bの(7)天平宝字8年8月25日付奉写御執経所奉請文、(11)天平神護2年7月14日付奉写御執経所移は、本継文の一部であった可能性がある。

(3) 奉写御執経所奉請文（天平神護３年４月15日～７月13日）〈第２の継文〉

				（天平神護）			
1	＊続修別集３	⑥⑥	1	３年７月13日	奉写御執経所牒〔造東大寺司判・送経文・収納文〕	５ノ668、３行未収	空
2	続々修17ノ５	⑥⑥	2	３年６月18日	造東大寺司移案	17ノ74～75	空
3	続修別集３	⑤⑤	3	３年５月20日	奉写御執経所移〔造東大寺司判・充送文〕	５ノ666～667	空
4	続修別集６	⑨⑨	4	３年４月24日	造東大寺司牒案	５ノ660～661	空
5	続修別集３	④④	5	３年４月24日	奉写御執経所移〔造東大寺司判・奉請文・収納文〕	５ノ659～660	空
6	＊＊続々修17ノ５	⑦⑦	6	３年４月15日	造東大寺司移案	17ノ72～74	空

＊第１紙について『正倉院文書目録』４（続修別集）は、「本断簡ノ右端ハ、ハジメ、続々修十七ノ七⑫⑽（(5)奉写一切経司奉請文の第38紙、引用者注）ニ貼リ継ガレタルヲ、ノチ、奉写一切経司奉請文ノ編成ノ際ニハガシトラレ、ツイデ、僅カニ切除セラレタルナラン」と指摘する。第１紙は〈第２の継文〉の首部に相当する。

＊＊第６紙の左に、(4)造東寺司移案の第１紙が続くか。

(4) 造東寺司移案（天平神護３年２月８日、22日）〈第２の継文〉

				（天平神護）			
1	＊続々修17ノ６	①	1	３年２月22日	造東寺司移案〔収納文〕(1)	17ノ34～36 l 2	（空）
2		②			造東寺司移案〔収納文〕(2)	17ノ36 l 3～37 l 10	（空）
3		③			造東寺司移案〔収納文〕(3)	17ノ37 l 11～39 l 6	（空）
4		④			造東寺司移案〔収納文〕(4)	17ノ39 l 6～40 l 13	（空）
5		⑤			造東寺司移案〔収納文〕(5)	17ノ40 l 1～42 l 8	（空）
6		⑥			造東寺司移案〔収納文〕(6)	17ノ42 l 9～43 l 14	（空）
7		⑦			造東寺司移案〔収納文〕(7)	17ノ44 l 1～45 l 6	（空）
8		⑧			造東寺司移案〔収納文〕(8)	17ノ45 l 7～47 l 1	（空）
9		⑨			造東寺司移案〔収納文〕(9)	17ノ47 l 1～48 l 7	（書込みあり、未収）1)
10		⑩			造東寺司移案〔収納文〕(10)	17ノ48 l 8～ l 11	（書込みあり、未収）2)

正倉院文書		文書番号	日付	文書名	『大日本古文書』	紙背
11	⑪	2	3年2月8日	造東寺司移案(1)	17ノ24〜25 l 7	(空)
12	⑫			造東寺司移案(2)	17ノ25 l 8〜27 l 1	(空)
13	⑬			造東寺司移案(3)	17ノ27 l 2〜28 l 8	(空)
14	⑭			造東寺司移案(4)	17ノ28 l 9〜30 l 2	(空)
15	⑮			造東寺司移案(5)	17ノ30 l 3〜31 l 10	(空)
16	⑯			造東寺司移案(6)	17ノ31 l 11〜33 l 5	(空)
17＊＊	⑰			造東寺司移案(7)	17ノ33 l 6〜34	(空)

＊第1紙は、(3)奉写御執経所奉請文の第6紙の左に続くか。
＊＊第17紙の左に、後掲Bの(12)天平神護3年2月6日付奉写御執経所移が続き、さらにその左に、正倉院中倉に残る題籤に「奉請一切経／御執経所」（表・裏）と記す往来軸（中倉、22、第7号）が来るか。
1）左端に「六十花厳経第五帙」とあり。
2）左端に「乙五帙」「六十花厳」とあり。

(5) 奉写一切経司奉請文（神護景雲元年9月26日〜2年9月19日）〈第3の継文〉

正倉院文書（紙数・種別・写真番号・断簡番号）		当該文書 文書番号	日付（神護景雲）	文書名（紙数）〔余白記事〕	『大日本古文書』	紙背 分類・番号	日付	文書名（△▽は「養」が半存）	『大日本古文書』
1＊続々修17ノ7	⑤	1	2年9月18日	奉写一切経司移〔造東大寺司判〕(1)	17ノ82 l 11〜85 l 5			空 ▽△	
2 [1]	⑥			奉写一切経司移〔造東大寺司判〕(2)	17ノ85 l 6〜86 l 3			空 ▽△	
3	④③	2	2年9月19日	造東大寺司移案〔収納文〕	17ノ81 l 7〜82 l 10			空 ▽△	
4 続修別集2	⑨⑧	3	2年9月2日	奉写一切経司移〔造東大寺司判〕	5ノ698 l 11〜699 l 4			空 ▽△	
5	⑦⑥	4	2年8月20日	奉写一切経司移〔造東大寺司判・奉請文〕	5ノ697 l 11〜698 l 10			空 ▽△	
6 続々修17ノ7	⑦⑤	5	2年8月21日	造東大寺司移案〔収納文〕(1)	17ノ86 l 4〜88 l 2			空 ▽△	
7	⑧⑤			造東大寺司移案〔収納文〕(2)	17ノ88 l 3〜l 6			空 ▽△	
8 続修別集2	⑧⑦	6	2年閏6月2日	奉写一切経司移〔造東大寺司判・奉請文・収納文〕	5ノ697 l 3〜l 10 1行未収			空 ▽△	

9	続々修17ノ7	⑨⑥	7	2年閏6月3日	造東大寺司移案	17ノ88 l 7～90 l 1			空	▽	
10	続修別集2	⑥⑤	8	2年6月9日	奉写一切経司牒〔造東大寺司判・奉請文〕	5ノ696 l 5～697 l 2			空	◇	
11	続々修17ノ7	⑩⑦	9	2年6月4日	造東大寺司牒案（続ク、中間欠）	17ノ90 l 2～91 l 13			空	◇ △	
12	続修別集2	⑤④	10	2年6月4日	奉写一切経司移〔造東大寺司判〕（続ク、中間欠）	5ノ695 l 9～696 l 4			空	▽ △	
13	続々修17ノ7	⑪⑧	11	2年5月29日	奉写一切経司牒〔造東大寺司判〕	17ノ92 l 1～94 l 5			空	▽	
14	続修別集2	③③	12	2年4月29日	奉写一切経司移〔造東大寺司判・奉請文〕(1)	5ノ694 l 10～695 l 7			空	◇	
15		④③			奉写一切経司移〔造東大寺司判・奉請文〕(2)	5ノ695 l 8			空	◇	
16	続々修17ノ7	⑫⑨(1)	13	2年3月30日	造東大寺司移案〔収納文〕(1)	17ノ94 l 6～95 l 8		神護2年6月3日	東大寺三綱牒〔造東大寺司判〕	◇	17ノ19
17		⑬⑨(2)			造東大寺司移案〔収納文〕(2)	17ノ95 l 8～96 l 1			（書込1行あり）[2]	◇	未収
18	続修別集2	②②	14	2年3月28日	奉写一切経司移	5ノ694 l 5～l 9			空	◇	
19	続々修17ノ7	⑭⑩(1)	15	2年3月28日	造東大寺司移案(1)	17ノ96 l 2～l 11		神護2年10月18日	僧興僤請書解〔送経文・収納文〕	◇	17ノ21
20	1)	⑮⑩(2)			造東大寺司移案(2)	17ノ97 l 1～l 12		神護2年10月3日	僧宝業借書目録	◇ △	17ノ20
21	1)	⑱	16	2年3月26日	奉写一切経司移〔造東大寺司判〕	17ノ100 l 10～102 l 4			空	▽ △	
22		⑯	17	2年3月27日	造東大寺司移案(1)	17ノ98 l 1～99 l 8			空	▽	
23		⑰			造東大寺司移案(2)	17ノ99 l 9～100 l 9			空	◇	
24	続修別集2	①①	18	2年2月19日	奉写一切経司牒〔造東大寺司判・奉請文〕	5ノ693～694 l 4			（書込1行あり）[3]	◇ △	未収
25	続々修43ノ22	⑪裏⑪裏	19	2年2月20日	造東大寺司牒案(1)	17ノ110			造東大寺司牒案（首尾欠）	▽	25ノ205
26	続修別集1	③裏①(2)裏			造東大寺司牒案(2)	17ノ143 l 1～l 11		勝宝2年5月26日	造東大寺司移案	◇	3ノ403～404
27		②裏①(2)裏			造東大寺司牒案(3)	17ノ143 l 11～l 13		勝宝2年5月25日	造東大寺司移案(1)	◇	3ノ403 l 2～l 4
28		①裏①(1)裏			造東大寺司牒案(4)	17ノ144 l 1～l 11			造東大寺司移案(2)	◇	3ノ402～403 l 1

								勝宝2年5月24日	造東大寺司移案	◇	3ノ402
29	続々修17ノ7	⑲⑳(1)			造東大寺司牒案(5)	17ノ102 *l* 5～*l* 8		勝宝2年5月20日	造東大寺司牒案(首欠)	◇	11ノ252～253
30		⑳	20	2年2月12日	奉写一切経司牒〔造東大寺司判・奉請文〕	17ノ102 *l* 9～103 *l* 4			空	◇	
31		㉑	21	2年2月12日	造東大寺司移案	17ノ103 *l* 5～104 *l* 10		宝字8年正月16日～5月27日	奉写経所本経論奉請幷借充帳	◇	16ノ433～434
32		㉒	22	2年正月30日	奉写一切経司移〔造東大寺司判・奉請文〕	17ノ104 *l* 11～105 *l* 7			空	◇	
33		㉓	23	2年2月3日	造東大寺司請疏文案(1)	17ノ105 *l* 8～106 *l* 11		宝字7年12月29日、8年3月23日	奉写経所本経疏奉請帳	◇	16ノ427～428
34		㉔			造東大寺司請疏文案(2)	17ノ106 *l* 12～107 *l* 2	C・⒄		造東大寺司移案（？）(首尾欠)	◇	17ノ145
35		㉕			造東大寺司請疏文案(3)	17ノ107 *l* 2～108 *l* 2			空	◇	
36		㉖			造東大寺司請疏文案(4)	17ノ108 *l* 3～*l* 9		景雲元年10月10日	僧満松請経解〔送経文〕	◇	17ノ111
37		㉗			造東大寺司請疏文案(5)	17ノ108 *l* 10～109 *l* 10	C・⒃	景雲元年9月26日	造東大寺司牒案	◇	17ノ77～78
38＊＊		㉘⑫(10)	24	元年9月26日	造東大寺司請経文案〔収納文〕	17ノ109 *l* 11～110			空		

＊第1紙の右に、後掲Bの⒀景雲2年9月21日付造東大寺司移案、⒁景雲2年9月26日付造東大寺司移案が続くか。
＊＊第38紙の左が、はじめ(3)奉写御執経所奉請文の第1紙に貼り継がれていたことについては、(3)の項の＊を参照。第38紙は〈第3の継文〉の尾部。
1）第2紙と第3紙、第20紙と第21紙、第21紙と第22紙の接続推定は、日付および内容の連続性、継目裏の「養」の残存状況による。
2）右端下に「出上馬養」とあり。
3）右端上に「俊大徳芳房」とあり。

(6)　一切経奉請文書継文（神護景雲2年11月10日～3年7月20日）〈第3の継文〉

1	＊続々修17ノ8	①	1	3年7月20日	造東大寺司移案	17ノ117～118 *l* 12			(端裏書1行あり)	◇	17ノ117
2		②	2	3年6月28日	奉写一切経司移〔造東大寺司判〕(1)	17ノ119 *l* 1～120 *l* 12			空	◇	
3		③			奉写一切経司移〔造東大寺司判〕(2)	17ノ120 *l* 12～*l* 13			空	◇	
4		④	3	3年7月1日	造東寺司移案	17ノ121 *l* 1～*l* 11			空	◇	
5		⑤	4	3年4月3日	造東大寺司移案(1)	17ノ122 *l* 1～123 *l* 8			空	◇	
6		⑥			造東大寺司移案(2)	17ノ123 *l* 8～*l* 11			空	△	

7	⑦	5	3年3月30日	奉写一切経司移〔造東大寺司判・奉請文〕	17ノ124 *l* 1～125 *l* 7			空	▽◇	
8	⑧	6	2年12月20日	造東大寺司牒案(1)	17ノ125 *l* 8～127 *l* 7			空	◇	
9	⑨			造東大寺司牒案(2)	17ノ127 *l* 8～128 *l* 12			空	◇	
10	⑩	7	2年12月4日	造東大寺司牒案	17ノ129 *l* 1～130 *l* 9			空	◇	
11	⑪	8	2年12月2日	奉写一切経司牒〔造東大寺司判〕(1)	17ノ130 *l* 10～132 *l* 12			空	◇	
12	⑫			奉写一切経司牒〔造東大寺司判〕(2)	17ノ132 *l* 13～135 *l* 2			空	◇	
13	⑬			奉写一切経司牒〔造東大寺司判〕(3)	17ノ135 *l* 3～*l* 6			空	◇	
14	⑭	9	2年11月12日	造東大寺司牒案(1)	17ノ135 *l* 7～137 *l* 2	C・⒇	景雲2年10月9日	造東大寺司牒案(尾欠)	◇	17ノ116～117
15	⑮			造東大寺司牒案(2)	17ノ137 *l* 3～*l* 5	C・(21)		上馬養請経注文(首欠)	◇	17ノ142
16	⑯			造東大寺司牒案(3)	17ノ137 *l* 6～*l* 12			空	◇	
17	⑰			造東大寺司牒案(4)	17ノ137 *l* 13～138 *l* 2			空		
		10	2年11月25日	造東大寺司牒案	17ノ138 *l* 3～*l* 12				◇	
18	⑱	11	2年11月10日	奉写一切経所牒〔造東大寺司判・奉請文〕(1)	17ノ139 *l* 1～140 *l* 13			空	◇	
19＊＊	⑲			奉写一切経所牒〔造東大寺司判・奉請文〕(2)	17ノ141 *l* 1～142			空	△	

＊第1紙の端裏に「閏三月□日封馬」と見える。本紙は〈第3の継文〉の首部に相当する。
＊＊第19紙の左に、後掲Bの⒀景雲2年9月21日付造東大寺司移案、⒁景雲2年9月26日付造東大寺司移案が続くか。

B　単独の文書

番号	正倉院文書(種別・写真番号・断簡番号)	日　付	文書名(紙数)〔余白記事〕	『大日本古文書』	紙背 分類・番号	紙背 日付	紙背 文書名(△▽は「養」が半存)	紙背 『大日本古文書』
(7)	続々修17ノ5②	天平宝字8年8月25日	奉写御執経所奉請文〔造東大寺司判・奉請文〕〈第1の継文〉	16ノ552～553			(空)	

(8)	続々修17ノ5③	天平宝字8年9月1日	奉写御執経所返抄	16ノ559			(空)		
(9)	続々修17ノ5④	天平宝字8年12月29日	奉写御執経所返抄	16ノ563～564			(空)		
(10)	続々修17ノ5①	(天平神護元年ヵ)8月22日	奉写御執経所返抄	17ノ12			(空)		
(11)	続修別集3 ③③	天平神護2年7月14日	奉写御執経所移〔造東大寺司判・奉請文〕〈第1の継文〉	5ノ542			空		
(12)＊	続々修17ノ5⑤	天平神護3年2月6日	奉写御執経所移〔造東大寺司判〕〈第2の継文〉	17ノ23			(空)		
(13)	続々修17ノ7③	景雲2年9月21日	造東大寺司移案〔収納文〕〈第3の継文〉	17ノ80～81			空	▽ △	
(14)	続々修17ノ7① ②	景雲2年9月26日	造東大寺司移案(1)〈第3の継文〉 造東大寺司移案(2)	17ノ78～79 *l* 13 17ノ80 *l* 1～*l* 16	C・(19) C・(18)		経論疏本注文案 経論疏本目録	▽ ◇ ▽	17ノ116 17ノ115

＊本文書の左に、正倉院中倉に残る題籤に「奉請一切経／御執経所」(表・裏)と記す往来軸（中倉、22、第7号）が来るか。

C 反故にされた文書

次の(15)以外は、A、Bに分類した文書の「紙背」の項を参照。

雇人功給歴名帳（天平宝字6年12月～7年4月）

（題籤に「雇人功給／歴名帳」(表)「宝字六年／閏十二月廿九日」(裏)(16ノ178～179）と記す往来軸に付された表裏空の紙に第1紙は貼り継がれる）

正倉院文書（紙数・種別・写真番号・断簡番号）	当該文書		紙背			
	天平宝字6年	『大日本古文書』	番号	日付	文書名	『大日本古文書』
1 続々修41ノ7 ①		16ノ179～180 *l* 3		宝字6年閏12月29日	経所解案	16ノ176 *l* 3～*l* 9
2 ②		16ノ180 *l* 4～*l* 16		天平宝字6年閏12月29日	経所上日文案	16ノ175～176 *l* 1
3 ③		16ノ181 *l* 1～182 *l* 1		閏12月26日	僧明一啓	16ノ175
4 ④		16ノ182 *l* 2～*l* 9			処々銭用注文	16ノ12
5 ⑤		16ノ182 *l* 10～183 *l* 7		天平宝字6年12月29日	僧円栄啓	16ノ177

6	⑥	16ノ183 l 8～184 l 7	⒂	天平宝字6年閏12月14日	御執経所請経文	16ノ171
7	⑦	16ノ184 l 8～185		天平宝字6年12月30日	上馬養解	16ノ117～118

（以下欠失）

二　経巻の奉請実務

ここでは前節での検討結果をふまえ、造東大寺司に求められた経巻の奉請がどのように処理されていたのかを考察することにしたい。

1　奉請の記録

造東大寺司では、奉請した経巻の記録は、A．当該経巻の奉請を求める奉写御執経所・奉写一切経司の「請経文」「移」などの余白に書き込むか[30]、B．奉請経巻を書き上げた奉写御執経所・奉写一切経司宛の「請経文」「牒」「移」などの案文を保存するかの、いずれかの方式で行なわれていた。Aの方式は「第一の継文」で多く現われ、「第二の継文」「第三の継文」では少数になるのに対し、Bの方式は「第二の継文」「第三の継文」では多数を占めるという傾向が認められる。これは、少数の経巻の奉請にはAが、多種・大量の経巻の奉請にはBが、それぞれと られているためである。次に、A・Bの事例を一点ずつあげておく。

A（2)-45、十六ノ四七一～四七二）

御執経所

奉請阿差末経二部
右被勝延尼師今日宣偁件経
従東大寺奉請内裏者今差舎
人建部人成令奉請如件
天平宝字八年三月卅日信部史生日置浄足
判官弥努連「奥麻呂」（自署、以下同じ）
主典阿刀連「酒主」
（異筆）「判行」

（又異筆）「以同日令請阿差末経一部五巻黄紙及表綺帯朱軸有印 東寺可留寮経内麁帙一枚
即付廻使建部人成 （追筆）「以景雲二年八月十二日返了」
出上馬養
又一部七巻黄紙及表綺帯紫檀軸綵帙一枚着牙籤一枚 宮一切経内之
四月四日使大隅公足
行上馬養

B （3）-2、十七ノ七四〜七五）
造東大寺司移御執経所
合大小乗経論六十一巻在彩帙六枚　牙籤五枚 （異筆）「宮一切経内」
起世経一部十巻一帙　籤一　入楞伽経一部十巻帙一　籤一

大品般若経一巻（第二帙之第八巻也）　成唯識論一部十巻（帙一 无籤）
二十唯識論一巻
右六部大乗経論（五）
倶舎論卅巻（帙三 籤三 欠中帙第六巻也）
右一部小乗論
以前依去二月六日牒旨所奉請之類附下（便使）
下浄足令奉請如前
天平神護三年六月十八日主典阿刀造
判官美努連
領上馬養

Aの「請経文」の余白に見える造東大寺司側の記述は、奉請の許可を与える判官と主典の姓名と「判行」の文字からなる造東大寺司判と、奉請経巻の名称・巻数・仕様（経文・表紙の紙質、巻緒と軸の種類、印・帙・牙籤の有無など）・所属（ここでは寮経、宮一切経）や経巻を託された使と奉請実務担当者の姓名および日付を書き留めた奉請記事から構成されている。他の事例では、造東大寺司判に判官・主典の他に長官・次官・案主・領らが登場し、「判行」の文字も「判許」「判」「行」などと多様な表記がなされている。また、東大寺三綱判が添えられる場合もある。奉請記事でも記述は簡略化され、実務担当者を記さない例が間々見受けられるが、大半のA方式では造東大寺司判と奉請記事を併記する体裁をとっており、許可がなされた上で実際の奉請実務が担当者によって進められる様子が具体的に示されている。

これに対してBの「造東大寺司移案」の場合は、奉請する経巻の名称・巻数・仕様（ここでは経文・表紙の紙質、巻緒・軸の種類は省略される）・所属を書き上げたあと、日付に続いてこの文書の発給責任者である主典・判官・領の姓名が記されている。他の事例では、奉請経巻の仕様がAのように詳細に記されたり、発給責任者に大判官・少判官・案主らの姓名が見えるが、経巻奉請実務が誰によって行なわれたのかは、ここからは読み取りにくい。

従って、造東大寺司に求められた経巻の奉請過程を考察するには、A方式の記録が有効ということになるだろう。この方式は「第一の継文」に頻出し「第二の継文」「第三の継文」では少数となるが、奉請実務の方法は「第二の継文」「第三の継文」の段階で大きく変わることはなかったと思われるので、以下では、この「第一の継文」の事例から実務の様相を考察することにしたい。

2　奉請実務の担当者

奉請実務の内容を見るには、誰がそれを担当していたのかを知る必要がある。表1は、「第一の継文」に収められる奉写御執経所の文書や「僧綱牒」[32]に記されたA方式の奉請記録五二例の中から、造東大寺司判（一部に東大寺三綱判）と奉請記事（ここでは奉請経巻数とその所属のみを記す）の有無および実務担当者の姓名を、日付順に整理したものである。「第一の継文」にはB方式の造東大寺司の文書案も八例存在するので、それも参考として掲出しておいた。

この表によると、実務担当者の姓名は、天平宝字八年（七六四）以降ではほぼ奉請記事の中に認められるのに対し、それ以前では姓名を記さないものが一三例中の八例に及ぶのが知られる。天平宝字八年の事例から推せば、それは上馬養か建部広足のいずれかになると思われるが、この見方が妥当かどうかを奉請記事の筆蹟から検討を加え

表 1　経巻の奉請〈第 1 の継文〉

番号　日付（＊は造東大寺司の文書）	文書名	奉請経巻（＊の場合は右へ続く）	造東大寺司判（△は東大寺三綱判）（判文）＊の場合は署名者（右へ続く）	奉請記事（奉請経巻・所属／実務担当者、※は収納（返納）記事）	典拠（文書番号）
（天平宝字） ① 6 年12月21日	御執経所請経文	経 1 部10巻	行：判官上毛野公真人、主典安都宿禰	同経・宮一切経之内	(1)17
② 6 年閏12月 8 日	御執経所牒	雑経	判：判官上毛野公真人、主典弥努連奥麻呂		(1)16
③ 7 年 4 月13日	僧綱牒	経 8 部	行：判官葛井連根道、主典阿刀連酒主	経 4 部・水主宮＋審詳師 ※以 5 月 1 日返納 5 月 1 日経 4 部／上馬養	(1)15
④ 7 年 4 月13日	御執経所請経文	経 2 巻・伝 5 巻	行：判官葛井連根道、主典阿刀連酒主	同経・宮一切経之内 5 月 1 日同伝・坤宮一切経内	(1)14
⑤ 7 年 4 月14日	御執経所請経文	経50部100巻	行：判官葛井連根道、主典阿刀連酒主	経30部	(1)13
⑥ 7 年 5 月16日	御執経所請経文	経 1 巻	行：長官市原王、主典志斐連麻呂	同経・坤宮一切経内／上馬養	(1)12
⑦ 7 年 5 月25日	御執経所請経文	経 4 部182巻	行：△大僧都法師、主典志斐連麻呂	同経・可留東寺内堂経内／上馬養	(1)11
⑧ 7 年 6 月24日	御執経所請経文	経 1 巻		同経・坤宮一切経内／行案主上馬養	(1)10
⑨ 7 年 7 月12日	御執経所請経文	経 2 巻	判許：主典志斐連	同経・可請嶋院内堂経内＋可請嶋院図書寮経内	(1)9
⑩ 7 年 7 月20日	御執経所請経文	経 1 部60巻	判行：判官葛井連根道、主典志斐連麻呂、領上馬養	同経・坤宮一切内	(1)8
⑪ 7 年 8 月12日	御執経所請経文	経10巻	行：主典阿刀連	経 2 巻・水主宮＋三綱所 ※景雲 2 年 8 月13日返（一部）	(1)7

⑫７年10月５日	御執経所請経文	経３部	行：主典志斐連麻呂	同経・水主内親王経＋審詳師経内 ※以景雲２年８月12日返了	(1)6
⑬７年11月24日	御執経所請経文	経２巻	行：主典志斐連麻呂	同経・水主宮／出建部広足	(1)5
⑭８年正月16日	御執経所請経文	大乗律幷小乗律	行：次官国中連公万呂、主典弥努連奥万呂		(1)4
⑮８年２月２日	御執経所請経文	経１部	判行：△大僧都法師、主典志斐連麻呂	同経・百部内／上馬養	(1)3
⑯８年３月30日	御執経所請経文	経２部	判行：判官弥努連奥麻呂、主典阿刀連酒主	経１部・東寺可留寮経内／出上馬養 ※以景雲２年８月12日返了（一部） ４月４日経１部・宮一切経内／行上馬養	(2)45
⑰８年４月４日	御執経所請経文	経１部７巻		〔⑯に記される→４月４日記事〕	(2)44
⑱８年４月18日	御執経所請経文	経３部	判行：判官弥努連奥麻呂、主典志斐連麻呂、領上馬養	１部６巻・内堂	(2)43
⑲８年５月３日	御執経所請経文	経１部17巻	行：判官弥努連奥万呂、主典志斐連麻呂、案主建部広足	同経・聞智師所	(2)42
⑳８年７月24日	御執経所請経文	経１部７巻	判：△大僧都、判官弥努連奥麻呂	同経・宮一切経之内	(2)26
㉑８年８月22日	御執経所請経文	経４部20巻	判：判官弥努連奥麻呂	〔→㉒〕	(2)40
＊㉒８年８月22日	造東寺司請経文案	経４部20巻・宮一切経内＋可請嶋院寮経内＋百部内	行上馬養、判官弥努連	※以景雲２年８月13日返了（一部）	(2)41
㉓８年８月23日	御執経所請経文	経１部10巻	判許：判官弥努連奥麻呂	同経・百部内／行上馬養 ※以景雲２年８月13日返了	(2)39
㉔８年８月24日	御執経所請経文	経19部	判許：判官弥努連奥麻呂	〔→㉕〕	(2)35
＊㉕８年８月25日	奉写経所請経文案	経30巻・坤宮一切内	行上馬養		(2)36
㉖８年８月25日	御執経所奉請文	目録１部	判許：判官弥努連	目録２巻・寮経内／行上馬養	(7)

㉗8年8月26日	御執経所請経文	経5部	判許：判官弥努連奥麻呂	経7巻・水主宮＋坤宮一切経内／上馬養	(2)38
＊㉘8年8月27日	奉写経所目録奉請文案	目録1部19巻・寮経内	行上馬養	※以景雲2年8月13日返了	(2)37
㉙8年8月28日	御執経所請経文	経7部、録3部	判：判官弥努連奥麻呂	〔→㉚㉛〕	(2)31
＊㉚8年8月29日	造東寺司請経文案	経15巻、目録17巻	判官弥努連、領上馬養		(2)32
＊㉛8年9月1日	造東寺司請経文案	経3巻・宮一切経内	判官弥努連、領上馬養		(2)33
㉜8年9月4日	御執経所請経文	経40部400巻		〔→㉝〕	(2)34
＊㉝8年9月4日	造東寺司検注文案	百部最勝王経請散注文	判官弥努連		(2)28
㉞8年9月8日	御執経所請経文	経1部7巻	判：判官弥努連奥麻呂	同経・坤宮一切経内／案主上馬養	(2)30
㉟8年9月10日	御執経所請経文	経500巻	行：判官弥努連奥麻呂	経400巻・百部内＋七百卌巻内／上馬養 ※以神護2年12月30日返納100巻（一部） 〔(2)3参照〕	(2)29
㊱8年9月16日	賀陽田主請経状	経200巻	判行：判官弥努連奥万呂、佐伯宿禰	同経・百部内＋七百巻内／建部、上馬養	(2)27
㊲8年10月17日	御執経所請経文	経10巻	行：判官弥努連奥麻呂、主典志斐連麻呂	経2巻・水主宮＋内堂／出建部広足	(2)24
㊳8年12月1日	御執経所請経文	雑経42巻	次官国中連公万呂、主典他田水主	同経・坤宮一切経内＋寮一切経内＋水主内親王経内＋内堂経内／行上馬養 ※以景雲2年8月12日返了（一部）	(2)23
（天平神護） ㊴元年正月29日	御執経所請経文	経164巻	判：次官国中連公万呂、主典葛井連荒海	経72巻・内堂経＋可請嶋院寮経内／上馬養	(2)22
㊵元年3月4日	御執経所移	経1部80巻		同経・中宮省御願経内／行能登忍人 ※以景雲2年8月13日返	(2)14
㊶元年3月10日	御執経所移	経1部600巻	判行：判官美努連奥万呂、主典葛井連荒海	同経・前坤宮官所奉写一切経内／行上馬養	(2)15
㊷元年3月19日	御執経所請経文	経1部8巻	判許：主典雄橋公石正	同経・内堂経内／3月20日行上馬養	(2)21

㊸元年5月23日	御執経所移	経2巻	行：次官国中連、主典阿刀造与佐弥	同経・宮一切経之内／出建部広足	(2)20
㊹元年5月24日	御執経所移	経2巻	行：次官国中連、主典阿刀造、他田水主	同経・宮一切経之内／出建部広足	(2)19
㊺元年5月25日	御執経所移	目録1巻	判：次官国中連、主典他田水主	同目録・坤宮一切経／上馬養	(2)18
㊻元年6月7日	御執経所請経文	経3巻	判行：判官美努連奥万呂	同経・坤宮一切経内／上馬養	(2)17
㊼元年6月8日	御執経所請経文	経2部3巻	行：次官国中連公万呂、判官美努連奥万呂	同経・坤宮一切経内＋可請嶋院寮経内／上馬養	(2)16
＊㊽元年8月4日	造東寺司移案	経2巻・水主内親王経之内	主典雄橋公石正、判官美努連奥万呂		(2)13
㊾元年9月28日	御執経所請経文	経4巻	判：次官国中連、主典他田水主	経1巻／9月29日出充史生赤染人足	(2)12
㊿元年12月9日	御執経所移	経7部35巻	判行：主典阿刀造	経3巻／出充史生赤染人足	(2)11
(51)2年3月20日	御執経所移	経200巻	令奉請：主典雄橋公石正	同経・間写七百卅三巻内／行上馬養	(2)10
(52)2年4月6日	御執経所請経文	経100部	判許：主典他田水主	〔→(53)〕	(2)8
＊(53)2年4月6日	造東寺司請経文案	経34部・可請嶋院寮経内＋葛木寺＋坤宮一切経	上馬養、主典他田		(2)9
(54)2年5月30日	御執経所移	経3巻	行：主典阿刀造与佐弥	経2巻・坤宮一切経内／出充上馬養	(2)7
(55)2年7月14日	御執経所移	目録	行：主典雄橋公石正、阿刀造与佐弥	同目録	(11)
(56)2年8月22日	御執経所移	経1部80巻	行：主典建部広足、土師	同経・坤宮一切経内／領上馬養	(2)5
(57)2年9月17日	御執経所請経文	経1巻	行：主典土師宿禰名道	同経・坤宮一切経内／上馬養	(2)6
(58)2年10月4日	御執経所移	経2部4巻	判許：判官佐伯宿禰、主典土師宿禰名道	同経・坤宮一切経内／出充上馬養	(2)4
(59)3年正月24日	御執経所移	経2部3巻	判官美努連奥万呂、主典建部広足	同経・坤宮一切経内	(2)1
(60)3年正月27日	御執経所移	伝120巻	行：判官美努連、主典建部広足	伝40巻	(2)2

図1　実務担当者を記さない奏請記事〈第一の継文〉

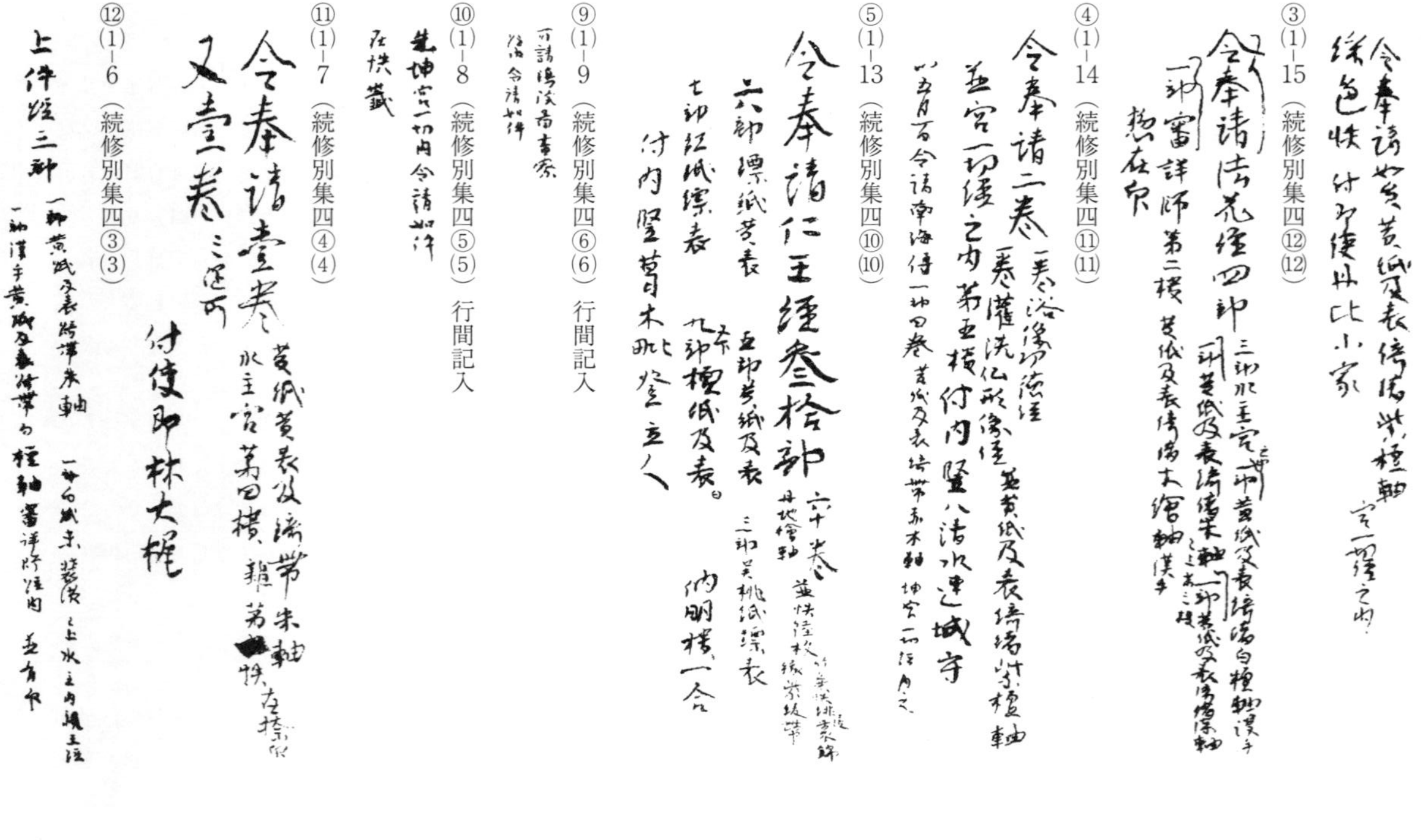

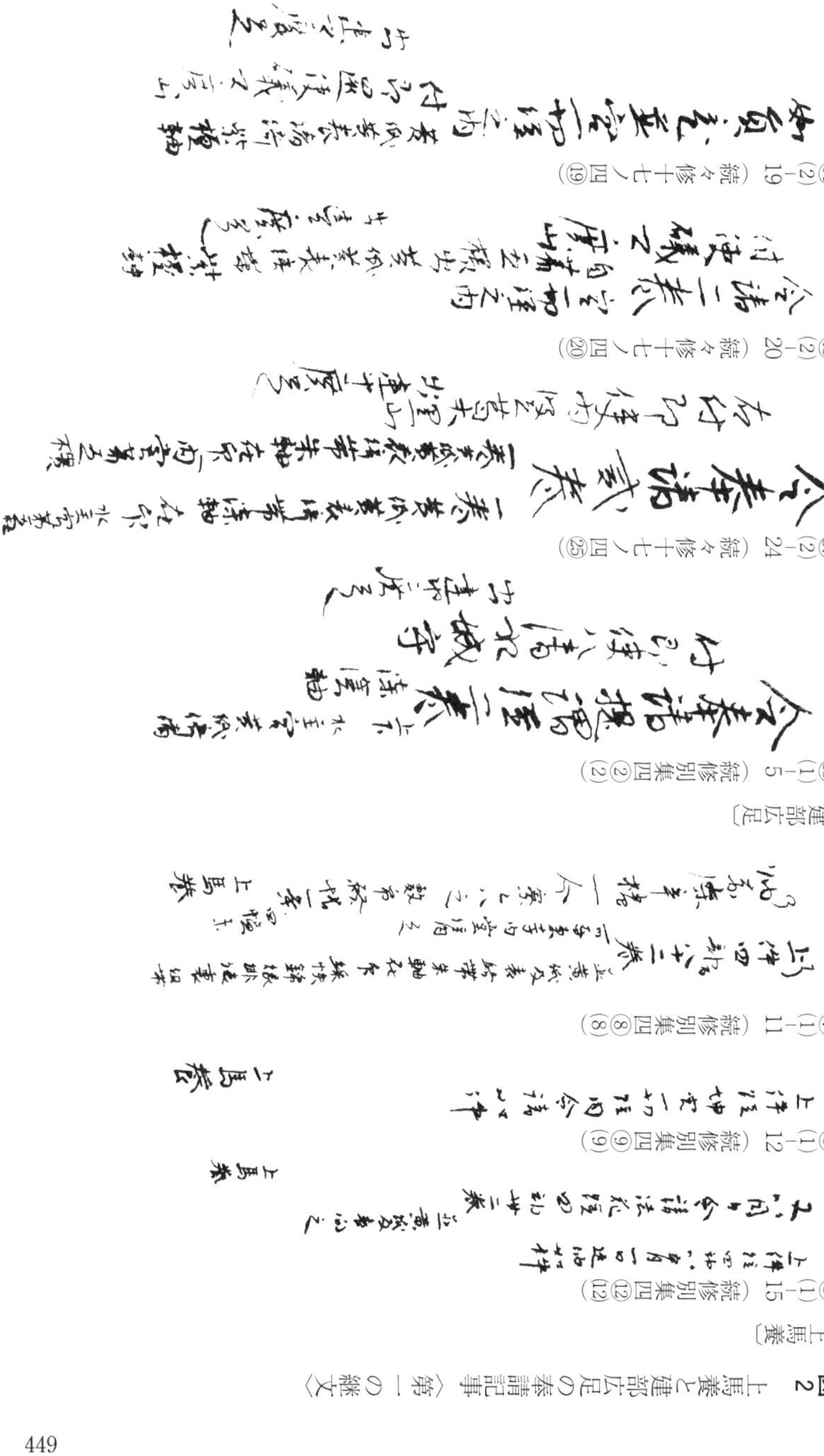

図2 上馬養と建部広足の奉請記事〈第二の継文〉

〔上馬養〕

③(1)15 続修別集四⑫(12)

⑥(1)12 続修別集四⑨(9)

⑦(1)11 続修別集四⑧(8)

〔建部広足〕

⑬(1)5 続修別集四②(2)

㊲(2)24 続々修十七ノ四㉕

㊸(2)20 続々修十七ノ四⑳

㊹(2)19 続々修十七ノ四⑲

表2　奉請実務の担当者〈第1の継文〉

番号　日　付	担当者	番号　日　付	担当者
（天平宝字） ①6年12月21日	（建部広足）	㉟8年9月10日	上馬養
③7年4月13日	（建部広足） 5月1日 上馬養	㊱8年9月16日	建部 上馬養
④7年4月13日	（建部広足） 5月1日 （上馬養）	㊲8年10月17日	建部広足
⑤7年4月14日	（建部広足）	㊳8年12月1日	上馬養
⑥7年5月16日	上馬養	（天平神護） ㊴元年正月29日	上馬養
⑦7年5月25日	上馬養	㊵元年3月4日	能登忍人
⑧7年6月24日	上馬養	㊶元年3月10日	上馬養
⑨7年7月12日	（上馬養）	㊷元年3月19日	上馬養
⑩7年7月20日	？	㊸元年5月23日	建部広足
⑪7年8月12日	（建部広足）	㊹元年5月24日	建部広足
⑫7年10月5日	（上馬養）	㊺元年5月25日	上馬養
⑬7年11月24日	建部広足	㊻元年6月7日	上馬養
⑮8年2月2日	上馬養	㊼元年6月8日	上馬養
⑯8年3月30日	上馬養	㊾元年9月28日	赤染人足
⑱8年4月18日	（上馬養）	㊿元年12月9日	赤染人足
⑲8年5月3日	（上馬養）	(51)2年3月20日	上馬養
⑳8年7月24日	（上馬養）	(54)2年5月30日	上馬養
㉓8年8月23日	上馬養	(55)2年7月14日	（上馬養）
㉖8年8月25日	上馬養	(56)2年8月22日	上馬養
㉗8年8月26日	上馬養	(57)2年9月17日	上馬養
㉞8年9月8日	上馬養	(58)2年10月4日	上馬養
		(59)3年正月24日	（建部広足）
		(60)3年正月27日	（建部広足）

ておくことにする。

図1は、実務担当者を記さない天平宝字六年・七年の八点の奉請記事を、**図2**は、上馬養と建部広足の筆にかかる奉請記事を、それぞれ『正倉院古文書影印集成』もしくは、「写真」より敷き写したものである。視覚から得られた観察の結果[33]ではあるが、**図2**の上馬養の筆と**図1**の筆跡を比較してみると、④の三行目の「以五月一日」「令請」「巻」「坤宮一切経内」、⑩の「坤宮一切内令請如件」、⑫の「上件経」「部」「黄紙及表綺帯朱軸」「経内」などの字形や筆遣いが、それぞれ**図2**の③⑥⑦のものに類似することが知られる。いずれも一筆で一息に書かれているので、④の三行目および⑩⑫の記事は上馬養の筆にかかるものと推定される。[34]⑨も馬養の可能性がある（「令請如件」の字形など）が、決め手に欠くので保留しておく。

次に建部広足の筆を比べてみると、①の「令奉請」「宮一切経之内」「付即」、③の「令奉請」「水主宮」「黄紙」「表綺」「在印」、④の「令奉請」「巻」「黄紙」「宮一切経之内」、⑤の「令奉請」「巻」「黄紙」「表」、⑪の「令奉請」

「巻」「黄紙」「表」「帯」「付」「使」などの字形や筆遣いが、図2の⑬㊲㊸㊹のものと類似する。③⑤⑪には後筆の合点や書き込みが混じるが、奉請記事そのものは一筆と見られるので、右の五点は建部広足の筆になるものと推定してもよいだろう。(35)

実務担当者の姓名を記さない奉請記事は、天平宝字八年以降でも六点認められるが、これも右のような手法で筆蹟を観察してみると、⑱⑲⑳㊺は上馬養の、㊾㊿は建部広足の、それぞれ筆にかかるものと解される。

以上の筆蹟の観察結果も含めて奉請実務の担当者を見ると（表2参照）、それは建部広足・上馬養・能登忍人・赤染人足の四人によって担われていたことが知られる。その中で最も担当機会の多いのが上馬養で、四四例中の三一例に及んでいる。つまり、奉請実務は上馬養を中心に進められていたわけである。しかし建部広足も一二例に登場しており、とりわけ天平宝字六年十二月～七年四月の初期の段階では広足が経巻奉請を担当し、馬養がその返納や追加奉請の記事を追筆している（③④）のが注意される。これは、広足と馬養が職務上緊密な関係にあり、両者が相互に連繫しながら実務を果たしていたことによるのであろう。

3　建部広足と上馬養

建部広足が、最も早い時期に「奉写御執経所請経文」の余白に奉請記事を書いている（表1の①）のは、当時の経巻奉請の実務が広足によって担われていたことによる。このとき広足は、天平宝字六年十二月から閏十二月にかけて写経所で行なわれた『灌頂経』一二部一四四巻（十二灌頂経）書写（表3参照）に経師として参加しているので、(36)書写作業の合間にこうした実務がなされていたものと見られる。上馬養は、写経所の案主（領）として十二灌頂経書写を担当していたから、(37)業務上、広足は馬養の配下にいたことになる。しかし、広足は他の経師と異なって写経

表3　天平宝字六年～八年の写経事業

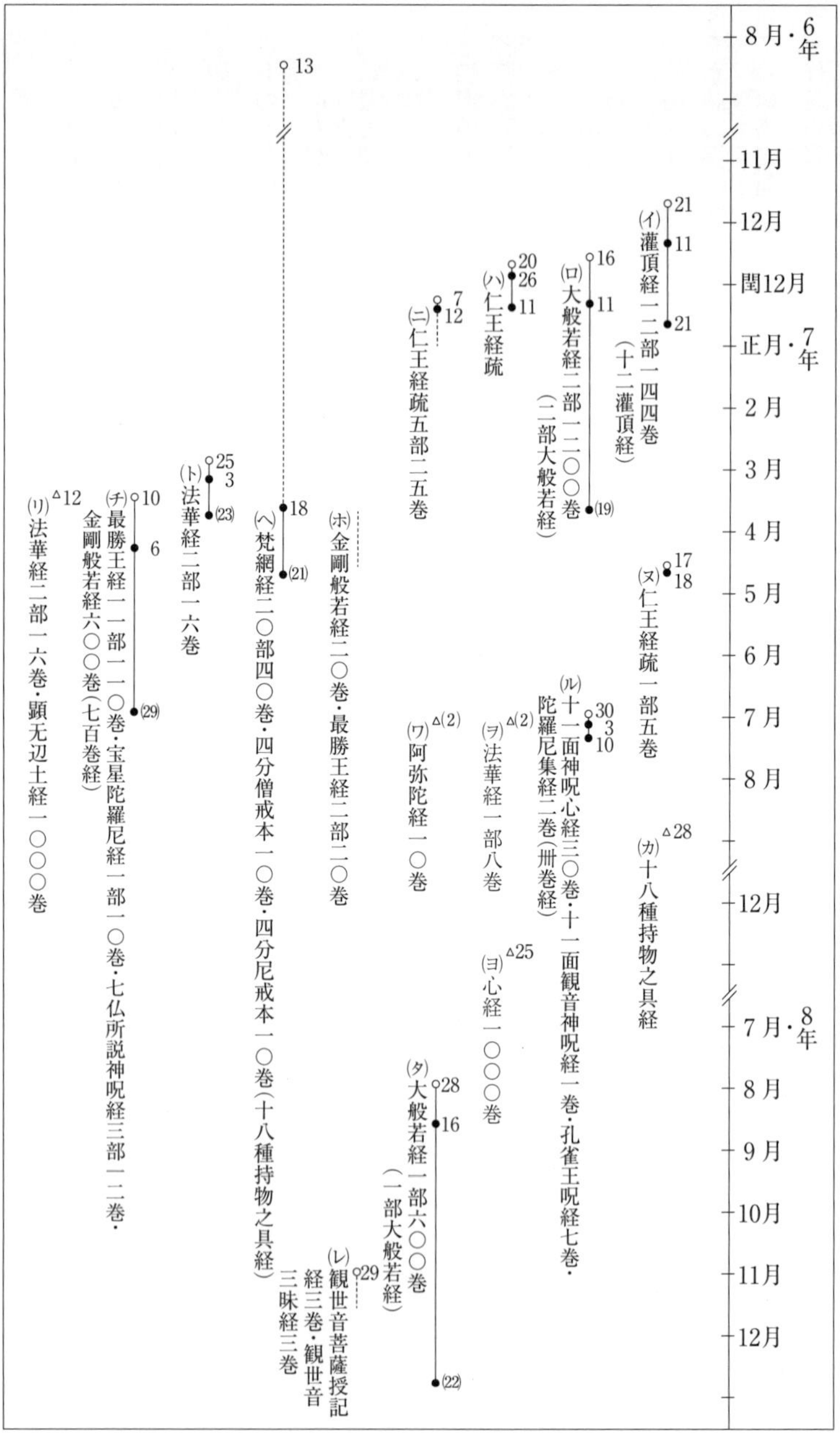

＊1　表中の○は写経が命じられた日、●は書写作業の開始・終了日（括弧内は推定）、▵は予算書の作成された日（この写経では予算書だけが残る）、破線は書写作業等の推定を示す。各写経事業の詳細については、山本幸男『写経所文書の基礎的研究』第三章第二節（吉川弘文館、二〇〇二年）を参照されたい。左に、各写経の主要史料を『大日本古文書』の巻・頁数で示しておく。

＊2　(イ)十六ノ一一四～一一五、一四～一五、一一五～一一七、一六、五二～五四、五五～五六　(ロ)十六ノ五九～六八、一三九～一六四　(ハ)十六ノ一〇六、二五～五〇　(ニ)十六ノ三一九～三二一、二五～五〇　(ホ)十六ノ一六九～一七〇　(ヘ)十六ノ三六〇～三六二、三五七～三五九　(ト)十六ノ三六二、三三六～三三九　(チ)五ノ四〇二、十六ノ三六七～三七一、五ノ四一八～四三二　(リ)二十五ノ三四五～三四六、十六ノ三四七～三五二　(ヌ)十六ノ三二二、三七五～三七六　(ル)五ノ四四七～四四八、四四九～四五〇、二十五ノ三四一　(ヲ)(ワ)十六ノ四一〇～四一一、四一一～四一二　(カ)十六ノ三四一～三四三、二十五ノ三三九～三四〇、十五ノ八一～八二、七九～八一、十六ノ四一九～四二〇　(ヨ)十六ノ四二三～四二七　(タ)五ノ四九八～五〇〇、十六ノ五三七～五四八、五四九～五五二　(レ)十六ノ五六一、五六二、五ノ五〇八

所の構成員と見なされ、天平宝字六年十二月三十日付の「経所解案」（続々修四ノ二十一、十六ノ一〇八）には、馬養らとともに十二月の上日が報告されている。広足は、天平宝字二年六月から九月にかけて写経所で行なわれた『金剛般若経』一〇〇〇巻（千巻経）と『千手千眼経』一〇〇〇巻・『新羂索経』一〇部二八〇巻・『薬師経』一二〇巻（千四百巻経）の書写に案主として従事したことがあった[38]が、このような経歴と、左大舎人正七位上という当時の写経所構成員の中で最も高い位階を持っていたこと[39]が、こうした別格の扱いになったのであろう。広足は六年閏十二月に十二灌頂経書写が終わると写経所を離れるが、八年八月に『大般若経』一部六〇〇巻（一部大般若経）書写が始まると再び経師として参加し、同様の扱いを受けている。ただし、このときの経師は一カ月間だけで、九月になると案主（領）として上日が報告されている[40]。

上馬養が奉請実務を担当するのは天平宝字七年五月からで、建部広足が記した③④（**表1**）の奉請記事に五月一日付の返納や追加奉請を追筆するのが最初である。このような形で関与しだすのは、六年十二月以来、案主として進めてきた十二灌頂経書写、『大般若経』二部一二〇〇巻（二部大般若経）書写、『梵網経』二〇部四〇巻・『四分僧

戒本』一〇巻・『四分尼戒本』一〇巻（十八種持物之具経）書写などが四月末で一段落し（表3参照）、広足の仕事を受け継ぐ余裕が生じたからであろう。ただし広足は、これ以降も奉請実務を行なっているので、それは部分的な継受にとどまっていたと見られる。馬養はこのとき散位従八位下で広足よりも七階下位にあること、広足は表1の⑲では案主として、㊱㊴㊵では主典として奉請を許可する造東大寺司判に名を連ね、主典昇進後も奉請実務を担当していること（表2の㊴㊵）を勘案すると、経巻奉請の責任者は広足のようであり、馬養はその下で実務を担当していたのではないかと考えられる。(41)

「奉写二部大般若経解移牒案」収載の「経所解案」（上日報告）によると、天平宝字六年十二月〜八年九月の上馬養は、写経所の案主として上日が報告されているので、この間の経巻奉請実務は写経所の実務の合間になされていたことになる。折々、奉写御執経所から求められる奉請に対応すればよいのだから、それは兼務で十分事が足りたからである。しかし、実務の方は写経所ではなく、経巻が保管される場所、すなわち〝経蔵〟もしくはそれを管理する施設でなされていたのではないかと思われる。(42)

4　奉請実務の場

奉請記事に見える経巻には、「宮一切経」「内堂経」「図書寮経」「水主内親王経」「審詳師経」のように、それぞれの所属が注記されている例が多く見受けられる（表1）。これは、造東大寺司が写経や勘経などの目的で内裏・図書寮・東大寺などから奉請した経巻を、〝経蔵〟の中で所蔵別もしくは種別に保管していたためと見られる。(43)従って、それらの経巻を奉写御執経所へ奉請する場合は、紛失と混乱を避けるため経巻の仕様を詳細に記録し所属を明記しておく必要があった。前記の奉請記事のあり方は、このような管理体制を反映するものといえるが、こうした記録の重要性を念頭にすれば、実務担当者は、これらの作業を〝経蔵〟もしくはそれを管理する施設の中で行なっていたと見た方がよいだろう。

経巻奉請と〝経蔵〟の関係を知る上で注意されるのは、上馬養の上司と想定した建部広足の所属の問題である。広足は前記のように写経事業に参加する時期があるものの、本来の任務は倉の管理にあったのではないかと思われる。これについて示唆的なのは、『正倉院文書目録』で「北倉代楽具等欠失文」と題される天平宝字八年四月から天平神護二年（七六六）五月にかけての一二点の文書(44)である。

この「欠失文」は、諸種の行事のために請け出された楽具等の欠失を報告する「解」「注文」「検定文」などからなるもので、余白には、これを検察・勘知した造東大寺司と東大寺三綱の関係者の判もしくは署名が加えられている。次にあげるのは、そのうちの天平宝字八年七月十八日付「浄人小菅万呂等解」（続修別集三十五、五ノ四八四～四八五）であるが、奥の余白に記される造東大寺司判には、主典・史生・倉人らとともに案主の建部広足の姓名が見えている。

楽頭襖子壱領白橡䕡纈
帛汗衫壱領　帛袴（袷）参腰
右為用東西二塔幷七月十五日会以去
四月廿五日請高麗楽二具之中所
失仍探求可進状注以解
　天平宝字八年七月十八日浄人　小菅万呂
　　魚主

九月

「検察」（別筆）
三綱　　少都「恵瑤」（自署、以下同じ）
可信「桑軌」」
「造寺司（又別筆）　主典志斐連「麻呂」
史生土師「名道」
案主建部「広足」
倉人呉服「息人」秦息成」

楽具等を「北倉代」[45]から出納するのは倉人、それらの出納記録と文書の発給・受領を担当するのが案主で、史生・主典らはそれらを統轄する立場にあったのであろう。案主には、広足の他に、天平宝字八年四月十一日付「木工所解」（続修三十一、五ノ四八一）に見える赤染人足、同八年四月二十五日付「楽具欠失注文」（続修別集十裏、五ノ四八二〜四八三）および（同八年四月）二十六日付「楽具欠失検定文」（続修別集三十五、五ノ五三八〜五三九）に見える若桜部梶取らがいたが[46]、いずれも造東大寺司判などに加わる機会は少なかったらしく、倉人が六例あるのに対し案主は四例となっている。

建部広足が「北倉代」の案主であったことは、題籤に「北倉代中間下」（表）「天平宝字八年」（裏）と記す往来軸を持つ「北倉代中間下帳」（続々修四十四ノ九、十六ノ五六六〜五九三）にも認められ、（天平神護元年）十一月□七日条の署名部分には主典・倉人らとともに、天平神護二年正月十四日条では判官・主典・倉人らとともに「案主建部広足」と見えている（十六ノ五六八〜五六九）。また、年紀不明の八月某日条の署名部分には、倉人とともに「主典建部広足」と記されている[47]（十六ノ五八一）。広足が主典として現われるのは、前掲の**表1**では天平神護二年八月二十二日（㊺）のことであるから、右の記事も同二年か三年以降のものになるだろう。

右の「下帳」によると、「北倉代」には楽具の他に瓷鉢・檜体輪などの仏事用の食器、宝車・大宝幢・幟幡・香台などの仏具、緋枚綱・繍縁緋糸などの装飾用具などが収められていた。それらは造東大寺司と東大寺で管理され、出納実務については造東大寺司側の倉人や案主が担当していたものと見られる。建部広足は、史料上では天平宝字八年七月から天平神護二年正月までは「北倉代」の案主として現われている。そして、同二年八月以降は主典となっているが、案主としての経歴からすれば、昇進後も現場の実務に従事する倉人・案主らとの繋がりが強かったのではないかと思われる。

建部広足の所属をこのように見ると、経巻奉請の場に広足が現われる理由も明らかになるであろう。

〝経蔵〟をめぐる記録は残っていないが、経巻の奉請を求める「僧綱牒」が東大寺三綱宛に（**表1**の③）、奉写御執経所の「牒」「移」が造東大寺司并三綱所宛に（後掲**表4**の⑤⑧）出され、奉請の許可に東大寺三綱判が加えられる例（**表1**の⑦⑮⑳）があるように、〝経蔵〟の管理も造東大寺司と東大寺の双方で行なっていたと見られる。奉請実務は、前記のように造東大寺司側が担当しているので、〝経蔵〟も「北倉代」と同じような管理・運営体制のもとに置かれていたことになる。従って、そこに収納される経巻の奉請が、楽具や仏具などの出納実務を担う人々によってなされる場合もあるわけで、建部広足が「北倉代」の案主として現われる右の期間に経巻奉請の実務を担当し（**表1**の㊱㊲㊸㊹）、赤染人足にも時期がやや開くものの二例それが認められる（㊾㊿）のは、こうした「北倉代」と〝経蔵〟の実務担当者の共通性を伝えるものといえるだろう[48]。

問題は、建部広足らがどのような立場で経巻奉請を行なっていたのかであるが、これについては天平宝字八年五月三日付「奉写御執経所請経文」（表1の⑲）の造東大寺司判に判官・主典とともに「案主建部広足」とあるのが参考になる。この「請経文」は、前掲の同八年七月十八日付「浄人小菅万呂等解」と日時が近いので、ここに見える案主は「北倉代」のものと解される。つまり、広足は、〝経蔵〟からの経巻奉請の判許に「北倉代」の案主として加わっているのである。このような対応が可能になったのは、〝経蔵〟が「北倉代」の管下に置かれていたからであろう。(49)前記の広足らの奉請実務への関与は、こうした立場からのものであったと考えられる。

建部広足が奉写御執経所への経巻奉請を担当するのは、天平宝字六年十二月からであった。その当時の広足の所属は記録の上には現われないが、右に見たような〝経蔵〟と「北倉代」の関係を念頭にすれば、広足はすでに「北倉代」の案主の地位にあったと想定してもよいだろう。広足とのちに加わる上馬養は、奉写御執経所への経巻奉請実務を〝経蔵〟もしくは「北倉代」の施設で行なっていたと見られる。

5　経巻奉請と写経所

〝経蔵〟が「北倉代」の管下に置かれていたことは右に見た通りであるが、では写経所とはどのような関係にあったのであろうか。〝経蔵〟に収められた経巻は、写経所で行なわれる写経の本経にもなるのであるから、両者は密接な関係にあるといわねばならない。写経所案主の上馬養が建部広足のもとで奉請実務に従事するのも、写経所が〝経蔵〟の管理に一定の役割を果たしていたからとも考えられる。しかし、奉写御執経所の文書の余白に書かれた奉請記事の中には「写経所」の文字は認められず、別途に作成された奉写御執経所宛の経巻奉請文書も差出し名は造東大寺司になっている。つまり、現存の経巻奉請関係文書には、写経所が登場しないのである。(50)これは、奉請記事等に写経所の名称を記す必要がなかったためというよりも、経巻奉請そのものに写経所が関与していなかったからではないかと思われる。

この点について注意されるのは、写経所の臨時的な性格である。前掲の**表1**に示した天平宝字六年十二月～天平神護三年正月の期間のうち、写経所の活動が史料上に現われるのは、十二灌頂経書写の始まる天平宝字六年十二月から一部大般若経書写が終わる同八年十二月までの間で、それ以降は、一切経書写が始まる神護景雲四年（七七〇）五月ごろまで認められなくなる。[51]それは、この間の写経所が十二灌頂経や二部大般若経の書写事業のために設置されたもので、天平宝字七年六月に『最勝王経』一一部一一〇巻・『宝星陀羅尼経』一部一〇巻・『七仏所説神呪経』三部一二巻・『金剛般若経』六〇〇巻（七百巻経）書写が終わると休止状態となり、八年八月に再起されて一部大般若経書写を行なったあと、活動を停止するという経過を辿るからである（**表3**参照）。つまり、写経関係文書に現われる写経所は恒常的なものではなく、写経命令が出されると、そのつど業務を遂行する臨時的な性格を帯びていたといえる。このような写経所が、例えば天平宝字七年十月五日付「奉写御執経所請経文」（**表1**の⑫）で求められた経巻の返納を、神護景雲二年八月十二日に確認するのは無理なことで、また折々に求められる経巻の奉請のために、天平神護元年以降もこうした写経所が存続していたと想定するのも困難であろう。

結局、天平宝字六年十二月～八年十二月の間に写経関係文書に現われる写経所では、長期にわたって奉請される経巻の行方を監視できないのであって、〝経蔵〟の管理運営には直接関与していなかったと考えられる。上馬養が奉請実務に従事するのは、写経所の業務の一環としてではなく、「北倉代」の案主建部広足の任務を補佐するためであって、その意味において、馬養は「北倉代」の業務、とりわけ〝経蔵〟の管理実務を兼務していたといえるであろう。[52]

三　継文の作成と伝来

前節では、奉写御執経所への経巻奉請実務は〝経蔵〟もしくは「北倉代」の施設で行なわれていたこと、写経所は〝経蔵〟の管理には関与せず上馬養が「北倉代」の案主建部広足のもとで奉請実務に従事していたことなどを指摘した。このように見ると、奉写御執経所・奉写一切経司への経巻奉請にかかわる文書、すなわち前記の三つの「継文」が、どのような場所で作成されていたのかが問題になってくる。本節では「第二の継文」と「第三の継文」を取り上げて天平神護三年（七六七）二月以降の奉請実務の様相を検討し、合わせてこれら三つの「継文」の成立事情と写経所文書として伝来するに至った経緯を考察することにしたい。

1　「第二の継文」「第三の継文」

表4は「第二の継文」、**表5**は「第三の継文」の奉請記録（A・B方式。B方式は表中の＊印）を日付順に整理したものである。

まず**表4**（天平神護三年二月六日〜七月十三日）を見ると、奉請記事のあるA方式は⑤⑧の二例だけで、いずれも上馬養によって書かれている。馬養はB方式の②③⑦の「移案」でも「出充」の担当者として、あるいは案主・領として署名欄にその姓名が認められるので、この期間も奉請実務は馬養によって担われていたと見てよいだろう。

一方、建部広足の場合は、この表では④と⑧に主典としてその姓名が記されているだけである。広足は、**表1**の㊾㊿（天平神護三年正月二十四日・二十七日。**表2**も参照）を最後に奉請実務には従事しなくなる。恐らく主典に昇進

表4　経巻の奉請〈第2の継文〉

番号　日付（天平神護）（＊は造東大寺司の文書）	文書名	奉請経巻・所属（＊の場合は右へ続く）	造東大寺司判（判文）	＊の場合は署名者（右へ続く）	奉請記事（奉請経巻・所属／実務担当者、※は収納（返納）記事）	典拠（文書番号）
①3年2月6日	御執経所移	一切経1部	判許：次官国中連、判官佐伯宿禰、美努連奥麻呂、主典阿刀造与佐弥		〔→②③④⑥⑦〕	⑿
＊②3年2月8日	造東寺司移案	大乗経678巻・坤宮官一切経		主典土師宿禰名道、判官美努連、出充上馬養		(4)2
＊③3年2月22日	造東寺司移案	大小乗経律論集伝等1817巻・坤宮官一切経之内		主典土師宿禰名道、判官美努連、案主上馬養 ※以宝亀2年閏3月24日且返上（一部）		(4)1
＊④3年4月15日	造東寺司移案	大小乗経律論集等393巻・宮一切経内		主典建部広足、判官美努連奥麻呂		(3)6
⑤3年4月24日	御執経所移	経1部・水主内親王、経1部	判許：判官美努連奥麻呂、主典阿刀造与佐弥		経1部／上馬養〔→⑥〕 ※以景雲2年8月11日奉請400巻（一部） ※以同月12日、請179巻（一部）	(3)5
＊⑥3年4月24日	造東寺司牒案	経1部600巻、論20巻、伝16巻		主典阿刀造、判官美努連		(3)4
＊⑦3年6月18日	造東寺司移案	大小乗経論61巻・宮一切経内		主典阿刀造、判官美努連、領上馬養		(3)2
⑧3年7月13日	御執経所牒	疏66巻・宮一切経之内、経10部3巻	判許：次官国中連、主典建部広足		経疏23巻・可請嶋院寮経内＋坤宮官一切経内／行上馬養 ※以景雲2年8月12日返了（一部） ※以宝亀2年閏3月24日且返上10巻（一部）	(3)1

表5　経巻の奉請〈第3の継文〉

番号　日付（天平神護）（＊は造東大寺司の文書）	文書名	奉請経巻・所属（＊の場合は右へ続く）	造東大寺司判（判文）	＊の場合は署名者（右へ続く）	奉請記事（奉請経巻・所属／実務担当者、※は収納（返納）記事）	典拠（文書番号）
＊①元年9月26日	造東寺司請経文案	経14巻・寮一切経之内＋坤宮一切経之内		上馬養、判官美努連、主典建部 ※以2年正月11日返了（一部）		(5)24
②2年正月30日	一切経司移	一切経疏伝集等	判許：判官美努連奥麻呂、主典建部広足		152巻〔→③〕	(5)22
＊③2年2月3日	造東寺司請疏文案	疏伝集等152巻・宮一切経内＋図書寮疏＋水主内親王宮疏＋審詳師経内		主典建部、判官美努連、案主上馬養		(5)23
④2年2月12日	一切経司牒	大乗論疏272巻	判行：判官美努連、主典建部		92巻〔→⑤〕	(5)20
＊⑤2年2月12日	造東寺司移案	大乗論疏92巻・水主内親王経内＋審詳師経内		主典建部、判官美努連、案主上馬養		(5)21
⑥2年2月19日	一切経司牒	大乗経疏420巻	判許：判官美努連奥麻呂、主典建部広足		97巻〔→⑦〕	(5)18
＊⑦2年2月20日	造東寺司牒案	大乗経疏97巻・坤宮一切経		主典建部、判官美努連、案主上馬養		(5)19
⑧2年3月26日	一切経司移	大乗論疏138巻	判行：判官美努連奥麻呂、主典建部広足		〔→⑨⑫〕	(5)16
＊⑨2年3月27日	造東寺司移案	大乗論疏76巻・坤宮一切経		主典建部、判官美努連、案主上馬養		(5)17
⑩2年3月28日	一切経司移	大乗論疏262巻			〔→⑪〕	(5)14
＊⑪2年3月28日	造東寺司移案	大乗経疏83巻・坤宮一切経		主典葛井連、案主上馬養		(5)15
＊⑫2年3月30日	造東寺司移案	疏71巻・坤宮一切経内		主典建部、判官美努連、案主上馬養 ※以閏3月13日返上了		(5)13
⑬2年4月29日	一切経司移	疏1部・審詳師	判許：大判官美努連奥麻呂、主典葛井連荒海		疏12巻・審詳師経之内／案主上馬養	(5)12

⑭2年5月29日	一切経司牒	大乗経疏賢聖集245巻・一切経	判許：少判官志斐連麻呂、主典小橋公石正	〔→⑯〕	(5)11
⑮2年6月4日	一切経司移	論等5巻	判許：少判官志斐連麻呂、主典小橋公石正		(5)10
*⑯2年6月4日	造東寺司牒案	集95巻・坤宮官一切経内＋審詳師経内	主典小橋公、少判官志斐連、案主上村主馬養		(5)9
⑰2年6月9日	一切経司牒	論4巻	判行：少判官志斐連麻呂、主典小橋公石正	同論・坤宮一切経之内／案主上馬養	(5)8
⑱2年閏6月2日	一切経司移	経20部	判行：少判官志斐連麻呂、主典阿刀造与参	60巻〔→⑲〕 *返上5部未上1部	(5)6
*⑲2年閏6月3日	造東寺司移案	経論疏30巻、経60巻・水主内親王経＋審詳師経＋図書寮一切経＋所請嶋院兼経	主典阿刀造、少判官志斐連、案主上村主馬養 ※以景雲2年8月12日返5部（一部）		(5)7
⑳2年8月20日	一切経司移	律論疏等183巻	判許：大判官上毛野公、主典建部広足	114巻〔→㉑〕	(5)4
*㉑2年8月21日	造東寺司移案	大小乗経律等疏20部114巻・宮一切経内	主典建部、大判官上毛野公、案主上村主馬養 ※以宝亀2年閏3月10日返上（一部）		(5)5
㉒2年9月2日	一切経司移	経1部10巻・宮	判許：主典建部広足		(5)3
㉓2年9月18日	一切経司移	経律論疏章集経等72部264巻	判許：少判官志斐連麻呂、主典建部広足	〔→㉔〕	(5)1
*㉔2年9月19日	造東寺司移案	大小乗経律等疏109巻・宮一切経之内	主典建部、少判官志斐連、案主上馬養 ※以閏3月12日返上（一部）		(5)2
*㉕2年9月21日	造東寺司移案	論疏132巻・宮一切経之内	主典建部、小橋公、案主上村主馬養 ※宝亀2年閏3月12日且返上1巻		(13)
*㉖2年9月26日	造東寺司移案	疏140巻・宮一切経之内	主典建部、小橋公、案主上村主馬養		(14)

㉗２年11月10日	一切経所牒	経論律疏章集等284巻・審詳師＋水主内親王＋図書寮	判許：大判官上毛野公真清、主典建部広足	〔→㉘㉙〕	(6)11
＊㉘２年11月12日	造東寺司牒案	経論律章疏集等187巻・審詳師経内	主典建部、大判官上毛野公、案主上村主馬養		(6)9
＊㉙２年11月25日	造東寺司牒案	疏20巻・水主内親王経之内＋図書寮経之内	主典建部、大判官上毛野公、案主上村主馬養		(6)10
㉚２年12月２日	一切経司牒	論疏章99部816巻11牒・図書寮＋審詳師＋水主内親王	判許：大判官美努連奥麻呂、主典建部広足	〔→㉛㉜〕	(6)8
＊㉛２年12月４日	造東寺司牒案	論疏160巻・審詳師	主典建部、大判官美努連、案主上村主馬養		(6)7
＊㉜２年12月20日	造東寺司牒案	論疏章462巻・図書寮経内＋水主内親王経内	主典建部、少判官志斐連、案主上村主馬養		(6)6
㉝３年３月30日	一切経司移	経論疏章24部85巻・宮一切経内	行：少判官志斐連麻呂、主典葛井連荒海	28巻〔→㉞〕	(6)5
＊㉞３年４月３日	造東寺司移案	疏28巻・宮一切経内	主典葛井連、少判官志斐連、案主上馬養		(6)4
㉟３年６月28日	一切経司移	経論疏章30部65巻・水主内親王＋審詳師	判行：大判官上毛野公真清、主典葛井連荒海	〔→㊱㊲〕	(6)2
＊㊱３年７月１日	造東寺司移案	疏章等９部15巻・水主内親王経之内	主典葛井連、大判官上毛野公、充案主上馬養		(6)3
＊㊲３年７月20日	造東寺司移案	論疏章26巻・審詳師	主典□、少判官□、案主上馬養		(6)1

後、職務が繁忙となり実務の場を離れたのであろう。それが、経巻奉請の責任者としての地位からの解放を伴っていたのかは、この両表から明らかではないが、**表5**を見ると、広足と経巻奉請の関係はなお続いていたのではないかと思われる。

表5（神護景雲元年〈七六七〉九月二十六日〜同三年七月二十日）でもA方式の奉請記事は⑬⑰の二例だけで、いずれも上馬養によって書かれている。馬養は残る三五例中の二〇例にも登場し、造東大寺司判に加わる機会はなかったものの、B方式の署名欄すべてにその姓名が記されており、馬養が当該期においても奉請実務の担当者であったことを伝えている。問題の建部広足は、①〜⑫の期間に造東大寺司判と「請経文」などの案文に合わせて一〇例、姓もしくは姓名が記されているのに対し、⑬〜⑲の間はそれが全く見えず、⑳〜㉜の間になるとすべての造東大寺司の判と案文に姓または姓名が記されるという傾向が認められる。途中で経巻奉請から離れるのは、他の業務の都合からと解せば、経巻奉請の責任者はなお広足であったと見ることができるであろう。しかし、㉝〜㊲の期間に現われなくなるのは、奉写一切経司への経巻奉請が㊲で終わることからすれば、一時的な退去であったのかどうかは判断できない。ともあれ、広足の経巻奉請との関係は㉜、すなわち神護景雲二年十二月二十日までは続いていたと見ることができる。

2　継文の成巻

このように、「第二の継文」「第三の継文」の段階においても建部広足と上馬養による経巻奉請への関与は続いていたが、広足が天平神護二年八月以降に主典として現われるのに対し、馬養の場合は、同元年正月以降、写経所の活動が停止すると、その案主としての地位がどのようになったのかは確認できなくなる。「北倉代」の管下にある

〝経蔵〟の管理を兼務していたと見られることから、いわば本務の写経所の業務が停止したので馬養は「北倉代」の案主になったと解せなくもないが、先の「北倉代楽具等欠失文」や「北倉代中間下帳」には、それを窺わせるような記事は認めることができない。それ故、天平神護元年正月以降の馬養の所属は不明とせざるをえない。しかし、奉請実務の場は、前記のように〝経蔵〟もしくは「北倉代」の施設と想定されるので、馬養は事あるごとにここへ赴き、経巻の奉請を記録するとともに関係文書の発給や受領に関与していたものと見られる。

この〝経蔵〟もしくは「北倉代」の施設には、造東大寺司の判を加えた奉写御執経所・奉写一切経司の「請経文」「牒」「移」が政所から送られていた。実務担当者は、奉請を求められた経巻の有無を確認した上で、差出し名が造東大寺司の文書（「牒」「移」など）に奉請可能な経巻の名称や仕様、所属を書き上げ、政所で判官・主典らの自署を得たあと、当該経巻とともに使に託し奉請を行なった。政所から送られた奉写御執経所・奉写一切経司の文書は、この〝経蔵〟もしくは「北倉代」の施設に残されたはずで、その余白には奉請記事が書き込まれ（A方式）、経巻の種類が多いときには造東大寺司の文書案が保管され（B方式）、後日返納される経巻との照合に使用された[53]と思われる。

これらの文書は、最終的には三つの「継文」に整理されているが、それらは必ずしも奉請がなされるごとに貼り継がれていたのではなかったようである。例えば、「第一の継文」では、天平宝字八年（七六四）八月二十六日付「奉写御執経所請経文」（②－38）から同八年九月十六日付「大隅公足最勝王経検納文」（②－25）までの間、天平神護元年三月十九日付「奉写御執経所請経文」（②－21）から同元年八月四日付「造東大寺司移案」（②－13）までの間の各文書では、日付の順序に大きなずれがあり、少なくともこれらの文書は後日にまとめて貼り継がれたのではないかと思われる。また、「第三の継文」では、第一節に見たように各継目ごとに「養」の文字が記され、冒頭に来る神護景雲三年七月二十日付「造東大寺司移案」（6―1）の左端裏には「閏三月□日封馬」（十七ノ一一七）とあって、宝亀二年（七七一）閏三月に上馬養が封を加えたと書かれている。「養」の封を記すのは、貼り継がれた文書の剝し取りを禁ずるためであるから、「第三の継文」の場合は馬養の手によって一括して成巻されていた可能性がある。(54)

このように、経巻奉請に関する文書は、最初から「継文」にされていたのではなかったようである。これらの文書が、後日に返納される経巻の照合に使用される点に留意すれば、各文書が持ち運びに便利な形で保管されていたと見た方がよいだろう。「継文」は、文書の紛失を防ぐのに有益な手立てであるが、それが余り長くなると照合作業には不都合な形となり、機能的ではなくなるからである。

従って、各文書が現状のような「継文」になるのは、奉請経巻の大半が返納されてから以降となるだろう。この点を、封を記した日時が知られる「第三の継文」（**表5**）に見ると、文面に朱筆で経巻の返納を伝える「以宝亀二年閏三月十日返上」（㉑、十七ノ八八）、「宝亀二年〈閏〉三月十二日且返上一巻」（㉕、十七ノ八〇）、「以閏三月十二日返上」（㉔、十七ノ八一）、「以閏三月十三日返上了」（⑫、十七ノ九四）などの注記が四例認められるのが参考になる。返納日についてはこれらが最も遅く、その日付が封を記した宝亀二年閏三月のものであるから、恐らくこれが最終の返納であったのであろう。つまり、「養」の封は、奉請経巻が全て返納された閏三月十三日から同月末までの間に加えられたのであって、「第三の継文」はこの時点で成巻されたのではないかと考えられる。

これと同じような観点から残る二つの「継文」を見ると、「第一の継文」（**表1**）では、返納の遅い日付は神護景雲二年八月十二日が三例（⑫⑯㊳）、同年八月十三日が四例（⑪㉓㉘㊵）であるので、現状のような「継文」になったのは同年八月十三日以降ということになるだろう。下限は、「第三の継文」に準ずれば同年八月末であろうか。「第二の継文」（**表4**）の場合は、神護景雲二年八月十一日が一例（⑤）、同年八月十二日が二例（⑤⑧）、宝亀二年閏三月二十四日が二例（③⑧）となっている。遅い方の日付に注目すれば、それは「第三の継文」と同時期の成巻になるが、そうなると継目裏に「養」の封がない点が問題になる。しかし、第一節で述べたように、「第三の継文」の尾部の文書（5-24）は、当初「第二の継文」の冒頭の文書（3-1）に貼り継がれていたもので、それが「第三の継文」の成巻時に剝し取られたとされるので、「第二の継文」は「第三の継文」よりも先に成巻されていたと見てよいだろう。神護景雲二年八月十一日・十二日の返納の日付があることから、それは「第一の継文」と同時期に成巻されたのではないかと思われる。宝亀二年閏三月二十四日の返納記事は、成巻後の追筆と解しておきたい。

3　伝来の契機

「第三の継文」が上馬養の手に成ったことは前記の通りであるが、「第一の継文」「第二の継文」の場合はどうであろうか。これには、建部広足の動向が関係しているように思われる。

建部広足については、これまでに、「北倉代」の案主として〝経蔵〟から奉写御執経所への経巻奉請の実務に天平宝字六年十二月ごろから従事していたこと、同七年五月以降になると上馬養が実務の大半を担うようになるが、広足は経巻奉請の責任者として実務に関与していたこと、広足は天平神護二年八月からは主典として史料に現われ、同三年正月を最後に実務に従事しなくなるが、なお神護景雲二年十二月ごろまでは経巻奉請との関係は続いていたことなどを指摘した。実務の場面から遠ざかった広足が、経巻奉請とどのようなかかわり方をしていたのかは明らかでないが、主典には授受した公文の記録と公文草案の勘造という職掌がある点を念頭にすれば[55]、経巻奉請関係文書は広足の管理下にあったと見てもよいだろう。それ故、広足の関与が続く神護景雲二年八月ごろの成巻と推定される「第一の継文」「第二の継文」が、「第三の継文」のように馬養一人によって成ったとは考えにくい。そこには、広足の手も加えられていたものと思われる。

となると、「第三の継文」では、建部広足の関与がなくなっていたということになるだろう。この点について注意されるのは、「奉写経用度米注文」（続々修二十ノ二裏、十八ノ二〇七）と題される次の文書である。

十月中七斗四升　十一月八斗三升六合
十二月一斗七升四合　合一石七斗四升六合
正月中五斗二合　経師供養料三斗四升
建部故主典所五斗（広足）　都合三石八升八合
来米二石一斗四升　今所来九斗四升八合

ここでは、十月中〜十二月の料米は一石七斗四升六合であること、これを「建部故主典所五斗」も含めた正月中の料米と合計すると三石八升八合になること、来る所（受け取った所）の米も同量であることを記す。無年紀であるが、背面には宝亀二年正月二十日付の「安子石勝手実・秦広人手実」（十八ノ六五〜六六）が認められるので、同年正月下旬ごろの文書ではないかと思われる。ここに見える「建部故主典」とは、〝建部の物故した主典〟の意であろうから、建部広足は、この宝亀二年正月には没していたことになる。広足の姓名が最後に現われるのは、神護景雲四年五月八日付「普光寺牒」（薬師院文書、六ノ一〜二）の余白に記された造東大寺司判においてであるから、没時はこの年の五月中ごろから翌宝亀二年（神護景雲四年十月一日に宝亀に改元、『続日本紀』）の正月下旬までの間に求められるであろう。

建部広足の死去により、あるいは死の直前に退任したことで、広足の担っていた職務は他の主典に継承されるが、その中に経巻奉請関係文書の管理も含まれていたものと思われる。しかし、奉写一切経司への経巻奉請は神護景雲三年七月二十日が最後であり（表5の㊲）、広足が没したころには一部の経巻の返納を待つだけの状態になっていた。恐らくこのような理由から、奉写御執経所・奉写一切経司への経巻奉請関係文書は、事情に疎い他の主典にではなく、長年にわたって実務を担当してきた上馬養に託されることになり、馬養は残りの経巻の返納を待って「第三の継文」を成巻するに至ったのであろう。

当時の上馬養は、神護景雲四年五月から奉写一切経所で開始された一切経の書写事業に案主として従事していた[56]。建部広足の死を契機に馬養に託されたこれらの文書は、奉写一切経所に持ち込まれ、背面の二次利用に供されることなく、奉請の記録として保管されることになったと見られる。その際、「第三の継文」の継目裏ごとに「養」の文字が封として記されたが、これには当時の奉写一切経所における帳簿管理のあり方が反映されているようである。

例えば、神護景雲四年五月から宝亀二年十二月にかけて行なわれた先一切経書写関係の帳簿を見ると、六点の「手実帳」の紙継目の表面に「養」の封が記されているのが知られる[57]。いずれも経師の手実を貼り継いだもので、当該写経を伝える帳簿の中でもこうした手実、とりわけ「帙上手実帳」に現われる傾向がある。封は、すべての紙継目に記されているわけではないので、そこにどのような基準があったのかは定かでないが、神護景雲四年六月から宝亀二年八月にかけての期間に[58]、その時々の判断で上馬養が加えていたものと思われる。

「第三の継文」の封は右の期間のものであるから、そこには当時の上馬養による「手実帳」の管理方式が反映されているといわねばならない。

おわりに

本稿では、奉写御執経所・奉写一切経司の経巻奉請文書が、写経関係文書とともに伝来するに至った経緯について推考を試みた。その結果、〝経蔵〟（造東大寺司の経巻保管施設）もしくは「北倉代」の施設に置かれていた当該文書は、経巻奉請の責任者と見られる建部広足の死去によって上馬養に託され、馬養はそれらを自らが案主をつとめる奉写一切経所に持ち込み、奉請の記録として保管することになったとの見通しを得ることができた。馬養が長期にわたって奉写御執経所・奉写一切経司への経巻奉請実務に従事していたことが、このような伝来を可能にしたわけである。しかし、現状のような「継文」に仕立て上げたのは、この馬養一人ではなく、広足やその他の第三者の手も加わっていたものと見られる。つまり、当該文書は複数の実務官人の手を介して形成されていたわけで、馬養はその継承者として重要な役割を果たしていたと評価できるであろう。

天平神護～宝亀年間の文書群には、写経関係以外の文書（例えば本稿でも言及した「北倉代楽具等欠失文」や「北倉代中間下帳」など）がいくつか存在する。それらの伝来が、奉写御執経所・奉写一切経司関係文書のように、上馬養の動向と関連付けて考えられるのかどうか興味深いところであるが、すべては今後の課題として後考に委ねることにしたい。

註

（1）栄原永遠男「内裏における勘経事業――景雲経と奉写執経所・奉写一切経司――」「写御書所と奉写御執経所」（同『奈良時代の写経と内裏』所収、塙書房、二〇〇〇年。初出は一九九五・九六年）。この他に、佐藤長門「称徳・道鏡政権下の写経体制――奉写御執経所を中心に――」（正倉院文書研究会編『正倉院文書研究』一所収、吉川弘文館、一九九三年）、近藤毅大「八世紀における「所」と令外官司――奉写御執経所と奉写一切経司の検討から――」（『史学雑誌』一〇六ノ三、一九九七年）などがあるが、奉写御執経所・奉写一切経司の動向については、栄原氏の研究に委細が尽くされている。なお、『東京大学史料編纂所報』三〇（一九九六年）所載の史料探訪「正倉院文書調査」には、石上英一氏による奉写御執経所奉請文継文の復原試案が報告されている。

(2) 経巻は勘経だけでなく、転読や「御覧」のためにも奉請されることがあった（後述）。

(3) 関係文書に見える「奉請」は、それぞれの状況に応じて、経巻の貸し出し、借用、返納などの意味に使用されているが、本稿では、その意味内容については区別せず、経巻の移動を示す文言として「奉請」を使用する。

(4) 栄原永遠男「内裏における勘経事業——景雲経と奉写御執経所・奉写一切経司——」（前掲註(1)を参照）。

(5) 文書名は『大日本古文書（編年文書）』『正倉院文書目録』による。余白に記された造東大寺司判・東大寺三綱判・「奉請文」・「収納文」などについては、第一節末尾の「伝来形態にもとづく関係文書一覧表」に示しておいた。

(6) このように解するのは、『正倉院文書目録』四（続修別集）の当該文書の項に、右端の状況を「ハガシトリ痕アリ、……〇〇ニ貼リ継ガル」、左端の状況を「裏ニハガシトリ痕アリ、……〇〇ニ貼リ継ガル」と記されていることによる。

(7) 16には差出し名を記さないが、署名者より奉写御執経所の文書と判断される。

(8) 栄原前掲註(4)論文。

(9) この往来軸は、現状では奉写一切経司関係の文書を貼り継ぐ続々修十七ノ七の左端に貼り付けられている。これが、続修別集、続々修の整理の過程でなされたものかどうかについては明らかでない。

(10) ただし、26～41の各文書では日付の順序に大きなずれがある。「写真」を見る限り付箋や紙間の白い紙は認められないので、これは(2)の成巻過程で生じたものと推測される。第三節2を参照。

(11) (11)について『正倉院文書目録』四は、年月日によれば、天平神護二年九月十七日付「奉写御執経所奉請文」(6)と同二年五月三十日付「奉写御執経所奉請文」(7)との間に位置するが、上部のしみ汚れによれば「或ハ、奉写御執経所奉請文ノ継文ノ巻首（右端）近クニ巻キ込マレテヰタルカ」と指摘する。

(12) 『正倉院文書目録』四は、(1)の末尾の左端の様子を「裏ニハガシトリ痕アリ、余白約七糎アリ」とする。ここに往来軸が付けられていたかどうかは明らかでない。

(13) 『大日本古文書』は36と37を奉写経所の文書とするが、文面には「写経所」の文字は認められない。

(14) ただし、(3)「奉写御執経所奉請文」所収の奉写御執経所の文書では、「移」と「牒」が併用されている。この点は、(5)「奉写一切経司奉請文」・(6)「一切経奉請文書継文」所収の奉写一切経司の文書でも同じである。

(15) 栄原前掲註(4)論文。

(16) 25は大隅公足の、27は賀陽田主の個人名で出されているが、公足は(2)に収められる奉写御執経所の「移」「牒」の発給者としてその名が頻出する。田主にはそのような例はないが、公足と同じく「移」「牒」の発給者として現われる日置浄足（1〜8など）の大臣禅師宣「奉旨」を受けて27を出しているので、田主も奉写御執経所の実務に従事していたものと見られる。

(17) 石上前掲註(1)報告。

(18) 松嶋順正編『正倉院宝物銘文集成』一七五頁（吉川弘文館、一九七八年）。

(19) 石上英一氏は「奉写御執経所奉請文継文」を七七通の「継文」と推定され（前掲註(1)報告）、『正倉院文書目録』四も「奉写御執経所奉請文」を一つの「継文」として扱うが、題籤に奉写御執経所への一切経奉請を記す往来軸が二点認められることから、本文に示したように二つの「継文」の存在を想定しておく。

(20) 造東大寺司の案文には、煩を避けるためか差出しと宛て先（「造東大寺司移　奉写一切経司」など）を省略するものが散見する（21・23・24など）。

(21) 各文書の対応関係は**表5**を参照。

(22) 『正倉院古文書目録』でも「造東大寺司一切経司互移文拾壱通拾九張」と記されている。

(23) 年紀の判定は『続日本紀』、正倉院文書による。

(24) 「封馬」の「馬」を上馬養と判断したのは、奉写御執経所・奉写一切経司の文書の余白に記された「奉請文」や造東大寺司の案文に、馬養の姓名が頻出することによる。馬養と経巻奉請の関係については第二節を参照。

(25) ただし、上馬養が現状のような「継文」に成巻する以前に、馬養以外の人物によって一部の文書が継文状にされていた可能性がある。これについては、5の「奉写一切経司移」の余白に加えられた造東大寺司判の近くに「移案即継別紙」（『大日本古文書』は主典の葛井連荒海の筆かと推定する。十七ノ一二五）とある記述が注意される。「移案」とは、この5を受けての「造東大寺司移案」をさすものと思われる。右の記述は、これを「別紙」（何をさすのか不明）に継ぐとしているが、現状では5に対応する「造東大寺司移案」、すなわち4はこの5の右に貼り継がれている。馬養は、他者によって別紙に貼り継がれた文書を分離し（すべてのものを分離したのかは不明）、現状のような順序に改めて貼り継いでいたようである。

(26) 奉写一切経司への経巻奉請を記す題籤付往来軸は、欠失したのか認められない。

(27) ⑾については前掲註（11）を参照。

(28) ⑵-13天平神護元年八月四日付「造東大寺司移案」では十二灌頂経二巻を奉写御執経所へ奉請したことが記されている。⑽は、これに対する「返抄」であろうか。

(29) 栄原前掲註（4）論文。

(30) 行間に書き込まれたものも含む。

(31) 『大日本古文書』は、この造東大寺司側の奉請記録を「送経文」あるいは「奉請文」とするが、以下ではこれらを奉請記事と称す。

(32) 「僧綱牒」は異質であるが、奉写御執経所の文書と同様の扱いを受けているので、これも分析の対象としておく。

(33) 筆蹟の敷き写しを通して、両者の筆遣いや字形に習熟できるように努めた。

(34) 上馬養の筆蹟について述べておく。馬養が署名を加えた記事は「第一の継文」に多く見受けられるが、**図2**には**図1**との比較に有効なものを選び出し掲出しておいた。これより、馬養の筆を特徴づけると思われる「経」「巻」「如」「件」「五」「黄」の字形について観察結果を略記しておく。まず、「経」の糸は「」のように第一画を小さく記したあと、やや間隔をあけて第二画以降を崩し書きし、圣（巠）の場合も第二画以降は第一画からやや離して一気に筆を進めている。糸の字形は「紙」「綺」「綾」では異なるものがあるが、「経」ではほぼ右のような筆遣いを示している。「巻」の龹は「（馬）養」の美と似たような字形を持っており、第六画の棒線を第三画の横線付近から右下に降ろす書き方をしている。「如」は「件」とともに書かれることが多く、「如」の女は全体的に右上がりに第一画と第二画が第三画の右寄りで交差するように書かれ、「件」の牛は第一～三画が崩し書きされ、第四画が長く下へ引かれている。「五」では第一画の横線が極めて短く、第三画がやや大きく右にふくらむように書かれる。「黄」の場合はほとんど崩すことなく書かれ、第一〇・一一画は小さく左右に開くように打たれている。馬養の筆は、後述の建部広足に比して小ぶりで線が細く、繊細な印象を受ける。

(35) 建部広足の署名を加えた筆蹟は少なく、「第一の継文」には図2に掲げた四例しか認められない。上馬養の場合と同様に、広足の筆の特徴を伝えると思われる「奉」「請」「経」「巻」「付」「黄」の字形について観察結果を略記しておく。まず、「奉」では夫の第五画が第三画と第四画の交差近くから右下へ降ろされ、キは崩すことなくきっちりと書かれている。「請」の言は、第二画以降が崩し書きされ、最後は右上に撥ねて青に続く。青では月は「」のように崩されるのが特徴といえる。「経」の場合は糸が「」のように崩し書きされたあと、圣（巠）も続けて崩し書きされ、最後に縦の線が中央に引かれる。「巻」は龹の第六画が第四画の右側付近から右下に降ろされ、己は「」のように書かれる。「付」では第二画と第三画が続けて書かれ、第五画は第四画の末尾に添えられるような形になっている。「黄」では第五画から第一〇画までが崩し書きされ、最後に第一一画が右下がりに付け加えられている。広足の筆は全体的に太身で、馬養に比して重みのある字体になっている。

(36) 「奉写灌頂経料紙筆墨充帳」、続々修十ノ四、十六ノ五二～五四。

(37) 「奉写灌頂経料銭用帳」、続々修十ノ六、十六ノ一七～二一。以下、本文で言及する天平宝字六年～八年の写経事業については、山本幸男『写経所文書の基礎的研究』第三章第二節「御願経書写の全体像」（吉川弘文館、二〇〇二年）を参照。

(38) 「写千巻経所銭幷紙衣等納帳」、続々修四十三ノ五、十三ノ二四三～二五二、「千手千眼幷新羂索薬師経料食料雑物納帳」、続々修八ノ六、十三ノ四三一～四三五。

(39) 天平宝字六年閏十二月二十一日付「奉写灌頂経所解案」、続々修十ノ八、十六ノ一七二～一七四。

(40) 天平宝字八年八月二十九日付・九月二十九日付「経所解案」、続修別集三十八、五ノ四七二～四七四。

(41) 前掲註(39)を参照。

(42) 「奉写二部大般若経解移牒案」収載の「経所解案」（上日報告）による。『大日本古文書』掲載の巻・頁数をあげると次のようになる。十六ノ一〇八、五ノ三三四～三三五、十六ノ三一六～三一八、五ノ三八七、三九九、十六ノ三一八～三一九、十六ノ三二〇、三八二、十四ノ三六四～三六五、十六ノ三三〇～三三四、五ノ四六八～四七四。「解移牒案」については、山本前掲註(37)著書四〇三～四〇八、四六三～四六六頁を参照。

(43) 造東大寺司の経巻保管施設については史料上明確ではない。以下ではこれを〝経蔵〟と仮称しておく。

(44) 本文に掲げた以外の文書を示すと次のようになる。(天平宝字八年七月・八月)「楽具欠失検定文」、続修別集三十五(表から裏に連書)、五ノ四八五〜四八七、天平神護元年四月十六日付「竹田真弓解」・同日付「凡福成解」、続修四十四、五ノ五二四〜五二五、天平神護元年四月十六日付「呉楽装束欠物注文」、続修別集三十五、五ノ五二三〜五二四、天平神護元年六月二十四日付「九月・魚主解」、続修四十四、五ノ五三〇、天平神護二年三月十六日付「唐東人等解」、続修四十四、五ノ五三五〜五三六、天平神護二年四月二十三日付「楽具欠失物注文」、続修別集三十五、五ノ五三七、(天平)神護二年五月一日付「少菅麻呂解(案)」、続修別集三十五、五ノ五三八。この他に類似の文書があるが、詳細は石上英一「正倉院文書における多様な様態と機能――裏面利用と継文――」(正倉院文書研究会編『正倉院文書研究』九、吉川弘文館、二〇〇三年)に表示された「北倉代楽具欠失関係文書」を参照。

(45) 「北倉代」の倉代とは、本倉から出下された物品が、直接受給者に渡る中間において一時収納される場所とされている(村尾次郎『律令財政史の研究(増訂版)』一四七頁、吉川弘文館、一九六四年)。「北倉代」の所在については、造東大寺司政所の北方に求める説(福山敏男「東大寺の諸倉と正倉院宝庫」、同『日本建築史研究』所収、墨水書房、一九六八年。初出は一九五二年)、正倉院内の北方に求める説(熊谷公男「正倉院宝物帳外品の伝来について――什宝類を中心として――」、『正倉院年報』五、一九八三年)がある。

(46) 建部広足とともに造東大寺司判に加わる史生土師名道は、天平神護二年三月十六日付「唐東人等解」(前掲註(44)参照)では案主として事を勘している。

(47) 「北倉代中間下帳」には、若桜部梶取も案主として見えている(十六ノ七八)。

(48) 能登忍人も経巻奉請実務に一度だけ従事している(**表1**の㊵)が、「北倉代」との関係は明らかでない。

(49) 倉代が、本倉から出下された物品の一時収納所(前掲註(45)参照)とすれば、この「北倉代」には〝経蔵〟(本倉)からの出下品(経巻)も収納されていたと見なすことも可能である。となると、「北倉代中間下帳」のように経巻の出納を記した独自の帳簿も作られていたことになるが、その存在は明らかでない。〝経蔵〟と「北倉代」の具体的な関係については、後考に委ねたい。

(50) これは、奉写一切経司関係文書においても同様である。

(51)「奉写一切経料紙充装潢帳」、続々修二ノ七、十七ノ一五四～一六〇。
(52)山本前掲註(37)著書の終章では、天平宝字年間の造東大寺司には大量の写経関係文書を残した臨時的な写経所の他に、時々の写経や種々の雑務をこなす恒常的な写経所が存在することを想定した。この恒常的な写経所が天平神護～神護景雲年間にも存続するとすれば、〝経蔵〟の管理にも大きな役割を果たしていたことになるが、それを窺わせる記録は今のところ管見に及んでいない。
(53)文面の経巻名の上に施された丸や点、鉤形などの合点の多くは、奉写御執経所・奉写一切経司への奉請時のものであろうが、一部に返納時に付したものも混じるのではないかと思われる。なお、少数ではあるが、後述のように返納の日付を注記するものが認められる。
(54)ただし、上馬養一人によって各文書が貼り継がれたわけではなかったようである。前掲註(25)参照。
(55)養老職員令1神祇官条。
(56)前掲註(51)参照。
(57)順に示すと、①「奉写一切経経師等手実帳」（続々修二十ノ一、十七ノ一九八～二三六）、②「奉写一切経経師等請筆墨手実帳」（続々修二十九ノ一、十七ノ四八九～五五五）、③「奉写一切経経師帙上手実帳」（続々修二十ノ二、十八ノ三三～九四）、④「奉写一切経経師上帙手実帳」（続々修二十ノ三、十八ノ二一二～二五六）、⑤「奉写一切経経師上帙手実帳」（続々修二十ノ四、十八ノ三二三～三九二）、⑥「奉写一切経経師帙上手実帳」（続々修二十ノ五、十八ノ四七二～五四一）となる（このうち④と⑤は本来同一の手実と見られるが、ここでは『大日本古文書』に従って分けて掲出する）。①では神護景雲四年六月～宝亀元年十月、②では神護景雲四年七月～宝亀元年十月、同二年正月、③では宝亀元年十二月～二年三月、④では宝亀二年三月～閏三月、⑤では宝亀二年閏三月～六月、⑥では宝亀二年七月～八月の各「手実」の主に継目表に「養」（一部は「馬」「封　馬」）と記されている。
(58)前掲註(57)参照。

〔付記〕
本稿に先立って公刊された石上英一「正倉院文書における多様な様態と機能――裏面利用と継文――」（正倉院文書

研究会編『正倉院文書研究』九、吉川弘文館、二〇〇三年）では、東京大学史料編纂所編『正倉院文書目録』三、四（東京大学出版会、一九九四、九九年）の編纂過程で得られた観察情報をもとに、「奉写一切経司奉請文」（本稿でいう「第三の継文」）の復原案がまとめられている。原本調査から得られた知見などが反映された貴重な成果であり、本稿で示したものとの相違点は改むべきであろうが、ただ、公表された情報（影印や写真を含む）にもとづく検討結果であるので、これはこれで意味があると考え、初出時のままの状態で示しておいた。石上氏の論考との併読をお願いしたい。

〔別篇〕 日中比較研究と正倉院文書

はじめに

日本の古代史、とりわけ古代国家の展開期と位置づけられる八〜九世紀史を研究する者にとって、唐文化の考察は欠かすことのできない作業の一つになっている。律令制の導入とともに、官人の素養としての儒教教育や鎮護国家のための仏教研究が奨励され、また古典籍の講読や漢詩文の作成を通して漢語能力の向上がはかられていた時期だけに、遣唐使の一行が最新の文物や技術をもたらすと、その受容に多くの精力が注がれた。

しかし、こうした唐文化は、そのまま日本文化の一部となったのではなく、いわば日本的な価値観のもとに選択的に摂取されていった。何が有要で、どれが理解可能かという判断基準がそこにはあったわけで、玄宗から勧められた道教の受け入れを拒否したことや、大学では儒教中心の明経道よりも史書や漢詩文を学ぶ文章道の方が盛えたことなどは、その好例といえるであろう。それは、唐と日本の立つ社会や風土や精神世界の相違、言い換えれば文化の質の違いがあったことによるが、ここに日本の特質・個性を知るための比較文化研究の必要性が存在するのである。

ただ、古代史研究の立場からすれば、比較研究といっても、そこには史料上の制約という困難性がともなう。最近になって北宋代の天聖令に唐令が引載されていることがわかり、日唐の比較律令研究は大きく進展することになったが、こうした例は少数であり、日本側の史料に記される様々な文化事象の起源を中国の諸文献に求めたとしても、必ずしも十分な成果が得られるというわけではない。要は、日本にあるものと中国にあるものを照らし合わせて相互の違いを明らかにするという作業が、一部を除いてきわめて困難なのである。その意味で、古代史の分野では、日中の比較文化研究はなかなか成り立ちにくいというのが実情である。

しかし、観点を変えて、日本が漢字文化圏に属し、今日まで残る古代の文字史料が漢字で書かれていることに留意すれば、この漢字文化を発信した中国側の研究者が、いわば日本化されたこれらの漢字史料をどう読み取り評価を下すかは、興味深い問題といわねばならない。現存する史料をめぐって、日本と中国の研究者がそれぞれの解釈を披露し合うことも、やはり比較文化研究のための有効な手立てであって、相互に比較しうる対象が限定的な古代史研究にあっては、今後積極的に取り組むべき方法ではないかと思われる。

この報告では、右のような比較文化研究のための素材として、東大寺正倉院の正倉に伝わった正倉院文書を取り上げることにする。その理由は、この文書群は後述のように大半は写経事務という特定の目的のために作られたものであるが、

①いずれも現場の諸官人の手になる第一次史料であり、当時の文化状況が直接反映されていること、
②写経が中心とはいえ、そこには写経従事者の様々な生活行動や諸物資の移動が記録されていて具体性に富むこと、
③各文書の影印や法量・紙質などが公開され、文面以外の情報も読み取りが可能になっていること、
④影印を含めた正倉院文書のデータベース化が進み、海外の研究者でも容易に閲覧できるようになったこと、

などによる。

以下では、正倉院文書の概容とその伝来形態および研究状況を提示し、比較文化研究のためのいくつかの事例を述べることにしたい。

一　正倉院文書の概容

正倉院文書の大半は、造東大寺司（東大寺の造営機関）の一部局である写経所の事務管理のために作成された帳簿類によって占められている。いずれも八世紀のもので、天皇・皇后・皇太子あるいは太上天皇・皇太后らによって命じられた各種写経事業のための予算書や決算書、写経に必要な諸物資（紙・筆・墨・浄衣・食料など）の収納と支出の記録、写経従事者（経師・装潢・校生など）の召集と管理および仕事量や報酬等に関する記録、書写を終え完成した経巻の送付や貸し出しの記録、写経所の月別の業務報告書などから構成されている。

これらの文書は、写経所の事務官である複数の案主によって作成されていた。その仕様は、用紙を右から左へと貼り継いで記事を書き込み、右端もしくは左端に題籤の付いた軸を貼り付けるというもので、保管の際には軸を中心に巻き取り、巻き物状にされた。これが帳簿と称されるものである。帳簿は、諸物資であれば品目ごとに収納用と支出用が、写経従事者関係では各業種の仕事の段階に応じて作られるので、その点数は当然多くなり、写経所では大量の紙が消費された。

帳簿の料紙には、裏白の新しい紙が使われることもあるが、紙は貴重品であるため、廃棄文書の背面が多く用いられた。その代表例が、諸国から中央政府に提出された戸籍・計帳・正税帳などの公文書類で、これらは一定の期間保管されたあと、背面などの二次利用のために諸官司に頒布されていた。写経所では、本司である造東大寺司から入手したこれら巻き物状の公文書を適当な長さに切り取り、帳簿の料紙として背面を使用した。その結果、当時の家族形態や地方の行政・財政にかかわる貴重な記録が、帳簿とともに残ることになった。帳簿には、この他に、造東大寺司が他官司・寺院・貴族諸家に宛てた文書の控え（案文）や、これら各所から造東大寺司に宛てられた文書、写経従事者から写経所に宛てられた文書などの背面も使用されていた。

案主たちは、写経事業の進捗に応じて増大する事務を処理するために、次々と帳簿を作らねばならなかったので、手元に相当数の紙を常備しておく必要があった。その料紙とされたのが、上記のような廃棄された公文書や造東大寺司の関係文書であったわけであるが、これらは本司の事務官との交渉により入手していたものと見られる。その意味で、案主には紙の確保のための手立てが求められるわけで、案主の中には、写経所に出仕する以前にいた部署で作成された帳簿を持ち込む者もいた。法華寺や石山寺の造営関係の帳簿が、写経所の帳簿とともに残るのはそのためで、彼らはこれらの帳簿を写経所用の料紙として、あるいはその他の用途のために保管していたのである。

このように、正倉院文書は写経所の案主らによって作り出された文書群といえるが、それらは八世紀末になると、天皇や皇太后の献納品などの宝物を収納する東大寺正倉院の正倉に一括して収められることになった。その分量は厖大で、それらのほとんどを翻刻して収載する『大日本古文書（編年文書）』全二五巻の頁数で示すと一四七〇〇頁余りに及ぶ。

二　整理と復原

正倉院文書は、現在では正倉院の正倉から空調機能の整った宝庫に移され保管されているが、その原形は大きく損なわれた状態で伝来している。というのは、江戸末期の天保四年〜七年（一八三三〜三六）に幕府によって宝庫（正倉）の修理がなされたとき、東大寺別当宮の命を受けた古典学者の穂井田忠友（一七九一〜一八四七）が正倉院文書の整理を行ない、明治期にも同様の作業が継続されたからである。忠友の整理とは、帳簿の料紙として使用された公文書に捺される印影に注目して当該文書を抜き取り（糊付けされた料紙を剝し取る）、それらの断簡を継紙を挟んで貼り継ぎ成巻するというものであった。これによって正集四五巻が作成されたが、その結果、料紙を抜き取られた帳簿は、原形を破壊されることになった。

明治期になると、内務省や宮内省によって正倉院文書の整理が進められた。その手法は忠友のものとほぼ同じで、帳簿の料紙として使用された公文書や官司・寺院・貴族諸家の文書が抜き取られ、明治八年〜十五年（一八七五〜八二）に続修五〇巻・続修別集五〇巻・続修後集五二巻、それに傷みの激しい文書や小断片を集めた塵芥三九巻三冊が作成された。それでもなお大量の未整理の文書が残ったので、これらをそのまま、あるいは類似のものを集めるなどして編集し、同二十七年〜三十七年（一八九四〜一九〇四）に続々修四四〇巻二冊としてまとめられた。

こうして成巻された正倉院文書は翻刻され、明治三十四年〜昭和十五年（一九〇一〜四〇）の間に各文書を年次順に配した『大日本古文書』全二五巻（東京大学出版会復刻）が刊行された。正倉院文書の研究は、この刊本を用いて行なわれるが、何分多数の帳簿が原形を損なわれているので、これらをもとの状態に戻す作業、つまり正集・続修・続修別集・続修後集のために抜き取られた断簡のもとの位置を探し出し（接続調査）、帳簿を復原する作業が必要になる。東京大学史料編纂所は、明治三十三年（一九〇〇）から正倉院宝物の秋の曝涼（虫干し）期間に原本調査を実施してきたが、昭和三十六年（一九六一）ごろからは断簡の接続調査が本格化し、帳簿の復原が進められるようになった。

こうした調査の成果は、史料編纂所によって編纂された『正倉院文書目録』（東京大学出版会）の刊行（一九八七年から）により学界の共有財産となった。現時点では正集～塵芥の分が刊行され、続々修は一部の刊行にとどまるが、既刊のもので相当数の帳簿が原形に復されることになった。

三 研究の現状と課題

正倉院文書の研究は、帳簿の料紙に使用された戸籍・計帳・正税帳といった公文書を中心に永らく進められてきたが、一九八〇年代になると、原本調査にもとづく帳簿の復原作業の進展を受けて写経所文書への関心が高まり、平成元年（一九八九）には石上英一氏（東京大学）と栄原永遠男氏（大阪市立大学）が呼びかけ人となって正倉院文書研究会が発足した。研究会では毎年総会と大会を開き、当該分野の研究を主導しているが、研究テーマとしては、従来からの公文書の他に写経事業関係のものが多くとりあげられている。正倉院文書という第一次史料の分析・検討を通して得られる研究成果は、説得性に富み、豊かな歴史像を提供してくれる。これらをもとに、日本の八世紀史（奈良時代史）は、次第に書き換えられつつある。

この正倉院文書研究の問題点は、手間暇がかかることである。帳簿の復原は、『正倉院文書目録』の情報をもとに『大日本古文書』を検索し、『正倉院古文書マイクロフィルム紙焼写真』（正集～続々修、宮内庁正倉院事務所頒布）や『正倉院古文書影印集成』（宮内庁正倉院事務所編集、正集～塵芥、八木書店）と照らし合わせながら記事を辿っていけば、確実に行なえるようになった。しかし、その手続きは煩瑣で効率的とはいえず、なお多くの時間が求められる。そこで、このような負担を軽減するために、平成十六年～十八年（二〇〇四～〇六）度の科学研究費・研究成果公開促進費（データベース）の補助を得て、「正倉院文書データベース（SOMODA）」（研究代表者・栄原永遠男）が作成された。SOMODAには、『大日本古文書』『正倉院文書目録』『正倉院古文書マイクロフィルム』『正倉院古文書影印集成』をはじめとする正倉院文書をめぐるあらゆる情報が入力され、帳簿の復原も含めた研究上の便宜がはかられている。

正倉院文書に関心を寄せる海外の研究者も増えつつある。同十九年の正倉院文書研究会では、宋浣範氏（高麗大学）が「韓国での正倉院文書研究の現状と展望」、シャルロッテ・フォン・ベアシュア氏（フランス高等研究院）が「正倉院文書と衣食住の史料」と題して、それぞれ発表された。

四　写経の様相

正倉院文書の大半を占めるのは、前記のように写経所の帳簿であるが、ここではこれらの帳簿から写経の様相がどの程度まで明らかになるかを、天平宝字二年（七五八）の事例を通して述べておくことにする。この年の写経所では、孝謙天皇の母にあたる光明皇太后の病気平癒と延命のために『金剛般若経』一〇〇〇巻（千巻経）書写、『千手千眼経』一〇〇〇巻・『新羂索経』二八〇巻・『薬師経』一二〇巻（千四百巻経）書写、『金剛般若経』一二〇〇巻（千二百巻経）書写という大規模な写経事業が、六月から十二月にかけて行なわれた。このときに作られた帳簿の多くが伝来するので、これらを読み解くことによって写経の進捗状況を克明に知ることができる。以下、順を追って辿ると次のようになる。

写経の命令が出されると、写経所では予算書が作成された。これを千四百巻経書写の例に見ると、見写料紙（実際に書写に用いる紙）が二五四八〇張に及ぶ一四〇〇の経巻の書写を、経師四〇人・装潢三人・校生四人・膳部三人・雑使二人の体制で進めることになっていた。予算書には、この人員にもとづいて筆・墨・浄衣・扉などの用数が、次いでそれぞれの仕事の延べ人数に即した食料雑物（米・糯米・塩・醬・末醬・酢・海藻・芥子など）の数量が書き上げられた。ここに挙げられる延べ人数は、経師であれば日別七張の書写で三六四〇人（25480÷7）、装潢は日別五〇張の造紙で五九〇人、校生は日別六〇張の校紙で八四八人（校正は二度）と計算されている。この予算書が、本司の造東大寺司を介して関係官司に送られると、必要な料物が写経所に届けられることになる。

写経は、装潢による書写用の経紙の作成から始まる。まず、紙（一張の長さ約五〇センチメートル）を大豆糊を使って右から左へと貼り継ぎ、二〇張程度で一巻とする。次に紙の表面の毳立ちを紙打石で抑え、写経の文字をそろえるために縦と横の界線を定規のようなものを使って引く。こうして仕上がった経紙に、経師は一行一七字を基準として底本（テキスト）の経典から正確に経文を書写していく。経典一巻分の書写を終えると、それを校生が底本と照合して誤字・脱字・脱行がないかを点検する。こうした校正は通常二度行なわれる。校了した経巻は再び装潢に充てられ、左端に軸、右端に紐を着けた表紙がそれぞれ貼り付けられ、最後に経典の題目が表紙に記されて写経は完成する。

こうして仕上がった経典は、平城京内の寺院等へ送付されることになる。千巻経は法華寺・東大寺・興福寺、千四百巻経は上記に加えて内裏・薬師寺・元興寺・菅原寺、千二百巻経の場合は大半が法華寺へという具合にである。

写経期間中は、経師・装潢らは写経所の施設に寝泊まりし、食事が支給された。ただし、食事の量は一律ではなく、経師・装潢・校生は米・糯米・塩・醬・末醬・酢・海藻などが等量支給されたのに対し、膳部・雑使の場合はこれより減量されたり一部支給されないものもあった。実際に経師らに提供された食事には、季節の蔬菜など予算書にはない品目が多く認められる。たとえば、千巻経書写では蕗・青瓜・熟瓜・茄子・水葱・小豆・大豆・索餅、千四百巻経書写では、この他に生栗・棗・梨・桃・薬（粉酒）・煎餅、千二百巻経書写では菁・漬瓜・漬茄子・橘・冬瓜・大根などである。これらは、別途に請求された銭によって、京内の市などで購入されていた。

写経が終了すると、その仕事量に応じて布施（報酬）が支払われることになる。写経所では、経師は書写四〇張、装潢は造紙四〇〇張、校生は校紙一〇〇〇張で、それぞれ布一端として布施料を計算し、関係官司に布を請求する。千巻経と千四百巻経の書写は、期間が重複した関係で一括して申請されたが、実際に支給されたのは布施料布と等価の絁・羅・綿であった。写経所では、これらを銭に換算し、三種の品目を組み合わせるなどして経師らに支払うことにしたが、端数分の処理のために銭の工面が求められることになった。千二百巻経書写では申請通り布で支給されたので、このような混乱は生じなかった。

五 写経従事者の動向

正倉院文書には、写経に従事した経師らの動向を伝える記録も残されている。そのひとつが、経文などを数行書き留める試字である。経師は写経のつど写経所に召集されたが、その際、新規の出仕者の筆遣いを見るために行なわれたのが試字である。経師は能筆であることが条件とされていた。試字は多く残っていないが、当時の書法を伝える貴重な史料といえる。

写経期間中の経師らは、前記のように写経所の施設に留まり作業に従事していたが、都合で写経所を離れるときは、「請暇解」とよばれる休暇届を出さねばならなかった。写経所では、これらの「請暇解」を貼り継いで保管し、本人が出仕した場合はその日付を注記するなどして人事管理に用いた。この継文は、役目を終えると背面を帳簿に使用されたので、相当数の「請暇解」が残ることになった。これらの「請暇解」より知られる休暇理由をあげると、最も多いのが本人の病気で、その内訳は赤痢・疫痢・痢病・下痢・腹病といった消化器系の疾患が上位を占め、続いて足病・瘡瘇・胸病・頭痛・腰痛などの順になる。また、妻子父母らの病気や死亡による休暇も目立つ。帙畢という、割り当てられた底本の書写終了にともなう休暇願いも多く出されている。写経所での拘束的な生活から解放されて、家族のもとで束の間の休息を楽しもうとしたのであろう。この他に、神祭仏事や衣服の洗濯など興味深い理由も出てくる。

写経に従事する経師らの大半は、官人予備軍ともいうべき人々で、専任職には就いていなかった。そのため生活は不安定であり、写経の仕事に従事していたとしても、報酬は終了後にしか支払われないので、家族を養うためにその前借りを写経所に求めることがあった。その際に提出するのが「月借銭解」という借金の証文で、これも写経所で保管されたため帳簿の背面に多く認めることができる。

おわりに

以上、正倉院文書から知られる写経や写経従事者について略記したが、帳簿が大量に残るので、これらを解読すれば、それぞれの動向を年や月単位ではなく、日単位で克明に辿ることができる。これは正倉院文書の大きな魅力といえるであろう。他に類を見ないこの文書群は、写経の他に八世紀日本の国制・官僚制・地方支配・家族形態・

造営建築・流通経済・衣食住・医薬・装飾・書道・宗教・国語など多彩な側面を描き出す力を持っている。正倉院文書は、日本が唐文化の摂取に熱心であった時代の産物でもある。日中の研究者が共同でこの文書群を読み解くことができたならば、日中比較文化研究は全く新たな段階へと進むことになるだろう。

参考文献

福山敏男『日本建築史の研究』綜芸社、一九八〇年（原本は一九四三年）。

東野治之『正倉院文書と木簡の研究』塙書房、一九七七年。

福山敏男著作集二『寺院建築の研究』中巻、中央公論美術出版、一九八二年。

岡藤良敬『日本古代造営史料の復原研究』法政大学出版局、一九八五年。

新村拓『日本医療社会史の研究』法政大学出版局、一九八五年。

土田直鎮『奈良平安時代史研究』吉川弘文館、一九九二年。

東野治之『遣唐使と正倉院』岩波書店、一九九二年。

正倉院文書研究会編『正倉院文書研究』一～一四、吉川弘文館、一九九三～二〇一五年。

石上英一『日本古代史料学』東京大学出版会、一九九七年。

皆川完一編『古代中世史料学研究』上巻、吉川弘文館、一九九八年。

石上英一・加藤友康・山口英男編『古代文書論』東京大学出版会、一九九九年。

山下有美『正倉院文書と写経所の研究』吉川弘文館、一九九九年。

栄原永遠男『奈良時代の写経と内裏』塙書房、二〇〇〇年。

杉本一樹『日本古代文書の研究』吉川弘文館、二〇〇一年。

西洋子『正倉院文書整理過程の研究』吉川弘文館、二〇〇二年。

山本幸男『写経所文書の基礎的研究』吉川弘文館、二〇〇二年。

栄原永遠男『奈良時代写経史研究』塙書房、二〇〇三年。
西洋子・石上英一編『正倉院文書論集』青史出版、二〇〇五年。
東野治之『日本古代史料学』岩波書店、二〇〇五年。
桑原祐子『正倉院文書の国語学的研究』思文閣出版、二〇〇五年。
宮﨑健司『日本古代の写経と社会』塙書房、二〇〇六年。
皆川完一『正倉院文書と古代中世史料の研究』吉川弘文館、二〇一二年。
大艸啓『奈良時代の官人社会と仏教』法藏館、二〇一四年。
市川理恵『正倉院文書と下級官人の実像』同成社、二〇一五年。
山本幸男『奈良朝仏教史攷』法藏館、二〇一五年。
薗田香融『日本古代仏教の伝来と受容』塙書房、二〇一六年。

〔付記〕

本文は、体裁を整える以外は、ほぼ発表時のままであるが、参考文献には最近の研究成果を付け加えておいた。

あとがき

序章に記したように、本書に収載した拙文の大半は、二〇〇二年に上梓された『写経所文書の基礎的研究』（吉川弘文館）と密接な関係を持っている。それ故、この続篇として一書をなそうと思っていたが、健康上の理由や関心が奈良仏教に移ったこともあり、手付かずのままにうちやることになってしまった。しかし、私自身、老境を迎え、「正倉院文書に沈潜した青春時代」を懐しむにつけ、愛着のあるこれらの諸篇を論文集としてまとめたいとの思いが強くなった。幸いに、今でも言及してもらえるものがいくつかあるので刊行の意味はあると考え、二〇一五年刊の『奈良朝仏教史攷』に続いて法藏館に出版をお願いした次第である。

各章に配した論文等の初出を示すと次のようになる（章名は、一部を除き原題をほぼそのまま使用している）。

第一章　造東大寺司主典安都雄足の「私経済」
（史学研究会『史林』第六八巻第二号、一九八五年）

第二章　天平宝字二年造東大寺司写経所の財政運用――知識経書写と写経所別当の銭運用を中心に――
（南都仏教研究会『南都仏教』第五六号、一九八六年）

第三章　市原王と写経所――舎人・「長官」・玄蕃頭時代の役割をめぐって――
（続日本紀研究会編『続日本紀と古代社会――創立六十周年記念――』、塙書房、二〇一四年）

第四章　正倉院文書に見える「鳥の絵」と「封」——写経所案主佐伯里足の交替実務をめぐって——
（続日本紀研究会『続日本紀研究』第二八〇号、一九九二年）
付論1　天平宝字年間における経師・装潢・校生の動向
（相愛大学『研究論集』第一一巻、一九九五年）
第五章　正文に転用された反故文書（原題は「正文に転用された皇后宮職（紫微中台・坤宮官）反故文書」）
（同『研究論集』第六巻、一九九〇年）
第六章　造石山寺所の帳簿——筆蹟の観察と記帳作業の検討——
（同『研究論集』第一四巻(1)・(2)、第一五巻(1)、一九九七年、九八年）
第七章　造石山寺所の帳簿に使用された反故文書
（皆川完一編『古代中世史料学研究』上巻、吉川弘文館、一九九八年）
付論2　反故にされた万葉仮名文書
（日本歴史学会『日本歴史』六七五号、二〇〇四年）
第八章　奉写御執経所・奉写一切経司関係文書の検討——伝来の経緯をめぐって——
（相愛大学『研究論集』第二〇巻、二〇〇四年）
〔別篇〕　日中比較研究と正倉院文書
（王秋菊主編『中日文化比較研究論集』第一輯、中国・東北大学出版社、二〇〇九年）

改めて、これらの拙文を振り返ると、吉田孝氏の研究に導かれて始めた造石山寺所関係文書の分析は、その後、写経関係文書に至り、それらの整理と検討を通して正倉院文書を生み出した案主らの「現実」に行き着いた、ということになるだろうか。

思い出すのは、安都雄足の「私経済」をめぐる論文（第一章）を書いていたころである。舟尾好正氏から縦書きを横書きにすると違った世界が見えてくると教えていただき、諸帳簿と解移牒符案と諸注文の関係が見通せるようになったこと。続日本紀研究会の例会で発表した折に、直木孝次郎先生から誉めていただき、ふがいない自分にも少しは力はあると気付かせてもらったこと。それで気を良くして写経関係文書に取り組もうとしたのであるが、そこには深くて暗い〝森〟があり、栄原永遠男先生が開拓者のごとく前を歩いておられた。『正倉院文書目録』は正集と続修あたりまでしかなく、「写真」といえばマイクロフィルム紙焼写真が頼りであった。「整理」の名のもとに原形を崩された帳簿類をどのように復原するかが大きな課題であったが、その手法は先生の御研究に学びながら模索するしかなかった。とにかく、後について行くこと。しかし、次々と新しい視点から論文を発表される先生に追いつくことは到底不可能なので、いつしか自分にとって心地のよい方法をとるようになった。

研究にはその人自身の個性が反映されるというが、どちらかといえば内向的な私の場合は、写経関係文書から得られた知見を外に向けて展開するというよりも、それをもたらした文書の作成者側に眼が行くという傾向があった。関心の趣くままに課題を見出だし拙文を仕上げたとしても、結果的には、帳簿の作成主体である案主らの動向を追いかけているのである。国家のあり方を考える場合、彼らのような実務官人がいて、はじめて運営が可能になるわけだから、そこから当時の国家の特質に迫る切り口を編み出せばよいのであるが、残念ながら非力の故、そこまで辿り着けず、彼らの「現実」に共感しつつ、その周りに屯するばかりであった。

そうしたなかで印象に残ったのは、天平から宝亀にかけて、三八年余りにわたって写経関係文書に見える上馬養の存在である。馬養は、造東大寺司に所属する実務官人として、時には造営関係の部署にも出向したであろうが、一貫して従事していたのが写経事業の遂行という職務であった。本書で扱った範囲で見ると、業務を共にした人物として佐伯里足（第四章）、下道主（第六・七章）、建部広足（第八章）らがいたが、彼らの場合は限られた期間内であって、一段落すると他所へと転出していったようである。御願などで実施される写経事業は臨時的なものであるから、こうした短期での関わり方が一般的だったと思われる。それだけに、馬養の特異性が浮かび上がるのである。練達の士であるが故の措置なのか、閑職に置かれていたがための結果なのか。いずれにせよ、案主として記帳を担ってきた帳簿の量を見るにつけ、日々の営みの重さを実感させられるのである。

正倉院文書の大半を占める写経関係文書を誰が正倉に収納したかは不明であるが、上馬養のような人物がいなければ、これだけのまとまりのある文書は残らなかったであろう。人生の大部分を写経の業務に捧げてくれたお蔭で、私たちは当時の人々の息吹に触れることができるのであるから、馬養の仕事には感謝の念を抱きたくなるのである。

刊行にあたり、今回も編集部の大山靖子氏にお世話になった。また、図表の再構成や校正、索引作成などに行き届いた御配慮をいただいた。大山氏ならびに関係の皆様にお礼を申し上げます。

二〇一八年三月一六日

泉州信太の返景斎にて

山本幸男

索　引

＊本書の利用に資すると思われる事項を選び、「Ⅰ 件 名」「Ⅱ 文書名」「Ⅲ 人 名」「Ⅳ 研究者名」に分類し提示している。「Ⅲ 人 名」では、姓（カバネ）を除いて表記し、必要に応じて役職名等を付した。「Ⅳ 研究者名」では、編者は採録しなかった。
＊漢字は概ね正字体に従っている。

Ⅰ 件 名

あ行――

か行——

さ行——

た行——

な行——

は行——

ま行――

や行――

ら行――

Ⅱ　文書名

あ行――

か行――

さ行――

ま行――

や行——

ら・わ行——

Ⅲ　人　名

あ行——

さ行——

た行——

な行——

は行——

ま行――

や行――

ら・わ行――

Ⅳ　研究者名

あ行――

か行――

さ行――

た行――

な行――

は行――

ま行――

や・わ行――

山本 幸男（やまもと　ゆきお）

1953年、大阪に生まれる。1976年、岡山大学法文学部史学科卒業。1984年、大阪市立大学大学院文学研究科後期博士課程単位取得退学。2000年、博士（文学）。現在、相愛大学人文学部教授。
〔著書〕『写経所文書の基礎的研究』（吉川弘文館、2002年）、『奈良朝仏教史攷』（法藏館、2015年）、『続日本紀』１～４（共著、東洋文庫・平凡社、1986年～1992年）など。

正倉院文書と造寺司官人

二〇一八年六月二〇日　初版第一刷発行

著　者　山本幸男
発行者　西村明高
発行所　株式会社　法藏館
京都市下京区正面通烏丸東入
郵便番号　六〇〇－八一五三
電話　〇七五－三四三－〇〇三〇（編集）
〇七五－三四三－五六五六（営業）

印刷・製本　亜細亜印刷株式会社

ISBN 978-4-8318-6243-3　C3021